Himnario Bautista

Himnario Bautista

Casa Bautista de Publicaciones

CASA BAUTISTA DE PUBLICACIONES
Apartado Postal 4255, El Paso, TX 79914 EE. UU. de A.

Agencias de Distribución

ARGENTINA: Anchorena 1078, 1834 Temperley, Buenos Aires; Rivadavia 3464, Casilla 48, Suc. 3, 1203 Buenos Aires. **BOLIVIA:** Casilla 2516, Santa Cruz. **BRASIL:** Caixa Postal 320 CEP 2001, Río de Janeiro. **COLOMBIA:** Apartado Aéreo 55294, Bogotá 2, D.C. **COSTA RICA:** Apartado 285, San Pedro Montes de Oca, San José. **CHILE:** Casilla 1253, Santiago. **ECUADOR:** Casilla 3236, Guayaquil. **EL SALVADOR:** Apartado 2506, San Salvador. **ESPAÑA:** Padre Méndez #142-B, 46900 Torrente, Valencia. **ESTADOS UNIDOS:** 7000 Alabama, El Paso, TX 79904, Teléfono: (915) 566-9656, PEDIDOS: 1 (800) 755-5958, Fax: (915) 562-6502. 960 Chelsea Street, El Paso TX 79903; 3725 Montana, El Paso, TX 79903; 312 N. Azusa Ave., Azusa, CA 91702; 1360 N.W. 88th Ave., Miami, FL 33172; 8385 N.W. 56th Street, Miami, FL 33166. **GUATEMALA:** Apartado 1135, Guatemala 01901. **HONDURAS:** Apartado 279, Tegucigalpa. **MEXICO:** Vizcaínas 16 Ote., Colonia Centro, 06080 México, D.F., Apartado 113-182, 03300 México, D.F.; Madero 62, Col. Centro, 06000 México, D.F.; Independencia 36-B, Col. Centro, Deleg. Cuauhtémoc, 06050 México, D.F.; Matamoros 344 Pte., 27000 Torreón, Coahuila; Hidalgo 713, 44290 Guadalajara, Jalisco; Félix U. Gómez 302 Nte. Monterrey, N. L. **NICARAGUA:** Apartado 2340, Managua. **PANAMA:** Apartado 87-1024, Panamá 5. **PARAGUAY:** Casilla 1415, Asunción. **PERU:** Apartado 3177, Lima. **PUERTO RICO:** Calle 13 S.O. #824, Capparra Terrace; Calle San Alejandro 1825, Urb. San Ignacio, Río Piedras. **REPUBLICA DOMINICANA:** Apartado 880, Santo Domingo. **URUGUAY:** Casilla 14052, Montevideo. **VENEZUELA:** Apartado 3653, El Trigal 2002 A, Valencia, Edo. Carabobo.

Quinta Edición CBP: 1996 (cubiertas dura y blanda)

Clasificación Decimal Dewey: 783.9

Tema: Música

ISBN: 0-311-32218-2 (cubierta dura)
0-311-32199-2 (cubierta blanda, 1a. edición)

25 M 3 96

Printed in U.S.A.

Prefacio

Cantad alegres a Dios habitantes de toda la tierra. *Salmo 100:1*

El canto ha sido, entre los seres de la tierra, una forma de expresar y compartir sus alegrías y sus penas, de transmitir su mensaje, de hacer oír su pensamiento.

El pueblo de Dios usó el canto, desde los primeros tiempos, como expresión de júbilo o de clamor. Los salmos nos producen admiración permanentemente, mostrándonos las formas y costumbres de su alabanza y adoración.

La historia del pueblo cristiano es rica en himnología. El creyente se ha caracterizado por la exteriorización de la música y el canto como parte de su culto a Dios.

En los últimos tiempos, la participación más activa de la juventud, utilizando en sus canciones música folklórica, ha enriquecido nuestra himnología. Este himnario establece un puente entre lo que fue tradicional y lo nuevo, con la incorporación de varios himnos regionales y respetando la permanencia de himnos que han llegado a formar historia en nuestras vidas.

Como un aporte más a las iglesias y en cumplimiento de su ministerio, la Casa Bautista de Publicaciones, con las colaboraciones señaladas por el editor, tiene el honroso privilegio de poner al alcance del pueblo bautista de habla hispana este himnario. ¡Que sea para la gloria del Altísimo y para que todos los habitantes de la tierra canten a nuestro Señor, enriqueciendo el culto y la proclamación del evangelio por medio de la música!

Natalio Aldo Broda
Director General
Casa Bautista de Publicaciones

El Paso, Texas, 1978

v

Introducción

Este himnario es la culminación de un sueño. Durante años, los líderes de diversas convenciones bautistas han expresado su deseo de contar con un himnario nuevo que supliera las necesidades actuales en lo que a adoración, evangelismo y extensión de la iglesia se refiere. La oración ferviente del editor es que éste sea tal himnario.

El procedimiento usado para preparar esta obra constituye una historia por demás interesante. Dos himnarios actualmente en uso sirvieron como su fuente, a saber: HIMNOS SELECTOS EVANGELICOS, himnario muy difundido en la zona sur de Sudamérica y EL NUEVO HIMNARIO POPULAR que es más conocido en América Central, Estados Unidos y la zona norte de Sudamérica. El primer paso fue comprobar lo que los líderes bautistas anhelaban ver en un nuevo himnario. Se hicieron encuestas sobre los dos himnarios para determinar los himnos que más se cantan en los distintos países. Luego se llevó a cabo una reunión del Comité Consultivo para el Nuevo Himnario dentro de los Estados Unidos, patrocinado por la Junta de Misiones Domésticas de la Convención Bautista del Sur y la Convención General Bautista de Texas. Después de la reunión del comité y de estudiar las encuestas, el editor hizo una extensa gira por América Latina para validar los resultados a nivel internacional y para entrevistar pastores y otros líderes denominacionales. El proceso de compilar los himnos no empezó hasta después de analizados todos los resultados.

En la elección de los himnos la meta fue estudiar cada uno para determinar su claridad de pensamiento, contenido doctrinal y su facilidad para ser cantado. Se intentó mejorar la gramática de la letra de los himnos pero no fue del todo posible pues en algunos casos los dueños del *copyright* no autorizaron los cambios.

Otro detalle que interesará es el formato de las páginas de himnos. Las siguientes características son dignas de notar:

1. Se ha usado la primera línea del himno como título, salvo en los casos cuando ya se lo conoce comúnmente por otro título.

2. Cuando un himno tiene una base bíblica específica, ésta se indica al pie del himno.

3. Cada himno lleva un texto bíblico apropiado inmediatamente debajo del título.

4. El autor, compositor y/o fuente de la letra y la tonada, más el nombre de la tonada, se estipulan al pie del himno. La fecha que se consigna es la de su composición o publicación cuando ésta se desconoce.

5. Las formas métricas de las tonadas no se consignan en la página donde aparece el himno sino en el índice alfabético de tonadas.

6. Los asteriscos en las estrofas indican una referencia bíblica o una nota al pie del himno.

7. Los paréntesis cuadrados en el encabezamiento de la música indican la introducción sugerida para el acompañante.

8. Cuando se usa una tonada más de una vez, en la mayoría de los casos se sugiere un cambio de tono por medio de una referencia al pie del himno que indica el número de la tonada en un tono más agudo o más grave.

9. Hay nomenclatura simple para guitarra en los himnos apropiados. Los asteriscos en los acordes indican acordes más difíciles.

Vaya una palabra de gratitud a todos los que hicieron posible este himnario:

A los que participaron en su preparación, ya sea por correspondencia, entrevistas o trabajos de comités.

A la Junta de Misiones Foráneas de la Convención Bautista del Sur por el apoyo financiero que hizo posible esta nueva obra.

Al doctor H. Cecil Mcconnell, cuya visión de muchos años y cuyo estímulo ha sido de inspiración.

Al doctor William J. Reynolds, Secretario del Departamento de Música de la Junta de Escuelas Dominicales de la Convención Bautista del Sur.

Al doctor Arnoldo Canclini y señor Juan N. McGuckin, de la Asociación Bautista Argentina de Publicaciones.

A la Junta de Publicaciones de la Convención de Chile.

Al señor Samuel W. Prestidge, señor John McLaughlin, doctor Charles McLaughlin y la Comisión de Misiones de la Convención General Bautista de Texas.

Al doctor Stanley Clark y su esposa Kathleen, a la señora Berta I. Montero y al señor Kinley Lange.

Al comité Local del Himnario y en especial al señor Adolfo Robleto por su ayuda en traducir himnos y analizarlos para evitar errores doctrinales.

Y una palabra final de gratitud a quienes formaron en estas fechas el equipo del Departamento de Música: el señor James R. Benson, el doctor Genter L. Stephens y la señora Gladys Samp de Nelson.

Eduardo Nelson G.
Editor General

Contenido

. . . para alabanza de su gloria.

Efesios 1:14

Santo, Santo, Santo 1

Santo, santo, santo es el Señor Dios Todopoderoso . . . Ap. 4:8

1. ¡Santo! ¡Santo! ¡Santo! Señor Omnipotente,
2. ¡Santo! ¡Santo! ¡Santo! en numeroso coro,
3. ¡Santo! ¡Santo! ¡Santo! la inmensa muchedumbre,
4. ¡Santo! ¡Santo! ¡Santo! por más que estés velado,
5. ¡Santo! ¡Santo! ¡Santo! la gloria de tu nombre,

Siempre el labio mío loores te dará;
Santos escogidos te adoran sin cesar,
De ángeles que cumplen tu santa voluntad,
E imposible se a tu gloria contemplar;
Vemos en tus obras en cielo, tierra y mar.

¡Santo! ¡Santo! ¡Santo! te adoro reverente,
De alegría llenos, y sus coronas de oro
Ante ti se postra bañada de tu lumbre,
Santo tú eres solo y nada hay a tu lado,
¡Santo! ¡Santo! ¡Santo! te adora todo hombre,

Dios en tres Personas, bendita Trinidad.
Rinden ante el trono y el cristalino mar.
Ante ti que has sido, que eres y serás.
En poder perfecto, pureza y caridad.
Dios en tres Personas, bendita Trinidad. A-mén.

Letra basada en Apocalipsis 4:8-11, Reginald Heber, 1826. Tr., J. B. Cabrera. Música NICAEA,
John B. Dykes, 1861.

2 ¡Oh Padre, Eterno Dios!

... en el nombre del Padre, y del Hijo, y del Espíritu Santo. Mt. 28:19

1. ¡Oh Padre, eterno Dios! Alzamos nuestra voz Con santo ardor, Por cuanto tú nos das, Tu ayuda sin igual, Hallando nuestra paz En ti, Señor.

2. ¡Bendito Salvador! Te damos con amor El corazón. Y tú nos puedes ver Que humildes a tu altar, Venimos a traer, Precioso don.

3. ¡Espíritu de Dios! Escucha nuestra voz; Y tu bondad Derrame en nuestro ser Divina claridad, Para poder vivir En santidad. A - mén.

Letra, Vicente Mendoza. Música ITALIAN HYMN, Felice de Giardini, 1769.

Te Loamos, ¡Oh Dios!

Dad a Jehová la gloria debida a su nombre. Sal. 29:2

1. Te loa - mos, ¡oh Dios! Con u - ná - ni - me voz,
2. Te loa - mos, Je - sús, Pues tu tro - no de luz
3. Te da - mos lo - or, San - to Con - so - la - dor,
4. U - ni - dos lo - ad, A la gran Tri - ni - dad,

Pues en Cris - to tu Hi - jo Nos dis - te per - dón.
Tú de - jas - te por dar - nos Sa - lud en la cruz.
Que nos lle - nas de go - zo Y san - to va - lor.
Que es la fuen - te de gra - cia, Po - der y ver - dad.

¡A - le - lu - ya! Te a - la - ba - mos, ¡Oh, cuán gran - de es tu a - mor!

¡A - le - lu - ya! Te a - do - ra - mos, Ben - di - to Se - ñor.

Letra basada en Habacuc 3:2, William P. Mackay, 1863. Tr., H. W. Cragin.
Música REVIVE US AGAIN, John J. Husband, c. 1820.

4 A Dios el Padre Celestial

Bendito su nombre glorioso para siempre . . . Sal. 72:19

1. A Dios el Padre celestial, Al Hijo
2. Can - tad al tri - no y u - no Dios, Sus a - la-

nues - tro Re - den - tor, Y al e - ter - nal Con
ban - zas en - to - nad; Su e - ter - na glo - ria

so - la - dor, U - ni - dos to - dos a - la - bad.
pro - cla - mad Con go - zo, gra - ti - tud y a - mor.

Letra, Thomas Ken. Es traducción. Música DOXOLOGY (de *Come Together*), Jimmy Owens.

Dad a Jehová la gloria debida a su nombre. Sal. 29:2

1. A nues - tro Pa - dre Dios Al - ce - mos nues - tra voz,
2. A nues - tro Sal - va - dor De - mos con fe lo - or,
3. Al fiel Con - so - la - dor Ce - le - bre nues - tra voz,
4. Con go - zo y a - mor, Can - te - mos con fer - vor

¡Glo - ria a él! Tal fue su a - mor que dio Al Hi - jo
¡Glo - ria a él! Su san - gre de - rra - mó; Con e - lla
¡Glo - ria a él! Con ce - les - tial ful - gor Nos mues - tra
Al Tri - no Dios. En la e - ter - ni - dad Mo - ra la

que mu - rió, Y a - sí nos re - di - mió ¡Glo - ria a él!
nos la - vó, Y el cie - lo nos a - brió, ¡Glo - ria a él!
el a - mor De Cris - to, el Se - ñor; ¡Glo - ria a él!
Tri - ni - dad; ¡Por siem - pre a - la - bad, Al Tri - no Dios!

Letra, es traducción en *Estrella de Belén*. Música AMERICA, compositor anónimo.

6 Que Todo el Mundo Cante al Señor

Cantad alegres a Dios, habitantes de toda la tierra. Sal. 100:1

1. Que to - do el mun - do can - te al Se - ñor, Mi Dios y Rey.
2. Que to - do el mun - do can - te al Se - ñor, Mi Dios y Rey.

Los cie - los e - cos dan, Que a to - das par - tes van. La
La i - gle - sia him - nos da Y nun - ca ce - sa - rá; Con

tie - rra en de - rre - dor Pro - cla - ma su lo - or; Que
to - do el co - ra - zón Le a - la - ben con te - són; Que

to - do el mun - do can - te al Se - ñor, Mi Dios y Rey.
to - do el mun - do can - te al Se - ñor, Mi Dios y Rey. A - mén.

Letra, George Herbert, 1633. Música ALL THE WORLD, Robert G. McCutchan, 1934. Copyright de la música renovado 1962 y asignado a Abingdon Press. Todos los derechos reservados. Usado con permiso. Tr., Clarice de Riddering.

Sólo a Ti, Dios y Señor 7

Mas ahora Cristo ha resucitado de los muertos; primicias de los que durmieron es hecho. 1 Co. 15:20

1. Só - lo a ti, Dios y Se - ñor, A - do-ra-mos, a - do - ra - mos,
2. Un Es - pí - ri - tu, no más, Nos go-bier-na, nos go - bier - na,
3. Dis - fru - ta - mos tu fa - vor So-la-men-te, so - la - men - te
4. Só - lo tú, oh Cre - a - dor, Dios e-ter-no, Dios e - ter - no,

Y la glo - ria y el ho - nor Tri-bu-ta-mos, tri - bu - ta - mos.
Y con él, Se - ñor, nos das Paz e-ter-na, paz e - ter - na;
Por Je - sús, fuen - te de a - mor Per-ma-nen-te, per - ma - nen - te;
Nos li - bras - te del fu - ror Del in-fier-no, del in - fier - no;

Só - lo a Cris - to, nues - tra Luz, A - cu-di-mos, a - cu - di - mos;
El es fue - go ce - les - tial, Cu - ya lla-ma, cu - ya lla - ma
Só - lo él nos li - ber - tó De la muer-te, de la muer - te,
Y por es - to con pla - cer Pro-cla-ma-mos, pro-cla - ma - mos

Por su muer - te en la cruz Re-vi-vi-mos, re-vi - vi - mos.
En a - mor an - ge - li - cal Nos in-fla-ma, nos in - fla - ma.
Só - lo él se de - cla - ró Nues-tro Fuer-te, nues-tro Fuer-te.
Que só - lo en tu gran po - der Es-pe-ra-mos, es-pe - ra - mos. A -mén.

Letra, Pedro Castro. Música EASTER HYMN, *Lyra Davidica*, 1708.

8 Alabad, Oh los Siervos del Señor

Alabad, siervos de Jehová, alabad el nombre de Jehová. Sal. 113:1

Unísono

1. A - la - bad, Oh los sier - vos del Se - ñor, A - la -
2. A - la - bad, Can - tad gra - cias al Se - ñor. A Dios
3. A - la - bad, Hon - ra y glo - ria dad a él. ¿Quién es
4. A - la - bad, Oh los sier - vos del Se - ñor, Dad - le

bad al Se - ñor; Ben - de - cid el nom - bre de Dios,
dad - le lo - or; So - be - ra - no es el Se - ñor,
co - mo Jeho - vá? Gran - de y po - ten - te es Dios;
su - mo lo - or, Al ex - cel - so y ben - di - to Dios,

Ben - de - cid el nom - bre de Dios, Por siem - pre
So - be - ra - no es el Se - ñor, Su glo - ria
Gran - de y po - ten - te es Dios, Es Rey de
Al ex - cel - so y ben - di - to Dios; Can - tad - le

y por siem - pre ja - más. ¡A - la - bad al Se - ñor!
rei - na en nues - tro ser. ¡A - la - bad al Se - ñor!
re - yes, Se - ñor y Dios. ¡A - la - bad al Se - ñor!
con gra - ti - tud y a - mor. ¡A - la - bad al Se - ñor!

Letra del Salmo 113, adap., Eduardo Nelson G., 1976. Música CARPENTER, Heinz Werner Zimmerman, 1970. De *Five Hymns* por Heinz Werner Zimmerman. ©Copyright 1973 Concordia Publishing House. Usado con permiso.

Señor, ¿Quién Entrará? 9

Jehová, ¿quién habitará en tu tabernáculo? Sal. 15:1

1. Se - ñor, ¿quién en - tra - rá en tu san - tua - rio
2. Se - ñor, yo quie-ro en - trar en tu san - tua - rio

pa - ra a - do - rar? rar? El de ma - nos lim - pias
pa - ra a - do - rar. rar. Da - me ma - nos lim - pias

y un co - ra - zón pu - ro, y sin va - ni - da - des,
y un co - ra - zón pu - ro, y sin va - ni - da - des,

que se - pa a - mar; que se - pa a - mar.
en - sé - ña-me a a - mar; en - sé - ña-me a a - mar.

Basado en el Salmo 15. Letra, autor anónimo. Música ADORACION, compositor anónimo.
Arr., Betty de Alexander, 1974. ©Copyright 1978 Casa Bautista de Publicaciones. Todos los
derechos reservados. Amparado por los derechos de copyright internacional.

10 Hoy Canto el Gran Poder de Dios

Venid, adoremos y postrémonos; arrodillémonos delante de Jehová nuestro hacedor. Sal. 95:6

1. Hoy can-to el gran po - der de Dios; Los mon - tes él cre - ó;
2. De Dios hoy can - to la bon-dad Que bie - nes pro - ve - yó,
3. Oh Dios, tu glo - ria, flo - res mil De - mues - tran por do -quier;

Ha - bló a los ma - res con fuer-te voz; Los cie - los ex - ten - dió.
Pa - ra u - so de la in - fi - ni - dad De to - do lo que cre - ó.
Los vien - tos y el tur - bión hos - til De - cla - ran tu po - der.

Su men - te sa - bia can - ta - ré; Po - der al sol le dio.
Sus ma - ra - vi - llas por do - quier ¡Cuán nu - me - ro - sas son!
En la na - tu - ra, buen Se - ñor, La vi - da a to - dos das;

Las lu - ces de la no - che, sé: Que él las de - cre - tó.
Mis o - jos bien las pue - den ver En to - da su cre - a - ción.
Do - quier que mi - ro al - re - de - dor A - llí pre - sen - te es - tás.

Basado en Génesis 1. Letra, Isaac Watts, 1715. Música FOREST GREEN, melodía tradicional inglesa; arr., Ralph Vaughan Williams, 1906. De *The English Hymnal*. Usado con permiso de Oxford University Press. Tr., George P. Simmonds, 1977. ©Copyright 1978 Casa Bautista de Publicaciones. Todos los derechos reservados. Amparado por los derechos de copyright internacional.

Bendice, Oh Alma a Tu Creador   11

Bendice, alma mía, a Jehová, y no olvides ninguno de sus beneficios. Sal. 103:2

1. Ben - di - ce, oh al - ma a   tu   Crea-dor   Con fér - vi - da can-ción;
2. No ol-vi - des nun - ca   su   bon - dad   Mos-tran-do in-gra - ti - tud,
3. De bien tu   bo - ca   lle - na es - tá;   Y   nue - va   ju - ven-tud.
4. En   i - ra es len - to   nues - tro Rey,   Mas pron-to es en su a-mor,

Des - pier - ta, y can - ta   su   lo - or   Tu ar - dien - te   co - ra - zón.
Pues él per - do - na   tu   mal - dad,   Te   sal - va y   da sa - lud.
A tu al - ma siem-pre   le   da - rá,   Cal - man - do   tu in-quie - tud.
No quie-re siem-pre con - ten - der   Ni   du - ra   su   fu - ror.

Oh can - tad,   oh can - tad   al   Se - ñor   con   fer - vor;
Oh can-tad,   oh can-tad

Ben - di - ce, oh al - ma, a nues - tro   Rey   y   Sal - va - dor.
                              nues-tro Sal - va - dor.

Basado en el Salmo 103. Letra adap., Vicente Mendoza, 1905. Música O THOU MY SOUL, BLESS GOD THE LORD, James McGranahan.

12 Dad a Dios Inmortal Alabanza

Dad a Jehová la honra debida a su nombre . . . Sal. 96:8

1. Dad a Dios in-mor-tal a-la-ban-za, Su mer-ced,
su ver-dad nos i-nun-da; Es su gra-cia en pro-di-
gios fe-cun-da, Sus mer-ce-des, hu-mil-des, can-tad.
¡Al Se-ñor de se-ño-res dad glo-ria, Rey de re-

2. Vio los pue-blos en vi-cios su-mi-dos Y sin-tió
com-pa-sión en su se-no; De pro-di-gios de gra-
cia es-tá lle-no, Sus mer-ce-des, hu-mil-des, can-tad.
A su pue-blo lle-vó por la ma-no A la tie-

3. A su Hi-jo en-vió por sal-var-nos Del pe-ca-
do y la muer-te e-ter-na; De pro-di-gios de gra-
cia es to-rren-te, Sus mer-ce-des, hu-mil-des, can-tad.
Por el mun-do su ma-no nos lle-va. Y al ce-les-

Letra, José Mora. Música PUEBLA, de la *Colección Española*.

yes, po - der sin se - gun - do! Mo - ri - rán los se - ño -
rra por él pro - me - ti - da. Por los si - glos sin fin
te des - can - so nos guí - a; Su bon - dad vi - vi - rá e -

res del mun - do, Mas su rei - no no a - ca - ba ja - más.
le da vi - da; Y el pe - ca - do y la muer - te cae - rán.
ter - no dí - a, Cuan - do el mun - do no ex - is - ta ya más.

Engrandecido Sea Jehová   13

. . . al Rey de los siglos . . . sea honor y gloria por los siglos de los siglos. 1 Ti. 1:17

En - gran - de - ci - do se - a Je - ho - vá, nues - tro Dios;

Por to - das las e - da - des, por siem - pre. A - mén.

14 ¡Dios Está Presente!

Mi presencia irá contigo . . . Ex. 33:14

1. ¡Dios es - tá pre - sen - te! Va - mos a pos - trar - nos
2. ¡Dios es - tá pre - sen - te! Y los se - ra - fi - nes
3. Co - mo el sol i - rra - dia So - bre el tier - no li - rio,

An - te él con re - ve - ren - cia; En si - len-cio es-
Lo a - do - ran re - ve - ren - tes; "San - to, san - to,
Que con - ten - to se do - ble - ga, Dios om - ni - pre-

te - mos Fren-te a su gran-de - za, Im - plo - ran - do
san - to," En su ho - nor le can - tan Los e - jér - ci-
sen - te, I - lu - mi - na mi al - ma Y fe - liz yo

su cle - men - cia. Quien con él quie - ra an - dar,
tos ce - les - tes. ¡Oh buen Dios! nues - tra voz
te o - be - dez - ca; Haz que a - sí, tú en mí

Letra, Gerhard Tersteegen, 1729. Tr. Marta Weihmüller, 1947; arr., Juanita de Balloch. Música ARNSBERG, Joachim Neander, 1680.

Letra original en castellano, Juan B. Cabrera. Música FLEMMING,
Friedrich F. Flemming, 1811.

16 Engrandecido Sea Dios

... toda lengua confiese que Jesucristo es el Señor, para gloria de Dios Padre. Fil. 2:11

1. En - gran - de - ci - do se - a Dios En es - ta
2. Du - ran - te el dí - a que pa - só La ma - no
3. Pues has - ta a - quí nos a - yu - dó, Y siem - pre
4. A o - tras al - mas ¡sal - va, oh Dios! Des - piér - ta -

re - u - nión, En es - ta re - u - nión. A - le - gres,
del Se - ñor, La ma - no del Se - ñor De mu - chos
pro - vee - rá, Y siem - pre pro - vee - rá. Con gra - ti -
las, Se - ñor, Des - piér - ta - las, Se - ñor, Es - cu - cha

jun - tos a u - na voz
ma - les nos sal - vó: ¡Dad glo -
tud, pla - cer y a - mor: ¡Dad glo - ria,   glo - ria,
nues - tra pe - ti - ción,

-     -   -   -   - ria,   glo - ria,
glo - ria,   glo - ria,   glo - ria!

¡glo -   -   -   -   -

Letra, Henry S. Turrall. Música DIADEM, James Ellor, 1838.

glo - ria, glo - ria, dad glo - ria a nues - tro Dios! A - mén.

- - - - ria!

Todos Juntos Tributemos 17

Todos los pueblos te alaben. Sal. 67:5

1. To - dos jun - tos tri - bu - te - mos Gra - cias al buen Sal - va - dor;
2. Nues - tro Rey di - vi - no, e - ter - no, Nos ro - de - a con fa - vor;
3. En él pon-ga-mos la con - fian - za, En el san - to Re - den - tor;

Gran - de ha si - do su pa - cien - cia Y pre - cio - so su a - mor;
For - ta - le - ce a los can - sa - dos Y per - do - na al pe - ca - dor.
Y en la glo - ria, re - di - mi - dos, Can - ta - re - mos su a - mor.

¡A - le - lu - ya! ¡A - le - lu - ya! Pro - cla - me - mos su lo - or.

Letra, F. M. Fernández. Música DISMISSAL, W. L. Viner.

18 Corazones Te Ofrecemos

Y los valles se cubren de grano; dan voces de júbilo, y aun cantan. Sal. 65:13

1. Co - ra - zo - nes te o - fre - ce - mos, Dios de vi - da y ple - ni - tud;
2. Tú res - pon - des en jus - ti - cia Y tre - men - das co - sas das;
3. Las ma - ña - nas las a - le - gras, A las tar - des das fa - vor;
4. Con las a - guas, los de - sier - tos De re - nue - vos ves - ti - rás,

Al Se - ñor hoy hon - ra - re - mos Con leal-tad y gra - ti - tud.
Tie - rra y mar los be - ne - fi - cias Con sa - lud, sos - tén y paz.
Ma - ra - vi - llas son tus o - bras, Que pro - du - cen gran pa - vor.
Y - los va - lles co - mo huer - tos Con sus fru - tos lle - na - rás.

Tú per - do - nas re - be - lio - nes Al que es-co - ges pa - ra bien;
En la tie - rra tú a - fir - mas Las mon - ta - ñas con po - der;
Tú vi - si - tas a la tie - rra Con tus llu - vias, oh Se - ñor,
Gra - cias hoy, Se - ñor, te da - mos Por-que a-cep - tas la o - ra - ción,

En tus a - trios los re - ci - bes Pa - ra dar - les tu sos - tén.
Y el ru - gir de ma - res ca - llas Y al gen - tí - o en su co - rrer.
Y la rie - gas por do - quie - ra, La en-ri - que - ces con ver - dor.
Y los vo - tos te pa - ga - mos Con pla - cer y de - vo - ción.

Basado en el Salmo 65. Letra, Maurilio López, 1965. Música HOLY MANNA, William Moore, 1825.

```
1. Can - tad    a - le - gres   al   Se - ñor,   Mor - ta - les
2. Con   gra - ti - tud   can - ción   al - zad   Al   Ha - ce-
3. Su   pue - blo   so - mos,   sal - va - rá   A   los   que
4. Siem-pre en   sus   a - trios   a - la - bad,   Su   san - to
5. Mi - se - ri - cor - dia   sin   i - gual   Nos   mues - tra
```

```
to - dos   por   do - quier;   Ser - vid - le   siem - pre
dor   que el   ser   nos   dio;   A   Dios   ex - cel - so
bus - quen   al   Se - ñor;   Y   nun - ca   él   los
nom - bre   ben - de - cid;   E - ter - na - men - te es
por   la e - ter - ni - dad,   Y   su   ver - dad   se-
```

```
con   fer - vor,   O - be - de - ced - le   con   pla - cer.
ve - ne - rad,   Que   co - mo   Pa - dre   nos   a - mó.
de - ja - rá,   Pues   los   am - pa - ra   con   su a - mor.
su   bon - dad,   La   bue - na   nue - va   di - fun - did.
rá e - ter - nal   A   to - da   la   pos - te - ri - dad.   A - mén.
```

Basado en el Salmo 100. Letra, parafraseada por Tomás J. González Carvajal en *Salterio y Arpa*, Madrid, 1886. Música OLD 100TH, *Salterio de Ginebra*, 1551.

20 ¡Cuán Grande Es Él!

Grande es Jehová, y digno de ser en gran manera alabado ... Sal. 48:1

1. Se - ñor, mi Dios, al con-tem-plar los cie - los, El fir - ma-
2. Al re - co - rrer los mon-tes y los va - lles Y ver las
3. Cuan-do re - cuer - do del a - mor di - vi - no Que des-de el
4. Cuan-do el Se - ñor me lla - me a su pre - sen - cia, Al dul-ce ho-

men - to y las es - tre - llas mil; Al oír tu voz en los po-
be - llas flo - res al pa - sar; Al es - cu - char el can - to
cie - lo al Sal - va - dor en - vió; A - quel Je - sús que por sal-
gar, al cie - lo de es - plen - dor, Le a-do - ra - ré can - tan - do

ten - tes true - nos Y ver bri - llar el sol en su ce - nit:
de las a - ves Y el mur - mu - rar del cla - ro ma - nan - tial:
var - me vi - no Y en u - na cruz su - frió por mí y mu - rió:
la gran - de - za De su po - der y su in - fi - ni - to a - mor:

Mi co - ra - zón en - to - na la can - ción,

¡Cuán gran-de es él! ¡Cuán gran-de es él! Mi co-ra-zón en-

to-na la can-ción, ¡Cuán gran-de es él! ¡Cuán gran-de es él!

Alabad al Señor 21

Alabad al Señor de los señores, porque para siempre es su misericordia. Sal. 136:3

1. A-la-bad al Se-ñor por-que él es bue-no, A-la-bad al Se-
2. A-la-bad al Dios so-be-ra-no, A-la-bad al
3. A-la-bad al Se-ñor de los se-ño-res, A-la-bad al Se-

ñor por-que él es bue-no, A-la-bad al Se-ñor por-que él es bue-
Dios so-be-ra-no, A-la-bad al Dios so-be-ra-
ñor de los se-ño-res, A-la-bad al Se-ñor de los se-ño-

no,
no, Por-que pa-ra siem-pre es su mi-se-ri-cor-dia.
res,

Basado en el Salmo 136:1-3. Música ALABAD A JEHOVA, C. Guevara. Del cancionero *Cantad al Señor*
Cántico Nuevo publicado por La Iglesia del Pacto en el Ecuador. Usado con permiso.

22 A Dios Demos Gloria

Den gloria a Jehová, y anuncien sus loores . . . Is. 42:12

1. A Dios de-mos glo - ria, pues gran - de es él; Su a-mor es in-
2. Por dar - nos la vi - da su san - gre ver - tió; Je - sús al cre-
3. Dios es el Ma - es - tro, po - ten-te Ha - ce - dor, Y gran-de es el

men - so y a su Hi - jo nos dio: Quien fue a la cruz do su-
yen - te es pro - me - sa de Dios; El vil pe - ca - dor que de
go - zo que Cris - to nos da; Mas nues-tro a - som - bro se-

frió muer - te cruel, Y a - sí de los cie - los las puer-tas a - brió.
ve - ras cre - yó En e - se mo - men - to per-dón re - ci - bió.
rá aún ma - yor Al ver a Je - sús que en su glo - ria ven - drá.

Dad lo - or al Se - ñor, Oi-ga el mun - do su voz; Dad lo - or

Letra, Fanny J. Crosby, 1875. Música TO GOD BE THE GLORY, William H. Doane, 1875.
Tr., Adolfo Robleto, 1977. ©Copyright 1978 Casa Bautista de Publicaciones. Todos los derechos
reservados. Amparado por los derechos de copyright internacional.

al Se - ñor, Nos go - za-mos en Dios. Ven-ga - mos al Pa - dre y a

su Hi-jo Je - sús, Y dé-mos-le glo-ria Por su gran po - der. A-mén.

Cuanto Soy y Cuanto Encierro 23

... os ruego por las misericordias de Dios que presentéis vuestros cuerpos en sacrificio vivo ... Ro. 12:1

1. Cuan - to soy y cuan-to en-cie - rro Ma - ni - fies-to es pa - ra ti;
2. Si se a - gi - ta mi con-cien - cia, Tú per - ci - bes su e - mo - ción;
3. Ves mis du - das o es-pe - ran - zas, Mi so - sie-go o mi in-quie - tud,
4. Y has-ta el ín - ti - mo de - se - o Que en mi pe - cho se a - bri - gó,
5. ¡Oh gran Dios! si yo con-tem-plo Tu in - fi - ni - ta per - fec - ción,

Pues tu vis - ta es-cru - ta - do - ra, Oh Se - ñor, pe - ne-tra en mí.
Ra - zo - nar ves a la men - te, Me - di - tar al co - ra - zón.
Mis tris - te - zas o a - le - grí - as, Mi do - len-cia o mi sa - lud.
Sin que el la - bio lo ex-pre - sa - ra, En tu o - í - do re - so - nó.
El a - som - bro lle - na mi al - ma, ¡Se con-fun - de mi ra - zón!

Letra, Juan Bautista Cabrera. Música STUTTGART, Christian Friedrich Witt, 1715;
arr., Henry Gauntlett, 1861.

24 Honor, Loor y Gloria

¡Bendito el que viene en el nombre del Señor, el Rey de Israel! Jn. 12:13

1. Ho - nor, lo - or y glo - ria A ti, buen Sal - va - dor,
2. Tú, de Da - vid el Hi - jo, De Is - ra - el el Rey,
3. Re - ci - bes la a - la - ban - za, Y o - yes la o - ra - ción.

Cual ni - ños que can - ta - ron Ho - san - nas al Se - ñor.
A - sí te re - ci - bi - mos Los miem-bros de tu grey;
Lo bue - no te de - lei - ta, Tam-bién la a - do - ra - ción.

Y he - bre - os que con pal - mas Te die - ron re - cep - ción.
Co - mo an - tes de tu muer - te, Hon - rá - ron - te tam - bién,
Ho - nor, lo - or y glo - ria A ti, Rey, Re - den - tor,

Tu pue - blo te o - fre - ce Sin - ce - ra a - cla - ma - ción.
A - cep - ta nues - tras pre - ces, Co - mo en Je - ru - sa - lén.
No - so - tros en - sal - za - mos, Tu nom - bre, oh Se - ñor.

Letra, Theodulph de Orleans, c. 820. Tr. al inglés, John Mason Neale, 1851; tr. al castellano, Maurilio López L., 1965. Música ST. THEODULPH, Melchior Teschner, 1615.

Santo Dios, Te Damos Loor 25

Bueno es alabarte, oh Jehová . . . Sal. 92:1

1. San - to Dios, te da - mos lo - or; Nos pos - tra - mos
2. Se o - ye el him - no ce - les - tial De án - ge - les que en
3. Pa - dre san - to, mi Je - sús, Y el Con - so - la -

con re - ve - ren - cia; De la tie - rra tú e - res Se - ñor,
co - ro te can - tan En con - cier - to mu - si - cal.
dor, Dios tri - no, Y en e - sen - cia u - no sois.

En el cie - lo to - dos te a - do - ran. In - fi - ni - to es
Se - ra - fi - nes, que - ru - bi - nes Can - tan no - tas de a -
Te a - do - ra - mos, Dios ben - di - to, Y te da - mos

tu po - der Y tu rei - no siem-pre ha de ser.
do - ra - ción: San - to, san - to es el Se - ñor.
nues - tro a - mor: A tu nom - bre, ¡oh Sal - va - dor! A - mén.

Letra, atribuída a Ignaz Franz. Tr. al inglés, Clarence A. Walworth. Música GROSSER GOTT, de *Allgemeines Katholisches Gesangbuch,* 1776. Tr. al castellano, Pablo Filós, 1977. ©Copyright 1978 Casa Bautista de Publicaciones. Todos los derechos reservados. Amparado por los derechos de copyright internacional.

26 Castillo Fuerte Es Nuestro Dios

Dios es nuestro amparo y fortaleza . . . Sal. 46:1

1. Cas - ti - llo fuer-te es nues - tro Dios, De - fen - sa y buen es-
2. Nues - tro va - lor es na - da a - quí, Con él to - do es per-
3. Y si de - mo - nios mil es - tán Pron - tos a de - vo-
4. E - sa pa - la - bra del Se - ñor, Que el mun - do no a - pe-

cu - do. Con su po - der nos li - bra - rá
di - do; Mas con no - so - tros lu - cha - rá
rar - nos, No te - me - re - mos, por - que Dios
te - ce, Por el Es - pí - ri - tu de Dios

En to - do tran - ce a - gu - do. Con fu - ria y con a - fán
De Dios el es - co - gi - do. Es nues - tro Rey Je - sús,
Sa - brá có - mo am - pa - rar - nos. ¡Que mues - tre su vi - gor
Muy fir - me per - ma - ne - ce. Nos pue - den des - po - jar

A - có - sa - nos Sa - tán: Por ar - mas de - ja ver
El que ven - ció en la cruz, Se - ñor y Sal - va - dor,
Sa - tán, y su fu - ror! Da - ñar - nos no po - drá,
De bie - nes, nombre, ho - gar, El cuer - po des - tru - ir,

Basado en Salmo 46. Letra y música EIN FESTE BURG, Martín Lutero, 1529. Tr. al inglés,
Frederick H. Hedge, 1853. Tr. al castellano, J. B. Cabrera.

As - tu-cia y gran po - der; Cual él no hay en la tie - rra.
Y sien-do el so - lo Dios, El triun-fa en la ba - ta - lla.
Pues con - de - na-do es ya Por la Pa - la - bra San - ta.
Mas siem-pre ha de e - xis - tir De Dios el Rei-no e - ter - no. A - mén.

A Dios, Naciones, Dad Loor   27

. . . los que fueron esparcidos iban por todas partes anunciando el evangelio. Hch. 8:4

1. A Dios, na - cio - nes, dad lo - or, Por-que es el
2. Es in - fi - ni - to su po - der; En él te-
3. U - ni - ver - sal es tu bon - dad; Se - rá e-

ú - ni - co Se - ñor; A él con go - zo a - la-
ne - mos nues - tro ser, Pues que del pol - vo nos for-
ter - na tu ver - dad; I - na - go - ta - ble es tu a-

bad, Y sus bon - da - des ce - le - brad.
mó, Y de la muer - te nos sal - vó.
mor ¡Om - ni - po - ten - te Dios, Se - ñor!

Letra, Isaac Watts. Tr., Henry G. Jackson. Música GERMANY, William Gardiner's *Sacred Melodies,*
1815. Esta música en un tono más alto, Nú. 303.

28 Bendice, ¡Oh Alma Mía!

Bendice, alma mía, a Jehová, y no olvides ninguno de sus beneficios. Sal. 103:2

1. Ben - di - ce, ¡oh al - ma mí - a! A Je - ho - vá tu Dios,
2. Tu vi - da res - ca - tó De la con - de - na - ción;
3. Un mi - se - ra - ble soy, In - dig - no pe - ca - dor,

Y no te ol - vi - des de en - sal - zar su gran - de a - mor.
Y te co - ro - na de fa - vor y ben - di - ción.
Mas por la fe en mi Sal - va - dor, mi Pa - dre es Dios.

Pues él te per - do - nó Tu mu - cha i - ni - qui - dad;
El quie - re en - ri - que - cer Tu vi - da es - pi - ri - tual;
Su Es - pí - ri - tu o - bra en mí Y no me de - ja - rá;

Y al ver tu an - gus - tia y con - tri - ción, Te dio su paz.
En a - las de es - pe - ran - za y fe Re - mon - ta - rás.
Al a - ca - bar mi vi - da a - quí Ve - ré su faz. A - mén.

Letra basada en el Salmo 103, Enrique Turrall. Música LEONI, melodía tradicional hebrea; transcrito, Meyer Lyon, c. 1770.

Venid, Nuestras Voces Alegres Unamos 29

Si Dios es por nosotros, ¿quién contra nosotros? Ro. 8:31

1. Ve - nid, nues - tras vo - ces a - le - gres u - na - mos
2. "Es dig - no el cor - de - ro que ha muer - to," pro - cla - man,
3. Dig - no e - res, Je - sús, de al - can - zar en los cie - los
4. Que to - dos los se - res que hi - cie - ron tus ma - nos,

Al co - ro ce - les - te del tro - no en re - dor:
"De ver - se ex - al - ta - do en los cie - los a - sí."
Po - der y ri - que - zas y glo - ria y ho - nor,
Que pue - blan la tie - rra, y el ai - re y el mar,

Sus vo - ces se cuen - tan por mi - les de mi - les,
"Es dig - no el cor - de - ro," de - ci - mos no - so - tros,
Y las ben - di - cio - nes que dar - te po - de - mos
U - ni - dos pro - cla - men tus glo - rias e - ter - nas,

Mas to - das son u - na en su go - zo y a - mor.
"Pues él por su muer - te nos ha - ce vi - vir."
Se e - le - ven por siem - pre a tu tro - no, Se - ñor.
Y den - te a - la - ban - zas, Se - ñor, sin ce - sar. A - mén.

Letra, Isaac Watts. Tr., José J. de Mora. Música KREMSER, melodía holandesa, siglo XVII;
arr., Edward Kremser, 1877.

30 Gloria Demos al Salvador

Alabanza y magnificencia delante de él . . . Sal. 96:6

1. ¡Oh quién tu - vie - ra   len - guas mil! Glo - ria de-mos al Sal - va - dor.
2. Je - sús di - si - pa   to - do mal, Glo - ria de-mos al Sal - va - dor;
3. Al   pe - ca - dor po - drá   lim-piar, Glo - ria de-mos al Sal - va - dor;

Con gra - ti - tud al   Rey de - cid: Glo - ria de-mos al Sal - va - dor.
Nos da pu - re - za   ce - les - tial, Glo - ria de-mos al Sal - va - dor.
Su   ser   él quie - re   trans-for-mar, Glo - ria de-mos al Sal - va - dor.

Glo-ria al Sal-va - dor, Glo-ria al Sal - va - dor, Glo - ria de-mos al Sal-va-dor;

Glo-ria al Sal-va - dor, Glo-ria al Sal-va - dor, Glo - ria de-mos al Sal - va - dor.

Letra, Charles Wesley, 1739; alt. Coro, Ralph E. Hudson, 1887. Tr., H. T. Reza. Poema en castellano ©Copyright 1962 Lillenas Publishing Company, U.S.A. Todos los derechos reservados. Usado con permiso. Música BLESSED NAME, compositor anónimo; arr., Ralph E. Hudson, 1887.

Ved al Cristo, Rey de Gloria   31

...a este Jesús ... Dios le ha hecho Señor y Cristo. Hch. 2:36

1. Ved al Cris - to, Rey de glo - ria, Es del mun-do el ven - ce - dor;
2. Ex - al - tad - le, ex - al - tad - le; Ri - cos triun-fos da Je - sús;
3. Pe - ca - do - res se bur - la - ron, Co - ro - nan-do al Sal - va - dor;
4. Es - cu - chad sus a - la - ban-zas Que se e - le - van ha - cia él;

De la muer - te sa - le in-vic - to, To - dos dé - mos - le lo - or.
En los cie - los en - tro-nad - le, En la re - ful - gen - te luz.
An - ge - les y san - tos dan - le Su ri - quí - si - mo a - mor.
Vic - to - rio - so rei - na el Cris - to: A - do - rad a E - ma-nuel.

Co - ro-nad - le, san - tos to - dos; Co - ro - nad - le Rey de re - yes;

Co - ro - nad - le, san - tos to - dos; Co - ro - nad al Sal - va - dor.

Letra, Thomas Kelley. Es traducción. Música CROWN HIM, George C. Stebbins.

32 Redentor, Te Adoramos

...y alabaré tu nombre por tu misericordia y tu fidelidad. Sal. 138:2

1. Re - den - tor, te a - do - ra - mos, Gran-de es tu mer - ced y a - mor;
2. Re - den - tor, te a - do - ra - mos, Qui - ta du - das y te - mor;
3. Re - den - tor, te a - do - ra - mos, Per - do - nas - te nues-tro mal;
4. Re - den - tor, te a - do - ra - mos, Tu her-mo - su - ra sin - gu - lar

Que tu ros - tro con-tem - ple-mos, Que sin - ta - mos tu ca - lor.
Res-plan - dez - ca en nues-tras vi - das De tu ros - tro el ful - gor.
Llé - na - nos de tu pre - sen - cia, Da - nos vi - da es-pi - ri - tual.
Al - gún dí - a por tu gra - cia, La po - dre-mos con-tem-plar.

Re - den - tor, te a - do - ra - mos, De Dios mues-tras com - pa - sión;
Re - den - tor, te a - do - ra - mos, Tu re-nom-bre es sin i - gual;
Re - den - tor, te a - do - ra - mos, Por tu a - mor y li - ber - tad;
Re - den - tor, te a - do - ra - mos, Trans-for - mó - nos tu ver - dad;

Re - den - tor, te a - do - ra - mos, Rei-na en nues-tro co - ra-zón.
Re - den - tor, te a - do - ra - mos, Con la hues-te an-ge - li - cal.
Re - den - tor, te a - do - ra - mos, Llé - na - nos de tu bon-dad.
Re - den - tor, te a - do - ra - mos, Hoy y por la e - ter - ni - dad. A - mén.

Letra, John Roy Harris, 1934. Música REDENTORE, Paolo Conte, 1936. De *The Broadman Hymnal*. © Copyright 1940. Renovado 1968 Broadman Press. Todos los derechos reservados. Tr.,George P. Simmonds, 1977.© Copyright 1978 Broadman Press. Todos los derechos reservados. Amparado por los derechos de copyright internacional. Usado con permiso.

Loores Dad a Cristo el Rey   33

Y en su vestidura y en su muslo tiene escrito este nombre: REY DE REYES Y SEÑOR DE SEÑORES.

Ap. 19:16

1. Lo - o - res dad a Cris-to el Rey, Su - pre-ma po-tes - tad;
2. Vo - so-tros, hi-jos del gran Rey, O - ve-jas de la grey;
3. Na - cio-nes to-das, es - cu-chad Y o-be-de - ced su ley;
4. Dios quie-ra que con los que es-tán Del tro-no en de-rre - dor,

De su di - vi - no a - mor la ley,
Lo - o - res dad a E - ma - nuel,
De Cris - to ved su ma - jes - tad,
Can - te - mos por la e - ter - ni - dad

Pos - tra - dos a - cep - tad; De su di - vi - no a -
Y pro - cla - mad - le Rey; Lo - o - res dad a
Y pro - cla - mad - le Rey; De Cris - to ved su
A Cris - to el Sal - va - dor; Can - te - mos por la e -

mor la ley, Pos - tra - dos a - cep - tad.
E - ma - nuel, Y pro - cla - mad - le Rey.
ma - jes - tad, Y pro - cla - mad - le Rey.
ter - ni - dad A Cris - to el Sal - va - dor. A - mén.

Letra, Edward Perronet, 1779; adap., John Rippon, 1787. Tr., T.M. Westrup. Música CORONATION
CORONATION, Oliver Holden, 1792.

34 Digno Es el Cordero

El Cordero que fue inmolado es digno . . . Ap. 5:12

1. Dig - no es el Cor - de - ro que en la cruz mu - rió;
2. Dig - no es el Cor - de - ro, al mo - rir pa - gó;
3. Dig - no es el Cor - de - ro, y no tie - ne i - gual;
4. Dig - no es el Cor - de - ro, vi - vo yo por él;

Dig - no es el Cor - de - ro que al la - drón sal - vó.
Dig - no es el Cor - de - ro, la vi - da él me dio.
Dig - no es el Se - ñor: nos qui - ta él del mal.
Dig - no es el Se - ñor; y yo le si - go fiel.

Dig - no es el Se - ñor; su vi - da dio por mí. ¡Oh!,
Dig - no es el Se - ñor; su rue - go yo a - ten - dí. ¡Oh!,
Dig - no es el Se - ñor; su gra - cia es pa - ra mí. ¡Oh!,
Dig - no es el Se - ñor; mi vi - da cam - bia a - quí. ¡Oh!,

Dig - no es el Se - ñor: lo - or doy a ti.
Dig - no es el Se - ñor: lo - or doy a ti.
Dig - no es el Se - ñor: lo - or doy a ti.
Dig - no es el Se - ñor: lo - or doy a ti.

Letra y música WORTHY LAMB, Stephen Leddy, 1967. © Copyright 1967 Hope Publishing Co.
Amparado por los derechos de copyright internacional. Todos los derechos reservados.
Tr., Daniel Díaz R., 1977. Usado con permiso.

Fuente de la Vida Eterna 35

Bendito el Señor; cada día nos colma de beneficios. Sal. 68:19

1. Fuen-te de la vi-da e-ter-na Y de to-da ben-di-ción;
2. De los cán-ti-cos ce-les-tes Te qui-sié-ra-mos can-tar;
3. To-ma nues-tros co-ra-zo-nes, Llé-na-los de tu ver-dad;

En-sal-zar tu gra-cia tier-na, De-be ca-da co-ra-zón.
En-to-na-dos por las hues-tes, Que lo-gras-te res-ca-tar.
De tu Es-pí-ri-tu los do-nes, Y de to-da san-ti-dad.

Tu pie-dad i-na-go-ta-ble, A-bun-dan-te en per-do-nar,
Al-mas que a bus-car vi-nis-te, Por-que les tu-vis-te a-mor,
Guí-a-nos en o-be-dien-cia, Hu-mil-dad, a-mor y fe;

U-ni-co Ser a-do-ra-ble, Glo-ria a ti de-be-mos dar.
De e-llas te com-pa-de-cis-te, Con tier-ní-si-mo fa-vor.
Nos am-pa-re tu cle-men-cia; Sal-va-dor, pro-pi-cio sé.

Letra, Robert Robinson, 1758. Tr.,T. M. Westrup. Música NETTLETON, en *Repository of Sacred Music, Part Second,* 1813 de John Wyeth.

36 Gloria a Tu Nombre

... a tu nombre da gloria, por tu misericordia, por tu verdad. Sal. 115:1

1. ¡Oh ben-di-to Rey di-vi-no! Te a-do-ra-mos con fer-vor.
2. Re-den-tor, Se-ñor del cie-lo, Luz e-ter-na, dul-ce bien;
3. De tu tro-no en los cie-los A es-te mun-do pe-ca-dor,
4. Ven, oh ven, Se-ñor e-ter-no; Ven con glo-ria di-vi-nal.

Po-de-ro-so, ad-mi-ra-ble E-res tú, ¡oh Sal-va-dor!
Las na-cio-nes de la tie-rra Can-tan glo-ria a su Rey.
Has ba-ja-do pa-ra dar-te Co-mo nues-tro Sal-va-dor.
Ven y lle-va a tu i-gle-sia A tu rei-no ce-les-tial.

Glo - - - ria, Glo - - - ria,

¡Glo-ria a tu nom-bre oh Dios! ¡Glo-ria a tu nom-bre oh Dios!

¡Glo-ria a tu nom-bre oh Dios! Glo - - - ria,

¡Glo-ria a tu nom-bre oh Dios!

Glo - - - ria, Glo - ria a tu nom-bre, ¡Oh Dios! A-mén.

¡Glo- ria a tu nom-bre oh Dios!

¡Dad Gracias y Hoy Cantad! 37

Regocijaos en el Señor siempre. Fil. 4:4

1. Cris - tia - nos, la can - ción A - le - gres en - to - nad,
2. Con los que es-tán con Dios, Con los que es-tán a - quí,
3. La en - se - ña tre - mo - lad, Las fuer - zas Dios da - rá;
4. De to - do co - ra - zón Lo - o - res siem - pre dad,

Y el sím - bo - lo de sal - va - ción De Cris - to des - ple - gad.
Hoy le - van - tad a - le - gre voz, A Dios ho - nor ren - did.
Con pa - so fir - me y fiel mar - chad, La lu - cha fin ten - drá.
Y ba - jo to - da con - di - ción El him - no le - van - tad.

¡A Dios lo - ad! ¡Dad gra - cias y hoy can - tad!
¡A Dios lo - ad!

Basado en el Salmo 20:4, Filipenses 4:4. Letra, Edward H. Plumptre, 1865. Tr., G. Paúl S.
© 1978, renovado, George P. Simmonds. Todos los derechos reservados. Usado con permiso.
Música MARION, Arthur H. Messiter, 1883.

38 ¡Gloria! ¡Gloria!

Alabaré a Jehová en mi vida . . . Sal. 146:2

1. ¡Glo - ria! ¡Glo - ria! a Je - sús Sal - va - dor nues - tro. ¡Can - ta,
2. ¡Glo - ria! ¡Glo - ria! a Je - sús Sal - va - dor nues - tro. Por no-

tie - rra! Can - ta su gran a - mor. ¡Glo - ria! ¡Glo - ria! An - ge - les
so - tros El con la cruz car - gó: Por sal - var - nos él su - frió

san - tos del cie - lo, A su nom - bre den e - ter - nal lo - or.
pe - na de muer - te, Del pe - ca - do Cris - to nos li - ber - tó.

Cuen - ta có - mo él des - cen - dió del cie - lo A na - cer y en
¡A - la - bad - le! ¡Oh qué a - mor tan gran - de! Que nos brin - da

Letra, Fanny J. Crosby, 1869. Tr.,C. V. Pelegrín. Música JOYFUL SONG, Chester G. Allen, 1869.

vi - da su - frir do - lor. ¡Glo - ria! ¡Glo - ria! An - ge - les
és - te que él mos - tró. ¡Glo - ria! ¡Glo - ria! An - ge - les

san - tos del cie - lo A su nom - bre den e - ter - nal lo - or.
san - tos del cie - lo Rin - dan lo - or al que nos res - ca - tó.

Tu Santo Nombre Alabaré 39

Y mi lengua hablará de tu justicia y de tu alabanza todo el día. Sal. 35:28

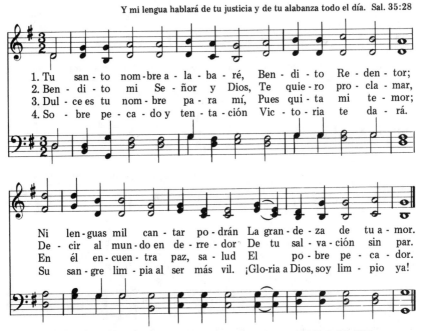

1. Tu   san - to nom - bre a - la - ba - ré, Ben - di - to Re - den - tor;
2. Ben - di - to mi Se - ñor y Dios, Te quie - ro pro - cla - mar,
3. Dul - ce es tu nom - bre pa - ra mí, Pues qui - ta mi te - mor;
4. So - bre pe - ca - do y ten - ta - ción Vic - to - ria te da - rá.

Ni   len - guas mil can - tar po - drán La gran - de - za de tu a - mor.
De - cir al mun - do en de - rre - dor De tu sal - va - ción sin par.
En   él en - cuen - tra paz, sa - lud El   po - bre pe - ca - dor.
Su   san - gre lim - pia al ser más vil. ¡Glo - ria a Dios, soy lim - pio ya!

Letra, Charles Wesley, 1739. Tr.,R. H. Dalke y Ellen de Eck. Música AZMON, Carl G. Gläser;
arr.,Lowell Mason, 1839.

40 Te Amo

Te amo, oh Jehová, fortaleza mía. Sal. 18:1

1. Te a - mo, te a - mo, te a - mo, Se - ñor;
2. Con - ten - to, con - ten - to, con - ten - to es - toy,
3. Oh Cris - to di - vi - no, tú me das ben - di - ción,
4. No hay o - tro cual Cris - to, de *Sa - lem es el Rey,

Te a - mo, mi Cris - to, te a - mo, mi Dios.
Mi go - zo no mue - re, pues al mon - te yo voy;
Tu nom - bre es mi te - ma, tu a - mor mi can - tar;
Le a - do - ro, le a - do - ro con to - da la grey;

Te a - mo, te a - mo, co - no - ces mi a - mor;
Con - tem - plo el te - so - ro y a - llí yo es - ta - ré:
Tu nom - bre es mi te - ma, tu a - mor mi can - tar:
Le a - do - ro, le a - do - ro con to - da la grey,

¡Oh cuán - to te a - mo: de ti voy en pos!
A Cris - to en la glo - ria y a su pue - blo ve - ré.
Tu gra - cia ins - pi - ra mi sen - tir y mi ha - blar.
Y rí - os de go - zo me ven - drán a a - ni - mar.

Letra y música I LOVE THEE, autor anónimo, en Jeremiah Ingalls' *Christian Harmony*, 1805.
Tr.,Adolfo Robleto. ©Copyright 1978 Casa Bautista de Publicaciones. Todos los derechos
reservados. Amparado por los derechos de copyright internacional.
*Nombre antiguo de Jerusalén, Génesis 14:18, Hebreos 7:2.

Me Agrada Cantar 41

A Jehová cantaré en mi vida. Sal. 104:33

1. Me a - gra - da can - tar sin ce - sar, y hon - rar A Je -
2. A Je - sús a - cu - dí, el per - dón re - ci - bí, Y a -
3. Ser - vi - ré a Je - sús, pre - di - can - do la luz, Y go -

sús mi a - ma - do Sal - va - dor; Quien me hi - zo pen - sar que de -
ho - ra fe - liz yo soy en él; El me di - jo: "Ten fe, yo con -
zo - so con él yo vi - vi - ré; El me da sal - va - ción, y gra -

bí - a de - jar Pa - ra siem - pre la sen - da del e - rror.
ti - go es - ta - ré, Y de to - da mal - dad te guar - da - ré."
tui - ta pro - tec - ción; En la lu - cha cons - tan - te se - gui - ré.

¡Mi Sal - va - dor! ¡Mi Sal - va - dor! Te a - la - bo, mi Rey y Se - ñor.

Letra, autor anónimo. Música ME AGRADA CANTAR, compositor anónimo.

42 La Canción al Mundo Entonad

Y será predicado este evangelio del reino en todo el mundo ... Mt. 24:14

Unísono

1. La can - ción al mun-do en-to-nad: ¡Cris - to es el Se-
2. La can - ción al mun-do en-to-nad El dí - a al na-
3. La can - ción al mun-do en-to-nad: ¡Cris - to es el

ñor! A - cla-mad - le por su bon - dad; Ren-
cer; No - tas san - tas re - so - nad Con
Rey! To - do el mun - do, a - la - bad, Pro-

did - le ho - nor. To - da len - gua, to -da na-
san - to pla - cer. Y los bos - ques al can-
cla - mad su ley. La crea-ción a - do-re al Se-

ción Can - te a co - ro es - ta can - ción.
tar E - co en-cuen - tran en el mar.
ñor Ex - al - tan - do su gran a - mor.

Letra, Sarah G. Stock, 1898. Música LEACH, Buryl Red, 1963. ©Copyright 1963 Broadman Press.
Todos los derechos reservados. Tr.,Homero Villarreal R. ©Copyright 1978 Broadman Press. Todos
los derechos reservados. Amparado por los derechos de copyright internacional. Usado con permiso.

La can - ción al mun-do en-to - nad: ¡Cris - to es
La can - ción al mun-do en-to - nad El dí -
La can - ción al mun-do en-to - nad: ¡Cris - to

el Se - ñor! es el Rey!
a al na - cer.

De Quien Pagó Mi Redención 43

... no hay otro nombre bajo el cielo, dado a los hombres, en que podamos ser salvos. Hch. 4:12

1. De quien pa - gó mi re - den - ción, Po - drí - a siem-
2. Por fe en él el pe - ca - dor En - cuen - tra vi-
3. Por re - di - mir - nos él su - frió A - mar - gas pe-
4. Oh Sal - va - dor, a ti mi voz Le - van - ta - ré

pre yo can - tar, Y con mi voz y co - ra - zón
da y per - dón, Y go - za en su Re - den - tor,
nas y do - lor, Y por la muer - te de - mos - tró
con gra - ti - tud: A ti, mi Re - den - tor y Dios,

Su nom - bre siem - pre a - la - bar.
De Dios el i - ne - fa - ble don.
La ple - ni - tud de su a - mor.
Au - tor de vi - da y sa - lud. A - mén.

Letra, autor anónimo. Música QUEBEC, Henry Baker, 1854.

44 Con Cánticos, Señor

En la hermosura de la gloria de su magnificencia, y en tus hechos maravillosos meditaré. Sal. 145:5

1. Con cán - ti - cos, Se - ñor, Mi co - ra - zón y voz
2. Tu ma - no pa - ter - nal Tra - zó mi sen - da a - quí;
3. In - nu - me - ra - bles son Los bie - nes, y sin par,
4. Tú e - res, ¡oh Se - ñor! Mi su - mo, to - do bien;

Te a - do - ran con fer - vor, ¡Oh Tri - no,
Mis pa - sos, ca - da cual, Ve - la - dos
Que por tu com - pa - sión Re - ci - bo
Mil len - guas tu a - mor Can - tan - do

San - to Dios! En tu man - sión yo te ve - ré,
son por ti. En tu man - sión yo te ve - ré,
sin ce - sar. En tu man - sión yo te ve - ré,
siem - pre es - tén. En tu man - sión yo te ve - ré,

Y paz e - ter - na go - za - ré.
Y paz e - ter - na go - za - ré.
Y paz e - ter - na go - za - ré.
Y paz e - ter - na go - za - ré. A - mén.

Letra, James John Cummins. Tr.,M. N. Hutchinson. Música DARWALL, John Darwall, 1770.

A Jesús Alabaremos 45

. . . para que anunciéis las virtudes de aquel que os llamó de las tinieblas a su luz admirable . . . 1 P. 2:9

1. A Je-sús a - la - ba - re - mos, El es nues-tro Sal - va - dor;
2. A Je-sús en - sal - za - re - mos, El es nues-tro Me - dia - dor:
3. A Je-sús a - do - ra - re - mos, Nues-tro San - ti - fi - ca - dor;
4. A Je-sús a - la - ba - re - mos, El es nues-tro Pro - tec - tor;

Y por él al - can - za - re - mos Go - zo, paz y gran fa - vor.
Y por él, sí, en - tra - re - mos En la glo - ria del Se - ñor.
Y un dí - a, sí, se - re - mos Cual es nues - tro Sal - va - dor.
Y ya nun - ca te - me - re - mos Al as - tu - to ten - ta - dor.

¡Glo - ria, glo - ria, a - le - lu - ya; Glo - ria, glo - ria a Je - sús;

Me sal - vó y hoy me guar - da; Glo - ria, glo - ria a Je - sús!

Letra basada en el himno de L.M. Rouse. Música GLORIA A JESUS, Srta. Dora Boole.

46 Maravilloso Es el Nombre de Jesús

... Dios también le exaltó hasta lo sumo, y le dio un nombre que es sobre todo nombre ... Fil. 2:9

Ma - ra - vi - llo - so es el nom - bre de Je - sús,
Rey po - de - ro - so y fiel, De to - do es due - ño él,

Ma - ra - vi - llo - so es, Cris - to el Se - ñor; Cris - to el Se - ñor.

Pas - tor di - vi - no, la Ro - ca e - ter - na, Dios po - de -

ro - so es; Ve - nid, a - mad - le, hoy a - do -

rad - le; Ma - ra - vi - llo - so es, Cris - to el Se - ñor.

Jesús Es Mi Rey Soberano 47

Te exaltaré, mi Dios, mi Rey . . . Sal. 145:1

1. Je - sús es mi Rey so - be - ra - no; Mi go - zo es can - tar su lo -
2. Je - sús es mi a - mi-go an - he - la - do, Y en som-bras o en luz siem - pre
3. Se - ñor, ¿qué pu - die - ra yo dar - te Por tan - ta bon-dad pa - ra

or; Es Rey, y me ve cual her - ma - no; Es Rey y me im - par -
va. Pa - cien-te y hu - mil-de a mi la - do, Y a - yu-da y con - sue-
mí? ¿Me bas - ta ser - vir - te y a - mar - te? ¿Es to - do en-tre-gar -

te su a - mor. De - jan-do su tro-no de glo-ria, me vi - no a sa - car
lo me da. Por e - so cons-tan -te lo si - go, por - que él es mi Rey
me yo a ti? En - ton-ces a - cep - ta mi vi - da, que a ti só - lo que-

de la es - co - ria, Y yo soy fe - liz, Y yo soy fe - liz por él.
y mi a - mi - go, Y yo soy fe - liz, Y yo soy fe - liz por él.
da ren - di - da, Pues yo soy fe - liz, Pues yo soy fe - liz por ti.

Letra y música MI REY Y MI AMIGO, Vicente Mendoza, 1920.

48 Gracias Dad a Jesucristo

Alabadle conforme a la muchedumbre de su grandeza. Sal. 150:2

1. Gra - cias dad a Je - su - cris - to Por su sem - pi - ter - no a-mor;
2. En ca - de - nas de a - mar - gu - ra Yo pe - dí su pro-tec - ción;
3. Quien con - fí - a en Je - su - cris - to La vic - to - ria lle - va - rá,

A - la - bad - le, san - tos to - dos, El es nues-tro Sal - va - dor.
Es - cu - chó mi voz y mi al - ma La sal - vó de la pri - sión.
Mas si fí - a en los hom - bres, Su es - pe - ran - za fa - lla - rá.

Que sus sier - vos por do - quie - ra Can - ten su be - nig - ni - dad;
Si me a-sal - ta el e - ne - mi - go Na - da ten - go que te - mer;
Oh Se - ñor, tu san - to nom-bre A - la - ba-mos sin ce - sar;

Los que te - men a su nom-bre Ha - blen de su li - ber-tad.
En la lu - cha tre - me-bun - da Con Je - sús po - dré ven - cer.
Por tu a-mor in - com - pa - ra - ble Gra - cias te que - re - mos dar.

Letra basada en el Salmo 118, Juan N. de los Santos. Música AUSTRIAN HYMN, Franz Joseph Haydn, 1797.

... te exaltaré, alabaré tu nombre ... Is. 25:1

1. Es Cris-to quien por mí mu-rió, Mis cul-pas él bo-rró.
2. Je-sús su san-gre de-rra-mó, El Rey por mí mu-rió;
3. ¡Oh! nun-ca pue-do yo pa-gar, La deu-da de su a-mor;
4. Vi-vir con Cris-to me tra-e paz, Con él ha-bi-ta-ré;

¡Cuán gran-des pe-nas él su-frió, Cuán gran-de es su a-mor!
Por mí, por-que él me a-mó, Mi i-ni-qui-dad lim-pió.
Es-toy a-quí, mi Sal-va-dor, Re-cí-be-me, Se-ñor.
Pues su-yo soy, y de hoy en más, A na-die te-me-ré.

¡Oh, cuán-to le a-la-bo! ¡Oh, cuán-to le a-do-ro!

Y siem-pre le si-go De to-do co-ra-zón.

Letra, Frederick Whitfield, 1855. Es traducción. Música O HOW I LOVE JESUS, compositor anónimo, siglo XIX.

50 Cantad Alegres al Señor

Todos los reyes se postrarán delante de él; todas las naciones le servirán. Sal. 72:11

1. Can - tad   a - le - gres   al   Se - ñor,   Mor - ta - les
2. Con   gra - ti - tud   can - ción   al - zad   Al   Ha - ce -
3. Su   pue - blo   so - mos;   sal - va - rá   A   sus   o -

to - dos   por   do - quier,   Ser - vid - le   siem - pre
dor   que el   ser   nos   dio;   Al   Dios   ex - cel - so
ve - jas   el   Pas - tor;   Nin - gu - na   de e - llas

con   fer - vor,   O - be - de - ced - le   con   pla - cer.
ve - ne - rad,   Que   co - mo   Pa - dre   nos   a - mó.
fal - ta - rá   Si   fue - ren   fie - les   al   Se - ñor.   A - mén.

Letra basada en el Salmo 100, Tomás González Carvajal. Música DUKE STREET, John Hatton, 1793.

Por la Excelsa Majestad 51

Toda buena dádiva y todo don perfecto desciende de lo alto . . . Stg. 1:17

1. Por la ex-cel - sa ma - jes - tad De los cie - los, tie- rra y mar;
2. Por la cal - ma noc - tur - nal, Por la ti - bia luz del sol,
3. Por la men - te, el co - ra - zón, Los sen - ti - dos que nos das,
4. Por los la - zos del a - mor, Que en fa - mi - lia y a - mis - tad,

Por las a - las de tu a - mor Que nos cu - bren sin ce - sar;
Por el am - plio cie - lo a - zul, Por el ár - bol, por la flor;
Que tu in-men - sa cre - a - ción Nos per - mi - ten a - pre - ciar;
Nos a - cer - can hoy a - quí Y a los que par - tie - ron ya;

Te o - fre - ce - mos, oh Se-ñor, A - la - ban - zas con fer - vor. A-mén.

Letra, Folliott S. Pierpoint, 1864. Tr.,F. J. Pagura. Música DIX, Conrad Kocher, 1838; adap., William H. Monk, 1861.

52 Cristo, Yo Quiero Dar Gracias

En él confió mi corazón . . . y con mi cántico le alabaré. Sal. 28:7

1. Cris - to, yo quie - ro dar gra - cias; Cris - to, yo
2. Cris - to, yo quie - ro a - la - bar - te; Cris - to, yo
3. Cris - to, yo quie - ro de - cir - te; Cris - to, yo
4. Cris - to, yo quie - ro ser - vir - te; Cris - to, yo
5. Cris - to, yo sé que tú vie - nes; Cris - to, yo

quie - ro dar gra - cias; Cris - to, yo quie - ro dar
quie - ro a - la - bar - te; Cris - to, yo quie - ro a - la-
quie - ro de - cir - te; Cris - to, yo quie - ro de-
quie - ro ser - vir - te; Cris - to, yo quie - ro ser-
sé que tú vie - nes; Cris - to, yo sé que tú

gra - cias, ___ Gra - cias por tu gran bon - dad.
bar - te; Te a - la - bo por tu gran bon - dad.
cir - te: Te a - mo por tu gran bon - dad.
vir - te; Te sir - vo por tu gran bon - dad.
vie - nes ___ Pa - ra lle - var - me a tu ho - gar.

Cristo Divino, Hijo Unigénito 53

Y aquel Verbo fue hecho carne, y habitó entre nosotros . . . lleno de gracia y de verdad. Jn. 1:14

1. Cris - to di - vi - no, Hi - jo u - ni - gé - ni - to,
2. Los cam - pos be - llos Cu - bren el sue - lo
3. ¡Be - llo el lu - ce - ro! ¡La ar-gen - ti - na lu - na!
4. Más que la au - ro - ra Ful - ge tu ros - tro

Gran Cre - a - dor y fiel sos - tén, Siem-pre he de a - mar - te,
De lo - za - ní - a y flo - ra - ción; Je - sús, em - pe - ro,
Ti - ti - lan las es - tre - llas mil. Je - sús es be - llo,
Con her - mo - su - ra de li - rio en flor. Mag - ni - fi - cen - cia

Siem - pre ser - vir - te, Mi go - zo, mi co - ro - na y bien.
Siem-pre es más be - llo; Ha - ce can - tar el co - ra - zón.
Je - sús es pu - ro Que to-do el rei - no ce - les - tial.
In - com-pa - ra - ble E - res mi Cris - to, mi Se - ñor. A - mén.

Letra, himno anónimo alemán, *Münster Gesangbuch*, 1677. Tr. al castellano, estrofas 1, 2, 3,
Maurilio López L.; estrofa 4, Alberto Rembao. Música CRUSADERS' HYMN, *Schlesische Volkslieder*,
1842; arr., Richard Willis, 1850.

54 Oh Ven, Emanuel

He aquí que la virgen concebirá, y dará a luz un hijo, y llamará su nombre Emanuel. Is. 7:14

Unísono

1. Oh ven, oh ven, Rey *E - ma - nuel, Res - ca - ta ya a
2. Sa - bi - du - rí - a ce - les - tial, Al mun - do hoy ven
3. An - he - lo de los pue - blos, ven; En ti po - dre - mos
4. Ven tú, oh Hi - jo de Da - vid, Tu tro - no es - ta-

Is - ra - el, Que llo - ra en su de - so - la - ción Y es-
a mo - rar; Co - rrí - ge - nos y haz - nos ver En
paz te - ner; De crue - les gue - rras lí - bra - nos, Y
ble - ce a - quí: Des - tru - ye el po - der del mal. ¡Vi-

pe - ra su li - be - ra - ción.
ti lo que po - de - mos ser.
rei - ne so - be - ra - no Dios.
sí - ta - nos, Rey ce - les - tial!

Ven - drá, ven - drá Rey

E - ma - nuel, A - lé - gra - te, oh Is - ra - el. A-mén.

*Dios con nosotros, Isaías 7:14.
Letra, himno latino, 1710. Estrofas 1 y 2 tr. al inglés, John Mason Neale, 1851; estrofas 3 y 4,
Henry Sloane Coffin, 1916. Tr. al castellano, F. J. Pagura. Música VENI EMMANUEL, adap.,
Thomas Helmore, 1854.

Consolaos, Pueblo Mío 55

Consolaos, consolaos, pueblo mío, dice vuestro Dios. Is. 40:1

1. Con - so - la - os, pue - blo mí - o,   Paz te - ned, di - ce el Se - ñor;
2. Voz que en el de - sier - to cla - ma,   Su men - sa - je cla - ro es;
3. Lo tor - ci - do en-de - re - zad - lo,   Y lo ás - pe - ro a - lla - nad;

Con - so - lad al que, per - di - do,   Ya - ce en la os - cu - ri - dad.
Lla - ma al a - rre - pen - ti - mien - to,   Pues el rei - no ya lle - gó.
Un e - jem - plo de su rei - no,   Se - a vues - tro co - ra - zón.

A Je - ru - sa - lén ha - blad   De la paz que ya lle - gó;
E - sa voz hoy es - cu - chad,   Y el ca - mi - no pre - pa - rad;
Y la glo - ria del Se - ñor,   Re - ve - la - da a - sí se - rá;

Su pe - ca - do es per - do - na - do,   Y su tiem - po ya se cum-plió.
Va - lles, sa - lu - dad-le er - gui - dos;   Mon - tes, in - cli - na - os an-te él.
To - do ser ha - brá de ver - la,   Pues Jeho-vá lo ha di - cho a - sí. A - mén.

Basado en Isaías 40:1-8. Letra, Johannes Olearius, 1671; tr. al inglés, Catherine Winkworth, 1863; tr. al castellano, Luden A. Gutiérrez. © Copyright 1978 Casa Bautista de Publicaciones. Todos los derechos reservados. Amparado por los derechos de copyright internacional. Música SALMO 42, *Salterio de Ginebra*, 1551.

56 Ven, Jesús Muy Esperado

...vendrá el Deseado de todas las naciones... Hag. 2:7

1. Ven, Jesús muy es-pe-ra-do, Ven, y qui-ta
   de tu grey Sus te-mo-res y pe-ca-dos, Pues tú
   e-res nues-tro Rey. E-res fuer-za y a-le-grí-a,
   De la tie-rra y de Is-ra-el; Y es-pe-ran-za

2. Na-ces pa-ra bien de to-dos; Aun-que ni-ño,
   e-res Dios; Na-ces pa-ra ha-cer-nos bue-nos; Oh Je-
   sús, ven pron-to hoy. Con tu Es-pí-ri-tu di-vi-no
   Rei-na en to-do co-ra-zón, Y tu gra-cia

Letra, Charles Wesley. Tr.,Lorenzo Alvarez. Música HYFRYDOL, Rowland H. Prichard, c. 1830.

pa - ra a - que - llos, Que te es - pe - ran con gran fe.
nos con - duz - ca A tu tro - no de es - plen - dor.

En Belén Nació Jesús 57

¡Gloria a Dios en las alturas, y en la tierra paz, buena voluntad para con los hombres! Lc. 2:14

1. En Be - lén na - ció Je - sús, A - le - lu - ya,
2. Sien - do Dios se hi - zo mor - tal, A - le - lu - ya,
3. Por los hom - bres él mu - rió, A - le - lu - ya,
4. Cris - to sal - va al pe - ca - dor, A - le - lu - ya,
5. A vi - vir con él i - ré, A - le - lu - ya,
En lo al - to glo - ria a Dios, A - le - lu - ya,

A los hom - bres tra - jo luz, A - le - lu - ya.
Mas su glo - ria es e - ter - nal, A - le - lu - ya.
Con po - der re - su - ci - tó, A - le - lu - ya.
Si con - fia - mos en su a - mor, A - le - lu - ya.
En su a - mor me go - za - ré, A - le - lu - ya.
En lo al - to glo - ria a Dios, A - le - lu - ya.

Letra, autor anónimo. Música MICHAEL, canción tradicional folklórica. Tr., Homero Villarreal
Rubalcava, 1977. ©Copyright 1978 Casa Bautista de Publicaciones. Todos los derechos reservados.
Amparado por los derechos de copyright internacional.

58 Noche de Paz

Había pastores en la misma región, que velaban y guardaban las vigilias de la noche sobre su rebaño. Lc. 2:8

1. ¡No-che de paz, no-che de a-mor! To - do duer-me en de - rre - dor,
2. ¡No-che de paz, no-che de a-mor! O - ye hu-mil-de el fiel pas - tor,
3. ¡No-che de paz, no-che de a-mor! Ved qué be - llo res - plan- dor

En - tre los as - tros que es-par - cen su luz, Be-lla, a-nun-cian-do al ni -
Co - ros ce - les - tes que a - nun - cian sa - lud, Gra-cias y glo - rias en
Lu-ce el ros - tro del ni - ño Je - sús, En el pe - se - bre, del

ñi - to Je - sús, Bri - lla la es - tre - lla de
gran ple - ni - tud, Por nues-tro buen Re - den -
mun - do la luz, As - tro de e - ter - no ful -

paz, Bri - lla la es - tre - lla de paz.
tor, Por nues-tro buen Re - den - tor.
gor, As - tro de e - ter - no ful - gor.

Letra, himno en alemán, Joseph Mohr, 1818. Es traducción. Música STILLE NACHT, Franz Gruber, 1818.

Había pastores en la misma región . . . Lc. 2:8

1. En la no-che los pas-to-res a sus o-ve-ji-tas ve-lan;
2. Del o-rien-te, u-nos ma-gos si-guen la bri-llan-te es-tre-lla;
3. Con a-le-gre re-ve-ren-cia en la be-lla no-che bue-na,

An-ge-les del cie-lo a-la-ban, án-ge-les del cie-lo can-tan.
Quie-ren o-fre-cer re-ga-los, tra-en muy va-lio-sos do-nes
Los cris-tia-nos hoy a-la-ban, los cris-tia-nos to-dos can-tan.

Pas-tor-ci-tos, id, pas-tor-ci-tos, ya,
Ma-gos, hoy ve-nid; ma-gos, hoy lle-gad   A a-do-rar al Ni-ño,
Pue-blos, hoy ve-nid; pue-blos, hoy lle-gad

a a-do-rar al Ni-ño, que en Be-lén es-tá, que en Be-lén es-tá. -tá.

Letra y música PASTORES VELAN, autor y compositor anónimos.

60 Tú Dejaste Tu Trono y Corona por Mí

A lo suyo vino, y los suyos no le recibieron. Jn. 1:11

1. Tú de - jas - te tu tro - no y co - ro - na por mí, Al ve -
2. A - la - ban - zas ce - les - tes los án - ge - les dan, En que
3. Siem-pre pue - den las zo - rras sus cue - vas te - ner, Y las
4. A - la - ban - zas su - bli - mes los cie - los da - rán, Cuan - do

nir a Be - lén a na - cer; Mas a ti no fue da - do el en -
rin - den al Ver - bo lo - or; Mas hu - mil - de vi - nis - te a la
a - ves sus ni - dos tam-bién; Mas el Hi - jo del hom - bre no
ven - gas glo - rio - so de a - llí, Y tu voz en - tre nu - bes di -

trar al me - són. Y en es - ta - blo te hi - cie - ron na - cer.
tie - rra, Se - ñor, A dar vi - da al más vil pe - ca - dor.
tu - vo un lu - gar En el cual re - cli - na - ra su sien.
rá: "Ven a mí, Que hay lu - gar jun - to a mí pa - ra ti."

Ven a

mi co - ra - zón, ¡oh Cris - to! Pues en él hay lu - gar pa - ra ti; Ven a

Letra, Emily E. S. Elliott, 1864. Es traducción. Música ROOM FOR THEE, Ira D. Sankey.

mi co - ra - zón, ¡oh Cris - to! ven, Pues en él hay lu - gar pa - ra ti.

Pastores Cerca de Belén 61

Pero el ángel les dijo: No temáis; porque he aquí os doy nuevas de gran gozo. Lc. 2:10

1. Pas - to - res cer - ca de Be - lén Mi - ra - ban con te - mor
2. El di - jo a e - llos, "No te - máis," Te - mie - ron en ver - dad,
3. "Os ha na - ci - do hoy en Be - lén, Y es de li - na - je real,
4. "En - vuel - to en pa - ña - les hoy Al Ni - ño en - con - tra - réis,
5. El se - ra - fín ha - bla - ba a - sí, Y lue - go en al - ta voz
6. "En las al - tu - ras glo - ria a Dios, En to - do el mun - do paz,

Al án - gel quien les des - cen - dió Con gran - de res - plan - dor.
"Pues bue - nas nue - vas del Se - ñor Trai - go a la hu - ma - ni - dad."
El Sal - va - dor, Cris - to el Se - ñor; Es - tos os se - rá se - ñal."
E - cha - do en pe - se - bre vil Hu - mil - de le ha - lla - réis."
Se o - yó ce - les - te mul - ti - tud Lo - or can - tan - do a Dios.
Y pa - ra con los hom - bres hoy La bue - na vo - lun - tad."

Letra basada en Lucas 2:8-14, parafraseada, Nahum Tate, 1700. Tr., George P. Simmonds.
© Copyright 1967, renovado, George P. Simmonds. Todos los derechos reservados. Usado con permiso. Música WINCHESTER OLD, Thomas Est's *Whole Book of Psalms*, 1592.

62 Hoy la Nueva Dad

Cantad a nuestro Rey, cantad . . . Sal. 47:6

1. Ha na - ci - do Cris - to ya, Glo - ria a él, glo - ria a él;
2. Los pas - to - res le ve - rán, Glo - ria a él, glo - ria a él;
3. Ma - gos des - de o-rien - te van, Glo - ria a él, glo - ria a él;
4. De - mos a Je - sús lo - or, Glo - ria a él, glo - ria a él;

En pe - se - bre don - de es - tá, Duer - me a - llí tran - qui - lo.
An - ge - les le can - ta - rán Des - de el al - to cie - lo.
O - ro, in - cien - so y mi - rra dan Al pe - que - ño Ni - ño.
Por brin - dar - nos su a - mor, El na - ció en Be - lén.

Ved - le hoy, la nue - va dad, Glo - ria a él, glo - ria a él,

¡Oh qué be - lla Na - vi - dad, La del dul - ce Ni - ño!

¡Oh qué be - lla Na - vi - dad, Glo - ria siem - pre, a - mén!

Letra y música BELLA NAVIDAD, H. B. Franklin. ©Copyright 1958 Broadman Press. Todos los derechos reservados. Amparado por los derechos de copyright internacional. Tr.,Alfredo Díaz C. Usado con permiso.

Venid, Pastores 63

... el ángel les dijo: ... os doy nuevas de gran gozo ... os ha nacido ... un Salvador, que es CRISTO el Señor. Lc. 2:10,11

1. Ve - nid, pas - to - res, ve - nid, oh ve - nid a Be - lén, Oh ve-nid al por - tal. Yo no me voy de Be - lén sin al Ni-ño Je - sús un mo - men - to a - do - rar. Y la es-tre - lla de Be - lén os guia - rá con su luz, has - ta el hu-mil - de por - tal, don - de na - ció Je - sús.

2. Ve - nid, pas - to - res, ve - nid, con gran go - zo, de - jan-do en el cam - po la grey. Ved a los án - ge - les quie - nes a - nun-cian que hoy ha na - ci - do el Rey.

64 Se Oye un Son en Alta Esfera

Gloria a Dios en las alturas . . . Lc. 2:14

1. Se o - ye un son en al - ta es- fe-ra: "¡En los cie - los glo - ria a Dios!
2. El Se - ñor de los se - ño-res, El Un-gi - do ce - les - tial,
3. Prín - ci - pe de paz e - ter-na, Glo-ria a ti, Se-ñor Je - sús;

¡Al mor - tal paz en la tie-rra!" Can - ta la ce - les - te voz.
A sal - var los pe - ca - do-res Vi - no al mun - do te - rre - nal.
En - tre - gan-do el al - ma tier-na, Tú nos tra - es vi - da y luz.

Con los cie - los a - la - be-mos, Al e - ter - no Rey can - te-mos,
Glo - ria al Ver - bo en - car - na-do, En hu - ma - ni - dad ve - la-do;
Has tu ma - jes - tad de - ja-do, Y bus - car - nos te has dig - na-do;

A Je - sús, que es nues - tro bien, Con el co - ro de Be - lén;
Glo - ria al San - to de Is - ra - el, Cu - yo nom - bre es E - ma - nuel;
Pa - ra dar - nos el vi - vir, A la muer - te quie - res ir.

Letra, Charles Wesley, 1739. Tr.,Federico Fliedner. Música MENDELSSOHN, Felix Mendelssohn, 1840. Arr. William H. Cummings, 1855.

Can - ta la ce - les - te voz: "¡En los cie - los glo - ria a Dios!"

En un Pesebre Yace un Niñito 65

Esto os servirá de señal: Hallaréis al niño envuelto en pañales, acostado en un pesebre. Lc. 2:12

1. En un pe - se - bre ya - ce un ni - ñi - to; Su ma - dre
2. De - jó los cie - los al - tos, su - bli - mes, Y un pe -
3. Las pro - fe - cí - as ya se cum - plie - ron: Es Je - su -

can - ta al Pa - dre Dios. Ni - ño di - vi - no que por no -
se - bre le hos-pe - dó. An - ge - les can - tan, re - yes le a -
cris - to, Rey, Sal-va - dor. Des - de su tro - no del al - to

so - tros Del cie - lo vi - no a dar-nos per - dón.
do - ran, Y se con - ten - ta la cre - a - ción.
cie - lo Nos ha ve - ni - do el Re-den - tor.

Letra, Mary Macdonald; tr. al inglés, Lachlan Macbean, 1888. Usado con permiso de *The Fifeshire Advertiser, Ltd.* Tr. al castellano, Salomón Mussiett C. © Copyright 1978 Casa Bautista de Publicaciones. Todos los derechos reservados. Amparado por los derechos de copyright internacional. Música BUNESSAN, melodía gaélica.

66 Cristianos, Hoy Cantad a Dios

... os ha nacido hoy, en la ciudad de David, un Salvador, que es CRISTO el Señor. Lc. 2:11

1. Cris - tia - nos, hoy can-tad a Dios Con al - ma, co - ra-zón y voz;
2. Cris - tia - nos, hoy can-tad a Dios Con al - ma, co - ra-zón y voz;

Gra - ta nue - va es - cu - chad, Je - su - cris - to ya na - ció.
Y al pe - ca - do no te - máis, Je - su - cris - to nos da paz.

Los pas - to - res hon - ra dan Al Ni - ño a-llá en el por - tal.
Pue - de dar - te sal - va - ción Si o - yes hoy su in-vi - ta - ción;

Cris - to ya na - ció, Cris - to ya na - ció.
Vi - no a sal - var, Vi - no a sal - var.

Letra, Villancico latino medieval del Siglo XIV. Tr. al inglés, John Mason Neale, 1853. Tr. al castellano, Elina Cabarcas. © Copyright 1978 Casa Bautista de Publicaciones. Todos los derechos reservados. Amparado por los derechos de copyright internacional. Música IN DULCI JUBILO, Villancico tradicional alemán del Siglo XIV.

Angeles Cantando Están 67

¡Gloria a Dios en las alturas, y en la tierra paz, buena voluntad para con los hombres! Lc. 2:14

1. An - ge - les can - tan - do es-tán Tan dul - cí - si - ma can - ción;
2. Los pas - to - res sin ce - sar Sus lo - o - res dan a Dios;
3. ¡Oh! ve - nid pron - to a Be - lén Pa - ra con - tem - plar con fe

Las mon - ta - ñas su e - co dan Co - mo fiel con - tes - ta - ción.
Cuán glo - rio - so es el can - tar De su me - lo - dio - sa voz.
A Je - sús, au - tor del bien, Al re - cién na - ci - do Rey.

Glo - - - ria a Dios en lo al - to.

Glo - - - ria a Dios en lo al - to.

Letra, Villancico francés. Tr., George P. Simmonds. Música GLORIA, Villancico francés.
Arr. Warren M. Angell, 1956.

68 A Media Noche Resonó

... se les presentó un ángel del Señor, y la gloria del Señor los rodeó de resplandor ... Lc. 2:9

1. A me-dia no-che re-so-nó Glo-rio-so y sin i-gual
2. "Al-zad la vis-ta sin te-mor, Mor-ta-les por do-quier;
3. Men-sa-je gra-to pro-cla-mó Ce-les-te mul-ti-tud,

Un can-to an-gé-li-co de a-mor, Su-bli-me y di-vi-nal;
Men-sa-je de gran go-zo os doy, Que es pa-ra to-do ser:
Que por los cam-pos re-so-nó Con go-zo y gran vir-tud:

Bri-llan-te luz res-plan-de-ció En den-sa os-cu-ri-dad,
Os ha na-ci-do hoy en Be-lén, El pue-blo de Da-vid,
"¡En las al-tu-ras glo-ria a Dios, Y al mun-do sal-va-ción,

Y a los pas-to-res a-nun-ció La voz an-ge-li-cal.
Un Sal-va-dor y Re-den-tor Que es Cris-to el a-da-lid."
Al hom-bre bue-na vo-lun-tad, Paz, go-zo y ben-di-ción!"

Letra, Edmund H. Sears, 1849. Tr. estrofa 1, José L. Santiago Cabrera; estrofas 2 y 3, Arnfeld C. Morck. Música CAROL, Richard S. Willis, 1850.

Angeles de Alta Gloria 69

... venimos a adorarle. Mt. 2:2

1. An - ge - les de al - ta glo - ria, Vues - tras vo - ces
2. Los pas - to - res vi - gi - lan - do So - bre su ga -
3. Sa - bios, las me - di - ta - cio - nes To - das pron - to a -
4. Los que a Cris - to re - ve - ren - tes Es - pe - ran - do

le - van - tad; Cris - to ya na - ció, la his - to - ria
na - do es - tán; Dios en Cris - to ya ha - bi - tan - do
ban - do - nad; Al De - sea - do de na - cio - nes
ver - le es - tán, En su tem - plo, muy fer - vien - tes

Pron - to a to - dos pro - cla - mad. A - do - re - mos,
Con los hom - bres, mi - ra - rán. A - do - re - mos,
En pe - se - bre vil mi - rad. A - do - re - mos,
Con - tem - plar - le a - llí po - drán. A - do - re - mos,

A - do - re - mos Al re - cién na - ci - do Rey.
A - do - re - mos Al re - cién na - ci - do Rey.
A - do - re - mos Al re - cién na - ci - do Rey.
A - do - re - mos Al re - cién na - ci - do Rey.

Letra, James Montgomery, 1816. Tr.,George P. Simmonds. Música REGENT SQUARE, Henry Smart, 1867.

70 Venid, Pastorcitos

Y volvieron los pastores glorificando y alabando a Dios por todas las cosas que habían oído y visto . . .
Lc. 2:20

Do   **Fa**   **Do**   **Sol**

1. Ve - nid, pas - tor - ci - tos, si - ga - mos La sen - da que va ha-cia Be - lén.
2. Los ma - gos sa - lie - ron del O - rien - te Vi - nie - ron al Ni - ño a-do - rar;

Do   **Fa**   **Do**   **Sol7**   **Do**

Can - te - mos un him-no de a-mor y de glo-ria Al Ni - ño que es to-do un E - dén.
Tra - je - ron con e - llos pre-sen-tes que con gran Ca - ri - ño le qui-sie-ron dar.

Sol   **Do**   **Sol7**   **Do**

Ve-nid a can-tar, a can-tar, a can-tar, Un him-no de a-mor y de paz, y de

Do   **Sol**   **Do**   **Sol 7**

paz. Lle - gue-mos a él con a - fán, con a - fán, Que e-jem-plo nos

Sol7   **Do**   **Sol**   **Sol7**   **Do**

da de hu-mil - dad. Ve - nid, ve - nid, pas - to - res. No hay

Letra y música VENID PASTORCITOS, canción navideña tradicional. Autor y compositor anónimos.

tiem - po que per - der, que per - der. No hay tiem - po que per - der.

Cantan Angeles Mil 71

... he aquí os doy nuevas de gran gozo ... Lc. 2:10

1. Can-tan án - ge - les mil, bri - lla es-tre - lla de paz; Vir - gen ma-dre en
2. Hay un go - zo sin par por el don de su a - mor, Pues el tier - no
3. El su - bli - me ful - gor es del mun - do la luz, Y re - sue-na es-
4. Gran-de go - zo nos da es - ta luz ce - les - tial; Can - ta hoy nues-

a - mor, ve-la al Hi - jo de Dios. To-do el cie - lo en jú - bi - lo
be - bé es del mun - do Se - ñor. To-do el cie - lo en jú - bi - lo
te son a - la - ban-do a Je - sús. Nues-tras al - mas se in-fla-man y
tra voz him-no an - ge - li - cal. Pro-cla - ma - mos a - le - gres su e-

can - ta lo - or; Ha na - ci - do en Be - lén nues-tro Rey y Se - ñor.
can - ta lo - or; Ha na - ci - do en Be - lén nues-tro Rey y Se - ñor.
can - tan lo - or; Ha na - ci - do en Be - lén nues-tro Rey y Se - ñor.
ter - no a - mor, Y a-do - ra - mos al Ni - ño, al Rey y Se - ñor.

Letra, Josiah G. Holland. Tr., Elsie E. Tyron. Música CHRISTMAS SONG, Karl P. Harrington.

72 Venid, Fieles Todos

... Pasemos, pues, hasta Belén, y veamos esto que ha sucedido ... Lc. 2:15

1. Ve - nid, fie - les to - dos, a Be - lén mar - che - mos: De go - zo triun-
2. El que es hi - jo e - ter - no del e - ter - no Pa - dre, Y Dios ver - da-
3. En po - bre pe - se - bre ya - ce re - cli - na - do. Al hom - bre o-
4. Can - tad ju - bi - lo - sas, cé - li - cas cria - tu - ras: Re - sue - ne el

fan - tes, hen - chi - dos de a - mor. Y al Rey de los cie - los con - tem - plar po-
de - ro que al mun - do cre - ó, Al se - no hu - mil - de vi - no de u - na
fre - ce e - ter - nal sal - va - ción, El san - to Me - sí - as, Ver - bo hu - ma-
cie - lo con vues - tra can - ción; ¡Al Dios bon - da - do - so glo - ria en las al-

dre - mos:
ma - dre: Ve - nid, a - do - re - mos, Ve - nid, a - do - re - mos,
na - do:
tu - ras!

Ve - nid, a - do - re - mos a Cris - to el Se - ñor.

Letra, himno latino; atribuído a John Francis Wade, *c.* 1743; tr. al inglés, Frederick Oakeley, 1841, y otros; tr. al castellano, Juan B. Cabrera. Música ADESTE FIDELES, John Francis Wade, 1743.

Vé, Dilo en Las Montañas 73

Y al verlo, dieron a conocer lo que se les había dicho acerca del niño. Lc. 2:17

Unísono

Vé, di - lo en las mon - ta - ñas, En to - das par - tes y al - re-de-dor;

Vé, di - lo en las mon - ta - ñas: Que Cris - to el Rey na - ció.

Armonía

1. El mun - do ha es - pe - ra - do Que Cris - to el Rey de paz,
2. Lle - gó co - mo un ni - ño De no - che en Be - lén;
3. Y los que son de Cris - to De - bie - ran pro - cla - mar,

Vi - nie - ra a es - ta tie - rra Tra - yén - do - le so - laz.
Del cie - lo las es - tre - llas Le a - lum - bra - ron tam - bién.
Que Cris - to al mun - do vi - no Los hom - bres a sal - var.

Letra, John W. Work, h., 1907. Tr., Adolfo Robleto, 1976. ©Copyright 1978 Casa Bautista de Publicaciones. Todos los derechos reservados. Amparado por los derechos de copyright internacional. Música GO TELL IT, canción religiosa Negra, EE.UU.; arm., John W. Work III, 1940. Armonización usada con permiso de Mrs. John W. Work III.

74 ¡Oh Aldehuela de Belén!

Pero tú, Belén Efrata, pequeña para estar entre las familias de Judá, de ti me saldrá el que será Señor en Israel . . . Mi. 5:2

1.¡Oh al - de - hue - la de Be - lén! A - for - tu - na - da tú,
2. A - llá do el Re - den - tor na - ció Los án - ge - les es - tán
3. Ca - lla - da - men - te Dios nos da Su in - com - pa - ra - ble don;
4.¡Oh san - to Ni - ño de Be - lén! Des - cien - de con tu paz;

Pues en tus cam - pos bri - lla hoy La sem - pi - ter - na luz.
Ve - lan - do to - dos con a - mor Al ni - ño sin i - gual.
A - sí tam - bién im - par - ti - rá Sus ben - di - cio - nes hoy.
En nues - tras al - mas na - ce hoy Lim - pian - do to - do mal.

El Hi - jo tan de - sea - do Con san - ta ex - pec - ta - ción, El
¡Es - tre - llas ru - ti - lan - tes, A Dios la glo - ria dad! Pues
Nin - gún o - í - do a - ca - so Per - ci - ba su ve - nir, Mas
Los án - ge - les del cie - lo Te a - nun - cian al na - cer: ¡Ven

a - nun - cia - do Sal - va - dor En ti, Be - lén, na - ció.
hoy el cie - lo nos mos - tró Su bue - na vo - lun - tad.
él de hu - mil - de co - ra - zón, Le ha - brá de re - ci - bir.
con no - so - tros a mo - rar, Oh Cris - to, E - ma - nuel!

Letra, Phillips Brooks, 1868. Es traducción. Música ST. LOUIS, Lewis Redner, 1868.

La Noticia sin Igual 75

Y dará a luz un hijo, y llamarás su nombre JESUS . . . Mt. 1:21

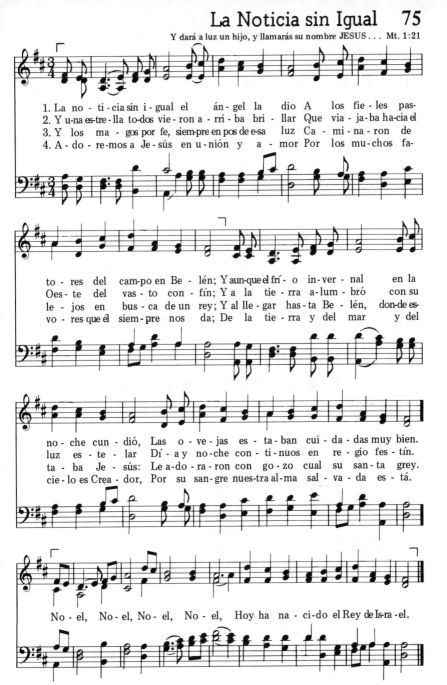

1. La no - ti - cia sin i - gual el án - gel la dio A los fie - les pas-
2. Y u-na es-tre-lla to-dos vie-ron a - rri - ba bri - llar Que via - ja-ba ha-cia el
3. Y los ma - gos por fe, siem-pre en pos de e-sa luz Ca - mi - na - ron de
4. A - do - re-mos a Je - sús en u-nión y a - mor Por los mu-chos fa-

to - res del cam-po en Be - lén; Y aun-que el frí - o in-ver - nal en la
Oes - te del vas - to con - fín; Y a la tie - rra a-lum - bró con su
le - jos en bus - ca de un rey; Y al lle - gar has - ta Be - lén, don-de es-
vo - res que él siem-pre nos da; De la tie - rra y del mar y del

no - che cun - dió, Las o - ve-jas es - ta - ban cui - da - das muy bien.
luz es - te - lar Dí - a y no-che con - ti - nuos en re - gio fes - tín.
ta - ba Je - sús: Le a-do - ra - ron con go - zo cual su san - ta grey.
cie - lo es Crea - dor, Por su san-gre nues-tra al-ma sal - va - da es - tá.

No - el, No - el, No - el, No - el, Hoy ha na - ci - do el Rey de Is-ra - el.

Letra y música THE FIRST NOWELL, villancico tradicional inglés. Tr., Adolfo Robleto. Tr.

76 ¡Al Mundo Paz, Nació Jesús!

Cantad alegres a Jehová, toda la tierra . . . Sal. 98:4

1. ¡Al mun-do paz, na-ció Je-sús! Na-ció ya nues-tro Rey;
2. ¡Al mun-do paz, el Sal-va-dor En tie-rra rei-na-rá!
3. Al mun-do él go-ber-na-rá Con gra-cia y con po-der;

El co-ra-zón ya tie-ne luz,
Ya es fe-liz el pe-ca-dor,
A las na-cio-nes mos-tra-rá

Y paz su san-ta grey, Y paz su san-ta grey,
Je-sús per-dón le da, Je-sús per-dón le da,
Su a-mor y su po-der, Su a-mor y su po-der,

1. Y paz su san-ta grey,

1. Y paz su san-ta grey, Y paz su san-

Y paz, y paz su san-ta grey.
Je-sús, Je-sús per-dón le da.
Su a-mor, su a-mor y su po-der.

ta grey.

Basado en el Salmo 98. Letra, Isaac Watts, 1719. Es traducción. Música ANTIOCH, arr. de
G. F. Händel por Lowell Mason, 1839.

Villancico de la Estrella 77

Mi   La7   Fa♯m Fa♯7   Si   Do♯m

1. Ha - ce a - ños, u - na no-che os-cu - ra y gla - cial   Se
2. E - se ni - ñi - to fue Je - sús, el Sal - va - dor: En
3. Cris - to que - ri - do, ¡cuán pe - que-ño es-tás a - llí!   Ha -

Do♯m   Fa♯m   Sol♯ Fa♯m

vio bri - llan-do u-na es-tre-lla sin i - gual. En un pe - se - bre fue
un es - ta - blo dur-mió el Re - den - tor. Be - llo lu - ce - ro a -
ré lu - gar en mi vi-da pa - ra tĭ. Y ca - da es-tre - lla que a-

Sol♯m   Sol♯m7   La7   Si Mi La Mi

pues-to un be - bé Cu - ya cu - ni - ta de pa - ja fue.
rri - ba se vio, Y su ful - gor a la cu - na dio.
rri - ba se ve Me ha-rá pen - sar en Je - sús, mi Rey.

Letra, Wihla Hutson. **Tr.** al español, Marjorie J. de Caudill. Música STAR CAROL, Alfred S. Burt. TRO ©Copyright 1954, 1957 y 1979 Hollis Music, Inc., New York, N.Y. Usado con permiso.

78 Un Canto de Belén Cantad

Pasemos, pues, hasta Belén, y veamos esto que ha sucedido ... Lc. 2:15

1. Un can-to de Be-lén can-tad, De pas-to-res fie-les tam-bién;
2. Tam-bién can-tad de Na-za-ret, De dí-as de a-mor;
3. De Ga-li-le-a hoy can-tad, De sus mon-tes y del mar;

Y un án-gel que en-vuel-to en luz A-nun-ció-les el gran bien.
Del Ni-ño que ja-más pe-có Y de flo-res de gra-to o-lor.
De có-mo el Se-ñor Je-sús La tor-men-ta pu-do cal-mar.

La luz que a-llá en Be-lén bri-lló Bri-lla hoy por do-quier;
Por-que a-ho-ra flo-res de Na-za-ret Pue-den cre-cer en ti:
Es a-sí tam-bién que él nos da Al a-ta-car el mal:

Y Je-sús al mun-do le o-fre-ció su paz, Pues vi-no a na-cer.
Y es-par-cir la fa-ma de Je-sús, Por los vien-tos que gi-ran, sí.
For-ta-le-za y paz y tran-qui-li-dad, Vic-to-ria sin i-gual.

Letra, Louis F. Benson. Tr., Pablo Filós. ©Copyright 1978 Casa Bautista de Publicaciones. Todos los derechos reservados. Amparado por los derechos de copyright internacional. Música KINGSFOLD, melodía tradicional inglesa, coleccionada por Lucy Broadwood; arr., Ralph Vaughan Williams, 1906. Música de *The English Hymnal*. Usado con permiso de Oxford University Press.

Niño Santo, Sufres Tanto 79

Y aconteció que estando ellos allí, se cumplieron los días de su alumbramiento. Lc. 2:6

1. Ni - ño san - to, su - fres tan - to En tu ca - ma sin ca - lor.
2. Los pas - to - res con te - mo - res Sus re - ba - ños vie - ron bien.

Los que ig - no - ran no te a - do - ran: Cris - to el Ni - ño es el Se - ñor.
Y es - cu - cha - ron que can - ta - ron En los pra - dos de Be - lén.

Y vo - lan - do va can - tan - do, An - gel dan - do,
Y co - rrie - ron y cre - ye - ron Cuan - do vie - ron

pro - cla - man - do: Cris - to el Ni - ño es el Se - ñor.
y en - ten - die - ron Que Je - sús na - ció en Be - lén.

Letra, villancico polaco; parafraseada, Edith M. G. Reed, c. 1925. De *Kingsway Carol Book*. Usado con permiso de Evans Brothers, Ltd. Tr., Pablo Filós. Música W ZLOBIE LEZY, villancico polaco; arm., Wilbur Lee, 1958. Música © Copyright 1958 Broadman Press. Todos los derechos reservados. Amparado por los derechos de copyright internacional. Usado con permiso.

80 Venid a Belén

Y dio a luz a su hijo primogénito . . . y lo acostó en un pesebre . . . Lc. 2:7

1. Ve - nid a Be - lén, oh ve - nid sin tar - dar, Ve - nid al pe-
2. A - llá en el pe - se - bre en el he - no mi - rad Al Ni - ño dor-
3. Ma - rí - a le a - rru - lla con dul - ce can - tar, Le mi - ra Jo-
4. Pos - tra - dos lo - ad - le con el co - ra - zón Las vo - ces u-

se - bre, ve - nid a a - do - rar Al Hi - jo de Dios, el Ni-
mi - do. Ve - nid, con - tem - plad; Más pu - ro que án - ge - les,
sé con a - mor sin ce - sar, Pas - to - res le bus - can con
nid al an - gé - li - co son; En lo al - to can - tad: "Glo-ria a

ñi - to Je - sús; De vi - da es Se - ñor y del mun-do es la luz.
le en - con - tra - réis; En - vuel - to en pa - ña - les al Ni - ño ha - lla - réis.
pa - so ve - loz, Y se o - ye del cie - lo an - gé - li - ca voz.
Dios por su a - mor En dar - nos a su Hi - jo, Je - sús el Se - ñor."

Letra, Christoph von Schmid. Tr. al castellano, George P. Simmonds, 1977. ©Copyright 1978 Casa Bautista de Publicaciones. Todos los derechos reservados. Amparado por los derechos de copyright internacional. Música IHR KINDERLEIN, KOMMET, Johann Abraham Peter Schulz.

Venid, Pastorcillos 81

. . . su estrella hemos visto en el oriente, y venimos a adorarle. Mt. 2:2

1. Ve - nid, pas - tor - ci - llos, ve - nid a a - do - rar Al Rey de los
2. Un rús - ti - co te - cho a - bri - go le da; Por cu-na un pe -
3. Her - mo - so lu - ce - ro le vi - no a a-nun -ciar, Y ma - gos de O-
4. Con fe y con go - zo va - ya - mos a él, Que el Ni-ño es hu-

cie - los que na - ce en Ju - dá. Sin ri - cas o - fren - das po-
se - bre, por tem-plo un por - tal; En le - cho de pa - jas in-
rien - te bus-cán - do - le van; De - lan - te se pos - tran del
mil - de y nos a - ma muy fiel. Los bra - zos nos tien - de con

de - mos lle - gar, Que el ni - ño pre - fie - re la fe y la bon-dad.
cóg - ni-to es - tá Quien qui-so a los as - tros su glo - ria pres-tar.
Rey de Ju - dá, De in-cien-so, o-ro y mi - rra tri - bu - to le dan.
gra - to a - de-mán:"Ve - nid", nos re - pi - te su voz ce - les - tial.

Letra, Francisco Martínez de la Rosa. Música HIDING IN THEE, Ira D. Sankey, 1877.

82 Jesucristo Hoy Nació

... os ha nacido hoy, en la ciudad de David, un Salvador, que es CRISTO el Señor. Lc. 2:11

1. O - íd la his - to - ria que án - ge - les can - tan: ha na - ci - do
2. Pas - to - res vi - gi - lan - do en el cam - po o - ye - ron la his -
3. Ve - nid, oh pue - blos, y en el es - ta - blo a - do - rad al

Cris - to. En un pe - se - bre en - tre a - ni - ma - les; ved al
to - ria, Se a - rro - di - lla - ron an - te la luz ful - gen - te
ni - ño. Cual án - ge - les can - tad, y tri - bu - tos cual pas-

san - to Ni - ño.
de su glo - ria. An - ge - les y pas - to - res can - tan - do, A -
to - res dad - le.

nun - cian las bue - nas nue - vas can - tan - do; Di - gan dul - ce - men - te,

Di - gan fuer - te - men - te: Je - su - cris - to hoy na - ció.

Letra, Alta C. Faircloth, 1959. Música MCCRAY, Villancico polaco; arr.,Alta C. Faircloth, 1959.

. . . le pusieron por nombre JESUS . . . Lc. 2:21

1. Un tier - no ni - ño dor - mi-do es - tá en los bra - zos de Ma - rí - a;
2. ¿Por qué Je - sús es - tá a - sí en me - dio de a - ni - ma - les?
3. Tra - ed - le, pues, in - cien-so y mi - rra y o - ro por-que es Rey.

Los án - ge - les le sa - lu - dan con a - mor y con a - le - grí - a.
Go - zad, cris - tia - nos, pues el ni - ño vie - ne a qui-tar los ma - les.
El tra - e paz y san - to a - mor; Tam - bién nos dic - ta su ley.

Es - te es el Cris - to el Rey a quien los án - ge - les dan lo - or.

Pres - to mar-chad a ver, al ni - ño de Ma - rí - a.

Letra, villancico tradicional inglés. Adap., William C. Dix, c. 1865. Poema en castellano, Pablo Filós.
© Copyright 1978 Casa Bautista de Publicaciones. Todos los derechos reservados. Amparado por los
derechos de copyright internacional. Música GREENSLEEVES, melodía tradicional inglesa, siglo XVI.

84 ¡Oh Santísimo, Felicísimo!

Y repentinamente apareció con el ángel una multitud de las huestes celestiales, que alababan a Dios . . . Lc. 2:13

1. ¡Oh, san - tí - si - mo, fe - li - cí - si - mo, Gra - to tiem - po
2. ¡Oh, san - tí - si - mo, fe - li - cí - si - mo, Gra - to tiem - po
3. ¡Oh, san - tí - si - mo, fe - li - cí - si - mo, Gra - to tiem - po

de Na - vi - dad! A es - te mun - do he - ri - do, Cris - to le ha na -
de Na - vi - dad! Co - ros ce - les - tia - les O - yen los mor -
de Na - vi - dad! Prín - ci - pe del cie - lo, Da - nos tu con -

ci - do: ¡A - le - grí - a, a - le - grí - a, cris - tian - dad!
ta - les: ¡A - le - grí - a, a - le - grí - a, cris - tian - dad!
sue - lo: ¡A - le - grí - a, a - le - grí - a, cris - tian - dad!

Letra, Johannes Falk. Tr., Federico Fliedner. Música SICILIAN MARINERS, canto siciliano.

1. A - llá en el pe - se - bre, do na - ce Je - sús, La cu - na de
2. Pas - to - res del cam - po, te - nien - do te - mor, Cer - ca - dos de
3. Ex - tra - ño bu - lli - cio des - pier - ta al Se - ñor, Mas no llo - ra el

pa - ja nos vier - te gran luz; Es - tre - llas le - ja - nas del
luz y de gran res - plan - dor, A - cu - den a - pri - sa bus -
Ni - ño, pues es pu - ro a - mor; ¡Oh vé - la - nos, Cris - to Je -

cie - lo al mi - rar Se in - cli - nan go - zo - sas su lum - bre a pres - tar.
can - do a Je - sús, Na - ci - do en pe - se - bre del mun - do la luz.
sús, sin ce - sar! Y a - sí bien fe - li - ces siem - pre he - mos de es - tar. A - mén.

Letra, autor anónimo. Tr., George P. Simmonds. Música MUELLER, James R. Murray, 1887.

86 Suenen Dulces Himnos

¡Gloria a Dios en las alturas, y en la tierra paz, buena voluntad para con los hombres! Lc. 2:14

1. ¡Sue-nen dul-ces him-nos gra-tos al Se-ñor, Y ói-gan-se en con-
2. Sal-te, de a-le-grí-a lle-no el co-ra-zón, La a-ba-ti-da y
3. Sien-tan nues-tras al-mas no-ble gra-ti-tud Ha-cia él que nos

cier-to u-ni-ver-sal! Des-de el al-to cie-lo
po-bre hu-ma-ni-dad; Dios se com-pa-de-ce
brin-da re-den-ción; Y a Je-sús el Cris-to,

Y el can-tar de glo-ria,

ba-ja el Sal-va-dor Pa-ra be-ne-fi-cio del mor-tal.
vien-do su a-flic-ción, Y le mues-tra bue-na vo-lun-tad.
que nos da sa-lud, Tri-bu-te-mos nues-tra a-do-ra-ción.

que se o-yó en Be-lén, Se-a nues-tro cán-ti-co tam-bién.

¡Glo-ria! ¡Glo-ria se-a a nues-tro Dios! ¡Glo-ria! Sí, can-te-mos a u-na voz,

Basado en Lucas 15:10. Letra, W. O. Cushing, 1875; adap., J. B. Cabrera. Música RING THE BELLS OF HEAVEN, George F. Root, 1875.

Dad Loor a Dios   87

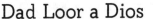

... Cantemos con júbilo a la roca de nuestra salvación. Sal. 95:1

Dad lo - or   a   Dios, him - nos e - le - vad, A - la - ban - do
Can - ta de   Je - sús, po - bre pe - ca - dor; Can - ta, sí, su

su   bon - dad;
gran a - mor.

1. Je - su - cris - to des - cen - dió De los cie - los a
2. Por ve - nir a   pa - de - cer   A los án - ge - les
3. En la cruz, mar - ti - rio cruel, Dio su vi - da el Sal -

Be - lén; Nues - tra paz a - llí na - ció, Nues - tra di - cha, luz y bien.
de - jó, Y na - ci - do de mu - jer, Con los hom - bres ha - bi - tó.
va - dor, Por - que ten - ga paz en él To - do po - bre pe - ca - dor.

¡Oh ben - di - to Dios! Glo - ria a ti, Se - ñor, Por Je - sús, el Sal - va - dor.

Letra, Pedro Castro. Música LOOR, compositor anónimo.

88 Eres del Mundo

. . . aguardando la esperanza bienaventurada . . . de nuestro gran Dios y Salvador Jesucristo. Tit. 2:13

Unísono

1. ¡E - res del mun - do, Cris - to, la es - pe - ran - za!
2. ¡Tú, la es - pe - ran - za! Don del al - to cie - lo,
3. ¡Tú, la es - pe - ran - za! Ven a nues - tro la - do;
4. ¡Tú, la es - pe - ran - za! Sur - ges vic - to - rio - so

Ha - bla y a - quie - ta nues - tro co - ra - zón.
Al al - ma ham-brien - ta das de vi - da el pan;
En nues - tra sen - da os - cu - ra sé la luz;
So - bre la muer-te y vi - da e - ter - na das.

Sal - va a tu pue - blo de fa - laz con - fian - za,
Haz que tu Es - pí - ri - tu nos dé con - sue - lo,
Con tu po - der e - vi - ta que el pe - ca - do
Fie - les se - re - mos al pre - gón glo - rio - so:

Fal - sos i - dea - les y mor - tal pa - sión.
Y pon - ga fin al an - gus - tio - so a - fán.
Nos ex - tra - ví - e le - jos de tu cruz.
¡Tú pa - ra siem - pre, Cris - to, rei - na - rás!

Letra, Georgia Harkness, 1953. Música MORA PROCTOR, William J. Reynolds, 1974. © Copyright 1975 Broadman Press. Todos los derechos reservados. Amparado por los derechos de copyright internacional. Tr., G. Báez-Camargo. Usado con permiso.

Cuando Oigo la Historia de Jesús 89

Dejad a los niños venir a mí, y no se los impidáis; porque de los tales es el reino de Dios. Mr. 10:14

1. Cuan - do oi - go la his-to - ria del que - ri - do Je-
2. Ver qui - sie - ra sus ma - nos so - bre mí re - po-
3. Yo an - sí - o a - quel tiem - po ven - tu - ro - so sin

sús Que ben - di - ce a los ni - ños con a - mor,
sar; Ca - ri - ño - sos a - bra - zos de él sen - tir;
fin, El más gra - to, el más be - llo y el me - jor,

Yo tam-bién qui - sie - ra es-tar, Y con e - llos des - can-
Sus mi - ra - das dis-fru - tar, Las pa - la - bras es - cu-
Cuan-do, de cual-quier na - ción, Ni - ños mil, sin dis - tin-

sar En los bra - zos del tier - no Sal - va - dor.
char: "A los ni - ños de - jad a mí ve - nir."
ción, En los bra - zos se en-cuen - tren del Se - ñor.

Basado en Marcos 10:13-15. Letra, Jemima T. Luke, 1841. Tr., Sebastián Cruellas. Música SWEET STORY (LUKE), adap., William B. Bradbury.

90 Del Santo Amor de Cristo

... conservaos en el amor de Dios, esperando la misericordia de nuestro Señor Jesucristo para vida eterna. Jud. 21

1. Del san-to a-mor de Cris-to que no ten-drá i-gual, De su di-
2. Cuan-do él vi-vió en el mun-do la gen-te lo si-guió, Y to-das
3. El pu-so en los o-jos del cie-go nue-va luz, La e-ter-na
4. Su a-mor, por las e-da-des, del mun-do es el fa-nal, Que mar-ca es-

vi-na gra-cia, su-bli-me y e-ter-nal; De su mi-se-ri-
sus an-gus-tias en él de-po-si-tó; En-ton-ces, bon-da-
luz de vi-da que bri-lla en la cruz, Y dio a las al-mas
plen-do-ro-so la sen-da del i-deal; Y el pa-so de los

cor-dia, in-men-sa co-mo el mar, Y cual los cie-los al-ta,
do-so, su a-mor bro-tó en rau-dal, In-con-te-ni-ble, in-men-so,
to-das la glo-ria de su ser, Al im-par-tir su gra-cia,
a-ños lo ha-rá más dul-ce y más, Pre-cio-so al dar al al-ma

con go-zo he de can-tar. El a-mor de mi Se-ñor,
sa-nan-do to-do mal.
su Es-pí-ri-tu y po-der.
su in-com-pa-ra-ble paz. El a-mor de mi Se-ñor,

Letra, Lelia N. Morris. Tr., Vicente Mendoza. Música NAYLOR, Lelia N. Morris. ©Copyright 1912. Renovado 1940 Nazarene Publishing House, U. S. A. Todos los derechos reservados. Usado con permiso.

Gran-de y dul-ce es más y más; Ri-co e i-ne-fa-ble,
Gran - de y dul - ce es más y más;

Na-da es com-pa-ra-ble, Al a-mor de mi Je-sús.

¡Oh Maestro y Mi Señor! 91

Y nosotros, pueblo tuyo, y ovejas de tu prado, te alabaremos para siempre . . . Sal. 79:13

1.¡Oh Ma - es - tro y mi Se - ñor! Yo con - ti - go quie-ro an-dar;
2. E - res mi pro - fe - ta y rey, Mi di - vi - no Sal - va - dor;
3. Di - me tú lo que he de ser, Las pa - la - bras que he de ha-blar,
4. Só - lo a - sí fe - liz se - ré En mi vi-da es-pi - ri - tual.

En tu gra-cia y en tu a - mor Só - lo quie-ro yo con - fiar.
Soy o - ve - ja de tu grey, E - res tú mi buen pas-tor.
Lo que siem-pre de-bo ha-cer, Có - mo de - bo yo pen-sar.
Só - lo a - sí mo - rar po - dré En la pa - tria ce - les - tial. A-mén.

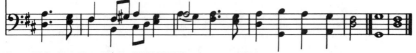

Letra, H. B. Someillan. Música INNOCENTS, *Parish Choir,* 1850.

92 Hijo de Dios Es El

... yo he creído que tú eres el Cristo, el Hijo de Dios ... Jn. 11:27

1. ¿Co - no - ces a Cris - to quien es el Se - ñor? Hi - jo
2. Je - sús con su muer - te res - ca - ta las al - mas, Hi - jo
3. ¿Por qué re - cha - zar - le? ¿Por qué no bus - car - le? Hi - jo
4. Si tú le a - cep - tas y en él tú con - fí - as, Hi - jo

de Dios es él. ¿No sa - bes que te a - ma? ¿A - ca - so le has
de Dios es él. Su san - gre pre - cio - sa nos da paz y
de Dios es él. Je - sús te re - ci - be si vie - nes con -
de Dios es él. Da - rás a - la - ban - zas, ten - drás a - le -

vis - to? Hi - jo de Dios es él.
cal - ma, Hi - jo de Dios es él.
tri - to, Hi - jo de Dios es él.
grí - as, Hi - jo de Dios es él.

¡Oh ma - ra - vi - lla!

¡Oh ma - ra - vi - lla! Hi - jo de Dios es él. Hoy yo le a -

do - ro Y lo a - mo siem - pre, Hi - jo de Dios es él.

Letra y música SWEET WONDER, G. T. Haywood. Tr., Daniel Díaz R., 1977. © Copyright 1978
Casa Bautista de Publicaciones. Todos los derechos reservados. Amparado por los derechos de
copyright internacional.

La Tierna Voz del Salvador 93

... me ha enviado a sanar a los quebrantados de corazón ... Lc. 4:18

1. La tier-na voz del Sal-va-dor Nos ha-bla con-mo-vi-da.
2. Cor-de-ro man-so, ¡glo-ria a ti! Por Sal-va-dor te a-cla-mo.
3. La a-mar-ga co-pa de do-lor, Je-sús, fue tu be-bi-da;
4. Y cuan-do al cie-lo del Se-ñor Con él nos e-le-ve-mos,

O-íd al Mé-di-co de a-mor, Que da a los muer-tos vi-da.
Tu dul-ce nom-bre es pa-ra mí La jo-ya que más a-mo.
En cam-bio das al pe-ca-dor El a-gua de la vi-da.
A-rre-ba-ta-dos en su a-mor, Su glo-ria can-ta-re-mos.

Nun-ca los hom-bres can-ta-rán, Nun-ca los án-ge-les en luz,

No-ta más dul-ce en-to-na-rán Que el nom-bre de Je-sús.

Letra, William Hunter, 1859. Tr., Pedro Castro. Música GREAT PHYSICIAN, John H. Stockton, 1869.

94 Tierra de la Palestina

Y tú, Belén de la tierra de Judá, no eres la más pequeña entre los príncipes de Judá . . . Mt. 2:6

1. Tie - rra ben - di - ta y di - vi - na es la de Pa - les -
2. Cuen - ta la his-to - ria del pa - sa - do que en tu se - no sa -
3. Que - dan en ti tes - ti - gos mu - dos, que son los vie - jos

ti - na, don - de na - ció Je - sús; E - res, de las na - cio - nes,
gra - do vi - vió el Sal - va - dor, Y en tus her - mo - sos o - li -
mu - ros de la Je - ru - sa - lén; Vie - jas pa - re - des ya des -

cum - bre ba - ña - da por la lum - bre que de - rra - mó su luz.
va - res, ha - bló a los mi - lla - res la pa - la - bra de a - mor.
trui - das, que si tu - vie - ran vi - da, nos ha - bla - rí - an bien.

E - res la his-to - ria i - nol - vi - da - ble, Por-que en tu

se - no se de - rra - mó La san - gre, pre - cio - sa san -

Letra, autor anónimo. Música TIERRA DE LA PALESTINA, arr. Robert C. Savage.©Copyright 1954
Robert C. Savage. Asignado a Singspiration, Inc. Arr.©Copyright 1966, tr. ©Copyright 1978
Singspiration, Inc. Todos los derechos reservados. Usado con permiso.

96 El Padre Nuestro

Vosotros, pues, oraréis así: ... Mt. 6:9

Unísono

1. Oh Pa - dre nues - tro que es-tás en los cie - los,
2. Da - nos, Se - ñor, el pan de ca - da dí - a;
3. Sé nues-tro am-pa - ro en las ten - ta - cio - nes,

San - ti - fi - ca - do se - as en ver - dad.
Tam - bién per - do - na tú nues-tra mal - dad,
Mas lí - bra - nos del mun-do y su mal - dad.

Ven - ga tu rei - no y há-ga - se tu vo - lun - tad,
Co - mo no - so - tros he - mos per - do - na - do
Pues tu - yo es el rei - no y la glo - ria,

En es - ta tie - rra co - mo se ha-ce a - llá.
A to - dos los que nos han he - cho mal.
Y por los si - glos tu - yo es el po - der. A - mén.

Basado en Mateo 6:9-13. Música MCCLARD, William J. Reynolds, 1965. ©Copyright 1965 Broadman Press. Todos los derechos reservados. Amparado por los derechos de copyright internacional. Usado con permiso.

¡Oh Rostro Ensangrentado! 97

...y pusieron sobre su cabeza una corona tejida de espinas... Mt. 27:29

1. ¡Oh ros-tro en-san-gren-ta - do, I - ma-gen del do - lor,
2. Cu - brió tu no - ble fren - te La pa - li - dez mor - tal;
3. Se - ñor, tú has so - por-ta - do Lo que yo me - re - cí;
4. Aun - que tu vi - da a-ca - ba No de - ja - ré tu cruz;

Que su - fres, re - sig - na - do, La bur-la y el fu - ror!
Cual ve - lo trans-pa - ren - te De tu su - frir, se - ñal.
La cul - pa que has car-ga - do, Car - gar - la yo de - bí.
Pues cuan-do e - rran-te an-da - ba, En ti en-con - tré la luz.

So - por-tas la tor - tu - ra, La sa - ña, la mal - dad;
Ce - rró - se a-que - lla bo - ca, La len - gua en-mu - de - ció;
Mas mí - ra - me: con - fí - o En tu cruz y pa - sión.
Me a - pa - cen-tas-te siem - pre, Pa - cien - te cual pas - tor;

En tan cruel a - mar - gu - ra, ¡Qué gran-de es tu bon - dad!
La frí - a muer-te to - ca Al que la vi - da dio.
O - tór-ga - me, Dios mí - o, La gra - cia del per - dón.
Me a-mas - te tier - na - men - te Con in - fi - ni - to a-mor. A-mén.

Letra, Paul Gerhardt, 1656, basada en un poema medieval latino. Tr. Federico Fliedner.
Música PASSION CHORALE, Hans Leo Hassler, 1601; arm., J. S. Bach, 1729.

98 Hay una Fuente sin Igual

...habrá un manantial abierto... Zac. 13:1

1. Hay u - na fuen - te sin i - gual De san - gre de E - ma - nuel,
2. El mal - he - chor se con - vir - tió Cla - va - do en u - na cruz;
3. Y yo tam - bién mi po - bre ser A - llí lo - gré la - var;
4. ¡E - ter - na fuen - te car - me - sí! ¡Rau - dal de pu - ro a - mor!

En don - de la - va ca - da cual Las man - chas que hay en él.
El vio la fuen - te y se la - vó, Cre - yen - do en Je - sús.
La glo - ria de su gran po - der Me go - zo en en - sal - zar.
Se la - va - rá por siem - pre en ti El pue - blo del Se - ñor.

Que se su - mer - ge en él, Que se su - mer - ge en él,
Cre - yen - do en Je - sús, Cre - yen - do en Je - sús,
Me go - zo en en - sal - zar, Me go - zo en en - sal - zar,
El pue - blo del Se - ñor, El pue - blo del Se - ñor.

En don - de la - va ca - da cual Las man - chas que hay en él.
El vio la fuen - te y se la - vó, Cre - yen - do en Je - sús.
La glo - ria de su gran po - der Me go - zo en en - sal - zar.
Se la - va - rá por siem - pre en ti El pue - blo del Se - ñor.

Basado en Zacarías 13:1. Letra William Cowper, c. 1771. Tr.,M. N. Hutchinson. Música
CLEANSING FOUNTAIN, primitiva melodía americana; arr.,Lowell Mason.

En el Calvario Estuve Yo 99

... haciendo la paz mediante la sangre de su cruz. Col. 1:20

1. En el Cal - va - rio es-tu - ve yo; Je - sús a - llí mu - rió.
2. En el Cal - va - rio me pos - tré Y con do - lor llo - ré.
3. En el Cal - va-rio un dí - a o - ré: "De ti, Se - ñor, se - ré;

Yo no sa - bí - a que él me a - mó: Por mí él fue a la cruz.
Tan gran a - mor yo re - cha - cé Por mu - chos a - ños, sí;
Per - dón te pi - do, pues pe - qué; Res - táu - ra - me, oh Dios."

Y al es - tar jun - to a Je - sús Su gran a - mor sen - tí.
Y al Se - ñor de - cir le o - í: "Por ti yo fui a la cruz."
Y al o - rar, él me sal - vó, Se - gu - ri - dad me dio.

¡Oh qué ver - güen - za tu - ve yo En el Cal - va - rio a - llí!
¡Oh san - to a - mor mi ser lle - nó En el Cal - va - rio a - llí!
Y dul - ce paz yo re - ci - bí En el Cal - va - rio a - llí.

Letra, Walt Huntley. Tr., Daniel Díaz R., 1977. Música DAY AT CALVARY, Don Newman.
© Copyright 1959 Zondervan Music Publishers. Arr. © Copyright 1964. Tr. © Copyright 1978
Zondervan Music Publishers. Todos los derechos reservados. Usado con permiso.

100 En el Monte Calvario

...el cual por el gozo puesto delante de él sufrió la cruz... He. 12:2

1. En el mon - te Cal - va - rio se vio u - na cruz, Em - ble-ma de a-
2. Aun-que el mun-do des - pre - cie la cruz de Je - sús, Pa-ra mí tie - ne
3. En la cruz do su san - gre Je - sús de-rra - mó Her-mo-su - ra con-
4. Yo se - ré siem-pre fiel a la cruz de Je - sús, Sus des-pre-cios con

fren - ta y do-lor, Y yo quie - ro e-sa cruz do mu - rió mi Je - sús
su - ma a-trac - ción, Por-que en e - lla lle - vó el Cor - de - ro de Dios
tem-plo en vi - sión, Pues en e - lla el Cor - de - ro in-mo - la - do mu - rió,
él su - fri - ré; Y al-gún dí - a fe - liz con los san - tos en luz,

Por sal - var al más vil pe - ca - dor.
Mi pe - ca - do y mi con - de - na - ción. ¡Oh! yo siem-pre a-ma-ré e - sa
Pa - ra dar - me pu - re - za y per - dón. la
Pa - ra siem-pre su glo - ria ten - dré.

cruz, En sus triun-fos mi glo - ria se - rá; Y al-gún dí - a en
cruz de Je - sús,

Letra y música OLD RUGGED CROSS, George Bennard, 1913. © Copyright 1913 George Bennard.
© Copyright renovado 1941 The Rodeheaver Co. Usado con permiso. Tr., S. D. Athans.

vez de u-na cruz,   Mi co - ro - na Je - sús me da - rá.
vez   de u-na ás-pe - ra cruz,

Cristo Su Preciosa Sangre   101

. . . la sangre de Jesucristo su Hijo nos limpia de todo pecado. 1 Jn. 1:7

1. Cris - to   su   pre - cio - sa   san - gre   En   la cruz la dio;
2. Con   su   san - gre tan   pre - cio - sa   Hi - zo re - den - ción;
3. Es   la   san - gre tan   pre - cio - sa   Del buen Sal - va - dor,
4. Sin   la   san - gre es im - po - si - ble   Que ha-ya re - mi - sión;

Por   no - so - tros   pe - ca - do - res   La ver - tió.
Y   por   e - so   Dios   te brin - da   El per - dón.
La   que qui - ta   los   pe - ca - dos   Y el te - mor.
Por   las   o - bras   no   se al-can - za   Sal - va - ción.   A - mén.

Letra, Frances R. Havergal, 1874. Tr., Stuart E. McNair. Música STEPHANOS, Henry W. Baker.

102 Jesucristo Fue Inmolado

... quien se dio a sí mismo por nosotros para redimirnos de toda iniquidad ... Tit. 2:14

Dom   **Fa m**   **Dom Sol**   **Sol 7**   **Dom**

1. Je - su - cris - to fue in-mo - la - do, Por sal - var - te, pe - ca - dor;
2. Cual cor - de - ro fue lle - va - do, Y sus la - bios él no a - brió;
3. Fue sin man-cha y sin pe - ca - do, Cul - pa nun - ca se le ha-lló;

Do   **Fam**   **Dom**   **Sol 7**   **Dom**

Dio su san-gre en el Cal - va - rio, Por brin-dar - te sal - va - ción.
Man - sa - men-te y con a - rro - jo A la muer - te se en-fren - tó.
Sin em - bar - go, se en-sa - ña - ron Con mi Cris - to, con mi Dios.

Fam   **Do7**   **Fam**   **Dom**   **Fa m**   **Dom**

El tus cul - pas y des - gra - cias Las lle - vó con tan - to a - mor.

Dom   **Sol 7**   **Dom**

No des - pre - cies su lla - ma - do, pe - ca - dor.

Letra y música INMOLADO, R. D. Grullón, 1960. Arr., Hermon Warford, 1977. ©Copyright 1978 Casa Bautista de Publicaciones. Todos los derechos reservados. Amparado por los derechos de copyright internacional.

Al Salvador Jesús 103

Bendeciré a Jehová en todo tiempo; su alabanza estará de continuo en mi boca. Sal. 34:1

1. Al Salvador Jesús Canciones por doquier,
2. A Cristo el Salvador, Rey de la eternidad,
3. Las glorias declarad Del Príncipe de paz;
4. Rey de la vida es él, Del mundo el vencedor,

Con gratitud y puro amor Entone todo ser;
Tributa cantos de loor El coro celestial;
Es su justicia salvación Y su poder, bondad.
Quien a la muerte despojó De todo su terror;

A quien nos redimió En santa caridad,
Con ellos a una voz, Con júbilo sin par,
Es digno sólo él De gloria sin igual,
En el poder vivid De su resurrección;

Cristianos todos, con ardor Su nombre celebrad.
Las glorias de su inmenso amor, Cristianos, entonad.
Pues con su sangre nos abrió El reino celestial.
Glorioso el día llegará De plena redención.

Letra, Matthew Bridges, 1851. Es traducción y adaptación. Música DIADEMATA, George J. Elvey, 1868.

104 De Tal Manera Me Amó

En esto se mostró el amor de Dios . . . 1 Jn. 4:9

1. Cru - ci - fi - ca - do por mí fue Je - sús, De tal ma - ne - ra me a -
2. El i - no - cen - te Cor - de - ro de Dios, De tal ma - ne - ra me a -
3. En mi lu - gar pa - de - ció a - flic - ción, De tal ma - ne - ra me a -

mó.   Sin mur - mu - rar fue lle - va - do a la cruz, De tal ma -
mó.   Y por sal - var - me su - frió muer - te a - troz, De tal ma -
mó.   Ya con - su - mó mi e - ter - nal sal - va - ción, De tal ma -

ne - ra me a - mó.
ne - ra me a - mó. (me a-mó.) De tal ma - ne - ra me a - mó;
ne - ra me a - mó.

De tal ma - ne - ra me a - mó;
                         me a - mó;   Cris - to en la cruz del

Letra y música WHY SHOULD HE LOVE ME SO?, Robert Harkness. Tr., S. D. Athans. © Copyright
1925. Renovado 1952 Broadman Press. Todos los derechos reservados. Usado con permiso.

Cal - va - rio mu - rió; De tal ma - ne - ra me a - mó.

me a - mó.

Rey de Mi Vida 105

Porque también Cristo padeció una sola vez por los pecados, el justo por los injustos, para llevarnos a Dios . . . 1 P. 3:18

1. Rey de mi vi - da tú e - res hoy, En ti me glo - ria - ré;
2. Mas vi la luz a - ma - ne - cer De la e - ter - ni - dad;
3. Rey de mi vi - da, Rey de luz, En ti me glo - ria - ré;

Es por tu cruz que sal - vo soy; No te ol - vi - da - ré.
Te vi, Se - ñor, a - pa - re - cer Con in - mor - ta - li - dad.
Por mí mo - ris - te en la cruz; No te ol - vi - da - ré.

Des-pués de tu Get - se - ma - ní, Su - bis - te a la cruz más cruel;

To - do su - fris - te tú por mí; Yo quie - ro ser - te fiel.

Letra, Jennie E. Hussey, 1921. Música DUNCANNON, William J. Kirkpatrick, 1921. © Copyright 1921. Renovado 1949. Hope Publishing Co., dueño. Todos los derechos reservados. Tr., E. D. Dresch. © Copyright 1954. Hope Publishing Co., dueño. Usado con permiso.

106 Espinas de Mi Cristo

Y pusieron sobre su cabeza una corona tejida de espinas, y una caña en su mano derecha . . . Mt. 27:29

1. Es - pi - nas de mi Cris - to, Cla - ve - les de la cruz, Que crue - les tras - pa - sa - ron Las sie - nes de Je - sús; Que crue - les tras - pa - sa - ron Las sie - nes de Je - sús. Es - pi - nas de mi Cris - to, Cla - ve - les de la cruz, Que crue - les tras - pa - sa - ron Las sie - nes de Je - sús;

2. Co - ro - na en-san-gren - ta - da, Per - dón del pe - ca - dor; Co - ro - na do - lo - ro - sa De nues - tro Sal - va - dor; Co - ro - na do - lo - ro - sa De nues - tro Sal - va - dor. Co - ro - na en-san-gren - ta - da, Per - dón del pe - ca - dor; Co - ro - na do - lo - ro - sa De nues - tro Sal - va - dor;

Do m | Sol 7 | Do m | Sol 7 | Do m

ron Las sie - nes de Je - sús. Es - pi - nas de mi Cris - to.
sa De nues - tro Sal - va - dor. Es - pi - nas de mi Cris - to.

Manos Cariñosas 107

Y cuando les hubo dicho esto, les mostró las manos y el costado. Jn. 20:20

1. Ma - nos ca - ri - ño - sas, ma - nos de Je - sús; Ma - nos que
2. Blan - cas a - zu - ce - nas, li - rios de a - mor, Fue - ron e -
3. Ma - nos que su - pie - ron cal - mar el do - lor, ¡Oh ma - nos
4. Ma - nos que su - frie - ron el cla - vo y la cruz; Ma - nos re -
5. ¡Oh Je - sús!, tus ma - nos yo las vi en vi - sión Y ver - tí

lle - va - ron la pe - sa - da cruz. Ma - nos que su - pie - ron só -
sas ma - nos de mi Re - den - tor. Ma - nos que a los cie - gos die -
di - vi - nas de mi Re - den - tor! Que mul - ti - pli - ca - ron los
den - to - ras de mi buen Je - sús. De e - sas ma - nos be - llas yo
mi llan - to con el co - ra - zón; Vi sus dos he - ri - das y

lo ha - cer el bien, ¡Glo - ria a e - sas ma - nos! ¡A - le - lu - ya, a - mén!
ron la vi - sión Con el real con - sue - lo de su gran per - dón.
pe - ces y el pan, Ma - nos mi - la - gro - sas que la vi - da dan.
con - fia - do es - toy, E - llas van gui - an - do, pues al cie - lo voy.
la san - gre vi Que tú de - rra - mas - te por sal - var - me a mí.

108 Mi Bendito Redentor

Mas Dios muestra su amor para con nosotros, en que siendo aún pecadores, Cristo murió por nosotros.
Ro. 5:8

1. Ha- cia el Cal - va - rio, mi Sal - va - dor, U - na ma - ña - na
2. "Pa - dre, per - do - na, ten com - pa - sión, E - llos no sa - ben
3. ¡Oh cuán- to le a - mo, mi A - mi - go fiel! Ser - vir - le quie - ro

tris - te su - bió; Y a- mar - ga muer- te, lle - na de ho- rror,
que ha-cen muy mal. Yo doy por to - dos mi co - ra - zón
y hon-rar - le más. Mi vi - da to - da es só - lo de él,

So- bre u - na cruz él por mí su - frió. ¡Oh qué di - vi -
Pa - ra que ten- gan paz ce - les - tial." ¡Oh qué di -
Glo-ria a su nom- bre siem- pre ja - más.

no! ¡Oh qué pre - cio so! Mi - ro su cuer - po san-
vi - no! ¡Oh qué pre - cio - so!

gran- do por mí; Y hoy can-to a - le - gre, Vi - vo go-
Y hoy can-to a-le - gre,

Letra, Avis Burgeson Christiansen. Música REDEEMER, Harry Dixon Loes. ©Copyright 1921, renovado 1949 John T. Benson, h. Copyright extendido. Arr. ©1978. Todos los derechos reservados. Amparado por los derechos de copyright internacional. Este arreglo impreso con permiso de The Benson Company, 365 Great Circle Road, Nashville, Tenn., 37228. Tr., Daniel Díaz R., 1977.

zo - so, Des-de e-se dí - a Que en él cre - í.
vi - vo go-zo - so, Des-de e-se dí - a

La Cruz Excelsa al Contemplar   109

Lejos esté de mí gloriarme, sino en la cruz de nuestro Señor Jesucristo . . . Gá. 6:14

1. La   cruz   ex - cel - sa al   con - tem - plar   Do   Cris-to a-
2. Yo   no   me   quie - ro,   Dios,   glo - riar   Mas   que en la
3. Ved   en   su   ros - tro,   ma - nos,   pies,   Las   mar - cas
4. El   mun-do en - te - ro   no   se - rá   Dá - di - va

llí   por   mí   mu - rió,   Na - da   se   pue - de   com - pa - rar
muer - te   del   Se - ñor.   Lo   que más   pue - da am-bi - cio - nar
vi - vas   del   do - lor;   Es   im - po - si - ble   com - pren - der
dig - na   de o - fre - cer.   A - mor   tan   gran - de,   sin   i - gual,

A   las   ri - que - zas   de   su a - mor.
Lo   doy   go - zo - so   por   su a - mor.
Tal   su - fri - mien - to y   tan - to a - mor.
En   cam - bio e - xi - ge   to - do el   ser.   A - mén.

Basado en Gálatas 6:14. Letra, Isaac Watts, 1707. Tr.,W. T. T. Millham. Música HAMBURG,
Lowell Mason, 1824.

110 En la Cruz

Ciertamente llevó él nuestras enfermedades, y sufrió nuestros dolores . . . Is. 53:4

1. He - ri - do, tris - te, a Je - sús, Mos - tre - le mi do - lor;
2. So - bre u - na cruz mi buen Je - sús Su san - gre de - rra - mó
3. Ven-ció a la muer - te con po - der Y el Pa - dre le e - xal - tó;
4. Aun-que él se fue con - mi - go es - tá El gran Con-so - la - dor;
5. Vi - vir en Cris - to me da paz; Con él ha - bi - ta - ré;

Per - di - do, e-rran - te, vi su luz, Ben - dí - jo-me en su a - mor.
Por es - te po - bre pe - ca - dor, A quien a - sí sal - vó.
Con - fiar en él es mi pla - cer. Mo - rir no te - mo yo.
Por él en -tra - da ten - go ya Al rei - no del Se - ñor.
Ya su - yo soy, y de hoy en más A na - die te - me - ré.

En la cruz, en la cruz, do pri - me-ro vi la luz, Y las

man-chas de mi al-ma yo la - vé;(yo la-vé),Fue a - llí por fe

do vi a Je-sús, Y siem - pre fe - liz con él se - ré.

Letra, estrofas, Isaac Watts; coro, Ralph E. Hudson, 1885. Tr., Pedro Grado. Música HUDSON, Ralph E. Hudson, 1885.

En la Vergonzosa Cruz 111

... Cristo murió por nuestros pecados, conforme a las Escrituras. 1 Co. 15:3

1. En la ver-gon-zo-sa cruz Pa-de-ció por mí Je-sús; Por la
2. ¡Oh qué a-mor, qué in-men-so a-mor Re-ve-ló mi Sal-va-dor! La mal-
3. Yo de Cris-to só-lo soy, A se-guir-le pron-to es-toy; Al ben-

san-gre que ver-tió Mis pe-ca-dos él ex-pió. La-va-rá de
dad que hi-ce yo Al su-pli-cio le lle-vó. Aho-ra a ti mi
di-to Re-den-tor Ser-vi-ré con fir-me a-mor. Se-a mi al-ma

to-do mal E-se ro-jo ma-nan-tial, El que a-brió por mí Je-
to-do doy, Cuer-po y al-ma, tu-yo soy; Mien-tras per-ma-nez-ca a-
ya su ho-gar, Y mi co-ra-zón su al-tar; Vi-da e-ma-na, paz y

sús, En la ver-gon-zo-sa cruz.
quí, Haz-me siem-pre fiel a ti. Sí, fue por mí, Sí, fue por
luz, Del Cal-va-rio, de la cruz.

mí; Sí, por mí mu-rió Je-sús En la ver-gon-zo-sa cruz.

Letra y música VERGONZOSA CRUZ, autor, traductor y compositor anónimos.

112 Inmensa y sin Igual Piedad

Pero Dios, que es rico en misericordia, por su gran amor con que nos amó ... Ef. 2:4

1. ¡In - men-sa y sin i - gual pie-dad! Je - sús mu - rió por mí;
2. Por la mal-dad que hi - ce yo, Mu - rió el Re - den - tor:
3. Y tu - vo que es - con - der-se el sol En ne - gra con - fu - sión,
4. ¡A - ma - do Cris - to!, no po-dré Ja - más pa - gar tu a-mor;

Y por mi cul - pa vil su - frió La muer - te en la cruz.
¡Oh qué di - vi - na com - pa - sión! ¡Qué in - fi - ni - to a-mor!
Al ver mo - rir al Sal - va - dor Por nues - tra re - den - ción.
Mas lo que ten - go doy a ti, Tu sier - vo soy, Se - ñor.

A - cuér - da - te, Se - ñor Je - sús; A - cuér - da - te de mí;

Y por tu muer - te y tu pa - sión, ¡Oh, ten pie - dad de mí!

Letra, Isaac Watts. Es traducción. Música REMEMBER ME, Asa Hull.

Vuestro Himno Hoy Cantad   113

Anunciaré a mis hermanos tu nombre, en medio de la congregación te alabaré. He. 2:12

1. Vues - tro   him - no   hoy can - tad   De   triun - fan - te   go - zo;
2. De al - mas   pri - ma - ve - ra es hoy,   Cris - to   ya es - tá   li - bre;
3. ¡A - le - lu - ya!   can - ten hoy   A   Je - sús ben - di - to;

A   su   pue - blo   Dios le dio   Jus - to   al - bo - ro - zo.
De   la   muer-te y   su te - rror   Vi - da y   luz   bro - ta - ron.
Pues   glo - rio - so   e - mer - gió   De   la   tum - ba in - vic - to.

Can - ta   hoy,   Je - ru - sa - lén,   Con   a - mor   sa - gra - do:
Nues-tro in - vier - no   de   pe - car   Ya   se   va   vo - lan - do;
¡A - le - lu - ya!   a   Je - sús   Y   a   Dios   el   Pa - dre;

Que   Je - sús,   el   que   mu - rió,   ¡Ha   re - su - ci - ta - do!
Y a   Je - sús, quien es   Se - ñor,   Him - nos le   can - ta - mos.
Y al   Es - pí - ri - tu   de   luz   Lo - as   le   com - pla - cen.   A - mén.

Letra, Juan de Damasco, c. 750; tr. al inglés, John Mason Neale, 1859; tr. al castellano, Adolfo Robleto, 1977. Música ST. KEVIN, Arthur S. Sullivan, 1872.

114 El Señor Resucitó

Mas ahora Cristo ha resucitado de los muertos; primicias de los que durmieron es hecho. 1 Co. 15:20

1. El Se-ñor re-su-ci-tó,   ¡A - le - lu - ya!
2. Je-su-cris-to se hu-mi-lló,   ¡A - le - lu - ya!
3. Cris-to que la cruz su-frió,   ¡A - le - lu - ya!
4. Hoy al la-do es-tá de Dios,   ¡A - le - lu - ya!

Muer-te y tum-ba él ven-ció;   ¡A - le - lu - ya!
Ven-ce-dor se le-van-tó;   ¡A - le - lu - ya!
Y en de-so-la-ción se vio,   ¡A - le - lu - ya!
Don-de es-cu-cha nues-tra voz;   ¡A - le - lu - ya!

Con su fuer-za y su vir-tud   ¡A - le - lu - ya!
Can-te hoy la cris-tian-dad   ¡A - le - lu - ya!
Hoy en glo-ria ce-les-tial   ¡A - le - lu - ya!
Por no-so-tros ro-ga-rá,   ¡A - le - lu - ya!

Cau-ti-vó a la es-cla-vi-tud.   ¡A - le - lu - ya!
Su glo-rio-sa ma-jes-tad.   ¡A - le - lu - ya!
Rei-na vi-vo e in-mor-tal   ¡A - le - lu - ya!
Con su a-mor, nos sal-va-rá.   ¡A - le - lu - ya! A-mén.

Letra, Michael Weisse. Tr. al inglés, Catherine Winkworth. Tr. al castellano, J. B. Cabrera.
Música EASTER HYMN, *Lyra Davidica*, 1708.

Jesucristo Resucitó 115

No está aquí, sino que ha resucitado. Lc. 24:6

1. El Señor resucitó, ¡Aleluya!
   Muerte y tumba ya venció; ¡Aleluya!
   Con su fuerza y su virtud ¡Aleluya!
   Cautivó a la esclavitud. ¡Aleluya!

2. Jesucristo se humilló, ¡Aleluya!
   Vencedor se levantó; ¡Aleluya!
   Cante hoy la cristiandad ¡Aleluya!
   Su gloriosa majestad. ¡Aleluya!

3. Cristo que la cruz sufrió, ¡Aleluya!
   Y en desolación se vio, ¡Aleluya!
   Hoy en gloria celestial ¡Aleluya!
   Reina vivo e inmortal ¡Aleluya!

4. Hoy al lado está de Dios, ¡Aleluya!
   Donde escucha nuestra voz; ¡Aleluya!
   Por nosotros rogará, ¡Aleluya!
   Con su amor nos salvará. ¡Aleluya!

Letra, Michael Weisse. Tr. al inglés, Catherine Winkworth. Tr. al castellano, J. B. Cabrera.
Música LLANFAIR, Robert Williams, 1817.

116 Un Día

Pero cuando vino el cumplimiento del tiempo, Dios envió a su Hijo . . . Gá. 4:4

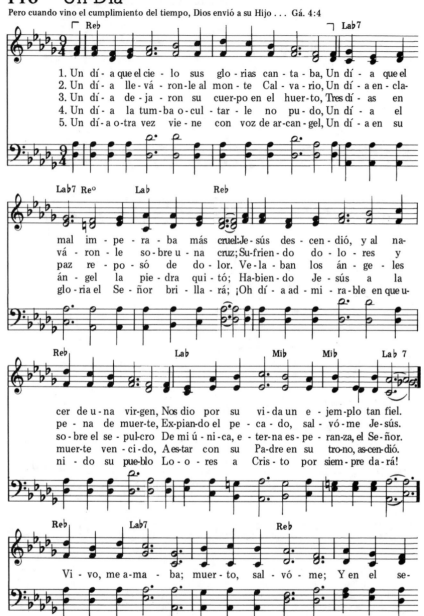

1. Un dí - a que el cie - lo sus glo - rias can - ta - ba, Un dí - a que el
2. Un dí - a lle - vá - ron-le al mon - te Cal - va - rio, Un dí - a en - cla-
3. Un dí - a de - ja - ron su cuer-po en el huer-to, Tres dí - as en
4. Un dí - a la tum-ba o - cul - tar - le no pu - do, Un dí - a el
5. Un dí - a o-tra vez vie - ne con voz de ar-can - gel, Un dí - a en su

mal im - pe - ra - ba más cruel: Je - sús des - cen - dió, y al na-
vá - ron - le so - bre u - na cruz; Su-frien - do do - lo - res y
paz re - po - só de do - lor. Ve-la - ban los án - ge - les
án - gel la pie - dra qui - tó; Ha-bien - do Je - sús a la
glo - ria el Se - ñor bri - lla - rá; ¡Oh dí - a ad - mi - ra - ble en que u-

cer de u - na vir-gen, Nos dio por su vi - da un e - jem-plo tan fiel.
pe - na de muer-te, Ex-pian-do el pe - ca - do, sal - vó - me Je - sús.
so - bre el se - pul-cro De mi ú - ni-ca, e - ter-na es - pe - ran-za, el Se-ñor.
muer-te ven - ci - do, A es-tar con su Pa-dre en su tro-no, as-cen-dió.
ni - do su pue-blo Lo - o - res a Cris - to por siem-pre da - rá!

Vi - vo, me a-ma - ba; muer - to, sal - vó - me; Y en el se-

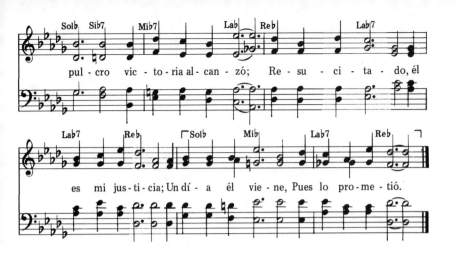

pul - cro vic - to - ria al - can - zó; Re - su - ci - ta - do, él

es mi jus - ti - cia; Un dí - a él vie - ne, Pues lo pro - me - tió.

Herido, Triste, a Jesús 117

Si somos muertos con él, también viviremos con él. 2 Ti. 2:11

1. He - ri - do, tris - te, a Je - sús, Mos - tré - le mi do - lor;
2. So - bre u - na cruz mi buen Je - sús Su san - gre de - rra - mó
3. Ven - ció a la muer - te con po - der Y el Pa - dre le e - xal - tó;
4. Aun-que él se fue con - mi - go es - tá El gran Con - so - la - dor;
5. Vi - vir en Cris - to me da paz; Con él ha - bi - ta - ré;

Per - di - do, e-rran - te, vi su luz, Ben - dí - jo - me en su a - mor.
Por es - te po - bre pe - ca - dor, A quien a - sí sal - vó.
Con - fiar en él es mi pla - cer. Mo - rir no te - mo yo.
Por él en - tra - da ten - go ya Al rei - no del Se - ñor.
Ya su - yo soy, y de hoy en más A na - die te - me - ré.

Letra, Isaac Watts, 1707. Tr.,Pedro Grado. Música AVON, Hugh Wilson, 1824.

118 ¿Viste Tú?

... quien llevó él mismo nuestros pecados en su cuerpo sobre el madero ... 1 P. 2:24

1. ¿Vis - te tú cuan - do en la cruz mu - rió? ¿Vis - te
2. ¿Vis - te tú cuan - do ex - pi - ró a - llí? ¿Vis - te
3. ¿Vis - te tú cuan - do en - te - rra - do fue? ¿Vis - te
4. ¿Vis - te tú cuan - do él re - su - ci - tó? ¿Vis - te

tú cuan - do en la cruz mu - rió?
tú cuan - do ex - pi - ró a - llí?
tú cuan - do en - te - rra - do fue? ¡Oh!
tú cuan - do él re - su - ci - tó?

Hay ve - ces que al pen - sar - lo tiem - blo, tiem - blo, tiem - blo.

¿Vis - te tú cuan - do en la cruz mu - rió?
¿Vis - te tú cuan - do ex - pi - ró a - llí?
¿Vis - te tú cuan - do en - te - rra - do fue?
¿Vis - te tú cuan - do él re - su - ci - tó?

Letra y música WERE YOU THERE, canción religiosa Negra, EE.UU. Adap., John W. Work, h.
y Frederick J. Work, 1907. Tr., Arnoldo Canclini.

El Día del Señor 119

Yo soy la resurrección y la vida; el que cree en mí, aunque esté muerto, vivirá. Jn. 11:25

1. Qui-ta-da fue la pie-dra a-llí, La tum-ba de do-lor;
2. Del a-ve el can-to no se o-yó, Ni a-ro-ma dio la flor;
3. Ver-dor el mun-do tie-ne hoy De go-zo por Je-sús;

Mas Cris-to el Rey re-su-ci-tó Y él es nues-tro Se-ñor.
Mas Cris-to fiel re-su-ci-tó Y es nues-tro Rey y Se-ñor.
Le da-mos glo-ria y lo-or Pues él nos da la luz.

A-le-gres to-dos can-ten, sí, Con gra-ti-tud y a-mor:

¡Re-su-ci-tó! Dios hi-zo a-sí, El dí-a del Se-ñor.

Letra y música SPRINGBROOK, William N. McElrath, 1964. ©Copyright 1964 Broadman Press.
Todos los derechos reservados. Tr., Adolfo Robleto, 1977. ©Copyright 1978 Broadman Press. Todos
los derechos reservados. Amparado por los derechos de copyright internacional. Usado con permiso.

120 Alegres Cantemos Canciones de Loor

Mas gracias sean dadas a Dios, que nos da la victoria por medio de nuestro Señor Jesucristo. 1 Co. 15:57

1. A - le - gres can - te - mos can - cio - nes de lo - or:
2. Los ma - los ne - ga - ron a nues - tro Re - den - tor
3. Je - sús, Hi - jo San - to del Pa - dre Ce - les - tial,

Je - sús vic - to - rio - so es nues - tro Sal - va - dor.
Y le con - de - na - ron a la cru - ci - fi - xión.
El mun - do es - tá lle - no de tu ma - jes - tad.

Al Sal - va - dor rin - dá - mos - le ho - nor;
Re - su - ci - tó Je - sús nues - tro Se - ñor.
Tu gran a - mor nos da fe - li - ci - dad.

La muer - te ya ven - ció nues - tro Sal - va - dor.
Los án - ge - les del cie - lo le dan lo - or.
Y al cie - lo jun - to a ti he - mos de lle - gar.

Letra, autor anónimo; tr. al inglés, Esther Bergen; tr. al castellano, Salomón Mussiett C. ©Copyright 1978 Casa Bautista de Publicaciones. Todos los derechos reservados. Amparado por los derechos de copyright internacional. Música METHFESSEL, Albert G. Methfessel, c. 1840.

Oh Hermanos, Dad a Cristo 121

¿Dónde, oh sepulcro, tu victoria? 1 Co. 15:55

1. Oh her-ma-nos, dad a Cris-to A - la-ban-zas mil,
2. En la cruz él fue cla-va-do Por mí, pe - ca-dor;
3. En la tum-ba se - pul-ta - ron A mi Sal - va-dor;
4. La po-ten-cia de la muer-te Cris - to de-rro-tó;

El la muer-te ha ven-ci-do Y la tum-ba vil.
Por su muer-te él se hi-zo Nues-tro Re-den-tor.
Su pre-sen-cia le ha qui-ta-do To-do el te-rror.
Del se-pul-cro te - ne-bro-so El se le-van-tó.

Cris-to, por tu gran vic-to-ria Me das vi-da a mí;

Ven-ce-dor, tú, de la muer-te; ¡Glo-ria doy a ti!

Letra, Samuel P. Craver. Música HOLD THE FORT, P. P. Bliss.

122 Jesús Venció la Muerte

No está aquí, pues ha resucitado . . . Mt. 28:6

1. A Je-sús cru-ci-fi-ca-do lo lle-va-ron al jar-dín;
2. Vi-no un án-gel al se-pul-cro y la pie-dra le qui-tó;
4. Oh Je-sús re-su-ci-ta-do, te a-do-ra-mos con a-mor;

A Je-sús lo han se-pul-ta-do en-tre flo-res de jaz-mín.
Y Je-sús ven-ció la muer-te, el Se-ñor re-su-ci-tó.
Prín-ci-pe de nues-tras al-mas sé tú, oh buen Sal-va-dor.

A Je-sús lo han se-pul-ta-do en-tre flo-res de jaz-mín.
Y Je-sús ven-ció la muer-te, el Se-ñor re-su-ci-tó.
Prín-ci-pe de nues-tras al-mas sé tú, oh buen Sal-va-dor.

3. A-le-gres las a-ves can-tan, per-fu-man las flo-res ya;
5. A-le-gres hoy te can-ta-mos, te a-ma-mos, oh buen Se-ñor.

Por-que vi-ve el Bien A-ma-do, Je-sús re-su-ci-ta-do ha.
Glo-ria a Dios por la vic-to-ria del vic-to-rio-so Sal-va-dor.

Letra y música, Jaime Redín. Música JESUS VENCIO LA MUERTE, arr., Eugenio Jordán.©Copyright 1958 Robert C. Savage. Asignado a Singspiration, Inc. ©Copyright 1978 Singspiration, Inc. Todos los derechos reservados. Usado con permiso.

Se Levantó el Señor   123

Mas ahora Cristo ha resucitado de los muertos; primicias de los que durmieron es hecho. 1 Co. 15:20

1. Ma - ta - ron al Se - ñor, A Cris - to nues - tro Rey,
2. Su pue - blo se en - lu - tó, Su - mi - do de do - lor,
3. La pie - dra se a - par - tó, Je - sús re - su - ci - tó;

Y en tum - ba de do - lor Bro - tó el a - ma - ne - cer.
Mas pron - to el cua - dro fue Cam - bia - do por la fe.
Y a - ho - ra vi - ve él, Nos da su a - mor muy fiel.

Se le - van - tó el Se - ñor, con ma - jes - tad, po - der; Y a - sí triun -

fó so - bre el do - lor. Hoy pro - cla - me - mos, pues,

La glo - ria de su ser: Re - su - ci - tó Je - sús el Rey.

Letra, Oswald J. Smith. Tr., Daniel Díaz R. Música HE ROSE TRIUMPHANTLY, B. D. Ackley.

124 Tuya Es la Gloria

...porque tuyo es el reino, y el poder, y la gloria, por todos los siglos. Mt. 6:13

1. Tu - ya es la glo - ria, vic - to - rio - so Re - den - tor, Por-
2. Ve - mos que lle - ga el re - su - ci - ta - do ya; An -
3. ¡Ya no du - da - mos, Prín - ci - pe de vi - da y paz! Sin

que tú la muer - te ven - cis - te, Se - ñor. Qui - tan la gran
sias y te - mo - res él nos qui - ta - rá. Que su i - gle-sia a-
ti no va - le - mos; for - ta - le - za das. Más que ven - ce-

pie - dra án - ge - les de luz, Y en la tum - ba el lien - zo guar-
le - gre can - te la can-ción: ¡Vi - vo es-tá! ¡La muer - te pier-
do - res haz - nos por tu a-mor, Y al ho - gar ce - les - te llé-

dan, oh Je - sús.
de su a - gui - jón! Tu - ya es la glo - ria, vic - to - rio - so Re - den-
va - nos, Se - ñor.

tor, Por - que tú la muer - te ven - cis - te, Se - ñor. A - mén.

Letra, Edmund L. Budry. Tr. al inglés, R. Birch Hoyle; tr. al castellano, Marjorie J. de Caudill, 1977.
© Copyright 1978 Casa Bautista de Publicaciones. Todos los derechos reservados. Amparado por
los derechos de copyright internacional. Música THINE IS THE GLORY, de *Judas Maccabeus* de
Jorg Friedrich Händel.

La Tumba Le Encerró 125

Y hallaron removida la piedra del sepulcro, y entrando, no hallaron el cuerpo del Señor Jesús.

Lc. 24:2,3

1. La tum-ba le en-ce-rró, Cris-to, mi Cris-to; El al-ba a-llí es-pe-ró,
2. De guar-das es-ca-pó, Cris-to, mi Cris-to; El se-llo des-tru-yó,
3. La muer-te do-mi-nó Cris-to, mi Cris-to; Y su po-der ven-ció,

Cris-to el Se-ñor. Cris-to la tum-ba ven-ció, Y con

la ven-ció,

gran po-der re-su-ci-tó; De se-pul-cro y muer-te Cris-to es

re-su-ci-tó;

ven-ce-dor, Vi-ve pa-ra siem-pre nues-tro Sal-va-dor. ¡Glo-ria a

Dios! ¡Glo-ria a Dios! El Se-ñor re-su-ci-tó.

¡Glo-ria a Dios! ¡Glo-ria a Dios!

Letra y música CHRIST AROSE, Robert Lowry, 1874. Tr. George P. Simmonds.
©Copyright 1967, renovado, George P. Simmonds. Todos los derechos reservados.
Usado con permiso.

126 El Rey Ya Viene

Entonces verán al Hijo del Hombre, que vendrá en una nube con poder y gran gloria. Lc. 21:27

1. El co - mer - cio ya ha ce - sa - do, el bu - lli - cio ter - mi - nó, Los ta-
2. En los ros - tros son - rien - tes que co - no - cen la ver - dad, Se ven
3. Oi - go ca - rros que re - tum - ban por - que vie - nen a a - nun - ciar, La vic-

lle - res se han ce - rra - do, la co - se - cha se de - jó; En las ca - sas
vi - das re - di - mi - das que ya tie - nen li - ber - tad; Se ven ni - ños
to - ria de la vi - da y el fi - nal de la mal - dad. To - gas rea - les

no hay la - bo - res, en las cor - tes no hay ley; El pla - ne - ta ya es - tá
y an - cia - ni - tos que su - frie - ron gran do - lor, Tie - nen ya sa - lud y
se re - par - ten, la tri - bu - na lis - ta es - tá, Y el gran co - ro de los

lis - to pa - ra re - ci - bir al Rey.
go - zo, gra - cias a su Re - den - tor. ¡Oh el Rey ya vie - ne,
cie - los can - ta gra - cia, a - mor y paz.

el Rey ya vie - ne! Ya so - nó la gran trom - pe - ta, Y su ros-

Letra, estrofas 1, 2, 3, Gloria y William J. Gaither; estrofa 3, Charles Milhuff. Tr., Sid D. Guillén.
Música KING IS COMING, William J. Gaither; coro final arr., Ronn Huff. ©Copyright 1970
William J. Gaither. Amparado por los derechos de copyright internacional. Todos los derechos
reservados. Esta traducción usada con el permiso especial del publicador.

127 Viene Otra Vez

Ciertamente vengo en breve. Amén; sí, ven Señor Jesús. Ap. 22:20

1. Vie-ne o - tra vez nues-tro Sal - va - dor, ¡Oh que si fue - ra hoy!
2. Ter - mi - na - rá la o - bra de Sa - tán, ¡O - ja - lá fue - ra hoy!
3. Fie - les y lea - les nos de - be ha-llar, ¡Si él vi - nie - ra hoy!

Pa - ra rei - nar con po - der y a - mor, ¡Oh que si fue - ra hoy!
No más tris - te - zas a - quí ve - rán, ¡O - ja - lá fue - ra hoy!
To - dos ve - lan - do con go - zo y paz, ¡Si él vi - nie - ra hoy!

El por su i-gle - sia vie-ne es - ta vez, Pu - ri - fi - ca-da en su gran-de a-mor.
To - dos los muer-tos en Cris - to i - rán A - rre-ba - ta - dos por su Se-ñor;
Mul-ti - pli - ca - das se - ña - les hay, De su ve - ni - da se ve el ful-gor,

Del mun - do por la re - don - dez, ¡Oh que si fue - ra hoy!
¿Cuán-do es-tas glo - rias a - quí ven - drán? ¡O - ja - lá fue - ra hoy!
Ya más cer - ca - no el tiem-po es - tá, ¡O - ja - lá fue - ra hoy!

128 Cristianos Todos, a Prepararse

Tened también vosotros paciencia, y afirmad vuestros corazones: porque la venida del Señor se acerca.
Stg. 5:8

1. Cris - tia - nos to - dos, a pre - pa - rar - se: Ved al Es - po - so,
2. Ya las se - ña - les cúm-plen-se to - das, Ya la hi - gue - ra
3. Pres - to a - cu - de, al - ma a - cep - ta Es - te con - vi - te

vues - tro Se - ñor; Lle - nas te - ned las lám - pa - ras siem - pre,
quie - re bro - tar. Fie - les ve - nid, el Sal - va - dor lla - ma;
de tu Se - ñor; El te da - rá su go - zo y glo - ria,

A su en - cuen - tro id con a - mor.
Na - die en sus bo - das de - be fal - tar. Cris - to ya vie - ne,
Ven y re - ci - be su don de a - mor.

pron - to, sí, vie - ne; Sin tar - dan - za a - pa - re - ce - rá. Con él i -

re - mos ¡A - le - lu - ya! A la man-sión que él nos da - rá.

Letra, autor anónimo. Música SUNLIGHT, G. H. Cook, 1899.

... veréis al Hijo del Hombre ... viniendo en las nubes del cielo. Mr. 14:62

1. Dí - a de vic - to - ria vie - ne ya, Cuan-do Cris - to ven - ga
2. Cuan-do Cris - to di - jo "Yo ven - dré", El nos pro - me - tió be-
3. Es - ta vi - da pron-to pa - sa - rá, Pues lo te - rre - nal ter-

a rei - nar. Y los re - di - mi - dos triun - fa - rán, Del se - pul - cro
lla man-sión. Y en su pro - me - sa con - fia - ré, Go - zo ten - go
mi - na - rá. Cris - to nos o - fre - ce lo e - ter - nal, En a - que - lla

nos le - van - ta - rá.
en mi co - ra - zón. ¡Oh glo - ria al Sal - va - dor que
vi - da ce - les - tial. glo - ria glo - ria

pron - to vol - ve - rá! Con él yo vi - vi-
pron - to ven - drá Con él

ré por to - da e - ter - ni - dad.
con él to - da e - ter - ni - dad.

Letra y música GLORIA AL SALVADOR, Raul R. Solís.©Copyright 1978 Casa Bautista de
Publicaciones. Todos los derechos reservados. Amparado por los derechos de copyright internacional.

130 ¡Oh Dios, Qué Mañana!

Cuando el Hijo del hombre venga en su gloria . . . entonces se sentará en su trono en gloria. Mt. 25:31

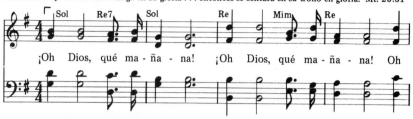

¡Oh Dios, qué ma - ña - na! ¡Oh Dios, qué ma - ña - na! Oh

mi Dios, cuan-do es-tre - llas Ya em - pie - cen a ca - er.

1. Los hom - bres llo - ra - rán, ¡Na - cio - nes des - per - ta - rán!
2. Los hom - bres o - ra - rán, ¡Na - cio - nes des - per - ta - rán!
3. Cris - tia - nos gri - ta - rán, ¡Na - cio - nes des - per - ta - rán!
4. Cris - tia - nos can - ta - rán, ¡Na - cio - nes des - per - ta - rán!

Vien-do a mi Se - ñor ve - nir, Las es - tre - llas ca - e - rán.

Letra y música STARS FALL, canción religiosa tradicional. Tr.,Adolfo Robleto, 1977.©Copyright
1978 Casa Bautista de Publicaciones. Todos los derechos reservados. Amparado por los derechos de
copyright internacional.

Cristo Viene   131

... aún un poquito, y el que ha de venir vendrá, y no tardará. He. 10:37

1.¡Cris - to vie - ne! No más gue - rras Ni tra - ba - jo ni a - flic - ción;
2. De es - ta tie - rra es la his - to - ria De a - mar - gu - ra y do - lor,
3. Y al te - ner tan gra - ta nue - va La de - be - mos com - par - tir

Hoy nos trae fe, es - pe - ran - za Es - ta fiel pro - cla - ma-
Pe - ro sí ve - rá tu glo - ria Cuan - do ven - gas, oh Se-
Y es - te co - ro que se e - le - va Pue - da el mun - do hoy o-

ción: Cris - to vie - ne, Cris - to vie - ne, Cris - to vie - ne. Ven,
ñor. Cris - to vie - ne, Cris - to vie - ne, Cris - to vie - ne: Que
ír: Cris - to vie - ne, Cris - to vie - ne, Cris - to vie - ne. Ven,

sí, Prín - ci - pe de Paz, Ven, oh Prín - ci - pe de Paz.
lo di - ga hoy la grey, Que lo di - ga hoy la grey.
Je - sús, oh pron - to, ven. Ven, Je - sús, oh pron - to, ven. A - mén.

Letra, John R. MacDuff. Tr.,Pablo Filós. Poema en castellano ©Copyright 1978 Casa Bautista de
Publicaciones. Todos los derechos reservados. Amparado por los derechos de copyright internacional.
Música BRYN CALFARIA, William Owen. Arm.,Carlton R. Young. Arm.©Copyright 1964
Abingdon Press. Usado con permiso.

132 Yo Sólo Espero Ese Día

. . . sí, ven, Señor Jesús. Ap. 22:20

1. Yo só - lo es - pe - ro e - se dí - a cuan - do Cris - to
2. Ya no me im-por - ta que el mun - do me des - pre - cie
3. En - ton - ces a - llí triun - fan - te y vic - to - rio - so

vol - ve - rá, Yo só - lo es - pe - ro e - se dí - a cuan-do
por do - quier, Ya no soy más de es - te mun - do, soy del
es - ta - ré, A mi Se - ñor Je - su - cris - to ca-ra a

Cris - to vol - ve - rá. A - fán y to - do tra -
rei - no ce - les - tial. Yo só - lo es - pe - ro e - se
ca - ra le ve - ré. A - llí no ha - brá más tris -

ba - jo pa - ra mí ter - mi - na - rán, Cuan - do
dí - a cuan-do me le - van - ta - ré De la
te - zas, ni tra - ba - jos pa - ra mí, Con los

Cris - to ven - ga, a su rei - no me lle - va - rá.
tum - ba frí - a con un cuer - po ya in - mor - tal.
re - di - mi - dos al Cor - de - ro a - la - ba - ré.

Letra, autor anónimo. Música YO SOLO ESPERO ESE DIA, arr.,J. Arturo Savage. ©Copyright 1954 Singspiration, Inc. Arr. ©Copyright 1966, tr.©Copyright 1978 Singspiration, Inc. Todos los derechos reservados. Usado con permiso.

Santo Espíritu, Sé Mi Guía   133

... el amor de Dios ha sido derramado en nuestros corazones por el Espíritu Santo que nos fue dado.   Ro. 5:5

1. San - to Es - pí - ri - tu de a - mor, Ven a mí con pron - ti - tud: Pu - ri - fí - ca - me, Se - ñor, Cú - bre - me con tu vir - tud.

2. Nun - ca a - quí se - ré fe - liz, Mien - tras cu - bra mi mal - dad; Ven, Dios San - to, ven a mí, Li - bra del in - na - to mal. San - to Es-pí - ri - tu de a - mor, Haz-me a - ten - to tu voz es - cu - char. Te ne - ce - si - to, Tri - no Dios, En mi ser ven a rei - nar.

3. Tú no en - ga - ñas, oh Se - ñor, Al que cla - ma en con - tri - ción, To - ma to - do lo que soy, Lle - na hoy mi co - ra - zón.

Letra y música HOLY SPIRIT, BE MY GUIDE, Mildred Cope. Tr.,H. T. Reza. ©Copyright 1963 Lillenas Publishing Company, U.S.A. Poema en castellano ©Copyright 1970 Lillenas Publishing Company, U.S.A. Todos los derechos reservados. Usado con permiso.

134 ¡Santo Espíritu, Lléname!

... Recibid el Espíritu Santo. Jn. 20:22

1. ¡Oh, San-to Es-pí - ri - tu de Dios! Un - ge mi co - ra - zón;
2. ¡Oh, San-to Es-pí - ri - tu de Dios! To - ma mi vo - lun - tad;
3. ¡Oh, San-to Es-pí - ri - tu de Dios! Da - me tu gran po - der;
4. ¡Oh, San-to Es-pí - ri - tu de Dios! Es - cu - cha mi o - ra - ción;

Tu luz di - vi - na bri-lle en mí Con to - do su es-plen - dor.
Haz - me sa - ber el gran po - der De Cris-to con cla - ri - dad.
En - cien-de el fue - go de tu a-mor Muy den -tro de mi ser.
Mi vi-da en-te - ra te la doy En fiel con - sa - gra - ción.

¡Llé - na - me! ¡Llé - na - me! San - to Es-pí - ri - tu de Dios.

Mue - ve mi ser con tu po - der, ¡Oh, San-to Es-pí-ri-tu, Llé - na - me!

Basado en Juan 20:22. Letra, Edwin Hatch, 1878; adap., B. B. McKinney, 1937. Música TRUETT,
B. B. McKinney, 1937. ©Copyright 1937. Renovado 1965 Broadman Press. Todos los derechos
reservados. Tr.,Adolfo Robleto y Guillermo Blair. ©Copyright 1978 Broadman Press. Todos los
derechos reservados. Amparado por los derechos de copyright internacional. Usado con permiso.

Ven, Santo Espíritu 135

Bástate mi gracia; porque mi poder se perfecciona en la debilidad. 2 Co. 12:9

1. Ven y con - cé - de - nos vi - da; Ven, da - nos luz pa - ra
2. Ven a brin - dar - nos des - can - so, Ven a li - brar - nos del
3. Ven co - mo flor en de - sier - to, Da - le a nues - tra al - ma so -

ver. Ven, da - nos hoy for - ta - le - za; To - ma, Se -
mal. Ven a cal - mar la tris - te - za Dán - do - nos
laz; Y tu po - der nos e - le - ve A tu pa -

ñor, nues - tro ser.
go - zo e - ter - nal. Ven San - to Es - pí - ri - tu, lle - na
la - cio de paz.

Mi al - ma de san - to a - mor; Ven con po - der y vic -

to - ria, Ven co - mo quie - ras, ven hoy. A - mén.

Letra, Gloria y William J. Gaither. Tr.,Daniel Díaz R. Música COME, HOLY SPIRIT, William J. Gaither.
© Copyright 1964 William J. Gaither. Todos los derechos reservados. Amparado por los derechos de
copyright internacional. Usado con permiso.

136 Llena, Oh Santo Espíritu

... antes bien sed llenos del Espíritu ... Ef. 5:18

1. Lle - na, oh San - to Es-pí - ri - tu, Lle - na sí hoy nues-tro
2. Lle - na, oh San - to Es-pí - ri - tu, Pa - ra tu glo - ria mos-
3. Lle - na, oh San - to Es-pí - ri - tu, Llé - na - nos de san-to ar-

ser: Y a - sí la i - ma - gen de Cris - to
trar, Y a - sí po - dre - mos a o - tros
dor, Pa - ra ser - vir en la cau - sa

O - tros con fe po-drán ver.
Tus ben - di - cio - nes brin - dar.
De nues - tro gran Sal - va - dor.

Lle - na, lle - na,

Llé - na - nos hoy, Se - ñor. Lle - na, oh San - to Es-

pí - ri - tu, Pa - ra ser - vir-te en a - mor. A - mén.

Letra y música CARSON, Isaac H. Meredith. Tr., Adolfo Robleto, 1977. © Copyright 1978 Casa
Bautista de Publicaciones. Todos los derechos reservados. Amparado por los derechos de copyright
internacional.

Espíritu de Amor 137

... todos los que son guiados por el Espíritu de Dios, éstos son hijos de Dios. Ro. 8:14

1. Es - pí - ri - tu de a - mor que es - tás en no - so - tros, Ven
2. Es - pí - ri - tu de a - mor, ven a di - ri - gir - nos, Y
3. Es - pí - ri - tu de a - mor, haz que hoy vi - va - mos En

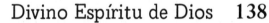

pres - to a re - ve - lar - nos Tu san - ta vo - lun - tad.
que al vi - vir, po - da - mos Ha - cer tu vo - lun - tad.
paz, a - mor y go - zo. Sos - tén - nos has - ta el fin. A - mén.

Letra y música SEMINARIO, Carmelo Alvarez Santos, 1972; arm., Luis Olivieri. Usado con permiso.

Divino Espíritu de Dios 138

Si vivimos por el Espíritu, andemos también por el Espíritu. Gá. 5:25

1. Di - vi - no Es - pí - ri - tu de Dios, En - via - do por Je - sús,
2. Haz com - pren - der al co - ra - zón Cuán gra - ve es su mal - dad,
3. Ven - za la fuer - za de tu luz Al fie - ro ten - ta - dor;
4. Sé nues - tro guí - a al tran - si - tar La sen - da que él tra - zó.

Del bien con - dú - ce - nos en pos, Y a - lúm - bre - nos tu luz.
Y da - nos el pre - cio - so don De an - dar en san - ti - dad.
Por Cris - to quien mu - rien - do en cruz Nues - tro do - lor su - frió.
Da - nos po - der, y a - sí triun - far, Si - guien - do de él en pos. A - mén.

Letra, William L. Hendricks, 1974. ©Copyright 1975 Broadman Press. Todos los derechos reservados.
Tr., Agustín Ruiz V., 1977. ©Copyright 1978 Broadman Press. Todos los derechos reservados.
Amparado por los derechos de copyright internacional. Usado con permiso. Música ST. AGNES,
John B. Dykes, 1866. Esta música en un tono más alto, Nú. 305.

139 Santo Espíritu, Fluye en Mí

¿No sabéis que sois templo de Dios, y que el Espíritu de Dios mora en vosotros? 1 Co. 3:16

1. San - to Es - pí - ri - tu, flu - ye en mí; San - to Es-
2. San - to Es - pí - ri - tu, mo - ra en mí; San - to Es-
3. San - to Es - pí - ri - tu, ú - sa - me; San - to Es-

pí - ri - tu, flu - ye en mí; Mi vi - da se - a se-
pí - ri - tu, mo - ra en mí. Las al - mas quie - ro ga-
pí - ri - tu, ú - sa - me. Y a - sí ve - rán que tú es-

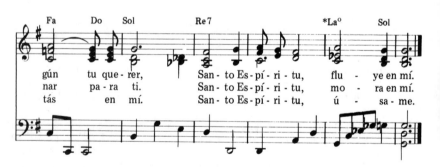

gún   tu que - rer,   San - to Es - pí - ri - tu,   flu - ye en mí.
nar   pa - ra   ti.   San - to Es - pí - ri - tu,   mo - ra en mí.
tás   en   mí.   San - to Es - pí - ri - tu,   ú - sa - me.

Espíritu de Luz y Amor 140

Os daré corazón nuevo, y pondré espíritu nuevo dentro de vosotros . . . Ez. 36:26

1. Es - pí - ri - tu de luz y a - mor, Es-
2. Ven a los que en pe - ca - do es - tán, Sus
3. Pro - me - sa del Se - ñor Je - sús, Y

cu - cha nues - tro rue - go; In - fla - ma nues - tro
al - mas vi - vi - fi - ca; Y a los que por ti
dá - di - va del Pa - dre, Con tu po - der, con

co - ra - zón Con tu ce - les - te fue - go.
vi - ven ya A - lé - gra - les la vi - da.
tu vir - tud, Vi - sí - ta - nos, no tar - des. A - mén.

Letra, Himno latino, siglo VII. Es traducción. Música DOMINUS REGIT ME, John B. Dykes, 1868.

141 Dicha Grande Es la del Hombre

Bienaventurado el varón que no anduvo en consejo de malos . . . Sal. 1:1

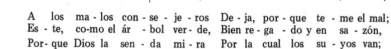

1. Di - cha gran-de es la del hom-bre, Cu - yas sen - das rec - tas son;
2. An - tes, en la ley di - vi - na Ci - fra su ma - yor pla - cer,
3. El pros - pe - ra en lo que em-pren-de Y le sa - le to - do bien;

No an-da con los pe - ca - do - res, En ac - tuar de per - ver - sión.
Me - di - tan - do dí - a y no - che En su di - vi - nal sa - ber.
Mas fu - nes-tos re - sul - ta - dos Los im - pí - os siem - pre ven.

A los ma - los con - se - je - ros De - ja, por - que te - me el mal;
Es - te, co-mo el ár - bol ver - de, Bien re - ga - do y en sa - zón,
Por - que Dios la sen - da mi - ra Por la cual los su - yos van;

Hu - ye de la bur - la - do - ra Gen-te im-pí - a sin mo - ral.
Fru - tos a - bun-dan - tes rin - de Y ho-jas que pe - ren - nes son.
O - tra es la de los im - pí - os: Al in - fier - no ba - ja - rán. A - men.

Basado en el Salmo 1. Letra, T. M. Westrup. Música BEECHER, Johann Zundel, 1870.

Ordena mis pasos con tu palabra . . . Sal. 119:133

1. Pa-dre, tu pa - la - bra es Mi de - li - cia y mi so - laz;
2. Si o-be-dien - te o - í tu voz, En tu gra - cia fuer-za ha - llé,
3. Tu ver - dad es mi sos - tén, Con-tra du - da y ten - ta - ción,
4. Son tus di - chos pa - ra mí, Pren-das fie - les de sa - lud;

Guí - e siem-pre a-quí mis pies, Y a mi al - ma trai - ga paz.
Y con fir - me pie y ve - loz, Por tus sen - das ca - mi - né.
Y des - ti - la cal - ma y bien Cuan-do a-sal - ta la a - flic - ción.
Da - me, pues, que te oi-ga a ti, Con fi - lial so - li - ci - tud.

Es tu ley, Se - ñor, Fa - ro ce - les - tial,

Que en pe - ren - ne res - plan - dor, Nor-te y guí - a da al mor - tal.

Letra, Juan B. Cabrera. Música ALL TO CHRIST, John T. Grape, 1868.

143 Bellas Palabras de Vida

... las palabras que yo os he hablado son espíritu y son vida. Jn. 6:63

1. ¡Oh, can-tád-me-las o - tra vez! Be - llas pa - la - bras de vi - da;
2. Je - su - cris - to a to - dos da Be - llas pa - la - bras de vi - da;
3. Gra - to el cán - ti - co so - na - rá, Be - llas pa - la - bras de vi - da;

Ha - llo en e - llas mi go - zo y luz, Be - llas pa - la - bras de vi - da.
El lla - mán - do - te hoy es - tá, Be - llas pa - la - bras de vi - da.
Tus pe - ca - dos per - do - na - rá, Be - llas pa - la - bras de vi - da.

Sí, de luz y vi - da Son sos - tén y guí - a;
Bon - da - do - so te sal - va, Y al cie - lo te lla - ma;
Sí, de luz y vi - da Son sos - tén y guí - a;

¡Qué be - llas son, qué be - llas son! Be - llas pa - la - bras de vi - da,

¡Qué be - llas son, qué be - llas son! Be - llas pa - la - bras de vi - da.

Letra y música WORDS OF LIFE, Philip P. Bliss, 1874. Tr., Julia Butler.

Gozo la Santa Palabra al Leer 144

... y tu palabra me fue por gozo y por alegría de mi corazón ... Jer. 15:16

1. Go - zo la san - ta Pa - la-bra al le - er, Co - sas pre - cio - sas a-
2. Me a-ma Je - sús, pues su vi-da en-tre-gó, Por mi sa - lud y de
3. Si al-guien pre-gun - ta que có-mo lo sé, "Bus-ca a Je - sús, pe - ca-

llí pue-do ver; Y so - bre to - do, que el gran Re - den - tor,
ni - ños ha-bló; "De - jad los ni - ños que ven-gan a mí,
dor," le di - ré; "Por su pa - la - bra, que tie - nes a - quí,

Es de los ni - ños el tier - no Pas - tor.
Pa - ra sal - var - los mi san - gre ver - tí." Con a - le - grí - a
A - pren-de y sien - te que te a - ma a ti."

yo can - ta - ré Al Re - den - tor, tier - no Pas - tor, Que en el Cal-

va - rio por mí mu - rió, Sí, sí, por mí mu - rió.

Letra y música JESUS LOVES EVEN ME, Philip P. Bliss. Es traducción.

145 Tu Palabra Es Divina y Santa

Toda la Escritura es inspirada por Dios . . . 2 Ti. 3:16

1. Es de Dios la San - ta Bi - blia, Su Pa - la - bra de ver - dad.
2. ¡A - le - lu - ya! ¡Cuán pre - cio - sa! Es la Bi - blia, ¡Ro - ca fiel!

Yo la cre - o con el al - ma Hoy y por la e - ter - ni - dad.
Sus pre - cep - tos son se - gu - ros Y son dul - ces cual la miel.

Si la Bi - blia no es mi guí - a, Es - pe - ran - za no ten - dré;
For - ta - le - za da - me, Cris - to, Pues ser - vir - te quie - ro a - quí;

Aun - que el mun - do me a - ban - do - ne, Tu Pa - la - bra me da fe.
Y a tus pies, oh buen Ma - es - tro, Pue - da yo a - pren - der de ti.

Letra, estrofa 1, Nikolaus L. von Zinzendorf; estrofa 2, Christian Gregor. Tr. al inglés Esther Bergen.
Música O DU LIEBE MEINER LIEBE, *Manuskript Chorbuch, Hermhaag*, 1735. Tr. al castellano
Daniel Díaz R., 1977. ©Copyright 1978 Casa Bautista de Publicaciones. Todos los derechos
reservados. Amparado por los derechos de copyright internacional.

Santa Biblia, para Mí   146

En mi corazón he guardado tus dichos . . . Sal. 119:11

1. San - ta Bi - blia, pa - ra mí E - res un te - so - ro a - quí;
2. Tú re - pren - des mi du - dar; Tú me ex-hor - tas sin ce - sar;
3. E - res in - fa - li - ble voz Del Es - pí - ri - tu de Dios,
4. Por tu san - ta le - tra sé Que con Cris - to rei - na - ré;

Tú con - tie - nes con ver - dad La di - vi - na vo - lun - tad;
E - res fa - ro que a mi pie, Lo con - du - ce por la fe
Que vi - gor al al - ma da Cuan-do en a - flic - ción es - tá;
Yo, que tan in - dig - no soy, Por tu luz al cie - lo voy;

Tú me di - ces lo que soy, De quién vi - ne y a quién voy.
A las fuen - tes del a - mor Del ben - di - to Sal - va - dor.
Tú me en - se - ñas a triun - far De la muer-te y el pe - car.
¡San - ta Bi - blia!, pa - ra mí E - res un te - so - ro a - quí.

Letra, John Burton, 1805. Tr.,Pedro Castro.   Música SPANISH HYMN, Compositor anónimo.
Arr.,Benjamin Carr, 1825.

147 La Ley de Dios Perfecta Es

La ley de Jehová es perfecta, que convierte el alma ... Sal. 19:7

1. La ley de Dios per - fec - ta es: Con - vier - te al pe - ca - dor;
2. Los man - da - mien - tos del Se - ñor Dan go - zo al co - ra - zón;
3. Es lim - pio el te - mor de Dios, Que per - ma - ne - ce - rá;
4. De - sea - bles más que el o - ro son, Sus jui - cios, mu - cho más:

Su tes - ti - mo - nio es tan fiel Que al sim - ple i - lu - mi - nó.
Tan pu - ro su pre - cep - to es Que a - cla - ra la vi - sión.
Los sa - bios jui - cios del Se - ñor, Son jus - tos, son ver - dad.
A - un más dul - ces que la miel Que flu - ye del pa - nal.

Basado en el Salmo 19. Letra, del *Salterio Escocés,* 1650. Tr., N. Martínez. Música MEAR, tonada salmo americano, siglo XVIII.

148 La Escalera de Jacob

... he aquí una escalera ... y su extremo tocaba en el cielo. Gn. 28:12

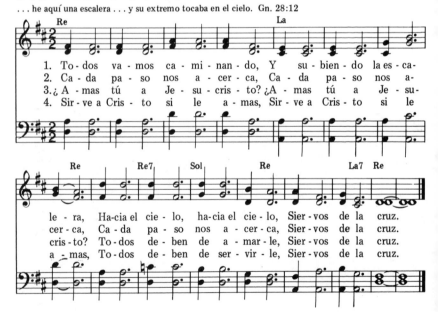

1. To - dos va - mos ca - mi - nan - do, Y su - bien - do la es - ca -
2. Ca - da pa - so nos a - cer - ca, Ca - da pa - so nos a -
3. ¿A - mas tú a Je - su - cris - to? ¿A - mas tú a Je - su -
4. Sir - ve a Cris - to si le a - mas, Sir - ve a Cris - to si le

le - ra, Ha - cia el cie - lo, ha - cia el cie - lo, Sier - vos de la cruz.
cer - ca, Ca - da pa - so nos a - cer - ca, Sier - vos de la cruz.
cris - to? To - dos de - ben de a - mar - le, Sier - vos de la cruz.
a - mas, To - dos de - ben de ser - vir - le, Sier - vos de la cruz.

Letra y música JACOB'S LADDER, Canción religiosa Negra, EE.UU. Tr., Marjorie J. de Caudill.

Omnipotente Padre Dios 149

... exhortándoos que contendáis ardientemente por la fe ... Jud. 3

1. Om - ni - po - ten - te Pa - dre Dios, Da - nos la fe del
2. Da - nos la fe que dio po - der A los sol - da - dos
3. Da - nos la fe que dé va - lor Pa - ra en - fren - tar - nos

Sal - va - dor, Que a nues - tros pa - dres fue sos - tén
de la cruz, Que en cum - pli - mien - to del de - ber
con el mal, Y por pa - la - bra y por ac - ción

En los mo - men - tos de do - lor. ¡Has - ta la muer - te, en
Die - ron sus vi - das por Je - sús. ¡Has - ta la muer - te, en
Buen tes - ti - mo - nio siem - pre dar. ¡Has - ta la muer - te, en

Cris - to es - tén Nues - tra es - pe - ran - za y nues - tra fe!
Cris - to es - tén Nues - tra es - pe - ran - za y nues - tra fe!
Cris - to es - tén Nues - tra es - pe - ran - za y nues - tra fe!

Letra, Frederick W. Faber, 1849. Es traducción. Música ST. CATHERINE, Henri F. Hemy, 1864; arr., James G. Walton, 1874.

150 Por los Santos Que Descansan Ya

Bienaventurados de aquí en adelante los muertos que mueren en el Señor. Ap. 14:13

Unísono

1. Hoy, por los san - tos que des - can - san ya, Des-
2. Tú fuis - te am - pa - ro, ro - ca y de - fen - sor; En
3. Oh ben - de - ci - da y san - ta co - mu - nión De
4. Y cuan - do ru - da la ba - ta - lla es, Del
5. La au - ro - ra e - ter - na ya des - pun - ta - rá; Las

pués de con - fe - sar - te por la fe, Tu
la ba - ta - lla, re - cio Ca - pi - tán; Tu
los que aún lu - chan o en la glo - ria es - tán; Un
cie - lo se o - ye un cán - ti - co triun - fal; Se a-
hues - tes fie - les lle - ga - rán al Rey, Can-

nom - bre, oh Cris - to, he - mos de a - la - bar.
luz ven - ció las som - bras del te - mor.
so - lo cuer - po, por - que tu - yos son.
fir - ma el bra - zo, ven - ce al fin la fe.
tan - do a - le - gres a la Tri - ni - dad:

Letra, William W. How, 1864. Tr.,F. J. Pagura. Música SINE NOMINE, Ralph Vaughan Williams, 1906. De *The English Hymnal* con permiso de Oxford University Press.

¡A - le - lu - ya!   ¡A - le - lu - ya!   A - mén.

*Oh Juventud, Que Alabas al Señor   151

Acuérdate de tu Creador en los días de tu juventud . . . Ec. 12:1

1

Oh juventud, que alabas al Señor,
Con voz de júbilo y devoción.
Tu nombre, oh Cristo, hemos de alabar.
   ¡Aleluya!   ¡Aleluya!

3

Oh juventud, que marchas por la fe,
Siguiendo a Cristo lograrás vencer.
Consagra hoy tus dones al Senor.
   ¡Aleluya!   ¡Aleluya!

2

Oh juventud, que sirves al Señor,
Con fe, con gozo y constante amor.
Tu nombre, oh Cristo, hemos de anunciar.
   ¡Aleluya!   ¡Aleluya!

4

Oye, oh Dios, mi humilde oración.
Mi vida es tuya, tómala, Señor.
Mis pasos guía hacia tu mansión.
   ¡Aleluya!   ¡Aleluya!

5

Oh juventud, triunfante llegarás.
Dios ha guardado para ti lugar.
Tú has cumplido con valor la misión.
   ¡Aleluya!   ¡Aleluya!

Letra, Rubén Giménez
* Se canta esta letra con la música del Himno 150.

152 Señor Jehová, Omnipotente Dios

Yo soy el Dios de tus padres . . . Hch. 7:32

(Trio de Trompetas)

1. Se - ñor Jeho - vá, om - ni - po - ten - te
2. E - ter - no Pa - dre, nues - tro co - ra -
3. A nues - tra pa - tria da tu ben - di -
4. De - fién - de - nos del e - ne - mi - go

Dios, Tú que los as - tros ri - ges con po - der,
zón, A ti pro - fe - sa un i - ne - fa - ble a - mor;
ción; En - sé - ña - nos tus le - yes a guar - dar;
cruel; Con - ce - de a nues - tras fal - tas co - rrec - ción;

O - ye cle - men - te nues - tra hu - mil - de voz,
Haz - te pre - sen - te en tu pue - blo hoy;
A - lum - bra la con - cien - cia y la ra - zón;
Nues - tro ser - vi - cio se - a siem - pre fiel;

Nues - tra can - ción hoy díg - na - te a - ten - der.
Tién - de - nos, pues, tu bra - zo pro - tec - tor.
Do - mi - na siem - pre tú en to - do ho - gar.
Ro - dé - a - nos de tu gran pro - tec - ción. A - mén.

Letra, Daniel C. Roberts, 1876. Es traducción. Música NATIONAL HYMN, George W. Warren, 1876.

La Creación 153

En el principio creó Dios . . . Gn. 1:1

1. Dios ha he-cho to-do lo que el o-jo ve; Ca-da co-sa de es-
2. A su i-ma-gen Dios for-mó al hom-bre A-dán, Lue-go hi-zo u-na
3. El per-fec-to go-zo ha-bí-a en el E-dén, E-llos se go-za-

te mun-do te-rre-nal. To-do ár-bol y las plan-tas son de él,
mu-jer to-ma-da de él; Y los co-lo-có en el Jar-dín de E-dén,
ban al an-dar con Dios. Co-mu-nión com-ple-ta ha-bí-a a-llá tam-bién

Las es-tre-llas y el man-to ce-les-tial.
Don-de ha-bí-an de se-guir-le siem-pre fiel. "¡Se-a ya la luz!"
Al o-ír de Je-ho-vá la tier-na voz.

or-de-nó Jeho-vá Con su fuer-te voz, y la luz fue ya. Hoy el buen

Je-sús, nues-tro Re-den-tor, Brin-da al mun-do luz con ex-cel-so a-mor.

Letra y música LA CREACION, José Juan Naula Yupanqui, melodía quechua. Arr.,Robert C. Savage.
©Copyright 1968 Singspiration, Inc. Tr. ©Copyright 1978 Singspiration, Inc. Todos los derechos
reservados. Usado con permiso.

154 El Mundo Entero Es del Padre

Todas las cosas por él fueron hechas, y sin él nada de lo que ha sido hecho, fue hecho. Jn. 1:3

1. El mun-do en-te-ro es del Pa-dre ce-les-tial; Su
2. El mun-do en-te-ro es del Pa-dre ce-les-tial; El
3. El mun-do en-te-ro es del Pa-dre ce-les-tial; Y

a - la - ban - za en la crea - ción Es - cu - cho re - so - nar.
pá - ja - ro, la luz, la flor Pro - cla - man su bon - dad.
na - da ha - brá de de - te - ner Su triun - fo so - bre el mal.

¡De Dios el mun - do es! ¡Qué gra - to es re - cor - dar Que en
¡De Dios el mun - do es! El fru - to de su ac - ción Se
¡De Dios el mun - do es! Con - fia - da mi al - ma es - tá, Pues

el au - tor de tan - to bien Po - de - mos des - can - sar!
mues - tra con es - plen - di - dez En to - da la ex - pan - sión.
Dios en Cris - to, nues - tro Rey, Por siem - pre rei - na - rá.

Letra, Maltbie D. Babcock, 1901. Tr., F. J. Pagura. Música TERRA PATRIS, Franklin L. Sheppard, 1915.

Alcemos Nuestra Voz 155

... y al Cordero, sea la alabanza, la honra, la gloria y el poder, por los siglos de los siglos. Ap. 5:13

1. Al - ce - mos nues - tra voz Al Rey y Cre - a - dor,
2. Su san - gre de - rra - mó, Y al Pa - dre nos u - nió.
3. Lo - o - res dad al Rey, Cor - de - ro de la cruz.

Y al Cor - de - ro que mu - rió: A Cris-to el Sal - va - dor.
Des - co - no - ci - dos é - ra - mos, Mas Dios nos re - ci - bió.
Los re - di - mi - dos can - ta - rán Por siem-pre al Rey Je - sús.

Can - te - mos de su a - mor, Po - der y ma - jes - tad.
Su san - gre car - me - sí, Sal - vó al pe - ca - dor;
Lo - or al gran Yo Soy, Los san - tos can - ta - rán.

Can - te - mos to - dos a u-na voz Por la e - ter - ni - dad.
El sa - cri - fi - cio se cum-plió, In - com - pa - ra - ble a - mor.
Dig-no el Cor - de-ro, el Rey Je - sús, Su nom-bre a - la - ba - rán. A - mén.

Letra, Joseph C. Macaulay, 1957. Música BOUNDLESS PRAISE, Harry D. Loes, 1957.© Copyright 1957 Hope Publishing Company. Todos los derechos reservados. Amparado por los derechos de copyright internacional. Tr.,Leslie Gómez C., 1977. Usado con permiso.

156 Siempre Amanece

...y a la mañana veréis la gloria de Jehová ... Ex. 16:7

1. Siem-pre a-ma-ne-ce co-mo al prin-ci-pio. A-ves que
2. Ca-e la llu-via so-bre la hier-ba Co-mo al prin-
3. Su-ya es la au-ro-ra, su-yo es el dí-a, To-do per-

can-tan siem-pre se ven. To-do her-mo-so
ci-pio de la crea-ción. ¡Dios es lo-a-do!
fec-to Dios lo cre-ó; U-na a-la-ban-za

Cuan-do a-ma-ne-ce. De-mos con go-zo Glo-ria a Dios.
Pues nos ha da-do, con el ro-cí-o, Su ben-di-ción.
Siem-pre e-le-ve-mos, ca-da ma-ña-na Al Cre-a-dor.

Letra, Eleanor Farjeon, 1931. Usado con permiso de David Higham Associates, Ltd., London.
Tr., Tony Arango. Música BUNESSAN, melodía tradicional gaélica.

157 ¿Has Hallado en Cristo?

... la sangre de Jesucristo su Hijo nos limpia de todo pecado. 1 Jn. 1:7

1. ¿Has ha-lla-do en Cris-to ple-na sal-va-ción Por la
2. ¿Vi-ves siem-pre al la-do de tu Sal-va-dor Por la
3. ¿Ten-drás ro-pa blan-ca al ve-nir Je-sus? ¿E-res
4. Cris-to o-fre-ce hoy pu-re-za y po-der, ¡Oh, a-

Letra y música WASHED IN THE BLOOD, Elisha A. Hoffman, 1878. Tr.,H. W. Cragin.

158   Rey de Reyes

... porque él es Señor de señores y Rey de reyes ... Ap. 17:14

1. So - li - ta - rios pas - to - res en vi - gi - lia es - tán, Na - da ven
2. En sus tum - bas las gran - des fi - gu - ras es - tán, Que con él
3. Y al so - nar las trom - pe - tas el cie - lo ar - de - rá, Nues - tro Dios

que me - rez - ca can - cio - nes; Pe - ro el án - gel pro - cla - ma: "Na -
va - nas pug - nas li - bra - ron; Mas su a - mor com - pa - si - vo a
juz - ga - rá al in - de - ci - so; El cris - tia - no, sin mie - do, ten -

ció un Sal - va - dor", Y el cie - lo da e - co a sus vo - ces.
to - dos ven - ció, Y hoy sus vo - ces al cie - lo pro - cla - man.
drá un Sal - va - dor, Glo - ria a Dios, al Se - ñor Je - su - cris - to.

¡Ho - san - na! ¡Ho - san - na! La cre - a - ción can - ta, La es - pe - ran -

za del hom - bre na - ció. Aun - que el mun - do pa - rez - ca es - tar

Letra, Gloria y Bill Gaither; Ronn Huff. Tr., Sid D. Guillén. Música KING OF KINGS,
William J. Gaither. ©Copyright 1971 William J. Gaither. Amparado por los derechos de
copyright internacional. Todos los derechos reservados. Esta traducción usada con el
permiso especial del publicador.

sin con-trol: De re-yes, él es Rey; de to-dos, Se-ñor.

Roca de la Eternidad 159

Mas Jehová me ha sido por refugio, y mi Dios por roca de mi confianza. Sal. 94:22

1. Ro - ca de la e - ter - ni - dad, Fuis - te a - bier - ta tú por mí;
2. Aun - que se - a siem - pre fiel, Aun - que llo - re sin ce - sar,
3. Mien-tras ha - ya de vi - vir, Y al ins - tan-te de ex - pi - rar;

Sé mi es-con-de - de - ro fiel, Paz en-cuen - tro só - lo en ti:
Del pe - ca - do no po - dré Jus - ti - fi - ca - ción lo - grar;
Cuan-do va - ya a res - pon - der En tu au-gus - to tri - bu - nal,

Ri - co, lim - pio ma - nan - tial, En el cual la - va - do fui.
Só - lo en ti te - nien-do fe So - bre el mal po - dré triun - far.
Sé mi es-con-de - de - ro fiel, Ro - ca de la e - ter - ni - dad. A - mén.

Salmo 94:22. Letra, Augustus M. Toplady, 1775, 1776. Tr. T. M. Westrup. Música TOPLADY,
Thomas Hastings, 1832.

160 ¿Qué Me Puede Dar Perdón?

. . . la sangre de Jesucristo su Hijo nos limpia de todo pecado. 1 Jn. 1:7

1. ¿Qué me pue-de dar per-dón? Só - lo de Je - sús la san - gre,
2. Fue el res - ca - te e - fi - caz, Só - lo de Je - sús la san - gre;
3. Ve - o pa - ra mi sa - lud, Só - lo de Je - sús la san - gre,
4. Can - ta - ré jun - to a sus pies, Só - lo de Je - sús la san - gre.

¿Y un nue-vo co - ra - zón? Só - lo de Je - sús la san - gre.
Tra - jo san - ti - dad y paz, Só - lo de Je - sús la san - gre.
Tie - ne de sa - nar vir - tud, Só - lo de Je - sús la san - gre.
El Cor - de - ro dig - no es, Só - lo de Je - sús la san - gre.

Pre - cio - so es el rau - dal, Que lim - pia to - do mal;

No hay o - tro ma - nan - tial, Só - lo de Je - sús la san - gre.

Basado en Hebreos 9:22. Letra y música PLAINFIELD, Robert Lowry, 1876. Tr., H. W. Cragin.

Bendito Dios 161

. . . el Hijo del hombre vino a buscar y a salvar lo que se había perdido. Lc. 19:10

1. Des-cen-dió de glo-ria Cris-to Sal-va-dor, Pa-ra res-ca-
2. En el plan di-vi-no de la re-den-ción, Fui-mos e-le-
3. El A-ma-do Hi-jo Glo-rio-so Je-sús, De-rra-mó su

tar al mun-do pe-ca-dor. Vi-no a es-te mun-do,
gi-dos pa-ra sal-va-ción. An-tes que for-ma-ra
san-gre en la cruen-ta cruz. Y fue se-pul-ta-do;

con to-da hu-mil-dad, Cris-to el Sal-va-dor mos-tran-do su bon-dad.
to-da su crea-ción, Dios qui-so li-brar-me de con-de-na-ción.
ya re-su-ci-tó. Vi-ve e-ter-na-men-te; Dios le en-sal-zó.

Ben-di-to Dios, Cris-to Je-sús; Que vi-no a dar-nos glo-rio-sa luz.

Glo-ria a él, A-le-lu-yas mil, nos ha tra-í-do a su re-díl.

162 Todos los Que Tengan Sed

Si alguno tiene sed, venga a mí y beba. Jn. 7:37

1. To - dos los que ten - gan sed Be - be - rán, be - be - rán;
2. Si le pres - tan a - ten - ción, Les da - rá, les da - rá
3. Co - mo ba - ja bien - he - chor Sin vol - ver, sin vol - ver,

Ven - gan cuan - tos po - bres hay: Co - me - rán, co - me - rán.
De su a - mor el su - mo bien, E - ter - nal, e - ter - nal:
Rie - go que las nu - bes dan, Ha de ser, ha de ser

No mal - gas - ten el ha - ber; Com - pren ver - da - de - ro pan.
Con el mís - ti - co Da - vid, Rey, Ma - es - tro, Ca - pi - tán,
La pa - la - bra del Se - ñor, Pro - duc - ti - vo, ple - no bien,

Si a Je - sús a - cu - den hoy, Go - za - rán, go - za - rán.
De las hues - tes que al E - dén Lle - va - rá, lle - va - rá.
Ven - ce - do - ra al fin se - rá Por la fe, por la fe.

Letra, T. M. Westrup. Música JESUS SAVES, William J. Kirkpatrick, 1882.

Todos los Que Tengan Sed 163

Anunciad de día en día su salvación. Sal. 96:2

1. To - dos los que ten - gan sed, Be - be - rán;
Ven - gan cuan - tos po - bres hay: Co - me - rán. No mal - gas - ten
el ha - ber; Com - pren ver - da - de - ro pan.
Si a Je - sús a - cu - den hoy, Go - za - rán.

2. Si le pres - tan a - ten - ción, Les da - rá
De su a - mor el su - mo bien, E - ter - nal: Con el mís - ti -
co Da - vid, Rey, Ma - es - tro, Ca - pi - tán,
De las hues - tes que al E - dén, Lle - va - rá.

3. Co - mo ba - ja bien - he - chor Sin vol - ver,
Rie - go que las nu - bes dan, Ha de ser La Pa - la - bra
del Se - ñor, Pro - duc - ti - vo, ple - no bien,
Ven - ce - do - ra al fin se - rá Por la fe.

Letra, T. M. Westrup. Música LIMPSFIELD, Josiah Booth, 1898.

164 Amigo Hallé

... para que todo aquel que en él cree, no se pierda, mas tenga vida eterna. Jn. 3:16

1. A - mi - go ha - llé que no tie - ne i - gual; Ja -
2. De dí - a en dí - a su pro - tec - ción Me
3. En gran mi - se - ria Je - sús me ha - lló, Y

más fal - tó su a - mor. Me li - ber - tó de mi
da po - ten - te y fiel; Ya no me es - pan - ta la
se a - pia - dó de mí; "Por ti", me di - jo, "he

gra - ve mal: Sal - var - te pue - de, pe - ca - dor.
ten - ta - ción; Mi sen - da si - go fia - do en él.
muer - to yo; Hay vi - da e - ter - na pa - ra ti."

¡Sal - vo por su po - der! ¡Vi - da con él te -ner!
Sal - vo sí, sal - vo por su po - der, Vi - da sí, vi - da con él te - ner,

¡Es la can - ción de mi co - ra - zón, Por-que sal - vo soy!

Letra y música RAPTURE, Jack P. Scholfield, 1911. Tr.,Ernesto Barocio.

Jesús Es la Luz del Mundo

...te alumbrará Cristo. Ef. 5:14

1. El mun-do per-di-do en pe-ca-do se vio: ¡Je-sús es la
2. La no-che se cam-bia en dí-a con él: ¡Je-sús es la
3. ¡Oh cie-gos y pre-sos del ló-bre-go e-rror! ¡Je-sús es la
4. Ni so-les ni lu-nas el cie-lo ten-drá, ¡Je-sús es la

luz del mun-do! Mas en las ti-nie-blas la glo-ria bri-lló,
luz del mun-do! Y an-da-mos en luz tras un Guí-a tan fiel,
luz del mun-do! El man-da la-va-ros y ver su ful-gor,
luz del mun-do! La luz de su ros-tro lo i-lu-mi-na-rá,

¡Je-sús es la luz del mun-do!
¡Je-sús es la luz del mun-do! ¡Ven a la luz; no de-bes
¡Je-sús es la luz del mun-do!
¡Je-sús es la luz del mun-do!

per-der Go-zo per-fec-to al a-ma-ne-cer! Yo cie-go

fui, mas ya pue-do ver, ¡Je-sús es la luz del mun-do!

Letra y música LIGHT OF THE WORLD, P. P. Bliss. Tr.,H. C. Thompson.

166 Cariñoso Salvador

Porque fuiste fortaleza al pobre, fortaleza al menesteroso en su aflicción, refugio contra el turbión . . .
Is. 25:4

1. Ca - ri - ño - so Sal - va - dor, Hu - yo de la tem - pes - tad
2. O - tro a - si - lo no he de ha - llar, In - de - fen - so a - cu - do a ti;
3. Cris - to, en - cuen - tro to - do en ti, Y no ne - ce - si - to más;

A tu se - no pro - tec - tor, Fián - do - me de tu bon - dad.
Voy en mi ne - ce - si - dad, Por - que mi pe - li - gro vi.
Dé - bil, me pu - sis - te en pie; Tris - te, tu a - mor me das;

Sál - va - me, Se - ñor Je - sús, De la fu - ria del tur - bión;
So - la - men - te, tú, Se - ñor, Pue - des dar con - sue - lo y luz;
Al en - fer - mo das sa - lud; Guí - as tier - no al que no ve;

Has - ta el puer - to de sa - lud, Guí - a tú mi em - bar - ca - ción.
A li - brar - me del te - mor Co - rro a ti, mi buen Je - sús.
Con a - mor y gra - ti - tud Tu bon - dad en - sal - za - ré. A - mén.

Letra, Charles Wesley, 1738. Tr., T. M. Westrup. Música HOLLINGSIDE, John B. Dykes.

Cariñoso Salvador 167

Is. 25:4
Porque fuiste fortaleza al pobre, fortaleza al menesteroso en su aflicción, refugio contra el turbión.

1. Ca - ri - ño - so Sal - va - dor, Hu - yo de la tem - pes - tad
2. O - tro a - si - lo no he de ha-llar, In - de - fen-so a - cu - do a ti;
3. Cris-to, en-cuen - tro to-do en ti, Y no ne - ce - si - to más;

A tu se - no pro - tec - tor, Fián - do - me de tu bon - dad.
Voy en mi ne - ce - si - dad, Por - que mi pe - li - gro vi.
Dé - bil, me pu - sis-te en pie; Tris - te, tu a - mor me das;

Sál - va - me, Se - ñor Je - sús, De la fu - ria del tur - bión;
So - la - men - te tú, Se - ñor, Pue - des dar con - sue - lo y luz;
Al en - fer - mo das sa - lud; Guí - as tier - no al que no ve;

Has - ta el puer - to de sa - lud, Guí - a tú mi em-bar - ca - ción.
A li - brar - me del te - mor Co - rro a ti, mi buen Je - sús.
Con a - mor y gra - ti - tud Tu bon-dad en - sal - za - ré.

Letra, Charles Wesley, 1738. Tr., T. M. Westrup. Música MARTYN, Simeon B. Marsh, 1834.

168 Salvante Amor

Ciertamente llevó él nuestras enfermedades y sufrió nuestros dolores . . . Is. 53:4

1. De los cie-los a un pe-se-bre, Su ri-que-za a-ban-do-nó, Y el Hi-jo de Dios nos res-ca-tó, De las ca-lles ce-les-tia-les, A bru-tal y du-ra cruz, Vi-no Cris-to y con su san-gre vi-da dio. Sal-van-te a-mor, A-mor que nun-ca ce-sa, Sal-van-te a-

2. Le-jos del a-man-te Pa-dre, A es-te mun-do se a-cer-có, Y a la muer-te fue Cris-to el Se-ñor; Yo, per-di-do, él en-con-tró-me, Con su san-gre me la-vó, Y me dio la paz que el mun-do re-cha-zó.

Letra, Gloria Gaither. Tr.,Sid D. Guillén. Música REDEEMING LOVE, William J. Gaither; arr. Ronn Huff. ©Copyright 1963 William J. Gaither. Amparado por los derechos de copyright internacional. Todos los derechos reservados. Hecho en E.U.A. Esta traducción usada con el permiso especial del publicador.

mor, A - mor tan in - mor - tal, Lo can - ta - rá mi al - ma por

los si - glos, Ra - dian-te u - ni - da al co - ro ce - les - tial.

Levantado Fue Jesús   169

Despreciado y desechado entre los hombres, varón de dolores, experimentado en quebranto . . .   Is. 53:3

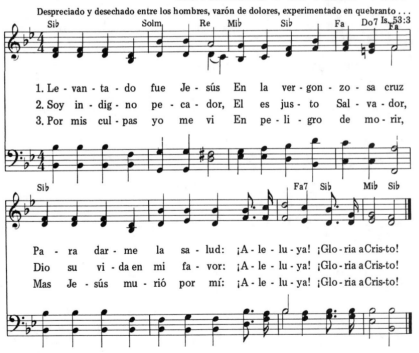

1. Le - van - ta - do fue Je - sús En la ver - gon - zo - sa cruz
2. Soy in - dig - no pe - ca - dor, El es jus - to Sal - va - dor,
3. Por mis cul - pas yo me vi En pe - li - gro de mo - rir,

Pa - ra dar - me la sa - lud: ¡A - le - lu - ya! ¡Glo - ria a Cris-to!
Dio su vi - da en mi fa - vor: ¡A - le - lu - ya! ¡Glo - ria a Cris-to!
Mas Je - sús mu - rió por mí: ¡A - le - lu - ya! ¡Glo - ria a Cris-to!

Letra y música HALLELUJAH! WHAT A SAVIOR, Philip P. Bliss, 1875. Tr.,Enrique Turrall.

170 ¿Quieres Ser Salvo de Toda Maldad?

... en quien tenemos redención por su sangre, el perdón de pecados. Col. 1:14

1. ¿Quie-res ser sal-vo de to-da mal-dad? Tan só-lo hay po-der
2. ¿Quie-res ser li-bre de or-gu-llo y pa-sión? Tan só-lo hay po-der
3. ¿Quie-res ser-vir a tu Rey y Se-ñor? Tan só-lo hay po-der

en mi Je-sús. ¿Quie-res vi-vir y go-zar san-ti-dad? Tan
en mi Je-sús. ¿Quie-res ven-cer to-da cruel ten-ta-ción? Tan
en mi Je-sús. Ven, y ser sal-vo po-drás en su a-mor, Tan

só-lo hay po-der en Je-sús. Hay po-der, sí, sin i-gual po-der, hay po-der

En Je-sús quien mu-rió; Hay po-der, sí,
En Je-sús quien mu-rió; hay po-der

sin i-gual po-der, En la san-gre que él ver-tió.

Letra y música POWER IN THE BLOOD, Lewis E. Jones, 1899. Tr., D. A. Mata.

La Cruz Sólo Me Guiará 171

... y por medio de él reconciliar consigo todas las cosas ... haciendo la paz mediante la sangre de su cruz. Col.1:20

1. Al Calvario solo Jesús ascendió
   Llevando pesada cruz, Y al morir en ella al mortal dejó Un fanal de gloriosa luz.

2. En la cruz el alma tan sólo hallará
   La fuente de inspiración; Nada grande y digno en el mundo habrá Que en la cruz no halle aprobación.

3. Yo por ella voy a mi hogar celestial,
   El rumbo marcando está; En mi oscura vida será el fanal Y a su luz mi alma siempre irá.

La cruz sólo me guiará, La cruz sólo me guiará;
guiará, guiará;
A mi hogar de paz y eterno amor, La cruz sólo me guiará.

Letra, Jessie B. Pounds, 1906. Tr., Vicente Mendoza. Música WAY OF THE CROSS, Charles H. Gabriel, 1906.

172 Mi Culpa El Llevó

... Jehová cargó en él el pecado de todos nosotros. Is. 53:6

1. Can - sa - do y tris - te vi-ne al Sal-va-dor, Mi cul - pa él lle - vó,
2. Bo - rra - dos to - dos mis pe - ca-dos son, Mi cul - pa él lle - vó,
3. Ya vi - vo li - bre de con-de-na-ción, Mi cul - pa él lle - vó,
4. Si vie - nes hoy a Cris-to, pe - ca-dor, Tu cul - pa lle - va - rá,

Mi cul - pa él lle - vó; Mi e - ter - na di - cha ha-llé en su a -
Mi cul - pa él lle - vó; A él fe - liz e - le - vo mi can -
Mi cul - pa él lle - vó; Su dul - ce paz ten-go en mi co - ra -
Tu cul - pa lle - va - rá; Per - dón ten-drás si a - cu - des al Se -

mor, Mi cul - pa él lle - vó.
ción, Mi cul - pa él lle - vó.   Mi cul - pa él lle - vó, Mi
zón, Mi cul - pa él lle - vó.
ñor, Tu cul - pa lle - va - rá.   Tu cul - pa lle - va - rá, Tu

cul - pa él lle - vó, A - le - gre siem-pre can - ta - ré.   Al
cul - pa lle - va - rá, Y lim-pia - rá tu co - ra - zón;   Y

Basado en Isaías 53:4-6. Letra y música HE TOOK MY SINS AWAY, Sra. M. J. Harris.
Tr., H. C. Ball.

Se - ñor go - zo - so a - la - ba - ré, Por - que él me sal - vó.
di - rás fe - liz en tu can - ción: "Mi cul - pa él lle - vó."

Tanto al Mundo Dios Amó 173

En esto se mostró el amor de Dios para con nosotros, en que Dios envió a su Hijo unigénito al mundo, para que vivamos por él. 1 Jn. 4:9

1. Tan - to al mun - do Dios a - mó Que a su
2. No quie - re ver al pe - ca - dor En su pe -
3. Cris - to el ob - je - to de la fe, Se en - car -

Hi - jo nos en - vió, Y to - do a - quel que
ca - do pe - re - cer. En su pa - la - bra en -
nó y muer - to fue; Los que con - fian - do en

cre - a en él Vi - da e - ter - na ob - ten - drá.
se - ña él Có - mo e - sa vi - da al - can - zar.
él es - tán, Fuer - te ci - mien - to en él ten - drán. A - mén.

Basado en Juan 3:16-18. Letra, Paul Gerhardt, 1661; tr. al inglés, August Crull, 1912; tr. al castellano, Luden A. Gutiérrez. ©Copyright 1978 Casa Bautista de Publicaciones. Todos los derechos reservados. Amparado por los derechos de copyright internacional. Música ST. CRISPIN, George J. Elvey, 1863.

174 Con Alma y Voz Te Alabaré

Jehová reina; regocíjese la tierra . . . Sal. 97:1

1. Con al - ma y voz te a - la - ba - ré Y yo tus glo - rias can - ta - ré;
2. Cla - mé a ti por mi sa - lud; Me dio tu ley, po - der, vir - tud.
3. Se - ñor, que en luz y glo - ria es - tás, Tu rei - no es de san - ta paz;
4. Tu dies - tra fiel ex - ten - de - rás; A mi ad - ver - sa - rio ven - ce - rás;

A - do - ro yo tu ma - jes - tad, Te a - la - ba - ré por tu ver - dad.
Los re - yes prez a ti da - rán, Pues tu pa - la - bra es - cu - cha - rán.
Los ma - los no ve - rán el bien, Mas tú al pia - do - so das sos - tén.
Tu o - bra en mi co - ra - zón Ten - drá de ti la per - fec - ción.

Ver - dad y gra - cia só - lo son En tu pa - la - bra
Y can - ta - rán con dul - ce son Las glo - rias de tu
En to - da mi tri - bu - la - ción Me das, Se - ñor, con -
Mer - ced y gra - cia hay en ti; Me - mo - ria ten, Se -

ben - di - ción, En tu pa - la - bra ben - di - ción.
sal - va - ción, Las glo - rias de tu sal - va - ción.
so - la - ción, Me das, Se - ñor, con - so - la - ción.
ñor, de mí, Me - mo - ria ten, Se - ñor, de mí.

Letra, Juan N. de los Santos, 1925. Música SOLID ROCK, William B. Bradbury, 1863.

Por Su Misericordia 175

... he aquí que mis siervos cantarán por júbilo del corazón ... Is. 65:14

Sol ... **Re** ... **Sol** ... **Re**

1. Por su mi-se-ri-cor-dia, A Cris-to can-ta-ré;
2. Por su mi-se-ri-cor-dia, No me a-ver-gon-za-ré
3. Por su mi-se-ri-cor-dia, Con go-zo al cie-lo voy,

Sol ... **Do** ... **Sol** ... **Re** ... **Sol**

Con mi co-pa re-bo-san-do Yo le ben-de-ci-ré;
De la his-to-ria re-den-to-ra Que a to-dos con-ta-ré.
Ha-cia a-quel ho-gar glo-rio-so Que mi al-ma an-he-la hoy.

Sol ... **Re** ... **Sol**

Cor-de-ro de Dios san-to: ¡Su vi-da en-tre-gó!
Si vie-nen du-ras prue-bas No hay na-da que te-mer:
Mas cuan-do yo lle-ga-re A ver la gran man-sión,

Sol ... **Do** ... **Sol** ... **Re7** ... **Sol**

Por mí pa-gó gran pre-cio; Su san-gre me com-pró.
En-to-na-ré e-se can-to Con go-zo y con pla-cer.
En-to-na-ré por siem-pre A Cris-to mi can-ción.

Letra, Fanny J. Crosby, 1875; adap., Margaret Clarkson, 1973. Música ALSTYNE, William H. Doane, 1875. Tr.,Leslie Gómez C., 1977. ©Copyright 1978 Casa Bautista de Publicaciones. Todos los derechos reservados. Amparado por los derechos de copyright internacional.

176 Años Mi Alma en Vanidad Vivió

Cristo nos redimió de la maldición de la ley . . . Gá. 3:13

1. A - ños mi al-ma en va-ni - dad vi - vió, Ig - no - ran-do a quien por
2. Por la Bi - blia mi - ro que pe - qué, Y su ley di - vi - na
3. En la cruz su a-mor Dios de - mos - tró Y de gra - cia al hom - bre
4. To - da mi al-ma a Cris-to ya en-tre - gué, Hoy le quie-ro y sir - vo

mí su - frió, Oh que en el Cal - va - rio su - cum - bió, El Sal - va - dor.
que-bran - té; Mi al-ma en-ton-ces con-tem - pló con fe Al Sal - va - dor.
re - vis - tió Cuan-do por no - so - tros se en-tre - gó El Sal - va - dor.
co - mo a Rey, Por los si - glos siem-pre can - ta - ré Al Sal - va - dor.

Mi al-ma a-llí di - vi - na gra-cia ha-lló; Dios a - llí per-dón y

paz me dio; Del pe - ca - do a-llí me li - ber - tó El Sal - va - dor.

Letra, William R. Newell, 1895. Tr., George P. Simmonds. Música CALVARY, Daniel B. Towner, 1895.

Grande Amor, Sublime, Eterno 177

... Dios, que es rico en misericordia, por su gran amor con que nos amó ... Ef. 2:4

1. Gran - de a-mor, su - bli - me, e - ter - no, Más pro - fun-do es que la mar; Y más al - to que los cie - los, In - son - da - ble es y sin par. El me a - bri - rá la puer - ta Y a - sí en-trar po - dré. Re - den - ción él ha com - pra - do Y per - dón me da por fe.

2. Gran - de a-mor, su - bli - me, e - ter - no, En la cruen - ta cruz mu - rió; Mi ben - di - to Je - su - cris - to; Mi cas - ti - go a - sí lle - vó.

3. Gran - de a-mor, su - bli - me, e - ter - no, Soy in - dig - no pe - ca - dor, Mas el Hi - jo in-com - pa - ra - ble Dios su vi - da en mi fa - vor.

Letra, Frederick A. Blom; tr. al inglés, Nathaniel Carlson; tr. al castellano, Jorge Sánchez y Robert C. Savage. Música PEARLY GATES, Elsie Ahlwen, 1930. Tr. ©Copyright 1978 Singspiration, Inc. Todos los derechos reservados. Usado con permiso.

178 Vida Abundante

...yo he venido para que tengan vida, y para que la tengan en abundancia. Jn. 10:10

Vi - da a - bun - dan - te Je - sús o - fre - ce, Vi - da triun-fan - te de
dí - a en dí - a; El es la fuen - te de vi-da e - ter - na que
bro - ta siem-pre en mi co - ra - zón.

1. En la cruz mu - rió mi Je -
2. La mu - jer que fue y to -
3. En la cruz pi-dió el mal - he -

sús; Con su muer - te vi - da me dio; Por su gra - cia me trans-for -
có El ves - ti - do del Se - ñor; Por su fe sa - lud re - ci -
chor De su al - ma la sal - va - ción; Vi - da e - ter - na pu-do al-can -

mó Y la vi-da a - bun - dan - te me con - ce - dió.
bió Y la vi-da a - bun - dan - te Je - sús le dio.
zar, Pues la vi-da a - bun - dan - te Je - sús le dio.

Letra y música VIDA ABUNDANTE, Rafael Enrique Urdaneta M. ©Copyright 1978 Casa Bautista de Publicaciones. Todos los derechos reservados. Amparado por los derechos de copyright internacional.

Al Que en Busca de la Luz 179

Gozaos conmigo, porque he encontrado mi oveja que se había perdido. Lc. 15:6

1. Al que en bus - ca de la luz Va - gue cie - go y con te - mor,
2. A sus pies des - can - sa - rás; E - jer - ci - ta en él la fe.
3. Haz - lo, pues, y a - sí di - rás: "De la pe - na yo es - ca - pé;
4. Re - ci - bir - te pro - me - tió; Da - te pri - sa en a - cu - dir.

Lo re - ci - be el buen Je - sús En los bra - zos de su a - mor.
Y con él re - ci - be paz; A Je - sús, tu a - mi - go, vé.
Ya la ley no ex - i - ge más; En Je - sús per - dón ha - llé."
Ne - ce - si - tas co - mo yo, Vi - da que él ha - rá vi - vir.

Vol - ve - re - mos a can - tar: Cris - to a -
A can - tar vol - ved, A can - tar vol - ved: Cris - to a -

co - ge al pe - ca - dor; Cla - ro ha - ced - lo
co - ge al pe - ca - dor, Cris - to a - co - ge al pe - ca - dor. Que re - sue - ne ha - ced,

re - so - nar: Cris - to a - co - ge al pe - ca - dor.
Que re - sue - ne ha - ced:

Basado en Lucas 15:1-7. Letra, Erdmann Neumeister, 1718. Tr. al inglés, Emma F. Bevan, 1858.
Es traducción al castellano, basada en la traducción de Tomás Westrup. Música NEUMEISTER,
James McGranahan, 1883.

180 En una Cruz a Cristo Vi

... Jesús, para santificar al pueblo mediante su propia sangre ... He. 13:12

1. En u - na cruz a Cris - to vi Cuan-do él por mí su - frió;
2. Y su mi - ra - da tris-te a - llí Ja - más ol - vi - do yo;
3. Sus ma - les lue - go mi al-ma vio, Pe - sa - res mil su - frí;
4. Y lue - go Cris-to a - sí me ha-bló:"Ya per - do - na-do es - tás;

Los o - jos él fi - jó en mí Cuan-do él a - llí mu - rió.
Sen - tí que me a-cu - sa-ba a mí, Mas él ja - más me ha-bló.
Fue mi mal-dad que le cau - só Mo - rir a - llí por mí.
Mi co - ra - zón por ti san-gró Y en mí vi - vir po - drás".

¡Oh cuán-to a - mor el Sal - va - dor A - llí por mí mos - tró!

A - mor sen - tí al ver que a - llí Je - sús por mí mu - rió.

Letra, John Newton, 1779. Tr., George P. Simmonds. © Copyright 1978 Casa Bautista de Publicaciones. Todos los derechos reservados. Amparado por los derechos de copyright internacional. Música EXCELL, Edwin O. Excell, 1917.

Ten Misericordia de Mí 181

... tendré misericordia del que tendré misericordia, y seré clemente para con el que seré clemente. Ex. 33:19

Mi Dios en su Pa-la-bra me ha-bla a-sí:"Ten-dré mi-se-ri-cor-dia de quien ten-dré."Yo a-cep-to sus pro-me-sas por la fe, O-fer-ta que yo a-pro-ve-cha-ré.

Ten mi-se-ri-cor-dia de mí, Mi-se-ri-cor-dia de mí, Mi-se-ri-cor-dia de mí, oh Se-ñor.

Pa-dre, com-pa-dé-ce-te hoy; En mi a-flic-ción ten pie-dad.¡Oh com-pa-dé-ce-te ya!

182 Jesús Me Incluye a Mí

... todo aquel que invocare el nombre del Señor, será salvo. Ro. 10:13

1. Sal - vo y fe - liz por Je - sús ya soy,
2. Go - zo al le - er: "El que ten - ga sed,
3. Siem - pre el Es - pí - ri - tu di - ce: "Ven
4. Al - ma in - fe - liz, ven y en - con - tra - rás

Y por mi sen - da can - tan - do voy; Sí, soy fe -
Ven - ga a la fuen - te de vi - da y bien." ¡Go - zo i - ne -
Al que te lla - ma al más al - to E - dén;" En su lla -
Di - cha in - de - ci - ble, con - sue - lo y paz; Ven sin tar -

liz, pues se - gu - ro es - toy, Que Je - sús me in - clu - ye a mí.
fa - ble! Muy bien lo sé Que Je - sús me in - clu - ye a mí.
mar me ha - ce ver tam - bién, Que Je - sús me in - clu - ye a mí.
dar y sa - ber po - drás Que Je - sús te in - clu - ye a ti.

Je - sús me in - clu - ye a mí, Oh sí, me in - clu - ye a mí; En su tier - no

Letra, Johnson Oatman, h., 1909. Música SEWELL, Hampton H. Sewell, 1909. ©Copyright 1914, renovado 1942 John T. Benson, h. Copyright extendido. Arr. ©1978. Todos los derechos reservados. Amparado por los derechos de copyright internacional. Este arreglo impreso con permiso de The Benson Company, 365 Great Circle Road, Nashville, Tenn., 37228. Tr., S. D. Athans.

lla - ma-mien-to él me in-clu-ye a mí.   Je - sús me in-clu-ye a mí;   Oh sí, me in-

clu-ye a mí;   En   su   tier - no   lla - ma-mien-to   él me in-clu-ye a mí.

Gracia Admirable   183

Porque por gracia sois salvos . . . Ef. 2:8

1. Oh   gra-cia ad-mi - ra - ble, ¡dul - ce   es! ¡Que a mí,   pe-ca-dor,   sal - vó!
2. La   gra - cia   me en-se - ñó a   te - mer; Del   mie-do   li - bre fui.
3. Pe - li - gro,   lu - cha y ten - ta - ción,   Por   fin los lo-gré   pa - sar;
4. Des -pués de años mil   de es-tar   a - llí,   En   luz co-mo la   del sol:

Per - di-do es-ta-ba yo,   mas   vi-ne a sus pies; Fui cie - go, vi-sión me dio.
¡Cuán be-lla e-sa gra - cia   fue en mi ser,   La   ho - ra en que cre - í!
La   gra-cia me li - bró de   per - di - ción,   Y   me lle-va-rá al ho - gar.
Po - dre-mos can - tar por   tiem-po sin fin Las glo - rias del Se - ñor.   A - mén.

Letra, estrofas 1-3, John Newton, 1779; estrofa 4, autor anónimo. Música AMAZING GRACE,
Virginia Harmony, 1831; arr., Edwin O. Excell, 1900. Tr., Adolfo Robleto, 1977. ©Copyright 1978
Casa Bautista de Publicaciones. Todos los derechos reservados. Amparado por los derechos de
copyright internacional.

184 Gracia Admirable del Dios de Amor

...mas cuando el pecado abundó, sobreabundó la gracia... Ro. 5:20

1. ¡Gra-cia ad-mi - ra - ble del Dios de a-mor Que ex-ce-de a to - do
2. Ne - gras las o - las de la mal-dad Me a-me-na - za - ron
3. Nun - ca mi man-cha po-dré lim - piar Si - no en la san - gre
4. Gra-cia in-fi - ni - ta re - ci - bi-rá To - do el que cre-e en

nues-tro pe - car! Cris - to en la cruz por el pe - ca - dor
con per - di - ción; Pu - do en la gra-cia de Dios ha - llar
del buen Je - sús; En e - lla, sí, la po - dré la - var,
Cris-to el Se - ñor; Si del pe - ca - do can - sa - do es-tás,

Su vi - da ha da - do. ¡Qué a-mor sin par! ¡Gra - cia
Dul - ce re - fu - gio mi co - ra - zón. ¡Gra - cia glo - rio-sa,
Hoy sin ce - sar flu - ye de la cruz. ¡Gra-cia glo - rio-sa,
Ven, gra-cia o - fre - ce tu Sal - va - dor.

de Dios, Que él nos o - fre-ce en su gran bon-dad! ¡Gra -
ma - ra - vi - llo-sa, ¡Gra - cia glo-

Letra, Julia H. Johnston, 1910. Música MOODY, Daniel B. Towner, 1910. ©Copyright 1910. Renovado 1936 extendido. Hope Publishing Co., dueño. Todos los derechos reservados. Usado con permiso. Tr.,George P. Simmonds. ©Copyright 1961. Asignado a Hope Publishing Co. Todos los derechos reservados. Usado con permiso.

cia   de   Dios, Que ex-ce-de a   to - da mi mal-dad!
rio-sa, ma - ra - vi - llo-sa,

Alabad a Jehová   185

Alabad a Jehová, porque él es bueno; porque para siempre es su misercordia. Sal. 107:1

A - la - bad   a Je - ho - vá,   Por - que él es   bue - no;

Por - que pa - ra siem - pre es su mi - se - ri - cor - dia, Es

su   mi - se - ri - cor - dia, Es su   mi - se - ri - cor - dia.

186 Si Creyere Puede a El Venir

... todo aquel que invocare el nombre del Señor, será salvo. Ro. 10:13

1.¡Oh, qué go - zo yo sien - to en mi co - ra - zón,
2. A - la - ba - do es Cris - to el Re - den - tor,
3.¡Qué mer - ced! ¡qué a - mor el Se - ñor mos - tró!

No hay más os - cu - ri - dad! Pues Je - sús me ha di - cho que
Su glo - ria des - cien-de a - quí; El trans-for - ma la vi - da del
Mu - rien - do en du - ra cruz, Y las puer - tas a - brió el buen

to - do a-quel Que cree sal - vo se - rá. (se - rá.)
pe - ca - dor, Su san-gre es e - fi - caz. (aun hoy.) Si cre-ye-re
Sal - va - dor, Al go - zo ce - les - tial. (por ti.)

pue-de a él ve - nir, Pue-de a él ve - nir, sí, pue-de a él ve - nir;

Si cre-ye-re pue-de a él ve - nir; Je - su-cris-to sal - va - rá.

Basado en Romanos 10:13. Letra y música MCCONNELL, J. Edwin McConnell, 1910.

Vengo, Jesús, a Ti 187

. . . la ley del Espíritu de vida en Cristo Jesús me ha librado de la ley del pecado y de la muerte. Ro. 8:2

1. De mi tris-te-za y es-cla-vi-tud, Ven-go, Je-sús, Ven-go, Je-sús,
2. De mi fla-que-za y fal-ta de luz, Ven-go, Je-sús, Ven-go, Je-sús,
3. De mi so-ber-bia y an-sie-dad, Ven-go, Je-sús, Ven-go, Je-sús,
4. De e-se te-rror que la tum-ba da, Ven-go, Je-sús, Ven-go, Je-sús,

A tu a-le-grí-a y tu vir-tud, Ven-go, Je-sús, a ti. De mi po-
Al e-mi-nen-te bien de tu cruz, Ven-go, Je-sús, a ti. Del su-fri-
Pa-ra mo-rar en tu vo-lun-tad, Ven-go, Je-sús, a ti. De mi tris-
A la bri-llan-te luz de tu ho-gar, Ven-go, Je-sús, a ti. De la in-de-

bre-za y en-fer-me-dad, A tu sa-lud y ri-ca bon-dad;
mien-to que es te-rre-nal, A ti mi mé-di-co ce-les-tial;
te-za a tu gran a-mor, A lo del cie-lo con-so-la-dor;
ci-ble pro-fun-di-dad, A tu re-dil de tran-qui-li-dad;

A tu pre-sen-cia, de mi mal-dad, Ven-go, Je-sús, a ti.
Pa-ra ser li-bre de to-do mal, Ven-go, Je-sús, a ti.
Pa-ra por siem-pre dar-te lo-or, Ven-go, Je-sús, a ti.
A ver tu faz por la e-ter-ni-dad, Ven-go, Je-sús, a ti.

Letra, William T. Sleeper, c. 1887. Es traducción. Música JESUS I COME, George C. Stebbins, 1887.

188   2 Crónicas 7:14

Si se humillare mi pueblo . . . y oraren, y buscaren mi rostro, y se convirtieren de sus malos caminos
. . . perdonaré sus pecados, y sanaré su tierra.   2 Cr. 7:14

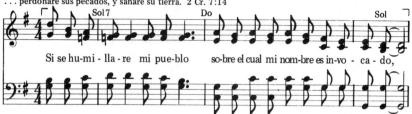

Si se hu-mi-lla-re mi pue-blo   so-bre el cual mi nom-bre es in-vo - ca - do,

Y   o - ra-ren y bus-ca - ren mi ros - tro,   Y   se con - vir - tie-ren

de sus ma-los ca - mi-nos, En - ton-ces o - i - ré des-de los cie - los.

Per - do - na - ré sus   pe - ca - dos   y sa - na - ré   su   tie - rra.

Yo Escucho, Buen Jesús 189

... El Maestro está aquí y te llama. Jn. 11:28

1. Yo es-cu-cho, buen Je-sús, Tu dul-ce voz de a-mor,
2. Tú o-fre-ces el per-dón De to-da i-ni-qui-dad,
3. Tú o-fre-ces au-men-tar La fe del que cre-yó,

Que des-de el ár-bol de la cruz, In-vi-ta al pe-ca-dor.
Si el llan-to i-nun-da el co-ra-zón Que a-cu-de a tu pie-dad.
Y gra-cia so-bre gra-cia dar A quien en ti es-pe-ró.

Yo soy pe-ca-dor, Na-da hay bue-no en mí;
Yo soy pe-ca-dor, Ten de mí pie-dad.
Cre-o en ti, Se-ñor, Só-lo es-pe-ro en ti;

Ser ob-je-to de tu a-mor De-se-o, y ven-go a ti.
Da-me llan-to de do-lor Y bo-rra mi mal-dad.
Da-me tu in-fi-ni-to a-mor, Pues bas-ta pa-ra mí.

Letra y música WELCOME VOICE, Lewis Hartsough, 1872. Tr., J. B. Cabrera.

190 Salvador, a Ti Acudo

...al que a mí viene, no le echo fuera. Jn. 6:37

1. Sal - va - dor, a ti a - cu - do, Prín - ci - pe de a - mor,
2. Sal - va - ción y paz bus - can - do, Ven - go a tu cruz;
3. Son tus mé - ri - tos la fuen - te De mi sal - va - ción;

Só - lo en ti hay paz y vi - da Pa - ra el pe - ca - dor.
En tu muer - te es - pe - ran - do, ¡Sál - va - me, Je - sús!
En tu san - gre yo en - cuen - tro Vi - da y per - dón.

¡Cris - to, Cris - to! Al - zo a ti mi voz;

¡Sal - va - dor, tu gra - cia da - me, O - ye mi cla - mor!

Letra, Fanny J. Crosby, 1868. Tr. y adap., H. G. Jackson. Música PASS ME NOT, William H. Doane, 1868.

¿Qué Harás Tú con Cristo? 191

¿Qué, pues, haré de Jesús, llamado el Cristo?... Mt. 27:22

1. An - te Pi - la - to Je - sús es - tá; To - dos los su - yos hu -
2. Aún hoy a prue - ba es - tá Je - sús. Pue - des ne - gar - lo, de -
3. ¿Quie - res tus ma - nos qui - zás la - var, Co - mo Pi - la - to con
4. Cris - to, te to - mo por Sal - va - dor, Te re - co - noz - co por

ye - ron ya; Pre - gun - ta se o - ye y ¿qué se - rá? ¿Qué ha - rás tú con
jar la luz; Fiel pue - des ser, y to - mar tu cruz. ¿Qué ha - rás tú con
su pe - car? O quie - res tus cul - pas con - fe - sar? ¿Qué ha - rás tú con
mi Se - ñor, Y a - fir - mo go - zán - do - me en tu a - mor, ¡A - sí ha - ré con

Cris - to?
Cris - to? ¿Qué ha - rás tú con Cris - to? No pue - des ser neu - tral.
Cris - to?
Cris - to!

Pron - to ten - drás que de - cir - te: ¿Con - mi - go qué ha - rá él?

Letra, Albert B. Simpson. Tr.,James C. Clifford. Música WHAT WILL YOU DO WITH JESUS,
Mary L. Stocks.

192 Sin Cristo Nǒ Tengo Nada

. . . si alguno está en Cristo, nueva criatura es . . . 2 Co. 5:17

1. Sin Cris-to no ten-go na-da; Sin Cris-to
2. Sin Cris-to mi al-ma es-tá muer-ta; Sin Cris-to es-

no hay sal-va-ción; Sin Cris-to voy por la vi-da
cla-vo yo soy; Sin Cris-to no hay es-pe-ran-za,

Co-mo un bar-co sin ti-món. ¡Cris-to, oh Cris-to!
Mas con él yo sal-vo soy.

Si has o-í-do su voz, Ven, a-cép-ta-le hoy. ¡Oh

Cris-to, oh Cris-to! Sin ti, sin ti na-da soy.

Letra y música WITHOUT HIM, Mylon R. LeFevre, 1963. © Copyright 1963 LeFevre Sing Publishing
Company. Todos los derechos reservados. Usado con permiso. Tr., Tony Arango, 1977.

Ven, Reina en Mi Corazón 193

... para esto fuisteis llamados ... para que sigáis sus pisadas ... 1 P. 2:21

1. Oh Salvador, yo puedo oír Tu invitación de amor. Para entregar mi vida a ti Cual un fiel seguidor. Rey de mi vida sé, Reina en mi corazón. Ven, ten posesión, Es mi oración. Ven, reina en mi corazón.

2. Guía mi ser con tu poder, Sin vacilar iré. Aunque no puedo entender, Tu voluntad haré.

3. Lo que yo soy o espero ser, Todo entrego a ti. Usa mis dones y veré Que reinas tú en mí.

Letra y música MAKE OF MY HEART THY THRONE, B. B. McKinney. ©Copyright 1952 Broadman Press. Tr., Abel P. Pierson Garza. Usado con permiso.

194 El Salvador Te Espera

Si oyereis hoy su voz, no endurezcáis vuestros corazones . . . Heb. 3:7,8

1. En tu alma desea Jesús hoy entrar, ¿No le quisieras abrir? No hay nada en el mundo que te ha de apartar, ¿Qué tú le vas a decir?

2. Si tú te decides a Cristo venir, El parabién te dará; Por él tus tinieblas tendrán que salir, Y con su luz te guiará.

¡Tanto el Señor te ha esperado a ti, y aún hoy te espera otra vez! A ver si la puerta le quieres abrir, Quiere él entrar donde estés.

Letra y música CARMICHAEL, Ralph Carmichael, 1958. Tr., Adolfo Robleto. ©Copyright 1958
Sacred Songs (A Division of Word, Inc.). Todos los derechos reservados. Amparado por los derechos
de copyright internacional. Usado con permiso.

Ven, Amigo, al Dulce Jesús

195

Si alguno tiene sed, venga a mí y beba. Jn. 7:37

1. Ven, a - mi - go, al dul - ce Je - sús, Y fe - liz pa - ra siem - pre se - rás, Pues si tú le bus - ca - res con fe, Al di - vi - no Se - ñor ha - lla - rás. Ven a él, ven a él, Que te es - pe - ra tu buen Sal - va - dor; Ven a él, ven a él, Que te es - pe - ra tu buen Sal - va - dor.

2. Si cual hi - jo que ne - cio pe - có, Vas bus - can - do a sus pies com - pa - sión, Tier - no A-mi - go en Je - sús ha - lla - rás, Y ten - drás en sus bra - zos per - dón.

3. O - ve - jue - la, re - gre - sa al re - dil, ¡Al am - pa - ro de Cris - to el Se - ñor! Y en los hom - bros lle - va - da se - rás Por tan dul - ce y a - man - te Pas - tor.

Pe - ca - dor, pe - ca - dor, Ven a él

Pe - ca - dor, pe - ca - dor,

Letra, Pedro Castro. Música SWEET BY AND BY, Joseph P. Webster, 1968.

196 A Jesucristo Ven sin Tardar

. . . donde yo estoy, vosotros también estéis. Jn. 14:3

1. A Je-su-cris-to ven sin tar-dar, Que en-tre no-so-tros hoy él es-
2. Pien-sa que él so-lo pue-de col-mar Tu tris-te pe-cho de go-zo y
3. Su voz es-cu-cha sin de-mo-rar, Y gra-to a-cep-ta lo que hoy te

tá, Y te con-vi-da con dul-ce a-fán, Tier-no di-cien-do: "Ven."
paz; Y por-que an-he-la tu bien-es-tar, Vuel-ve a de-cir-te: "Ven."
da; Tal vez ma-ña-na no ha-brá lu-gar, No te de-ten-gas: "Ven."

¡Oh, cuán gra-ta nues-tra re-u-nión Cuan-do a-llá, Se-ñor, en tu man-sión,

Con-ti-go es-te-mos en co-mu-nión Go-zan-do e-ter-no bien!

Letra y música COME TO THE SAVIOR, George Frederick Root. Tr., Juan B. Cabrera.

Ven Hoy al Salvador 197

Venid a mí todos los que estáis trabajados y cargados, y yo os haré descansar. Mt. 11:28

1. Ven hoy al Sal - va - dor, Te in - vi - ta él a ve - nir.
2. Ven hoy al Sal - va - dor, Si des - ca - rria - do es - tás.
3. Ven hoy al Sal - va - dor, Tu car - ga a en - tre - gar,

Con - tri - to y sin te - mor, Oh, da - le tu e - xis - tir.
Tus vo - tos al Se - ñor Re - a - nu - dar po - drás.
Y so - bre él po - drás Tu an - sie - dad e - char.

El nos pro - me - te paz, A - mor y sal - va - ción,
Co - mo a la o - ve - ja que Re - tor - na a su pas - tor,
Ven, por - que en tu do - lor En él en - con - tra - rás

Go - zo en el mun - do a - quí, Y u - na e - ter - nal man - sión.
El te re - ci - bi - rá Con gran - de y tier - no a - mor.
Un fiel con - so - la - dor, A - li - vio y so - laz.

Letra, John M. Wigner, 1871. Tr.,Marjorie J. de Caudill, 1977. © Copyright 1978 Casa Bautista de
Publicaciones. Todos los derechos reservados. Amparado por los derechos de copyright internacional.
Música INVITATION, Frederick C. Maker, 1881.

198 Cuán Tiernamente Jesús Hoy Nos Llama

Venid a mí todos los que estáis trabajados y cargados, y yo os haré descansar. Mt. 11:28

1. ¡Cuán tier-na-men-te Je-sús hoy nos lla-ma! Cris-to a ti y a mí. El nos es-pe-ra con bra-zos a-bier-tos; Lla-ma a ti y a mí.

2. ¿Por qué te-me-mos si es-tá a-bo-gan-do Cris-to por ti y por mí? Sus ben-di-cio-nes es-tá de-rra-man-do Siem-pre por ti y por mí.

3. El tiem-po vue-la, lo-grar-lo con-vie-ne, Cris-to te lla-ma a ti; Vie-nen las som-bras y vie-ne la muer-te, Vie-nen por ti y por mí.

Ve-nid, ve-nid, Ve-nid, ve-nid; Si es-táis can-sa-dos, ve-nid; ¡Cuán tier-na-men-te nos es-tá lla-man-do! ¡Oh, pe-ca-do-res, ve-nid!

Letra y música THOMPSON, Will L. Thompson, 1880. Tr.,Pedro Grado. Adap.,H. C. Ball.

¿Sabes Tú de Cristo? 199

Y esta es la vida eterna: que te conozcan a ti, el único Dios verdadero, y a Jesucristo, a quien has enviado. Jn. 17:3

1. ¿Vi - ves can - sa - do y tris - te? ¿Es gran - de tu a - flic - ción?
2. ¿A quién te a - cer - cas, di - me, Cuan - do te a - co - sa el mal?
3. En tus de - si - lu - sio - nes, Tu llan - to en - ju - ga - rá;

¿Tu ser cal - mar qui - sis - te? ¿Bus - cas fe - liz pro - tec - ción?
Y cuan - do tu al - ma gi - me, ¿Quién es tu paz e - ter - nal?
En ru - das ten - ta - cio - nes Tu prez él con - tes - ta - rá.

¿Sa - bes tú de Cris - to? ¿Le co - no -
¿Sa - bes tú ¿Le co -

ces ya? En su a - mor ben - di - to
no - ces ya? En su a - mor

Sal - va - ción y po - der te da - rá.
te da - rá.

Letra y música DO YOU KNOW MY JESUS?, V. B. Ellis y W. F. Lakey. ©Copyright 1957 y 1976
Lillenas Publishing Company, U.S.A. Tr.,H. T. Reza, 1977. Poema en castellano ©Copyright 1978
Lillenas Publishing Company, U.S.A. Todos los derechos reservados. Usado con permiso.

200 Todo Aquel Que Oye

. . . el que quiera, tome del agua de la vida gratuitamente. Ap. 22:17

1. To-do a-quel que o - ye va-ya a pro-cla - mar: Sal - va-ción de gra - cia
2. To-do a-quel que quie - re va-ya sin tar-dar, Fran-ca es-tá la puer - ta
3. Fir-me es la pro-me - sa, o-ye, pe - ca-dor; ¿Quie-res tú la vi - da?

llé - gue-se a a-cep - tar, Al per-di-do mun-do dé-be-se a-nun-ciar;
y po-drá en-trar; Cris-to es el ca-mi-no al ce-les-tial ho-gar;
Mi-ra al Sal-va-dor. El a to-dos lla-ma con di-vi-no a-mor;

Vé al Sal-va-dor Je - sús. El que tie-ne fe de-be pro-cu - rar

Es - tas bue-nas nue-vas siem-pre a - nun-ciar: Que Je - sús nos

a-ma y quie - re per-do-nar; Vé al Sal-va-dor Je - sús.

Basado en Juan 3:16. Letra y música WHOSOEVER, Philip P. Bliss, 1869. Tr., Stuart E. McNair.

Hay Lugar en la Cruz 201

. . . así como en Adán todos mueren, también en Cristo todos serán vivificados. 1 Co. 15:22

1. La cruz en que Cris-to mu-rió Es re-fu-gio de
2. Aun-que ha-ya mi-llo-nes a-llí Que la-vó su rau-
3. La ma-no de mi Re-den-tor, No se a-cor-ta ni

paz y de a-mor, Es ma-nan-tial de gra-cia e-ter-nal,
dal car-me-sí, El Sal-va-dor o-fre-ce per-dón
pier-de va-lor, En ten-ta-ción o du-ra a-flic-ción,

Pro-fun-do y su-bli-me que lim-pia de mal.
A to-do el que quie-ra go-zar sal-va-ción. Lu-gar ha-lla-
Su san-gre ben-di-ta pro-me-te per-dón.

rás a-llí, Lu-gar ha-lla-rás a-llí; Mi-llo-nes ha-brá,

Mas hay un lu-gar; En la cruz ha-lla-rás lu-gar.

202 Ven al Señor Jesús

... por lo cual puede también salvar perpetuamente a los que por él se acercan a Dios ... He. 7:25

1. Tú, si del mal per-dón bus-cas ha-llar, Ven al Se-ñor
2. Al a-se-diar Sa-tán con el te-mor, Ven al Se-ñor
3. Lar-go es el ca-mi-nar, can-sa-do es-tás; Ven al Se-ñor
4. No te-mas al ca-er la obs-cu-ri-dad, Ven al Se-ñor

Je-sús; El en la cruz mu-rió por vi-da dar, Ven al
Je-sús; Con su po-der se-rás un ven-ce-dor; Ven al
Je-sús; El da a-mor, con-sue-lo, vi-da y paz; Ven al
Je-sús; El en la no-che da se-gu-ri-dad; Ven al

Se-ñor Je-sús.
Se-ñor Je-sús. Ven al Se-ñor Je-sús,
Se-ñor Je-sús. Ven al Se-ñor,
Se-ñor Je-sús.

Ven al Se-ñor Je-sús, Pues só-lo
Ven al Se-ñor,

Letra, H. G. Jackson; Tr.,Ana María Swenson. Música LOOK TO THE LAMB OF GOD, James M. Black; arr.,James Bigelow. ©Copyright 1968 Broadman Press. Todos los derechos reservados. Amparado por los derechos de copyright internacional. Usado con permiso.

él po - drá sal - va - ción dar, Ven al Se - ñor Je - sús.

Alguien Está a Mi Puerta   203

He aquí, yo estoy a la puerta y llamo . . . Ap. 3:20

1. Al - guien es - tá a mi puer - ta, Pa - cien - te quie - re en-trar;
2. De mis pe - ca - dos tan ne - gros ¿Quién me li - ber - ta - rá?
3. Mi co - ra - zón yo te a - bro, En - tra, oh Sal - va - dor;

Quie - re mo - rar en mi al - ma, To - do mi ser sal - var.
El que se en-cuen-tra a mi puer - ta, So - lo me sal - va - rá.
Mo - ra en mi ser pa-ra siem - pre, Sé tú mi Rey, Se - ñor.

No quie - ro que te a - le - jes, En - tra en mi co - ra - zón.

La voz de Cris - to oi - go, A - bro mi puer - ta hoy;

Letra, Mary B. C. Slade, c. 1875. Tr., Salomón Mussiett C., 1966. ©Copyright 1978 Casa Bautista de Publicaciones. Todos los derechos reservados. Amparado por los derechos de copyright internacional. Música EVERETT, Asa B. Everett, c. 1875.

204 Escucha, Amigo, al Señor

...puede también salvar perpetuamente a los que por él se acercan a Dios... He. 7:25

1. Es - cu-cha, a-mi - go, al Se - ñor Pues él te da per - dón;
2. Por re - di - mir-te, el Sal - va - dor Su san-gre de - rra - mó;
3. Ca - mi - no cier - to es Je - sús, Ven y fe - liz se - rás,
4. Ven con el san - to pue - blo fiel, De - jan-do to - do mal;

Te in - vi - ta hoy tu Re - den - tor, En él hay sal - va - ción.
Y en la cruz, con cruel do - lor, Tu re - den - ción o - bró.
I - rás a la man - sión de luz, Des - can - so ha - lla - rás.
A - sí la paz de Dios ten - drás, Y glo - ria in - mor - tal.

Ven a Cris - to, ven a Cris - to, Ven a E - ma - nuel;

Y la vi - da, vi - da e - ter - na, Ha - lla - rás en él.

Letra y música STOCKTON, John H. Stockton, *c.* 1873. Tr., H. G. Jackson.

La Bondadosa Invitación 205

En tiempo aceptable, te he oído, y en día de salvación te he socorrido. 2 Co. 6:2

1. La bonda - do-sa in-vi - ta-ción A - cep - ta de tu Sal-
2. Tal vez un dí - a ya la luz Tus o - jos no po-drán
3. Con cuán-to a-mor te lla-ma:"Ven", El que por ti en la cruz
4. Je - sús re - ci-be al pe - ca - dor Que en fe le im-plo - ra el

va - dor; No cie-rres, no, tu co - ra - zón; ¡Oh sé sal - vo hoy!
mi - rar; Oh ven, a - mi-go, a Je - sús, ¡Oh sé sal - vo hoy!
mu - rió. ¿Por qué re - bel - de has de ser? ¡Oh sé sal - vo hoy!
per -dón; Y él te o - fre - ce sal - va - ción. ¡Oh sé sal - vo hoy!

Sí, sé sal-vo hoy; sí, sé sal-vo hoy.
Sal-vo hoy, sé sal-vo hoy. Sal-vo hoy, sé sal-vo hoy.

Ven al Se - ñor y sé sal - vo hoy.
Ven al Se - ñor, ven al Se - ñor y sé sal-vo, sé sal-vo hoy.

Letra, Elizabeth Reed. Tr., Ernesto Barocio. Música CALVIN, J. Calvin Bushey.

206 Ven, Amigo, a Jesús

...he aquí ahora el día de salvación. 2 Co. 6:2

1. Ven, a - mi - go, a Je - sús, pues él mu - rió por ti; Re -
2. Las ma - nos del Se - ñor se a - bren hoy pa - ra ti; Ven

ci - bi - rás la luz que quie - re dar - te a ti. Mi buen Je -
y con - fí - a en él, y tú se - rás fe - liz. Tus pe - nas

sús mu - rió y él te da - rá el per - dón; A - bre tu co - ra -
pon en Dios, pues él las lle - va - rá; Y no ten - drás pe -

zón y dul - ce paz ten - drás. Dí - a fa - tal ven - drá
sar, si - no con - so - la - ción.

cuan - do no ha - brá lu - gar; La puer - ta se a - bre hoy, y tú po -

Letra y música, VEN, AMIGO, Juan M. Isáis. ©Copyright 1960 Juan M. Isáis. Usado con permiso.

drás en - trar. Mas gra - cia ya no ha - brá, pues la des - pre - cias hoy; A - cep - ta, pe - ca - dor, la sal - va - ción de Dios.

Mi Amor y Vida 207

... para que los que viven, ya no vivan para sí, sino para aquel que murió y resucitó por ellos.

2 Co. 5:15

1. Mi a-mor y vi - da doy a ti, Je - sús, quien en la cruz por
2. Que tú me sal - vas, es - to sé; He pues-to en ti mi hu - mil - de
3. Tú, quien mo - ris - te en la cruz, Con - cé - de - me, Se - ñor Je -
   Mi a-mor y vi - da doy a ti, Quien fuis-te a la cruz por

D.C. para el coro

mí Ver - tis - te san - gre car - me - sí, Mi Dios y Sal - va - dor.
fe; Fe - liz en - ton - ces vi - vi - ré Con - ti - go, mi Je - sús.
sús, Que siem-pre an - de en tu luz, En fiel con - sa - gra - ción.
mí; Mi a - mor y vi - da doy a ti, Je - sús, mi Sal - va - dor.

Letra, Ralph E. Hudson, 1882. Tr., H. W. Cragin. Música DUNBAR, C. R. Dunbar, 1882.

208 Con Voz Benigna Te Llama

El Maestro está aquí y te llama. Jn. 11:28

1. Con voz be - nig - na te lla - ma Je - sús, In - vi - ta - ción
2. A los can - sa - dos con - vi - da Je - sús; Con com - pa - sión
3. Siem-pre a-guar-dan - do se en - cuen- tra a Je - sús: ¡Tan - to es - pe - rar!,

de pu - ro a - mor. ¿Por qué le de - jas en va - no lla - mar?
mi - ra el do - lor. Da - le tu car - ga, te ben - de - ci - rá;
¡con tan- to a-mor! Ven a sus plan- tas con tu a - flic - ción,

¿Sor - do se - rás, pe - ca - dor? Hoy te con - vi - da;
Te a - yu - da - rá el Se - ñor. Con-vi - dán-do - te hoy, sí, hoy.
Tu ten - ta - ción, tu do - lor.

Hoy te con - vi - da, Voz ben - de-
Con - vi - dán - do - te hoy, sí, hoy. Voz ben - de - ci - da es

Basado en Juan 11:28. Letra, Fanny J. Crosby, 1883. Tr., T. M. Westrup. Música CALLING TODAY, George C. Stebbins, 1883.

ci - da, Be - nig - na con - ví - da - te hoy.
la de Je - sús,

¿Te Sientes Casi Resuelto Ya?   209

. . . Por poco me persuades a ser cristiano. Hch. 26:28

1. ¿Te sien - tes ca - si re - suel - to ya? ¿Te fal - ta po - co
2. ¿Te sien - tes ca - si re - suel - to ya? Pues ven - ce el ca - si,
3. El "ca - si" nun - ca te ser - vi - rá En la pre - sen - cia

pa - ra cre - er? Pues ¿por qué di - ces a Je - su -
a Cris - to ven; Pues hoy es tiem - po, pe - ro ma -
del jus - to Juez. ¡Ay del que mue - re ca - si cre -

cris - to: "Hoy no, ma - ña - na te se - gui - ré?"
ña - na Bas - tan - te tar - de pu - die - ra ser.
yen - do! ¡Com - ple - ta - men - te per - di - do es - tá!

Letra y música ALMOST PERSUADED, P. P. Bliss. Tr., Pedro Castro.

210 Tendrás Que Renacer

No te maravilles de que te dije: Os es necesario nacer de nuevo. Jn. 3:7

1. Un hom-bre de no-che lle-gó a Je-sús, Bus-can-do la
2. Y tú si qui-sie-ras al cie-lo lle-gar, Y con los ben-
3. Ja-más, oh mor-tal, de-bes tú de-se-char Pa-la-bras que
4. A-mi-gos han i-do con Cris-to a mo-rar, A quie-nes qui-

sen-da de vi-da y luz, Y Cris-to le di-jo: "Si a
di-tos a-llí des-can-sar; Si vi-da e-ter-na qui-
Cris-to dig-nó-se ha-blar; Por-que si no quie-res el
sie-ras un dí-a en-con-trar, Hoy es-te men-sa-je pues

Dios quie-res ver, Ten-drás que re-na-cer."
sie-ras te-ner, Ten-drás que re-na-cer.
al-ma per-der, Ten-drás que re-na-cer.
de-bes cre-er: Ten-drás que re-na-cer.

¡Ten-drás que re-na-cer!   ¡Ten-drás que re-na-cer!   De
re-na-cer!   re-na-cer!

Letra basada en Juan 3, William T. Sleeper, 1877. Tr.,Jaime Clifford. Música BORN AGAIN,
George C. Stebbins, 1877.

cier - to, de cier - to te di - go a ti: "¡Ten - drás que re - na - cer!"

Tal Como Soy 211

Yo soy la puerta; el que por mí entrare, será salvo . . . Jn. 10:9

1. Tal co - mo soy, de pe - ca - dor, Sin más con - mi -
2. Tal co - mo soy, bus - can - do paz En mi des -
3. Tal co - mo soy, me a - co - ge - rás; Per - dón, a -
4. Tal co - mo soy, tu com - pa - sión Ven - ci - do ha -

fian - za que tu a - mor, Ya que me lla - mas,
gra - cia y mal te - naz, Con - flic - to gran - de
li - vio me da - rás; Pues tu pro - me - sa
to - da o - po - si - ción; Ya per - te - nez - co

ven - go a ti; Cor - de - ro de Dios, he - me a - quí.
sien - to en mí; Cor - de - ro de Dios, he - me a - quí.
ya cre - í; Cor - de - ro de Dios, he - me a - quí.
só - lo a ti; Cor - de - ro de Dios, he - me a - quí.

Letra, Charlotte Elliott, 1834. Tr., T. M. Westrup. Música WOODWORTH, William B. Bradbury, 1849.

212 ¿Qué Debo Hacer?

... ¿qué debo hacer para ser salvo? ... Cree en el Señor Jesucristo, y serás salvo ... Hch. 16:30, 31

1. "¿Qué de-bo ha-cer?", tem-blan-do pre-gun-tó En la pri-
2. "¿Qué de-bo ha-cer?", can-sa-da al-ma in-fiel: Por fe re-
3. Por ti en la cruz su san-gre de-rra-mó, La fuen-te

sión el hom-bre; Y fue a-sí que Pa-blo res-pon-dió:
gre-sa a Cris-to; Ten-drás per-dón y paz com-ple-ta en él,
de pu-re-za. Su in-men-so a-mor Je-sús te de-mos-tró,

"Pon tu fe en el Se-ñor."
Je-su-cris-to sal-va-rá. Cre-ed en Je-
Ven y a-cép-ta-le por fe. Cre-ed

sús el Se-ñor, Cre-ed en Je-sús el Se-ñor. Cre-
Cre-ed

ed en Je-sús el Se-ñor y sal-vos se-réis.
Cre-ed

Letra, Avis B. Christiansen, 1920. Música BELIEVE, Harry D. Clarke, 1920. ©Copyright 1920.
Renovado 1948 Hope Publishing Company. Todos los derechos reservados. Usado con permiso.
Tr., Pablo Filós.

Tú Amarás a Cristo 213

... mi alma se alegrará en mi Dios ... Is. 61:10

1. Tú que vagas en las tinieblas, Lejos de Cristo y de
2. Ven, acepta perdón completo, La paz y gozo del
3. Este amor tan sublime y tierno, Y tan profundo en su
4. Y por siglos interminables, Han de quedar en el

su amor; Ven y ve cuán amante es Cristo, Ven, contem-
Salvador; Alma triste, Jesús te llama, El te espe-
plenitud; Brota libre del pecho herido De Jesús,
corazón Sus mercedes inescrutables, Que nos brin-

pla a tu Salvador.
ra con grande amor. ¡Oh, cuánto tú amarás a Cristo, Al
quien nos da salud.
dan su bendición.

mirar la gloria del Señor! Su co-
gloria del Señor!

razón fue quebrantado En la cruz por ti, por mí.

Basado en Marcos 12:28-35. Letra, Eben Eugene Rexford. Tr., H. C. Ball. Música HOW YOU WILL LOVE HIM, B. D. Ackley.

214 Pon Tus Ojos en Cristo

Mirad a mí, y sed salvos, todos los términos de la tierra . . . Is. 45:22

1. ¡Oh al - ma can - sa - da y tur - ba - da! ¿Sin luz en tu
2. De muer - te a vi - da e - ter - na Te lla - ma el
3. Ja - más fal - ta - rá su pro - me - sa; El di - jo: "Con-

sen - da an - da - rás? Al Sal - va - dor mi - ra y vi - ve; Del
Sal - va - dor fiel. En ti no do - mi - ne el pe - ca - do; Hay
ti - go es - toy." Al mun - do per - di - do vé pron - to Y a-

mun - do la luz es su faz.
siem - pre vic - to - ria en él. Pon tus o - jos en Cris - to,
nun - cia la sal - va - ción hoy.

Tan lle - no de gra - cia y a - mor, Y lo te - rre-

nal sin va - lor se - rá a la luz del glo - rio - so Se - ñor.

Su Yugo Es Fácil 215

... mi yugo es fácil, y ligera mi carga. Mt. 11:30

1. Je - sús el Se - ñor es mi buen Pas - tor, Pues me ha - ce
2. Si an - do en va - lle de mor - tan - dad, El mal yo no
3. Muy dé - bil yo soy, mas a Cris - to voy, Re - ví - ve - me,

re - cos - tar En ver - des pas - tos de a - mor, Po - dré
te - me - ré; Pues va con - mi - go en ver - dad, Mi Sal -
buen Je - sús; En som - bra yo ja - más es - toy, Tú e -

yo des - can - sar.
va - dor y Rey. Su yu - go es fá - cil, su car - ga tam -
res cla - ra luz.

bién, Dios gra - cia da, me a - yu - da - rá; Se - gu - ri - dad

me da E - ma - nuel, Je - sús, mi e - ter - no bien.

216 Es Jesús Mi Amante Guía

Jehová te pastoreará siempre . . . Is. 58:11

1. Si Jesús es quien me guía, ¿Cómo más podré temer?
¿Dudaré de su porfía Si mi herencia en él tendré?
Tierna paz en él ya gozo, Suyo soy ya por la fe;
En la lucha o el reposo En su amparo confiaré.
En la lucha o el reposo En su amparo confiaré.

2. Es Jesús mi amante guía, Mi esperanza, mi solaz;
Mi consuelo es en el día, Y en la noche grata paz.
Mi poder en la flaqueza, Mi maná, mi libertad;
Es mi amparo en la tristeza; Suple mi necesidad.
Es mi amparo en la tristeza; Suple mi necesidad.

3. Es Jesús mi amante guía, De mi ser, consolación;
De lo que antes carecía El me imparte en profusión.
En la gloria me promete Divinal seguridad;
El será mi brazo fuerte, Guía por la eternidad.
El será mi brazo fuerte, Guía por la eternidad.

Letra, Fanny J. Crosby, 1875. Tr.,H. T. Reza. Poema en castellano ©Copyright 1962 Lillenas Publishing Company, U. S. A. Todos los derechos reservados. Usado con permiso. Música ALL THE WAY, Robert Lowry, 1875.

Corazones Siempre Alegres 217

... te enseñaré el camino en que debes andar; sobre ti fijaré mis ojos. Sal. 32:8

1. Co - ra - zo - nes siem-pre a - le - gres, Re - bo - san - do gra - ti-
2. Dios nos guí - a de la ma - no, Nos am - pa - ra su po-
3. Si nos vie - ra des - ma - ya - dos En nues - tra de - bi - li-
4. En sus fuer - zas lle - va - re - mos A - ún con go - zo nues - tra

tud; So - mos los que a Dios a - ma - mos, Re - di - mi - da
der; Es su bra - zo po - de - ro - so, Que nos quie - re
dad, Con su gra - cia nos a - ni - ma, Nos le - van - ta
cruz; Lue - go con él can - ta - re - mos En la glo - ria

ju - ven - tud.
de - fen - der.   Siem-pre a - le - gres va - mos to - dos, lle - nos
su bon - dad.
de su luz.

de fe - li - ci - dad.   Her - mo - sí - si - mo el ca-

mi - no ha - cia la e - ter - ni - dad.

Letra en alemán, J. A. Reitz. Tr., C. Ihlow. Música RIVEROS, Victor Riveros. Arr.©Copyright 1973 Casa Bautista de Publicaciones. Todos los derechos reservados. Amparado por los derechos de copyright internacional.

218 Seguiré do El Me Guíe

Yo soy el buen pastor; el buen pastor su vida da por las ovejas. Jn. 10:11

1. Se - gui - ré do él me guí - e, Mi Pas - tor a - man - te y fiel, Y un fu - tu - ro es - plen - do - ro - so Sé que yo ten - dré con él. Co - mo o - ve - ja so - li - ta - ria Que con él an -

2. Se - me - jan - te es al vien - to Nues - tra vi - da dia - ria a - quí; ¿Nos guia - rá a pas - tos ver - des O a de - sier - tos por a - hí? Co - mo o - ve - ja en des - am - pa - ro Y la no - che al -

3. Aun - que os - cu - ro es - té el ca - mi - no; Aun - que a - zo - te el frí - o cruel; Aun - que su - bas las mon - ta - ñas, Te da - rá su am - pa - ro fiel. Al Pas - tor la o - ve - ja es - pe - ra Que la ven - ga a

Letra y música LIKE A LAMB WHO NEEDS THE SHEPHERD, Ralph Carmichael.
Tr., Adolfo Robleto, 1977. ©Copyright 1964 Lexicon Music, Inc. ASCAP. Todos los derechos
reservados. Amparado por los derechos de copyright internacional. Usado con permiso especial.

Mim   Sol   Do   Fa

he - la es - tar,   Por la no - che en sus
re - de - dor,   Yo te pi - do que me a -
pro - te - ger,   Has - ta el fin de la jor -

Do   Sol 7   Do

bra - zos,   El des - can - so me da - rá.
yu - des   A se - guir - te, mi Pas - tor.
na - da,   Pues no quie - re pe - re - cer.

Oh Dios, Socorro en el Ayer   219

Señor, tú nos has sido refugio de generación en generación. Sal. 90:1

1. Oh Dios, so - co-rro en el a - yer Y hoy nues - tro de - fen - sor.
2. An - tes que to - da la crea - ción Hi - cie - ra o - ír tu voz,
3. En ti mil a - ños som-bras son, De un pa - sa - do a - yer;
4. Oh Dios, re - fu - gio del mor - tal En tiem - pos de do - lor,
5. Oh Dios, so - co-rro en el a - yer Y hoy nues - tro de - fen - sor,

Am - pá - ra - nos con tu po - der Y tu e - ter - nal a - mor.
Vi - ví - as tú en per - fec - ción E - ter - na - men-te, oh Dios.
Y en ti se en-cuen-tra la ra - zón De cuan -to tie - ne ser.
En ti la di - cha sin i - gual En-cuen-tra el pe - ca - dor.
Am - pá - ra - nos con tu po - der Y tu e - ter - nal a - mor. A - mén.

Basado en el Salmo 90:1-5. Letra, Isaac Watts, 1719. Tr., Adolfo Robleto, 1962. Música ST. ANNE,
William Croft, 1708.

220 El Que Habita al Abrigo de Dios

El que habita al abrigo del Altísimo morará bajo la sombra del Omnipotente. Sal. 91:1

1. El que ha-bi-ta al a-bri-go de Dios Mo-ra-rá ba-jo
2. El que ha-bi-ta al a-bri-go de Dios Cier-ta-men-te muy
3. El que ha-bi-ta al a-bri-go de Dios Pa-ra siem-pre se-

som-bras de a-mor; So-bre él no ven-drá nin-gún mal
fe-liz se-rá; An-ge-les guar-da-rán su sa-lud
gu-ro es-ta-rá; Ca-e-rán mil y diez mil por do-

—— Y en sus a-las fe-liz vi-vi-rá.
—— Y sus pies nun-ca res-ba-la-rán. Oh, yo quie-
quier, Mas a él no ven-drá mor-tan-dad.

ro ha-bi-tar al a-bri-go de Dios; Só-lo a-llí en-

con-tra-ré paz y pro-fun-do a-mor. Mi de-li-cia es con él

Basado en el Salmo 91. Letra, Luz E. Ríos. Música AL ABRIGO DE DIOS, Rafael Cuna. Arr.,
Norman Johnson. ©Copyright 1954 Singspiration, Inc. Arr. ©Copyright 1966. Tr. ©Copyright
1978 Singspiration, Inc. Todos los derechos reservados. Usado con permiso.

co - mu-nión dis - fru-tar Y por siem-pre su nom-bre a - la - bar.

Señor Jesús, la Luz del Sol Se Fue 221

Quédate con nosotros, porque se hace tarde, y el día ya ha declinado. Lc. 24:29

1. Se - ñor Je - sús, la luz del sol se fue; La no - che cie - rra;
2. Ve - loz se va la vi - da con su a - fán; Su glo - ria, sus en -
3. Siem - pre tu gra - cia yo he me - nes - ter; ¿Quién o - tro pue - de al
4. Cuan - do mis o - jos ya no ten - gan luz, Yo quie - ro ver la

tú con - mi - go sé. No hay o - tro am - pa - ro, ten pues, com - pa -
sue - ños pa - sa - rán. Mu - dan - za y muer - te ve - o en de - rre -
ten - ta - dor ven - cer? Tan só - lo en ti mi guí - a en - con - tra -
glo - ria de tu cruz; Pa - sen las som - bras, triun - fe al fin la

sión, Y al des - va - li - do da con - so - la - ción.
dor; Con - mi - go sé, ben - di - to Sal - va - dor.
ré; En som - bra y sol, Se - ñor, con - mi - go sé.
fe: Je - sús, con - mi - go en vi - da y muer - te sé. A - mén.

Letra, Henry F. Lyte, 1847. Tr.,Tomás M. Westrup. Música EVENTIDE, William H. Monk, 1861.

222 Maravilloso Es

Cantad a Jehová cántico nuevo, porque ha hecho maravillas . . . Sal. 98:1

1. Qué gran-dio-sa es la pues-ta del sol Ad-mi-ra-ble cual a-ma-ne-cer, Pe-ro es más gran-dio-so y con-mo-ve-dor El a-mor que me tie-ne el Se-ñor.

2. Ma-ra-vi-lla de un sol que se o-cul-ta; Ma-ra-vi-lla au-ro-ra que vi. Ma-ra-vi-lla que en mi al-ma re-sul-ta hoy Cuan-do pien-so que Dios me a-ma a mí.

3. Qué gran-dio-so el ve-ra-no co-pio-so; Los cie-los, la lu-na y el sol, Pe-ro es más gran-dio-so y con-mo-ve-dor El a-mor que me tie-ne el Se-ñor.

Ma-ra-vi-llo-so es, Ma-ra-vi-llo-so es cuan-do pien-so que Dios me a-ma a mí. Ma-ra-vi-llo-so es, Ma-ra-vi-llo-so es cuan-do pien-so que Dios me a-ma a mí.

A Solas al Huerto Yo Voy 223

Fue entonces María Magdalena para dar a los discípulos las nuevas de que había visto al Señor . . .
Jn. 20:18

1. A solas al huerto yo voy, Cuando duerme aún la floresta; Y en quietud y paz con Jesús estoy O - yen-do ab-sor-to a - llí su voz.

2. Tan dulce es la voz del Señor, Que las aves guardan silencio; Y tan sólo se o - ye su voz de a-mor, Que in-men-sa paz al al - ma da.

3. Con él en-can-ta-do yo estoy, Aunque en torno llegue la noche; Mas me or-de-na ir, y a es-cu-char yo voy, Su voz do-quier la pe-na es-té.

El conmigo es-tá, pue-do o-ír su voz, Y que su-yo, di-ce, se-ré; Y el en-can-to que hallo en él a-llí, Con na-die te-ner po-dré.

Letra y música GARDEN, C. Austin Miles, 1912. Tr., Vicente Mendoza. ©Copyright 1912 Hall-Mack Co. ©Copyright renovado 1940 The Rodeheaver Co., dueño. Usado con permiso.

224 Nuestra Esperanza Está en el Señor

...puestos los ojos en Jesús, el autor y consumador de la fe ... He. 12:2

1. Nues-tra es - pe - ran-za es - tá en el Se - ñor, Nues - tro re - fu-
2. Tri - bu - la - cio-nes no ha-brán de ce - sar, Pe - ro en sus bra-
3. Su voz des - ti - na a ca - da na - ción, Mas por su gra-

gio en su a - mor. Y su do - mi-nio por siem-pre se - rá
zos he-mos de es - tar. No nos de - ses - pe - re-mos al ver
cia hay re - mi - sión. Tras la con - go-ja en él hay quie - tud;

E - ter-no y jus - to; ¡no ce - sa - rá! Ha - cia el fu - tu - ro
A Sa - ta - nás: Dios le ha de ven - cer. Ha - cia el fu - tu - ro
El es quien da la vi-da y sa - lud. Dios nos da - rá la

sin te - mor, To - dos con - fian-do en el Se - ñor.
sin te - mor, Pues co - no - ce - mos al Se - ñor.
li - ber - tad; Su rei-no es por la e - ter - ni - dad. A - mén.

Letra, Ernest K. Emurian, 1971. ©Copyright 1971 The Hymn Society of America. Usado con permiso. Tr., Leslie Gómez C. ©Copyright 1978 Casa Bautista de Publicaciones. Todos los derechos reservados. Amparado por los derechos de copyright internacional. Música ST. CATHERINE, Henri F. Hemy, 1864.

¡Oh Pastor Divino Escucha! 225

Porque este Dios es Dios nuestro eternamente y para siempre; él nos guiará aun más allá de la muerte.

Sal. 48:14

1. ¡Oh Pastor divino escucha! De tu pueblo el orar; Como ovejas, congregados, Te venimos a buscar. Cristo llega, Cristo llega Tu rebaño a apacentar, Tu rebaño a apacentar.

2. Guía al triste y fatigado Al aprisco del Señor. Cría al tierno corderito A tu lado, buen Pastor, Con los pastos, con los pastos De celeste y dulce amor, De celeste y dulce amor.

3. ¡Oh Jesús, escucha el ruego Y esta humilde petición! Ven a henchir a tu rebaño De sincera devoción. Cantaremos, cantaremos Tu benigna protección, Tu benigna protección. A-mén.

Letra, William Williams, 1745. Es traducción. Música CWM RHONDDA, John Hughes, 1907.
La música usada con el permiso de Sra. Dilys S. Webb, Glamorganshire.

Tonada alternativa, No. 232.

226 Sé Tú Mi Visión

Guíame, Jehová, en tu justicia . . . Endereza delante de mí tu camino. Sal. 5:8

Unísono

1. Oh Dios, de mi alma, sé tú mi visión,
2. Sabiduría, sé tú de mi ser,
3. Sé mi escudo, mi espada en la lid,
4. Riquezas vanas no anhelo, Señor,

Nada te aparte de mi corazón.
Quiero a tu lado mi senda correr;
Mi única gloria, mi dicha sin fin;
Ni el vano halago de la adulación;

Noche y día pienso yo en ti,
Como tu hijo tenme, Señor,
Del alma amparo, mi torreón;
Tú eres mi herencia, tú mi porción,

Y tu presencia es luz para mí.
Siempre morando en un mismo amor.
A las alturas condúceme, Dios.
Rey de los cielos, tesoro mejor. A-mén.

Letra, irlandés antiguo. Tr. al inglés, Mary Byrne, 1905; metrificado, Eleanor Hull, 1912. Letra usada con permiso de Chatto & Windus, Ltd. Tr. al castellano, F. J. Pagura. Música SLANE, melodía tradicional irlandesa; arm., David Evans, 1927. Música de *Revised Church Hymnary* con permiso de Oxford University Press.

Me Guía El 227

Enséñame, oh Jehová, tu camino . . . Sal. 27:11

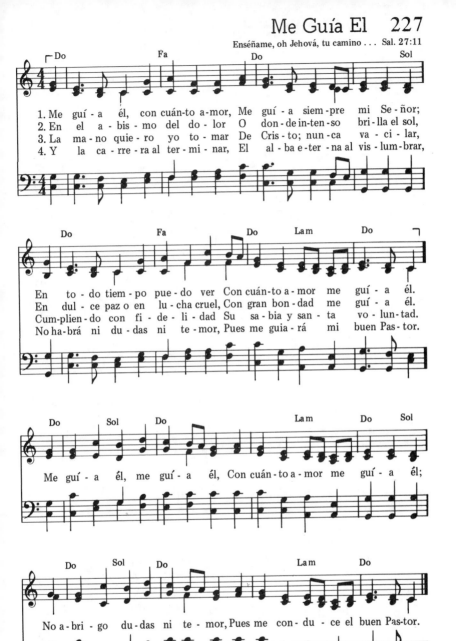

1. Me guí - a él, con cuán-to a-mor, Me guí - a siem-pre mi Se - ñor;
2. En el a - bis - mo del do - lor O don-de in-ten-so bri - lla el sol,
3. La ma - no quie-ro yo to - mar De Cris - to; nun-ca va - ci - lar,
4. Y la ca - rre - ra al ter-mi - nar, El al - ba e-ter - na al vis - lum-brar,

En to - do tiem-po pue-do ver Con cuán-to a-mor me guí - a él.
En dul - ce paz o en lu - cha cruel, Con gran bon-dad me guí - a él.
Cum-plien-do con fi - de - li - dad Su sa - bia y san - ta vo - lun-tad.
No ha-brá ni du - das ni te - mor, Pues me guia - rá mi buen Pas-tor.

Me guí - a él, me guí - a él, Con cuán-to a - mor me guí - a él;

No a - bri - go du - das ni te - mor, Pues me con - du - ce el buen Pas-tor.

Letra basada en el Salmo 23, Joseph H. Gilmore, 1862. Tr., Epigmenio Velasco. Música HE LEADETH ME, William B. Bradbury, 1864.

228 Me Condujo el Salvador

Yo soy Jehová Dios tuyo, que te enseña provechosamente, que te encamina por el camino que debes seguir. Is. 48:17

1. Un dí-a el mun-do de-ja-ré Y a las man-sio-nes lle-ga-ré. Sé que al en-trar yo can-ta-ré: "Me con-du-jo el Sal-va-dor."

2. Si pue-do re-cor-dar a-llí El re-co-rri-do he-cho a-quí, Yo se-gui-ré can-tan-do a-sí: "Me con-du-jo el Sal-va-dor."

3. Ya que has-ta a-quí me en-ca-mi-nó Y ca-da pa-so di-ri-gió, Pues se-gui-ré can-tan-do yo: "Me con-du-jo el Sal-va-dor."

Me con-du-jo el Sal-va-dor Pa-so a pa-so con a-mor, A los san-tos y a los án-ge-les di-ré al des-can-sar: "Me con-du-jo el Sal-va-dor."

Letra y música JESUS LED ME ALL THE WAY, John W. Peterson. Tr., Marjorie J. de Caudill.
©Copyright 1954 Singspiration, Inc. Tr. ©Copyright 1978 Singspiration, Inc. Todos los derechos reservados. Usado con permiso.

Te Cuidará el Señor 229

... echando toda vuestra ansiedad sobre él, porque él tiene cuidado de vosotros. 1 P. 5:7

1. Nun - ca des - ma-yes cuan-do hay a - fán; Te cui - da - rá el Se - ñor.
2. Cuan-do fla - quea-re tu co - ra - zón Te cui - da - rá el Se - ñor.
3. De sus ri - que-zas él te da - rá; Te cui - da - rá el Se - ñor.
4. Que prue-bas ven-gan, no im-por-ta, no; Te cui - da - rá el Se - ñor.

Sus fuer - tes a-las te cu - bri - rán; Te cui - da - rá el Se - ñor.
En tus con - flic-tos y ten - ta - ción Te cui - da - rá el Se - ñor.
Ja - más sus bie-nes te ne - ga - rá; Te cui - da - rá el Se - ñor.
Tus car - gas to-das en Cris - to pon; Te cui - da - rá el Se - ñor.

Te cui - da - rá el Se - ñor: No te ve - rás So - lo ja - más;

Ve - lan-do es - tá su a-mor: Te cui - da - rá el Se - ñor.

Letra, Civilla D. Martin, 1905. Tr., Ernesto Barocio. Música GOD CARES, W. Stillman Martin, 1905.

230 Grande Es Tu Fidelidad

. . .porque nunca decayeron sus misericordias. Nuevas son cada mañana; grande es tu fidelidad.

Lm. 3:22,23

1. Oh Dios e - ter - no, tu mi - se - ri - cor - dia Ni u - na
2. La no-che os-cu - ra, el sol y la lu - na, Las es - ta-
3. Tú me per - do - nas, me im-par - tes el go - zo, Tier - no me

som - bra de du - da ten - drá; Tu com-pa - sión y bon-
cio - nes del a - ño tam - bién, U - nen su can - to cual
guí - as por sen - das de paz; E - res mi fuer - za, mi

dad nun - ca fa - llan Y por los si - glos el mis - mo se - rás.
fie - les cria - tu - ras, Por - que e - res bue - no, por siem-pre e-res fiel.
fe, mi re - po - so, Y por los si - glos mi Pa - dre se - rás.

¡Oh, tu fi - de - li - dad! ¡Oh, tu fi - de - li - dad!

Ca - da mo-men - to la ve - o en mí. Na-da me fal - ta, pues

Letra, Thomas O. Chisholm, 1923. Tr.,H. T. Reza. Música FAITHFULNESS, William M. Runyan, 1923. ©Copyright 1923. Renovado 1951. Hope Publishing Co., dueño. Todos los derechos reservados. Usado con permiso.

to - do pro - ve - es, ¡Gran - de, Se - ñor, es tu fi - de - li - dad!

Mis Ojos a los Montes al Redor   231

Alzaré mis ojos a los montes . . . Sal. 121:1

1. Mis o - jos a los mon - tes al re - dor Le - van - ta - ré; ¿De dón -
2. Con él tu pie no pue - de res - ba - lar: Te sos - ten - drá. El que
3. En Je - ho - vá, tu e - ter - no Guar - da - dor, Som - bra ha - lla - rás; De to -
4. A tu al - ma Dios, tu Rey, pre - ser - va - rá De to - do mal; Tu en - tra -

de, pues, so - co - rro sal - va - dor Al - can - za - ré? De Dios, el cual
te ve - la siem - pre sin ce - sar Te guar - da - rá. No duer - me Dios;
do mal Jeho - vá tu De - fen - sor Te am - pa - ra - rá. El sol de dí -
da y tu sa - li - da guar - da - rá El E - ter - nal. El a quien a -

mi a - yu - da pre - pa - ró; De Dios, quien cie - los, tie - rra y mar for - mó.
él te pro - te - ge fiel; A - sí guar - dó al pue - blo de Is - ra - el.
a mal no te ha de ha - cer, Ni mal la lu - na en su a - no - che - cer.
do - ra - mos en ver - dad Nos guar - da - rá por to - da e - ter - ni - dad.

Basado en el Salmo 121. Letra, D. S. Campbell, 1877. Tr., George P. Simmonds, 1977. ©Copyright
1978 Casa Bautista de Publicaciones. Todos los derechos reservados. Amparado por los derechos
de copyright internacional. Música SANDON, Charles H. Purday, 1860.

232 Pastoréanos, Jesús Amante

Y cuando ha sacado fuera todas las propias, va delante de ellas . . . Jn. 10:4

1. Pas - to - ré - a - nos, Je - sús a-man-te, Cui - da, ¡oh Se - ñor!, tu grey;
2. Tu mi - sión di - vi - na es a tus hi-jos Dar sa - lud y san - ti - dad;

Tu sus - ten - to pla - cen-te-ro da-le Al re - dil, y jus - ta ley.
A pe - sar de ser tan pe-ca-do-res, No nos has de des - e - char.

Al - ta cien-cia, Pro - vi - den - cia, Tu - yas pa - ra nues - tro bien;
Co - mu - ni - cas Do - tes ri - cas Al que im-plo - ra tu per - dón;

Ben - de - ci - do, Rey un - gi - do, A san - ti - fi - car - nos ven.
Sal - va - do - ra Luz, que mo - ra En el nue - vo co - ra - zón.

Letra, de *Hymns for the Young*, 1836 de Dorothy Thrupp. Tr., T. M. Westrup. Música BRADBURY, William B. Bradbury, 1859.

Hijos del Padre Celestial 233

Echa sobre Jehová tu carga, y él te sustentará . . . Sal. 55:22

1. Nues - tro Pa - dre ce - les - tial A sus
2. Dios los cui - da y a - li - men - ta, Y cual
3. Dios su gra - cia les o - tor - ga; Sus tris-
4. Y aun - que pa - sen mu - chos si - glos, Dios a

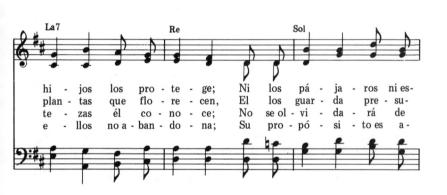

hi - jos los pro - te - ge; Ni los pá - ja - ros ni es-
plan - tas que flo - re - cen, El los guar - da pre - su-
te - zas él co - no - ce; No se ol - vi - da - rá de
e - llos no a - ban - do - na; Su pro - pó - si - to es a-

tre - llas, Han te - ni - do tal al - ber - gue.
ro - so, Y en sus bra - zos los re - co - ge.
e - llos, Ni en la vi - da ni en la muer - te.
mar; Los pre - ser - va - rá en la glo - ria. A - mén.

Letra, Carolina V. Sandell Berg, 1858. Tr. al inglés, Ernst W. Olson, 1925. Tr. al castellano, Salomón Mussiett C. ©Copyright 1978 Casa Bautista de Publicaciones. Todos los derechos reservados. Amparado por los derechos de copyright internacional. Música TRYGGARE KAN INGEN VARA, melodía tradicional sueca.

234 Alma, Bendice al Señor

Bendice, alma mía, a Jehová, y bendiga todo mi ser su santo nombre. Sal. 103:1

1. Al - ma, ben - di - ce al Se - ñor, Rey po - ten - te de glo - ria;
2. Al - ma, ben - di - ce al Se - ñor que a los cie - los go - bier - na,
3. Al - ma, ben - di - ce al Se - ñor, de tu vi - da es la fuen - te
4. Al - ma, ben - di - ce al Se - ñor y su a - mor in - fi - ni - to;

De sus mer - ce - des es - té vi - va en ti la me - mo - ria.
Y te con - du - ce pa - cien - te con ma - no pa - ter - na;
Que te cre - ó, y en sa - lud te sos - tie - ne cle - men - te;
Con to - do el pue - blo de Dios su a - la - ban - za re - pi - to:

¡Oh, des - per - tad, Ar - pa y sal - te - rio! En - to - nad
Te per - do - nó, De to - do mal te li - bró,
Tu de - fen - sor En to - do tran - ce y do - lor;
Dios, mi sa - lud, De to - do bien, ple - ni - tud.

Him - nos de ho - nor y vic - to - ria.
Por - que su gra - cia es e - ter - na.
Su dies - tra es om - ni - po - ten - te.
¡Se - as por siem - pre ben - di - to! A - mén.

Basado en los Salmos 103:1-6; 150. Letra en alemán, Joachim Neander, 1680. Tr. al castellano, Fritz Fliedner. Música LOBE DEN HERREN, del *Stralsund Gesangbuch*, 1665; arm., W. Sterndale Bennett, 1863.

Elevemos al Creador 235

Entonces los justos resplandecerán como el sol en el reino de su Padre. Mt. 13:43

1. E - le - ve - mos al Crea - dor Nues - tros him - nos de lo - or,
2. Es - te mun - do es de Dios, El e - ter - no Sem - bra - dor,
3. Ven, Se - ñor, a re - co - ger La co - se - cha de tu ha - ber;

Pues los cam - pos vi - si - tó Con su ri - ca ben - di - ción.
Y en su mies han de cre - cer Has - ta el fin el mal y el bien;
Jun - ta al pue - blo en tu al - fo - lí, Ten - lo siem-pre u - ni - do a ti.

Ya la sie - ga ter - mi - nó, La co - se - cha se guar - dó;
To - do gra - no bro - ta - rá, Flor y es - pi - ga cre - ce - rá;
Li - bre ya de su pe - car Y sin pe - nas que pa - sar;

El in - vier - no lle - ga - rá, Pe - ro na - da fal - ta - rá.
Pa - dre, Dios, que - re - mos ser Cual se - mi - lla de tu mies.
Ven, le - van - ta, oh Se - ñor, La co - se - cha de tu a - mor.

Letra, Henry Alford, 1844. Tr., J. R. de Balloch. Música ST. GEORGE'S WINDSOR, George J. Elvey, 1858.

236 Cuando Combatido por la Adversidad

. . . Y no olvides ninguno de sus beneficios. Sal. 103:2

1. Cuan-do com-ba - ti - do por la ad-ver-si - dad Cre - as ya per-di - da tu fe - li - ci - dad, Mi - ra lo que el cie - lo pa - ra ti guar - dó, Cuen - ta las ri - que - zas que el Se - ñor te dio.

2. ¿An - das a - go - bia - do por al - gún pe - sar? ¿Du - ro te pa - re - ce e - sa cruz lle - var? Cuen - ta las pro - me - sas del Se - ñor Je - sús, Y de las ti - nie - blas na - ce - rá la luz.

3. Cuan-do de o-tros ve - as la pros-pe - ri - dad Y tus pies te lle - ven tras de su mal-dad, Cuen - ta las ri - que - zas que ten-drás por fe, Don-de el pol-vo es o - ro que ho-lla - rá tu pie.

¡Ben - di - cio - nes, cuán - tas tie - nes ya! Ben - di -
¡Ben-di - cio-nes, cuán - tas, cuán-tas tie-nes ya! Ben-di - cio-nes,

Letra, Johnson Oatman, h., 1897. Tr., autor anónimo. Música BLESSINGS, Edwin O. Excell, 1897.

cio - nes, Dios te man - da más; Ben - di - cio - nes,
¡cuán-tas! Dios te man-da más; Ben - di - cio-nes, ¡cuán-tas!

Te sor-pren-de-rás Cuan-do ve-as lo que Dios por ti ha - rá.

¡Gloria a Dios! 237

Alabad a nuestro Dios todos sus siervos, y los que le teméis . . . Ap. 19:5

1. ¡Glo-ria a Dios! por-que su gra-cia En no - so - tros a - bun-dó,
2. ¡Glo-ria a Dios! pues él no mi - ra Nues-tra ho-rri - ble i - ni - qui-dad;
3. ¡Glo-ria a Dios! a quien com-pla-ce Es - cu-char nues-tra o - ra-ción;
4. ¡Glo-ria a Dios! que en a - bun-dan-cia Ben - di - cio - nes hoy nos da;

Y su fiel mi - se - ri - cor-dia En no - so - tros se mos-tró.
Bon - da - do - so nos re - vis - te De jus - ti-cia y san - ti - dad.
Y re - ci - be nues - tros can-tos, Nues-tra hu-mil-de a - do - ra - ción.
Si es-to él ha - ce a - quí en la tie - rra, En los cie - los ¿qué no ha-rá?

Letra, Juan Bautista Cabrera. Música RATHBUN, Ithamar Conkey, 1849.

238 Al Trono Majestuoso

Jehová reina; se vistió de magnificencia. Sal. 93:1

1. Al tro - no ma - jes - tuo - so Del Dios de po - tes - tad,
2. Del pol - vo de la tie - rra Su ma - no nos for - mó,
3. La gra - ti - tud sin - ce - ra Nos dic - ta - rá el can - tar,
4. Se - ñor, a tu Pa - la - bra Su - je - to el mun - do es - tá,

Hu - mil - des vues - tra fren - te, Na - cio - nes in - cli - nad.
Y nos do - nó la vi - da Su a - lien - to cre - a - dor;
Y en tier - nos dul - ces so - nes Al cie - lo su - bi - rá;
Y del mor - tal pe - re - cen La as - tu - cia y la mal - dad;

El es el ser su - pre - mo, De to - do es el Se - ñor,
Des - pués, al ver - nos cie - gos, Ca - í - dos en e - rror,
Con los ce - les - tes him - nos Can - ta - dos a Jeho - vá,
Des - pués de ha - ber ce - sa - do Los si - glos de co - rrer,

Y na - da al fin re - sis - te A Dios el Ha - ce - dor.
Cual pa - dre al hi - jo a - ma - do Sa - lud nos pro - ve - yó.
La ar - mó - ni - ca a - la - ban - za Do - quier re - so - na - rá.
Tu a - mor, ver - dad y glo - ria Han de per - ma - ne - cer.

Letra, Isaac Watts. Tr., Juan B. Cabrera. Tr. adap., Alfred Ostrom. Música LANCASHIRE,
Henry T. Smart, 1835.
Esta música en un tono más bajo, Nú. 274.

De Boca y Corazón   239

Bendito el Señor; cada día nos colma de beneficios . . . Sal. 68:19

1. De bo - ca y co - ra - zón Lo - ad al Dios del cie - lo,
2. ¡Oh Pa - dre ce - les - tial!, Ven, da - nos es - te dí - a
3. Dios Pa - dre, Cre - a - dor, Con go - zo te a - do - ra - mos.

Pues dio - nos ben - di - ción, Sa - lud, paz y con - sue - lo.
Un co - ra - zón fi - lial Y lle - no de a - le - grí - a.
Dios Hi - jo, Re - den - tor, Tu sal - va - ción can - ta - mos.

Tan só - lo a su bon - dad De - be - mos nues - tro ser;
Con - sér - va - nos la paz; Tu bra - zo pro - tec - tor
Dios San - ti - fi - ca - dor, Te hon - ra - mos en ver - dad.

Su san - ta vo - lun - tad Nos guí - a por do - quier.
Nos lle - ve a ver tu faz En tu ciu - dad, Se - ñor.
Te en - sal - za nues - tra voz, Ben - di - ta Tri - ni - dad. A - mén.

Letra, Martin Rinkart, 1636; tr. al castellano, Fritz Fliedner. Música NUN DANKET,
Johann Crüger, 1647; arm., Felix Mendelssohn, 1840.

240 En Tu Santo Templo

... los verdaderos adoradores adorarán al Padre en espíritu y en verdad ... Jn. 4:23

1. En tu san - to tem - plo, Lu - gar de fe: To - dos te bus - ca -
2. En tu san - to tem - plo, A ti lo - or, Te a - la - ba - mos con
3. En tu san - to tem - plo, Tu vo - lun - tad, La bus - ca - mos con

mos, oh Dios, Do tu ros-tro es-té. Que tu San-to Es-pí - ri - tu
los him - nos Lle - nos de fer - vor. Par - te el pan de vi - da, Ma -
de - nue - do, Pues que-re - mos, sí, Dar a - mor de ti, Dios, en

ven-ga al co - ra - zón. Oh Dios, ben-di - ce hoy a -quí Con tu san-to a -
es-tro y Sal-va - dor, Y en el dí - a del Se-ñor Glo-ria se - a a
nues-tra vi-da a - quí. Tu i - ma-gen gra-ba hoy, Se-ñor, En el co - ra -

mor. Oh Dios, ben-di - ce hoy a - quí Con tu san-to a - mor.
ti. Y en es - te dí - a del Se-ñor Glo - ria se - a a ti.
zón. Oh gra - ba hoy, Se - ñor, tu faz En el co - ra - zón.

Letra, B. B. McKinney. Tr., Daniel Díaz R., 1977. Música HOLY TEMPLE, B. B. McKinney, h.
© Copyright 1940 en *Broadman Hymnal*. Renovado 1968 Broadman Press. Todos los derechos reservados.

... para que anunciéis las virtudes de aquel que os llamó de las tinieblas a su luz admirable. 1 P. 2:9

1. I - gle - sia de Cris - to, tu san - ta mi - sión Es dar el men-sa-je
2. I - gle - sia de Cris - to, ten-drás el po - der Que pue - das glo-rio-sa
3. I - gle - sia de Cris - to, no te - mas que el mal Tus puer-tas de-rrum-be

de paz y per - dón. No ca - lles, de - rra - ma to - rren - tes
vic - to - ria tra - er; Se - rás in - ven - ci - ble si al ir con-
con o - dio mor - tal; Je - sús es tu je - fe, tu am - pa - ro

de luz, Mos-tran-do a los pue - blos a Cris - to Je - sús.
tra el mal, Tan só - lo o - be - de - ces al Rey ce - les - tial.
se - rá, Y en él tu vic - to - ria se - gu - ra es-ta - rá. A - mén.

Letra, autor anónimo. Música LYONS, atribuída a Johann Michael Haydn, en *Sacred Melodies*, 1815 de William Gardiner.

242 Tu Reino Amo, ¡Oh Dios!

... no abandonaremos la casa de nuestro Dios. Neh. 10:39

1. Tu rei - no a - mo, ¡oh Dios! Tu ca - sa de o - ra - ción,
2. Tu i - gle - sia, mi Se - ñor; Su tem - plo y a-do - ra - ción,
3. Por e - lla mi o - ra - ción, Mis lá - gri - mas de a - mor,
4. Un go - zo sin i - gual Me cau - sa en e - lla es - tar;
5. Yo sé que du - ra - rá, Mi Dios, cual tu ver - dad;

Y al pue - blo que en Je - sús ha - lló Com - ple - ta re - den - ción.
La grey que guian - do siem - pre vas Con sa - bia di - rec - ción.
Y mis cui - da - dos y mi a - fán Por e - lla son, Se - ñor.
Por siem - pre a - llí tu co - mu - nión An - he - lo dis - fru - tar.
Y vic - to - rio - sa lle - ga - rá A la e - ter - ni - dad.

Letra, Timothy Dwight, 1801. Tr., E. Velasco. Música ST. THOMAS, Aarón Williams, 1763.

243 Bendigamos al Señor

... solícitos en guardar la unidad del Espíritu en el vínculo de la paz ... Ef. 4:3

1. Ben - di - ga - mos al Se - ñor Que nos u - ne en ca - ri - dad;
2. Con - ser - ve - mos la u - ni - dad Que el Ma - es - tro nos man - dó,
3. Al que vi - ve en el do - lor Y al que su - fre so - le - dad,
4. El Se - ñor que nos lla - mó A vi - vir en u - ni - dad,

Y nos nu - tre con su a - mor En el pan de la u - ni - dad.
Don - de hay gue - rra, que ha - ya paz, Don - de hay o - dio, que ha - ya a-mor.
En - tre - gue - mos nues-tro a - mor Y con - sue - lo fra - ter - nal.
Nos con - gre - gue con su a - mor En fe - liz e - ter - ni - dad. A - mén.

Letra, de *Gloria al Señor,* Buenos Aires, 1956. Música MONKLAND, John Antes, *c.*1790; arr., John B. Wilkes, 1861.

Adorar, Trabajar, Testificar   244

... id, y haced discípulos a todas las naciones ... Mt. 28:19

1. Ser - vid hoy al Ma - es - tro, Las nue - vas es - par - cid;
2. Haz tu - yo el plan de Cris - to: Vé, bus - ca al pe - ca - dor;
3. De Cris - to sé el cuer - po, Je - sús ca - be - za es;
4. Ca - be - za de la i - gle - sia, Ven, da - nos tu pen - sar;

I - gle - sia del Dios vi - vo, A pre - di - car sa - lid.
Res - ca - ta a los es - cla - vos, Pe - ro haz - lo con va - lor.
Sé u - na car - ta a - bier - ta Que el mun - do pue - da ver.
Que - re - mos que nos guí - es Tu o - bra a rea - li - zar.

Crea - ción del Pa - dre e - res En Cris - to el Sal - va - dor;
A - mar a los hu - mil - des; Al que en do - lor, cal - mar;
De Cris - to sé el tem - plo, El fun - da - men - to es él;
Los do - nes de tu gra - cia Im - pár - te - nos, Se - ñor;

Po - der te da el Es - pí - ri - tu y tam - bién a - mor.
Las car - gas de los o - tros Tú de - bes a - li - viar.
Sé tú el al - tar de Cris - to Do le a - do - res fiel.
Y que vi - va - mos jun - tos, Con to - dos en a - mor. A - mén.

Letra, Henry Lyle Lambdin, 1969. © Copyright 1969 The Hymn Society of America. Usado con permiso. Tr., Daniel Díaz R., 1977. Poema en castellano © Copyright 1978 Casa Bautista de Publicaciones. Todos los derechos reservados. Amparado por los derechos de copyright internacional.
Música WEBB, George J. Webb, 1837. Esta música se encuentra en un tono más bajo, Nú. 401.

245 Testificando en el Bautismo

... sepultados con él en el bautismo, en el cual fuisteis también resucitados con él, mediante la fe en el poder de Dios... Col. 2:12

1. Oh Jesús, hoy vengo a ti
   Para bautizarme aquí,
   Dando testimonio así
   De mi salvación.

2. En el símbolo exterior
   Significa con fervor
   La experiencia interior
   Que me une a ti.

3. Ya el agua sepultó
   Al viejo hombre que pecó,
   Y la vida nueva yo
   Gozo en el Señor.

4. Mientras en el mundo esté
   Oh Jesús, mi escudo sé,
   Y yo fiel te seguiré
   Con profundo amor.

Oh, Señor, por tu bondad
Cumplo hoy tu voluntad
De ser bautizado, sí,
Porque creo en ti.

Letra, José Juan Corti. ©Copyright 1978 Casa Bautista de Publicaciones. Todos los derechos reservados. Amparado por los derechos de copyright internacional. Música YOUNGSTOWN, George Bennard.

Soy en Tu Nombre Bautizado 246

... somos sepultados juntamente con él para muerte por el bautismo ... Ro. 6:4

1. Soy en tu nom - bre bau - ti - za - do, ¡Oh Dios, ben - di - ta
2. Pa - dre de a-mor, me has re - ci - bi - do, Tu hi - jo y he - re-
3. Hoy con te - mor te he pro - me - ti - do, Só - lo o - be - dien - cia y
4. Tu pac-to, oh Dios, se - gu - ra - men - te, To - da la vi - da ha

Tri - ni - dad! En - tre los tu - yos, hoy te cla - mo,
de - ro soy; El fru - to de cuan-to has su - fri - do
fiel a - mor, Ya que tu Es - pí - ri - tu ha que - ri - do
de du - rar; No me a - ban - do - nes pa - ra siem - pre

Que me con - ce - das un lu - gar. Muer-to al pe - ca - do,
Yo lo com - par - to, mi Se - ñor. Oh San - to Es - pí - ri -
Ha - cer - me tu - yo, mi Se - ñor. Con la ar - ma - du - ra
Si lo lle - ga - ra a que - bran - tar. Sé que a me - nu - do

mo - re hoy En mí tu Es - pí - ri - tu, Se - ñor.
tu, se - rás Con - mi-go en to - da ad - ver - si - dad.
de la fe, Con-tra el pe - ca - do lu - cha - ré.
te o - fen - dí, Per - dón y paz yo bus - co en ti. A - mén.

Letra, Johann J. Rambach. Tr. al inglés, Catherine Winkworth; tr. al castellano, J. Burghi.
Música O DASS ICH TAUSEND, Cornelius Dretzel, 1731.

247 En las Aguas de la Muerte

...somos sepultados juntamente con él para muerte por el bautismo, a fin de que como Cristo resucitó de los muertos... así también nosotros andemos en vida nueva. Ro. 6:4

1. En las aguas de la muerte Sumergido fue Jesús; Mas su amor no fue apagado Por sus penas en la cruz; Levantóse de la tumba, Las cadenas sacudió, Y triunfante y victorioso A los cielos él subió; Y triunrioso

2. En las aguas del bautismo Hoy confieso yo mi fe: Jesucristo me ha salvado Y por Cristo viviré; Desde hoy yo para el mundo muerto estoy; Y deseo con saborme Al Señor, que me salvó; Y de-

3. Yo, que estoy crucificado, ¿Cómo ya podré pecar? Yo, que estoy resucitado, Otra vida he de llevar. Pues, no reine ya en nosotros El pecado engañador; Presentemos nuestros cuerpos A servir a nuestro Dios; Presen-

Letra, Enrique Turrall. Música AGUAS DE MUERTE, arr., Hermon Warford. Arr. © Copyright 1978 Casa Bautista de Publicaciones. Todos los derechos reservados. Amparado por los derechos de copyright internacional.

248 Pan Tú Eres, Oh Señor

Tomad, comed; esto es mi cuerpo . . . Bebed de ella todos; porque esto es mi sangre del nuevo pacto . . .
Mt. 26:26, 27, 28

1. Pan tú e - res, oh Se - ñor, Pa - ra mi bien;
2. Me in - cli - no en o - ra - ción, En gra - ti - tud,
3. La co - pa de do - lor, Be - bis - te a - llí;
4. Y a - ho - ra al re - cor - dar Tu o - bra de a - mor,

Ro - to en pe - da - zos fuis - te tú por mí.
Por pro - vi - sión que nun - ca me - re - cí.
Cual hiel y a - zo - tes son mis ma - les, sí;
To - do mi ser se lle - na de lo - or.

¡Cuán gran - de a - mor se vio por ca - da quien,
Re - ci - be mi can - tar co - mo ac - ti - tud
Pe - ro tu a - mor cun - dió y en mi lu - gar
Re - ci - be es - ta ex - pre - sión de a - do - ra - ción,

Al per - mi - tir - te Dios su - frir a - sí!
De a - do - ra - ción sin - ce - ra an - te ti.
Ver - tis - te san - gre a - llí pa - ra sal - var.
Al con - tem - plar - te en re - cor - da - ción. A - mén.

Letra, Guillermo Blair. Música BREAD OF LIFE, William F. Sherwin.

¡Oh Pan del Cielo, Dulce Bien!   249

... pruébese cada uno a sí mismo, y coma así del pan, y beba de la copa. 1 Co. 11:28

1. ¡Oh pan del cie - lo, dul - ce bien, Más ex - ce - len - te
   que el ma - ná! Si el al - ma bus - ca tu sos - tén, E -
   ter - na - men - te vi - vi - rá. Si el al - ma bus - ca
   tu sos - tén, E - ter - na - men - te vi - vi - rá.

2. ¡Oh nue - vo pac - to del Se - ñor, En san - ta co - pa
   de sa - lud! Re - con - ci - lia - do, el pe - ca - dor, Se a -
   cer - ca a Dios por tu vir - tud. Re - con - ci - lia - do, el
   pe - ca - dor, Se a - cer - ca a Dios por tu vir - tud.

3. Ham-brien - ta el al - ma, ven - go a ti, Se - ñor Je - sús, con
   vi - va fe; Tu me - sa es fran - ca pa - ra mí, Y en
   hu - mil - dad me a - cer - ca - ré. Tu me - sa es fran - ca
   pa - ra mí, Y en hu - mil - dad me a - cer - ca - ré.

4. Sé tú, Se - ñor, pan ce - les - tial Que al al - ma nu - tre y
   da vi - gor; Y en vi - da y go - zo in - mor - tal Di -
   ré las glo - rias de tu a - mor. Y en vi - da y go - zo
   in - mor - tal Di - ré las glo - rias de tu a - mor.

Letra, himno latino, autor anónimo. Tr., Juan B. Cabrera. Música ST. PETERSBURG,
Dmitri S. Bortniansky, 1825.

250 En Memoria de Mí

...haced esto en memoria de mí. 1 Co. 11:24

1. En me - mo - ria de mí, pan co - med. En me-
(2.) mo - ria de mí, pre - di - cad. En me-
(3.) mo - ria de mí, siem-pre o - rad. En me-

mo - ria de mí, be - bed. En me-
mo - ria de mí, bien ha - ced. En me-
mo - ria de mí, siem-pre a - mad. En me-

mo - ria de mí, a Dios pe - did; por su vo - lun-
mo - ria de mí, la puer - ta a - brid, de - jad al her-
mo - ria de mí, a Dios bus - cad, de co - ra-

tad ro - gad. 2. En me-
ma - no en - trar, la puer-ta a - brid.

251 Tu Sangre Carmesí

Pero uno de los soldados le abrió el costado con una lanza, y al instante salió sangre y agua. Jn. 19:34

1. Son tu san - gre car - me - sí Y tu cuer - po
2. Por tu muer - te vi - vo yo, Pues vi - nis - te a
3. Las es - pi - nas en tu sien, Las he - ri - das
4. Cris - to, to - ma el co - ra - zón Que por fe yo

ro - to se - ña, Cris - to, de tu a - mor por mí:
res - ca - tar - me; Dios a - sí su a - mor mos - tró:
en tus ma - nos Ha - blan de tu a - mor y bien,
quie - ro dar - te; De mi a - mor es la ex - pre - sión

Se - an co - mo e - ter - no em - ble - ma.
Dio a su Hi - jo por sal - var - me. Te en - tre -
Que por gra - cia ya re - cla - mo.
Por tu gra - cia en per - do - nar - me.

gas - te tú por mí: Hoy, Se - ñor, me en - tre - go a ti.

Letra, del griego; tr. al inglés, John Brownlie. Música ZUVERSICHT, Johann Crüger. Tr. al castellano, George P. Simmonds. ©Copyright 1978 Casa Bautista de Publicaciones. Todos los derechos reservados. Amparado por los derechos de copyright internacional.

Obediente a Tu Mandato 252

... haced esto en memoria de mí. Lc. 22:19

1. O - be - dien - te a tu man - da - to Par - ti - ci - pa hoy tu grey
2. Re - cor - da - mos la tris - te - za Que a - fli - gió tu co - ra - zón,
3. Gra - cias, oh Je - sús, te da - mos Los que u - ni - dos en tu a - mor,

De la ce - na; y con go - zo La re - ci - be nues - tra fe;
Y la co - pa de a - mar - gu - ra Que por to - do pe - ca - dor,
Gra - cias mil, pues dis - fru - ta - mos Tu cle - men - cia y tu fa - vor.

Tu do - lor en el Cal - va - rio Y tu pe - na y gran a - mor
En el Gól - go - ta to - mas - te, Des - pre - cian - do tu do - lor;
Tu - ya fue la cruz, mas nues - tra Es la di - cha y es la paz,

A - nun - cia - mos en tu nom - bre, A - man - tí - si - mo Se - ñor.
Te pe - di - mos que, fer - vien - tes, Te si - ga - mos con va - lor.
Tu - ya se - a hoy la glo - ria, Tu - ya por siem - pre ja - más.

Letra, James Montgomery. Tr., M. N. Hutchinson. Música ORDENANZA, A. Wishaw.

253 Cara a Cara Yo Te Miro Aquí

. . . las cosas que se ven son temporales, pero las que no se ven son eternas. 2 Co. 4:18

1. Ca - ra a ca - ra yo te mi - ro a - quí Co - mo ser i - ne-
2. Co - mer qui - sie - ra de e - se pan de Dios; Be - ber con - ti - go el
3. No ten - go a - yu - da si - no só - lo a ti; Só - lo tu bra - zo es
4. Mí - o el pe - ca - do, tu - ya la e - qui - dad; Mí - a la cul - pa,

fa - ble de a - mor; Quie - ro a - sir con mi ma - no tu gran don,
vi - no real de Dios. Y des - pre - cian - do el te - rre - nal do - lor,
fuer - te pa - ra mí; Es - te es pro - pi - cio, bás - ta - me en ver - dad;
tu - yo el per - dón. He a - quí el re - fu - gio, he a - quí mi paz,

Y to - do mi can - san - cio en ti de - jar.
Gus - tar la dul - ce cal - ma del per - dón.
Mi fuer - za es - tá só - lo en tu po - der.
Tu san - gre, mi jus - ti - cia, mi Se - ñor. A - mén.

Letra, Horatius Bonar, 1855. Tr.,Dante L. Pinto C. ©Copyright 1978 Casa Bautista de Publicaciones. Todos los derechos reservados. Amparado por los derechos de copyright internacional. Música LANGRAN, James Langran, 1861.

Tu Cena, Oh Dios 254

... tomó el pan y lo bendijo, lo partió y les dio. Lc. 24:30

1. Tu ce - na, oh Dios, ser - vi - da es - tá. La co - pa,
2. Tu sa - cri - fi - cio y muer - te cruel Co - ro - na hi -
3. Pre - sen - te es - tás en co - mu - nión En nues - tro
4. De ca - da cual muy cer - ca es - tás, Pues te sen -

y el ro - to pan Nos ha - cen re - cor - dar, Je -
cis - te de lau - rel, Pues fue la prue - ba de tu a -
pro - pio co - ra - zón, Y en es - te cul - to e - res tan
ti - mos más y más. Tu gra - cia da - nos, oh Se -

sús, Tu muer - te cruen - ta en du - ra cruz.
mor. Hoy te a - do - ra - mos, oh Se - ñor.
real Que tu vir - tud bro - ta a rau - dal.
ñor, Y vi - vi - re - mos en tu a - mor.

255 Ardan Nuestros Corazones

Pelea la buena batalla de la fe . . . 1 Ti. 6: 12

1. ¡Ar - dan nues - tros co - ra - zo - nes A - do - ran - do al Sal - va - dor!
2. ¡Re - no - vad el san - to pac - to, Y a - cer - ca - os al Se - ñor,
3. Oh, A - mor, tú has or - de - na - do Que ar - da nues - tro co - ra - zón;
4. La u - ni - dad de Dios y el Hi - jo Se - a nues - tra u - nión a - quí;

Y en a - mor fer - vien - te u - ni - dos, ¡Bus - quen paz en el Se - ñor!
Pro - me - ted a quien os sal - va Fe, leal - tad y pu - ro a - mor!
Vi - vi - fi - ca nues - tras al - mas, Lí - bra - las de con - fu - sión.
Na - die pue - da se - pa - ra - do De es - ta co - mu - nión vi - vir.

De su cuer - po so - mos miem - bros, De su luz re - fle - jo fiel:
Y si un dí - a va - ci - la - ra Vues - tra par - te en e - sa u - nión,
¡Pren - de tú la lla - ma vi - va Del a - mor que a - sí u - ni - rá
Y se - a - mos en la tie - rra, De Je - sús el res - plan - dor,

En - tre her - ma - nos es Ma - es - tro, Su - yos so - mos, nues - tro es él.
A Je - sús cla - mad, oh fie - les, Por fir - me - za y por fer - vor.
A los hi - jos que ha en - gen - dra - do Nues - tro Pa - dre ce - les - tial!
Los tes - ti - gos an - te el mun - do Del e - ter - no Sal - va - dor. A - mén.

Letra, Nicolaus L. von Zinzendorf, 1725. Tr. al inglés, Frederick W. Foster, 1789, adap.; tr. al castellano, J. A. Soggin. Música CASSELL, melodía tradicional alemán.

Nosotros sabemos que hemos pasado de muerte a vida, en que amamos a los hermanos. 1 Jn. 3:14

1. A - mé - mo - nos, her - ma - nos, Con tier - no y pu - ro a - mor;
2. A - mé - mo - nos, her - ma - nos, En dul - ce co - mu - nión;
3. A - mé - mo - nos, her - ma - nos, Y al mun - do pe - ca - dor

Un so - lo cuer - po so - mos, Y nues - tro Pa - dre es Dios.
Y paz, a - fec - to y gra - cia Da - rá el Con - so - la - dor.
Mos - tre - mos có - mo vi - ven Los que sal - va - dos son.

A - mé - mo - nos, her - ma - nos, Lo quie - re el Sal - va - dor,
A - mé - mo - nos, her - ma - nos, Y en nues - tra san - ta u - nión
A - mé - mo - nos, her - ma - nos, Con to - do el co - ra - zón;

Quien su pre - cio - sa san - gre Por to - dos de - rra - mó.
No ex - is - tan as - pe - re - zas Ni dis - cor - dan - te voz.
Lo or - de - na el Dios y Pa - dre; Su ley es ley de a - mor. A - mén.

Letra, Juan Bautista Cabrera. Música MUNICH, *Neuvermehrtes Gesangbuch*, 1693. Adap.,Felix Mendelssohn, 1847.

257 Después de Haber Oído Tu Palabra

La gracia de nuestro Señor Jesucristo sea con todos vosotros. Ap. 22:21

1. Des - pués, Se - ñor, de ha - ber te - ni - do a - quí De tu pa-
2. En nues - tras al - mas gra - ba con po - der Tu fiel pa-
3. Da - nos tu paz, la sen - da al tran - si - tar De a - le-

la - bra la ben - di - ta luz, A nuestro ho - gar con - dú - ce-
la - bra, ca - da ex - hor - ta - ción; Y que tu ley pu - dien - do
grí - as, prue - bas o do - lor, Y cuan - do al fin po - da - mos

nos y a - llí De to - dos cui - da, ¡buen pas - tor Je - sús!
com - pren - der, Con - ti - go es - te - mos en ma - yor u - nión.
des - can - sar, Nos cu - bra el man - to de tu in - men - so a - mor. A - mén.

Letra, John Ellerton, 1866. Tr., Vicente Mendoza. Música ELLERS, Edward J. Hopkins, 1869.

Por los Lazos del Santo Amor 258

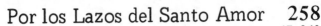

Y el Señor os haga crecer y abundar en amor unos con otros y para con todos . . . 1 Ts. 3:12

Sib / Mib / Sib

1. Por los la-zos del san-to a-mor   So-mos u-no en
2. De es-te a-mor, con fe-liz can-ción   Hoy can-te-mos de

Do7 / Fa Do7 Fa7 / Sib Fa7 / Sib

el Se-ñor.   Nues-tro es-pí-ri-tu es-tá u-
co-ra-zón,   Y que el mun-do ve-a que so-mos

Mib / Sib / Fa7 / Sib

ni-do a él,   Por los la-zos del a-mor.
u-no en él,   Por los la-zos del a-mor.

259 Dulce Espíritu

¡Mirad cuán bueno y cuán delicioso es habitar los hermanos juntos en armonía! Sal. 133:1

1. Hay un dul - ce es - pí - ri - tu a - quí, Y yo
    ros - tro ex - pre - sa el go - zo, sí, Pues sen -
2. Ben - di - cio - nes pue - des re - ci - bir, Si le en -
    tú di - cho - so al de - cir: "A Je -

sé que es el Es - pí - ri - tu del Se - ñor. Ca - da
ti - mos la pre - sen - cia del Sal - va -
tre - gas fiel tu vi - da a tu Sal - va - dor. E - res
sús con fe yo siem - pre le se - gui -

dor.
ré". San - to Es - pí - ri - tu, Fiel, ce - les - tial,

Qué - da - te a - quí, Y llé - na - nos de tu a - mor. Y por tus

Letra y música MANNA, Doris Akers, 1962. Tr., Adolfo Robleto. © Copyright 1962 Manna
Music, Inc., 2111 Kenmere Avenue, Burbank, Ca., 91504. Todos los derechos reservados.
Usado con permiso.

Sol   Si7   Mim   La7   Sol   Mim

o - bras te da - mos hoy lo - or;   Y sin du - dar yo sé

La7   Sol   Mim   La7   Re7   Sol

que nue - va vi - da en ti Ten - dre - mos siem - pre a - quí.

Sagrado Es el Amor   260

... todos vosotros sois uno en Cristo Jesús. Gá. 3:28

Fa   Do7   Fa7   Sib   Fa   Do

1. Sa - gra - do es el a - mor   Que nos ha u - ni - do a - quí,
2. A nues - tro Pa - dre Dios,   Ro - ga - mos con fer - vor,
3. Nos va - mos a au - sen - tar,   Mas nues - tra fir - me u - nión
4. Con - cé - de - nos, Se - ñor,   La gra - cia y ben - di - ción

Do7   Fa   Do7   Fa   Sib Fa   Sib Fa   Do7 Fa   Sib Fa

A los que oí - mos del Se - ñor La fiel pa - la - bra, sí.
A - lúm - bre - nos la mis - ma luz, Nos u - na el mis - mo a - mor.
Ja - más po - drá - se que - bran - tar Por la se - pa - ra - ción.
Del Pa - dre, Hi - jo Re - den - tor Y del Con - so - la - dor. A - mén.

Letra, John Fawcett, 1782. Es traducción. Música DENNIS, Johann G. Nägeli;
arr., Lowell Mason, 1845.

261 Un Mandamiento Nuevo

Este es mi mandamiento: Que os améis unos a otros, como yo os he amado. Jn. 15:12

1. Un man - da - mien - to nue - vo os doy: Que os a - méis u - nos a
2. A - mé - mo - nos de co - ra - zón Y de la - bios no fin -
3. — ¿Có - mo pue - do yo o - rar Re - sen - ti - do con mi her-

o - tros; Co - mo yo os he a - ma - do, Co - mo yo os he a -
gi - dos Pa - ra cuan - do Cristo ven - ga, Pa - ra cuan - do Cris - to
ma - no? Dios no es - cu - cha la o - ra - ción, Dios no es - cu - cha la o - ra -

ma - do, Que os a - méis tam - bién vo - so - tros. Co - mo yo os he a -
ven - ga Es - te - mos a - per - ci - bi - dos. Pa - ra cuan - do Cris - to
ción Si no es - toy re - con - ci - lia - do. Dios no es - cu - cha la o - ra -

ma - do, Co - mo yo os he a - ma - do, Que os a - méis tam - bién vo - so - tros.
ven - ga, Pa - ra cuan - do Cris - to ven - ga Es - te - mos a - per - ci - bi - dos.
ción, Dios no es - cu - cha la o - ra - ción Si no es - toy re - con - ci - lia - do.

Basado en Juan 15:12. Letra y música MANDAMIENTO NUEVO, Gladys Terán de Prado; arm., Hermon Warford. Usado con el permiso de la Iglesia del Pacto en el Ecuador.

Dios Os Guarde en Su Santo Amor 262

Y ahora, hermanos, os encomiendo a Dios, y a la palabra de su gracia . . . Hch. 20:32

1. Dios os guar - de en su san - to a - mor; Con sus
2. Dios os guar - de en su san - to a - mor, Si al - gún
3. Dios os guar - de en su san - to a - mor; Que de
4. Dios os guar - de en su san - to a - mor, Has - ta el

a - las él os cu - bra, Y él os dé ma - ná que nu - tra;
ries - go os a - co - me - te, Que en sus bra - zos os en - cuen - tre;
Cris - to, la ban - de - ra, Cu - bra vues - tra vi - da en - te - ra:
dí - a que lle - gue - mos A la Pa - tria do es - ta - re - mos

Dios os guar - de en su san - to a - mor.
Dios os guar - de en su san - to a - mor.
Dios os guar - de en su san - to a - mor.
Re - u - ni - dos en paz y a - mor. A - mén.

Letra, Jeremiah E. Rankin, 1880. Tr.,P. Aguirre de la Barrera. Usado con permiso. Música
GOD BE WITH YOU, William G. Tomer, 1880.

263 Mándanos Lluvias de Bendición

¿No volverás a darnos vida, para que tu pueblo se regocije en ti? Sal. 85:6

1. Mán-da-nos llu-vias de ben - di -ción, Es la ple-ga-ria del co - ra-zón;
2. Mán-da-nos llu-vias de san - to a - mor Pa-ra po-der guiar al pe - ca-dor
3. Mán-da-nos llu-vias de san - ti - dad Pa-ra ven-cer to-da la mal-dad;
4. Mán-da-nos llu-vias de tu po-der, Gra-cia di-vi-na que lle-na el ser,

Llu-vias de gra-cia y de sal-va-ción, A - ví - va-nos, oh Se - ñor.
Has-ta los pies del buen Re-den-tor; A - ví - va-nos, oh Se - ñor.
Só-lo bus-ca-mos tu vo-lun-tad, A - ví - va-nos, oh Se - ñor.
Pa-ra, Se-ñor, tu ley com-pren-der, A - ví - va-nos, oh Se - ñor.

A - ví - va-nos, oh Se-ñor, Lle-nán-do-nos de tu a-mor,

Col-mán-do-nos de fer-vor; Ven, haz-lo pri-me-ro en mí.

Letra y música MATTHEWS, B. B. McKinney, 1927. ©Copyright 1927. Renovado 1955 Broadman Press. Todos los derechos reservados. Tr., Abel P. Pierson Garza. ©Copyright 1978 Broadman Press. Todos los derechos reservados. Amparado por los derechos de copyright internacional.

Cerca, Más Cerca 264

... el acercarme a Dios es el bien ... Sal. 73:28

1. Cer - ca, más cer - ca, ¡oh Dios, de ti! Cer - ca yo quie-
ro mi vi - da lle - var; Cer - ca, más cer - ca, ¡oh
Dios, de ti! Cer - ca a tu gra - cia que pue - de sal -
var, Cer - ca a tu gra - cia que pue - de sal - var.

2. Cer - ca, más cer - ca, cuál po - bre soy, Na - da, Se - ñor,
yo te pue - do o - fre - cer; Só - lo mi ser con - tri -
to te doy, Pue - da con - ti - go la paz ob - te -
ner, Pue - da con - ti - go la paz ob - te - ner.

3. Cer - ca, más cer - ca, Se - ñor de ti, Quie - ro ser tu -
yo de - jan - do el pe - car; Go - ces y pom - pas va -
nas a - quí, To - do, Se - ñor, pron - to quie - ro de -
jar, To - do, Se - ñor, pron - to quie - ro de - jar.

4. Cer - ca, más cer - ca, mien - tras el ser, A - lien - te vi -
da y bus - que tu paz; Y cuan - do al cie - lo pue -
da as - cen - der, Ya pa - ra siem - pre con - mi - go es - ta -
rás, Ya pa - ra siem - pre con - mi - go es - ta - rás.

Letra y música MORRIS, Lelia N. Morris, 1898. Tr., Vicente Mendoza.

265 Lluvias de Gracia

... lluvias de bendición serán. Ez. 34:26

1. Dios nos ha da-do pro-me-sa: Llu-vias de gra-cia en-via-ré;
2. Cris-to nos dio la pro-me-sa Del san-to Con-so-la-dor,
3. Mues-tra, Se-ñor, al cre-yen-te To-do tu a-mor y po-der;
4. O-bra en tus sier-vos pia-do-sos Ce-lo, vir-tud y va-lor,

Do-nes que os den for-ta-le-za; Gran ben-di-ción os da-ré.
Dán-do-nos paz y pu-re-za, Pa-ra su glo-ria y ho-nor.
Tú e-res de gra-cia la fuen-te, Lle-na de paz nues-tro ser.
Dán-do-nos do-nes pre-cio-sos, Do-nes del Con-so-la-dor.

Llu - vias de gra-cia, Llu-vias pe-di-mos, Se-ñor.
Llu-vias, llu-vias

Mán-da-nos llu-vias co-pio-sas, Llu-vias del Con-so-la-dor.

Basado en Ezequiel 34:26. Letra Daniel W. Whittle, 1883. Es traducción. Música SHOWERS OF BLESSING, James McGranahan, 1883.

Dios de Gracia, Dios de Gloria   266

... esfuérzate en la gracia que es en Cristo Jesús. 2 Ti. 2:1

1. Dios de gra - cia, Dios de glo - ria, Da - nos pres - to
2. Hoy las fuer - zas del ma - lig - no Nos a - co - san
3. Nues-tros o - dios in - hu - ma - nos Cu - ra con tu in-
4. Guí - a - nos por las más al - tas Ru - tas de la

tu po - der; A tu a - ma - da i - gle - sia a - dor - na Con un
sin ce - sar; De te - mor y du - da, Cris - to Pue - de al
men-so a-mor; Lí - bra - nos de go - ces va - nos, Sin con-
san - ti - dad; Pro - cla - man - do pa - ra el al - ma Ver - da-

nue - vo flo - re - cer. Da - nos luz y va - len-tí - a
al - ma res - guar - dar. Da - nos luz y va - len-tí - a
cien - cia o sin va - lor. Da - nos luz y va - len-tí - a
de - ra li - ber - tad. Da - nos luz y va - len-tí - a

En la ho-ra del de - ber, En la ho-ra del de - ber.
Pa-ra nun-ca des-ma - yar, Pa-ra nun-ca des-ma - yar.
Fren-te a to-da ten-ta - ción, Fren-te a to-da ten-ta - ción.
Y fir-me-za en tu ver - dad, Y fir-me-za en tu ver-dad. A - mén.

Letra, Harry Emerson Fosdick. Usado con permiso de Elinor F. Downs. Tr., F. J. Pagura.
Música CWM RHONDDA, John Hughes, 1907. Copyright de la música usada con permiso de
Sra. Dilys S. Webb.

267 Ven, Aviva Mi Alma con Poder

Tu buen espíritu me guíe a tierra de rectitud. Sal. 143:10

1. Rin-do a ti, Se-ñor, mi po-bre ser; Quie-ro hoy tu vi-da po-se-er, Más de tu di-vi-no a-mor te-ner, Oh, ven y a-vi-va mi al-ma con po-der.

2. En tu vo-lun-tad ten-dré pla-cer; He-me a-quí, Se-ñor, quie-ro ven-cer. So-la-men-te en ti po-dré cre-cer, Oh, ven y a-vi-va mi al-ma con po-der.

3. Bo-rra el vil pe-ca-do de mi ser, To-da es-co-ria haz des-va-ne-cer, Tu a-bun-dan-te gra-cia quie-ro ver, Oh, ven y a-vi-va mi al-ma con po-der.

Ven, a-vi-va mi al-ma con po-der, Ven, a-vi-va mi al-ma con po-der. Tu po-der di-vi-no con po-der.

lle - ne hoy mi ser, Oh, ven y a - vi - va mi al - ma con po - der.

El Fuego Santo 268

¿No ardía nuestro corazón en nosotros, mientras nos hablaba . . . y cuando nos abría las Escrituras?
Lc. 24:32

1. Oh Sal - va - dor, que el Fue - go San - to Ar - die - ra en
2. Oh pu - ri - fi - ca al pue - blo tu - yo Que te hon -
3. Tú e - res la Fuen - te de a - gua vi - va; Tu a - lien - to
4. Que en ar - mo - nio - sa u - nión po - da - mos En tu gran

ca - da co - ra - zón; O - ye, pues an - he - la - mos
re en per - fec - ta u - nión; Que tu man - da - to se - a
pue - de vi - da dar. Tu Lla - ma San - ta pu - ri -
Rei - no tra - ba - jar, Has - ta que al fin tu faz ve -

tan - to Ren - dir - te ho - nor y a - do - ra - ción.
su - yo: A o - tros lle - var tu sal - va - ción.
fi - ca, Na - da la pue - de so - fo - car.
a - mos Por to - do el mun - do i - lu - mi - nar.

Letra, Georg F. Fickert; tr. al inglés, Esther Bergen. Música, *O dass doch bald Dein Feuer brennte,*
Henri A. C. Malan. Tr. al castellano, George P. Simmonds.©Copyright 1978 Casa Bautista de
Publicaciones. Todos los derechos reservados. Amparado por los derechos de copyright internacional.

269 A Tu Iglesia, Oh Dios, Da Vida

¿No volverás a darnos vida, para que tu pueblo se regocije en ti? Sal. 85:6

Unísono

1. A tu i - gle - sia, oh Dios, da vi - da, Tu po - der en
2. Que tu i - gle - sia fiel tes - ti - go Se - a siem - pre
3. Haz - nos sier - vos muy cons - cien - tes Que po - da - mos
4. De - sa - fí - a - nos, oh Pa - dre, Al tra - ba - jo

e - lla es - té, Y cul - ti - va en nues - tras al - mas Por
de tu a - mor, Pro - cla - man - do tu pa - la - bra, De es - te
com - pren - der, Que a to - dos nos hi - cis - te Con tu
que hay que ha - cer, Pues tu i - gle - sia, o - be - dien - te Al Se -

o - bra mu - cha fe. Re - no - va - mos nues - tros vo - tos
mun - do al - re - de - dor. En los pue - blos y ciu - da - des
ma - no de po - der. Y haz que sea - mos com - pa - si - vos
ñor ha - brá de ser. Co - no - ce - mos nues - tra me - ta,

De vi - vir, Se - ñor, por ti; Nos li - ber - tan
Do hay gen - te con pe - sar, Y a to - dos
De la gen - te en su su - frir, Pues sir - vien - do
Que es lu - char con fe y a - mor, Por - que Cris - to

tu pa - la - bra Y tu san - gre car - me - sí.
tus ver - da - des Les que - re - mos a - nun - ciar.
con ca - ri - ño Tu bon - dad po - drán sen - tir.
se - a siem - pre De es - te mun - do el Se - ñor.

Corona a Nuestro Salvador 270

. . . vemos a . . . Jesús, coronado de gloria y de honra . . . He. 2:9

1. Co - ro - na a nues - tro Sal - va - dor, Dul - zu - ra
2. En to - do el mun - do pe - ca - dor No tie - ne
3. Me vio su - mi - do en ma - les mil, El pron - to
4. Me ha da - do de su ple - ni - tud La gra - cia,

ce - les - tial; Sus la - bios flu - yen ri - co a - mor
Cris - to i - gual, Y nun - ca ha vis - to su - pe - rior
me au - xi - lió; Por mí car - gó la cruz tan vil,
ri - co don; Mi vi - da y al - ma en gra - ti - tud,

Y gra - cia di - vi - nal, Y gra - cia di - vi - nal.
La cor - te ce - les - tial, La cor - te ce - les - tial.
Mis pe - nas él lle - vó, Mis pe - nas él lle - vó.
Se - ñor, ya tu - yas son, Se - ñor, ya tu - yas son.

Letra, Samuel Stennett. Tr., George P. Simmonds. ©Copyright 1967, renovado
George P. Simmonds. Todos los derechos reservados. Usado con permiso. Música
ORTONVILLE, Thomas Hastings, 1837.

271 Avívanos, Señor

Oh Jehová, aviva tu obra en medio de los tiempos . . . Hab. 3:2

1. A - ví - va - nos, Se - ñor; Sin - ta - mos el po - der
2. A - ví - va - nos, Se - ñor; Te - ne - mos sed de ti.
3. A - ví - va - nos, Se - ñor; Des - pier - ta más a - mor,

Del San - to Es - pí - ri - tu de Dios En to - do nues - tro ser.
La llu - via de tu ben - di - ción De - rra - ma a - ho - ra a - quí.
Más ce - lo y fe en tu pue - blo a - quí, En bien del pe - ca - dor.

A - ví - va - nos, Se - ñor, Con nue - va ben - di - ción;

In - fla - ma el fue - go de tu a - mor En ca - da co - ra - zón.

Letra, Albert Midlane. Adap., Fanny J. Crosby. Tr., Enrique S. Turrall. Música REVIVE THY WORK, O LORD, William H. Doane.

Oh Jehová, aviva tu obra en medio de los tiempos . . . Hab. 3:2

1. Tu o - bra a - vi - va, oh Dios, Tu bra - zo fuer - za dé;
2. Tu o - bra a - vi - va, oh Dios, Que no ha - ya más dor - mir;
3. Tu o - bra a - vi - va, oh Dios: Tu nom - bre ex - cel - so es.

Los muer - tos oi - gan ya tu voz, Y da a tu pue - blo fe.
Que - re - mos ir de ti en pos Y tu po - der sen - tir.
Y el fue - go de tu san - ta voz Nos que - me o - tra vez.

A - vi - va, Se - ñor; De - rra - ma llu - vias hoy.
A - ví - va - nos, a - ví - va - nos,

La glo - ria tu - ya to - da es, Y el go - zo es de tu mies.

Letra, Albert Midlane. Música REVIVE THY WORK, James McGranahan. Tr.,Daniel Díaz R., 1977.

273 Vida Nueva en Jesús

... para que todo aquel que en él cree, no se pierda, mas tenga vida eterna. Jn. 3:15

1. Je - sús el Hi - jo e - ter - no Del mal te li - bra - rá,
2. Por fe en Je - su - cris - to Ten - drás la re - den - ción;
3. Su a - mor in - con - te - ni - ble Al - can - za a to - do a - quel
4. Tes - ti - gos de su cau - sa, Dis - pues - tos a su - frir;

Pu - re - za y vi - da nue - va Con go - zo te da - rá.
Tu Dios se ha re - ve - la - do En la en - car - na - ción.
Que a Cris - to con - fe - sa - re Y rin - de to - do a él.
A Cris - to re - fle - ja - mos En nues - tro fiel vi - vir.

¡Ben - di - ta vi - da Nue - va en Je - sús! Se -

rá tu Sal - va - dor y Rey, Si cre - es en él.

Letra, Edwin McNeely, 1958. Música MCNEELY, William J. Reynolds, 1958. ©Copyright 1958
Broadman Press. Todos los derechos reservados. Tr.,Guillermo Blair, 1968. ©Copyright 1978
Broadman Press. Todos los derechos reservados. Amparado por los derechos de copyright
internacional. Usado con permiso.

Ven Tú, ¡Oh Rey Eterno! 274

... me está guardada la corona de justicia ... 2 Ti. 4:8

1. Ven tú, ¡oh Rey e - ter - no! La mar - cha sue - na ya;
2. Ven tú, ¡oh Rey e - ter - no! El mal a com - ba - tir;
3. Ven tú, ¡oh Rey e - ter - no! Mar - cha - mos sin te - mor;

Al cam - po de com - ba - te Tu voz nos en - via - rá;
En me - dio de la lu - cha Tu paz haz - nos sen - tir;
Do - quier tu ros - tro a - lum - bra Hay jú - bi - lo y va - lor.

Tu gra - cia, al pre - pa - rar - nos, Nos for - ta - le - ce - rá,
Pues no con las es - pa - das Ni con el dar - do vil,
Tu cruz nos i - lu - mi - na; Am - pá - ra - nos tu a - mor,

Y en en - tu - sias - mo san - to Un him - no vi - bra - rá.
Mas con a - mor y gra - cia Tu rei - no ha de ve - nir.
Y ce - les - tial co - ro - na A - guar - da al ven - ce - dor.

Letra, Ernest W. Shurtleff, 1887. Tr., A. Archilla. Música LANCASHIRE, Henry Smart, 1835.
Esta música en un tono más alto, Nú. 238.

275 Lo Debes Compartir

Amados, si Dios nos ha amado así, debemos también nosotros amarnos unos a otros. 1 Jn. 4:11

1. Con u - na so - la chis - pa se en - cien - de un fue - go,
2. ma - tas al bro - tar en be - lla pri - ma - ve - ra;
3. se - o pa - ra ti, mi a - mi - go, es - te go - zo;

Y los de al - re - de - dor ca - lién - tan - se muy lue - go;
Las a - ves al can - tar, las flo - res al a - brir - se
Con - fí - a en Dios a - sí, y ha - lla - rás re - po - so;

A - sí es el a - mor de Dios, Es - to al ex -
Nos ha - blan del a - mor de Dios, Y es - to al ex -
De las mon - ta - ñas gri - ta - ré, El gran men -

pe - ri - men - tar, Y es - te a - mor hay que es - par - cir: Lo
pe - ri - men - tar, A to - dos lo has de re - pe - tir: Lo
sa - je de a - mor, Que a to - dos hay que re - pe - tir: Lo

276 El Mundo Es del Señor

Y será predicado este evangelio del reino en todo el mundo, para testimonio a todas las naciones ...
Mt. 24:14

1. El mun-do es del Se-ñor: Su o - bra co - men - zó;
2. El mun-do es del Se-ñor: Su muer - te nos sal - vó;
3. El mun-do es del Se-ñor: Sus sier - vos por do - quier

Mi - llo - nes de al - mas o - i - rán La voz del Sal - va - dor.
Mi - llo - nes en pe - ca - do vil, En él ten - drán sa - lud.
Pro - cla - man su men - sa - je fiel, "Sa - lud al pe - ca - dor."

Por Cris - to el Re - den - tor I - re - mos sin tar - dar;
Mas nun - ca es - cu - cha - rán Las nue - vas de so - laz;
Si yo no pue - do ir Sus nue - vas a es - par - cir,

Cons - trí - ñe - nos su san - to a - mor Que sal - va al pe - ca - dor.
Sin nues - tra o - fren - da de a - mor Ja - más ve - rán su luz.
Tes - ti - go fiel a - quí se - ré, Por e - llos o - ra - ré.

Letra, Hattie Bell Allen. Música WORLD FOR CHRIST, B. B. McKinney. ©Copyright 1938;
renovado 1966 Broadman Press. Todos los derechos reservados. Tr., Elina Cabarcas y Crea Ridenour.
©Copyright 1978 Broadman Press. Todos los derechos reservados. Amparado por los derechos de
copyright internacional. Usado con permiso.

O - fren - dad   y   o - rad.   Fie - les sed en tes - ti - fi - car:
y o-rad   y o-rad   Sed fiel

Los mi - llo - nes que en el mun-do es-tán Ven-drán al Sal - va - dor.

Oriente Ni Occidente   277

. . . todos vosotros sois uno en Cristo Jesús. Gá. 3:28

1. O - rien - te ni oc - ci - den - te hay En Cris - to y su bon - dad,
2. En Dios los fie - les al Se - ñor Su co - mu - nión ten - drán,
3. ¡De ra - zas no ha - ya dis - tin - ción, O - bre - ros de la fe!
4. O - rien - te y oc - ci - den - te en él Se en-cuen-tran; y su a - mor

In - clui - da en su a - mor es - tá La en - te - ra hu - ma - ni - dad.
Y   con los la - zos de su a - mor Al mun - do li - ga - rán.
El que cual hi - jo sir - ve a Dios, Her - ma - no nues - tro es.
U - nió a las al - mas por la fe En san - ta co - mu - nión.

Letra, John Oxenham, 1908. Tr., J. R. de Balloch. Música ST. PETER, Alexander R. Reinagle, 1836.
Tonada alternante ORTONVILLE, Nú. 270. (Se repite la segunda línea de cada estrofa.)

278 Las Nuevas Dad

No me avergüenzo del evangelio, porque es poder de Dios para salvación a todo aquel que cree . . .
Ro. 1:16

1. En Be - lén Je - sús na - ció, Las nue - vas dad,
2. Hom - bre fue el Se - ñor Je - sús, Las nue - vas dad,
3. El re - su - ci - tó y su - bió, Las nue - vas dad,
4. Cris - to vi - ve en el mun - do a - ún, Las nue - vas dad,

las nue - vas dad; Pa - ra nues - tro bien vi - vió,
las nue - vas dad; Vi - no a dar - nos vi - da y luz,
las nue - vas dad; Vi - vi - rá el que cre - yó,
las nue - vas dad; El, la fuen - te es de sa - lud,

Las nue - vas dad, las nue - vas dad.
Las nue - vas dad, las nue - vas dad.
Las nue - vas dad, las nue - vas dad. Pres - to de - cid,
Las nue - vas dad, las nue - vas dad.

Pres - to de - cid Nue - vas de a - mor: Lle - gó Je - sús; Las nue - vas dad,

Letra y música RHEA, Gene Bartlett, 1968. ©Copyright 1968 Broadman Press. Tr., Adolfo Robleto, 1977. ©Copyright 1978 Broadman Press. Todos los derechos reservados. Amparado por los derechos de copyright internacional. Usado con permiso.

las nue-vas dad. A to-dos hoy las nue-vas dad.

Oh, Ruégote, Señor, Me Enseñes 279

. . . ninguno de nosotros vive para sí . . . Ro. 14:7

1. Oh, rué-go-te, Se-ñor Je-sús, Que tú me en-se-ñes siem-pre a ha-blar Con e-co vi-vo de tu voz A los que va-gan sin tu paz.

2. En-sé-ña-me, Se-ñor Je-sús; Y haz que pue-da yo en-se-ñar Pa-la-bra tu-ya, pu-ra luz, Que al al-ma ham-brien-ta vi-da da.

3. Oh, llé-na-me, Se-ñor Je-sús, De gra-cia y de tu gran po-der; Y a-sí yo pue-da al-re-de-dor Tu san-ta in-fluen-cia de-rra-mar.

4. O-cú-pa-me, Se-ñor Je-sús, Tal co-mo quie-ras y do-quier; Que al fin la glo-ria de tu faz En tu pre-sen-cia pue-da ver. A-mén.

Basado en Romanos 14:7. Letra, Frances R. Havergal, 1872. Tr., J. R. de Balloch. Música CANONBURY, Robert Schumann. 1839.

280 Lejos Están Viviendo en el Pecado

. . . id, y haced discípulos a todas las naciones . . . Mt. 28:19

1. Le-jos es-tán vi-vien-do en el pe-ca-do Mi-llo-nes de al-
2. Ved có-mo es-tán las puer-tas ya a-bier-tas Pa-ra que en-tréis
3. "¿Por qué mo-rir?", la voz de Dios os lla-ma;¿Por qué mo-rir?"
4. Y lle-ga-rá el dí-a cuan-do el mun-do Glo-ria da-rá

mas en la per-di-ción:¿Quién con va-lor al mun-do ha pro-cla-
por e-llas con va-lor; Con vues-tras fuer-zas en u-nión y a-
al mun-do pre-gun-tad. Cris-to mu-rió, pues él a to-dos
en triun-fos al Se-ñor; La sal-va-ción da-rá un pla-cer pro-

ma-do De Je-su-cris-to la gran sal-va-ción?
ler-tas, El e-van-ge-lio dad al pe-ca-dor. "Me es da-da
a-ma; La vi-da e-ter-na a-ho-ra a-nun-ciad.
fun-do: Cris-to es el Rey y nues-tro Sal-va-dor.

to-da au-to-ri-dad, Me es da-da to-da au-to-ri-dad: Id a pre-di-

car al mun-do el e-van-ge-lio, Yo es-toy con vo-so-tros siem-pre."

Basado en Mateo 28:18-20. Letra y música GO YE, James McGranahan. Tr.,Pablo Filós, 1977.

¡Oh Alzad Vuestros Ojos! 281

Alzad vuestros ojos y mirad los campos, porque ya están blancos para la siega. Jn. 4:35

1. Mi - les hay en le - ja - nas re - gio - nes Que por sen - das os - cu -
2. ¿Cuán - tos hay que se van a la muer - te Sin sa - ber es - ta nue -
3. Pron - to el dí - a se i - rá pa - ra siem - pre Y la mag - na o - ca - sión

ras hoy van. El Se - ñor aún an - he - la sal - var - les: Vé, tú
va e - ter - nal? Vi - da, fuer - za, ta - len - tos y bie - nes Dios os
pa - sa - rá. Pres - to id, el men - sa - je es ur - gen - te, Que el Se -

pues, la se - mi - lla a sem - brar.
brin - da, ¡sa - lid y lu - chad! ¡Oh al - zad vues - tros o - jos a los
ñor con po - der os guia - rá.

cam - pos! La ben - di - ta Pa - la - bra sem - brad. De a - mor

y de fe in - fla - ma - dos, Ri - cos fru - tos Jeho - vá os da - rá.

Letra y música ALZAD VUESTROS OJOS, Samuel Cifuentes S. ©Copyright 1978 Casa Bautista de Publicaciones. Todos los derechos reservados. Amparado por los derechos de copyright internacional.

282 Ama a Tus Prójimos

... Amarás a tu prójimo como a ti mismo. Mt. 19:19

1. A - ma a tus pró - ji - mos, Pien - sa en sus al - mas,
2. Aun - que re - chá - zan - le, Tie - ne pa - cien - cia
3. Ha - bla a tus pró - ji - mos, Cris - to te a - yu - da;

Di - les la his - to - ria del buen Sal - va - dor;
Has - ta que pué - da - les dar la sa - lud;
Dios, for - ta - le - za, gus - to - so da - rá;

Cui - da del huér - fa - no, Haz - te su a - mi - go;
Ven - le los án - ge - les Cer - ca del tro - no;
El te ben - de - ci - rá En tus es - fuer - zos,

Cris - to es Pa - dre y fiel Sal - va - dor.
Vi - gi - la - rán - les con so - li - ci - tud. Ha - bla al in -
A glo - ria e - ter - na él te lle - va - rá.

cré - du - lo, mi - ra el pe - li - gro; Dios le per - do - na - rá, Dios le a - ma - rá.

Letra, Fanny J. Crosby, 1869. Tr., P. H. Goldsmith. Música RESCUE, William H. Doane, 1869.

Envíame, Señor   283

Tengo otras ovejas que no son de este redil . . . Jn. 10:16

1. Se - ñor Je - sús, me en-tre - go a ti,   Me en - tre - go en ver - dad;
2. A - mi - gos quie - ren im - pe - dir   Que yo me en - tre - gue hoy,
3. Nin - gún pla - cer ja - más ha - brá   Ma - yor que pro - cla - mar

Tu Es - pí - ri - tu me re - ve - ló   La gran ne - ce - si - dad.
Mas Cris - to su pro - me - sa da,   "Con - ti - go siem-pre es -toy."
El e - van - ge - lio de su a-mor: El mun - do por sal - var.

En - ví - a, en - ví - a - me, Se - ñor. La mies es

mu - cha y gran - de la la - bor; Mas cons - tre - ñi - do

por tu a - mor quie - ro ser - vir - te, buen Sal - va - dor.

Letra y música LORD SEND ME, Wilda de Savage. ©Copyright 1942. Renovado 1970 Wilda de Savage.
Asignado a Singspiration, Inc. Tr., Juan J. Cristiansen. Tr. ©Copyright 1955 Singspiration, Inc.
Todos los derechos reservados. Usado con permiso.

284 La Historia de Cristo Diremos

Por tanto, id, y haced discípulos . . . Mt. 28:19

Unísono

1. La his - to - ria de Cris - to di - re - mos, Que da-
2. La his - to - ria de Cris - to can - te - mos, Me lo-
3. La his - to - ria de Cris - to da - re - mos, Al mor-
4. A Je - sús to - dos con - fe - sa - re - mos, El nos

rá al mun - do la luz, La paz y el per - dón a-nun-cia - mos,
dí - as dul - ces can - tad. Un to - no a - le - gre ten-dre - mos,
tal que va sin su a - mor: "Que Dios dio a su Hi - jo", di - re - mos,
dio su gran sal - va - ción, Por él al Se - ñor di - ri - gi - mos,

Com - pra - dos en cruen - ta cruz, Com - pra - dos en cruen - ta cruz.
De Cris - to en Na - vi - dad, De Cris - to en Na - vi - dad.
"Y ha - lla - mos en él fa - vor, Ha - lla - mos en él fa - vor."
Con fe to - da o - ra - ción, Con fe to - da o - ra - ción.

Nos qui - tó to - da som - bra den - sa, A - le - jó nues-tra os-cu - ri - dad,

Letra y música MESSAGE, H. Ernest Nichol, 1896. Tr., Enrique Sánchez.

El nos sal - vó, nues - tra paz com - pró, Nos dio luz y li - ber - tad.

Id y Dad las Nuevas   285

. . . que prediques la palabra; que instes a tiempo y fuera de tiempo . . . 2 Ti. 4:2

1. "Id y dad las nue - vas": Dios a su Hi - jo dio. De u - na vir - gen vi - no; Gra - cia él mos - tró. El por mi pe - ca - do Muer - to fue en la cruz, Pe - ro un dí - a en glo - ria Ha de vol - ver Je - sús.

2. "Id y dad las nue - vas", Or - den es de Dios; Por el mun - do en - te - ro Oi - ga - se su voz. No bus - quéis con - flic - tos; Nun - ca clau - di - quéis, Pues si a - sí ven - cie - réis, Co - ro - na a - llá ten - dréis.

3. "Id y dad las nue - vas" Por el mun - do a - quí; Cris - to es quien os di - ce: "Yo os es - co - gí". Sin du - dar, ha - cien - do Fiel su vo - lun - tad, De Je - sús, las nue - vas, Al mun - do hoy lle - vad.

286 Salgamos, Fieles, a Anunciar

Heme aquí, envíame a mí. Is. 6:8

1. Sal - ga - mos, fie - les, a a - nun - ciar De Dios la sal - va - ción.
2. Sal - ga - mos hoy a pro - cla - mar: Los pies ben - di - tos son
3. El al - ba en - cien - de su a - rre - bol Al pa - so de Je - sús,
4. De Dios ha - ble - mos la ver - dad, Hen - chi - dos de su luz;

¡Su rei - no vie - ne, lle - ga ya Con cán - ti - co triun - fal!
De los que al mun - do a - nun - cian paz. Cual Cris - to el Sal - va - dor,
Que es - pe - ra nues - tra de - ci - sión, ¿Y quién i - rá tras él?
Sal - ga - mos to - dos a a - nun - ciar La glo - ria de la cruz.

De Dios brin - de - mos la sa - lud Que Cris - to pre - di - có, Su
Pro - cla - ma - re - mos li - ber - tad Por to - da la ex - ten - sión; Mar -
Fe - liz a - quel que re - ci - bió De Dios la co - mi - sión; Y
Mo - vi - dos por di - vi - no a - fán Glo - rio - so es tra - ba - jar; La

gran po - der trans - for - ma - dor Le - van - ta al que ca - yó.
che - mos con va - lor y fe, Que Dios gui - an - do es - tá.
cum - ple cual o - bre - ro fiel De Dios la vo - lun - tad.
mies do - ra - da, ¡a se - gar! ¡Je - sús de - lan - te va! A - mén.

Letra, G. V. de Rodríguez, 1960. Música BETHLEHEM, Gottfried W. Fink. Usado con permiso.

Envíame a Mí   287

¿A quién enviaré, y quién irá por nosotros? Is. 6:8

1. Dios de po-der, oh Dios de luz, Oh San-to Es-pí-ri-tu,
2. Tu san-to fue-go en-cien-de en mí Y da po-der, y a-sí
3. Haz, oh Se-ñor, que pue-da yo Ser dig-no por-ta-dor

Haz que tu i-gle-sia fir-me es-té Sir-vien-do por do-quier.
Tu san-ta luz ha-ré bri-llar Y som-bras di-si-par.
Del san-to a-mor que al hom-bre das, Hoy y en la e-ter-ni-dad.

A quien re-bel-de es aun hoy Ha-cer-lo pue-da Rey, Se-ñor;
Cuan-do o-tros sien-tan gran pe-sar Si pier-den al-go te-rre-nal,
Que se-a es-ta mi can-ción: Mis cul-pas él por mí su-frió.

Y a quie-nes ve-a su-cum-bir, En-ví-a-me a mí.
Ga-nan-cia es mo-rir por ti. En-ví-a-me a mí.
Y al ver su cruz, ex-cla-mé a-sí: En-ví-a-me a mí.

Letra, Ross Coggins, 1956. Música SURABAJA, E. A. Hoffman, 1891; arr., James Bigelow, 1956.

288 Haz Arder Mi Alma

Y siendo de espíritu fervoroso, hablaba y enseñaba diligentemente lo concerniente al Señor . . .
Hch. 18:25

1. Haz ar - der mi al - ma en tu ley, Se - ñor, Y tu voz di -
2. Haz ar - der mi al - ma por el pe - ca - dor, Tu pa - sión yo
3. Haz ar - der mi al - ma en vir - tu - des hoy, Pues e - rran-te an -

vi - na pue - da yo es-cu - char; Mu - chos en ti - nie - blas
sien - ta pa - ra tra - ba - jar. Lle - na hoy mi vi - da
da - ba en mi ne - ce - dad; Na - da es im - por - tan - te

si - guen el e - rror, Quie-ro con tu gra - cia hoy tes - ti - fi - car.
con tu san - to a-mor Y se - ré o-be-dien - te a tu vo - lun - tad.
más que tú, Se - ñor, Haz - me fiel tes - ti - go de tu gran ver - dad.

Haz ar - der mi al - ma, haz-la ar - der, oh Dios; Haz - me un tes -

ti - go de tu sal - va - ción. Mu - chos en ti - nie - blas

cla - man por tu voz: Haz ar - der mi al - ma con tu com - pa - sión.

De Su Alto Solio Celestial   289

Desde los cielos miró Jehová; vio a todos los hijos de los hombres . . . Sal. 33:13

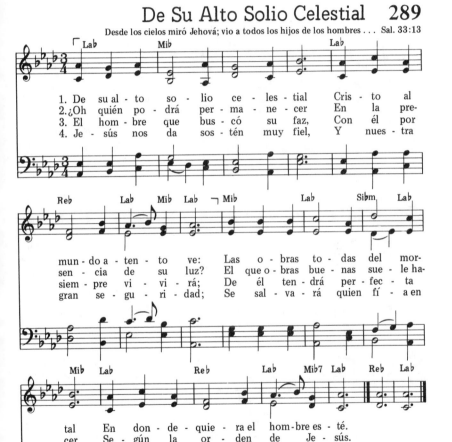

1. De su al - to so - lio ce - les - tial Cris - to al
2. ¿Oh quién po - drá per - ma - ne - cer En la pre-
3. El hom - bre que bus - có su faz, Con él por
4. Je - sús nos da sos - tén muy fiel, Y nues - tra

mun - do a - ten - to ve: Las o - bras to - das del mor-
sen - cia de su luz? El que o - bras bue - nas sue - le ha-
siem - pre vi - vi - rá; De él ten - drá per - fec - ta
gran se - gu - ri - dad; Se sal - va - rá quien fí - a en

tal En don - de - quie - ra el hom - bre es - té.
cer Se - gún la or - den de Je - sús.
paz, Y gra - cia y luz de él ten - drá.
él Hoy y por la e - ter - ni - dad. A - mén.

Basado en el Salmo 33. Letra, Juan N. de los Santos, 1925. Música MENDON, melodía alemana.

290 Canta a Dios con Alegría

. . . iban por todas partes anunciando el evangelio. Hch. 8:4

1. Can - ta a Dios con a - le - grí - a el men - sa - je
2. Nues - tro Dios, te a - gra - de - ce - mos tu sin par re -
3. Cris - to nos de - jó un man - da - to en su ho - ra

del Se - ñor, De la ver - da - de - ra vi - da que nos
ve - la - ción; Pro - me - te - mos ser tes - ti - gos a nues -
de triun - far, Y nos pi - de to - da - ví - a ir al

da con tan - to a - mor. Ca - da his - to - ria de la Bi - blia
tra ge - ne - ra - ción. Tu e - van - ge - lio a - nun - cia - re - mos
mun - do y pre - di - car. Que los hom - bres to - dos se - pan

nos re - la - ta su po - der; Dé - mos - le nues -
a la in - men - sa hu - ma - ni - dad; Tu pa - la - bra
de Je - sús y su bon - dad, Que su a - mor sin -

Letra, Georgia Harkness, 1966. ©Copyright 1966 The Hymn Society of America. Música HYMN TO JOY, Ludwig van Beethoven, 1824; adap., Edward Hodges, 1864. Usado con permiso. Tr., Jorge Sedaca, 1977. ©Copyright 1978 Casa Bautista de Publicaciones. Todos los derechos reservados. Amparado por los derechos de copyright internacional.

tra - la - ban - za, De - mos to - do nues - tro ser.
lle - va - re - mos Al ha - cer tu vo - lun - tad.
ce - ro y pu - ro Quie - re dar - les li - ber - tad.

Jehová Es Mi Luz y Mi Salvación 291

Jehová es la fortaleza de mi vida; ¿de quién he de atemorizarme? Sal. 27:1

Unísono

1. Je-ho - vá es mi luz y mi sa - lud; ¿De quién pu-
2. Si al - za - re el e - ne - mi - go cruel De gue - rra
3. El en su tien - da me da - rá La más se-
4. Mi fren - te en ton - ces al - za - ré, Del e - ne-

die - ra yo te - mer? ¿Por qué vi - vir en
cam - po con - tra mí: Te - mer no de - bo
gu - ra pro - tec - ción, Y en al - ta ro - ca
mi - go li - bre ya; Y en can - tos mil que en-

la in - quie - tud Si es él la fuer - za de mi ser?
por - que en él De - fen - sa fir - me siem - pre vi.
me pon - drá, A sal - vo a - sí de des - truc - ción.
to - na - ré Mi gra - ti - tud se mos - tra - rá.

Basado en el Salmo 27. Letra, Vicente Mendoza, 1911. Música RETREAT, Thomas Hastings, 1840.

292   ¡Oh Cristo de Infinito Amor!

Y es necesario que el evangelio sea predicado antes a todas las naciones. Mr. 13:10

1. ¡Oh Cris - to de in - fi - ni - to a - mor! Que por tra - er de
2. Los mu - ros de los pue - blos son Tan só - lo rui - nas
3. O - í - mos la pal - pi - ta - ción De nue - va vi - da,
4. Pa - cien - te, en me - dio del e - rror, Tu Es - pí - ri - tu ve -

Dios la luz A to - da ra - za y na - ción Tu
del a - yer; Las puer - tas se a - bren pa - ra dar En -
que al sur - gir, Ca - de - nas crue - les de o - pre - sión Po -
lan - do es - tá, Y quie - re guiar - nos a la luz De

vi - da dis - te en u - na cruz; ¡De nue - vo mues - tra
tra - da a un nue - vo a - ma - ne - cer. ¡En - sé - ña - nos a
ten - te quie - re des - tru - ir. ¡De tu Pa - la - bra hay
tu jus - ti - cia y tu ver - dad. ¡En - cien - de en nues - tro

tu po - der, Que li - bre al hom - bre pue - de ha - cer!
pro - cla - mar Tu a - mor, por cie - lo, tie - rra y mar!
sed, Se - ñor, Por to - do el mun - do en de - rre - dor!
co - ra - zón, Pa - ra ser - vir - te, más pa - sión! A - mén.

Letra, Frank Mason North. Tr. y adap., F. J. Pagura. Música MELITA, John B. Dykes, 1861.

Mil Gracias por Tu Orden 293

... Felipe, abriendo su boca ... le anunció el evangelio de Jesús. Hch. 8:35

1. Mil gra - cias por tu or - den Que siem - pre es i - gual:
2. Por los que hoy pre - di - can Tu a - mor tan san - to y fiel,
3. A tus ma - es - tros da - les Sa - bi - du - rí - a y luz,
4. Cum - plien - do tu man - da - to De ir a pre - di - car,

De - cir el e - van - ge - lio Que sa - na to - do mal.
El e - van - ge - lio san - to Que a - nun - cia a E - ma - nuel:
Y con en - ten - di - mien - to Nos ha - blen de Je - sús.
Que las ge - ne - ra - cio - nes Se quie - ran con - gre - gar.

Que to - dos los es - fuer - zos De hoy tu o - bra ha - cer,
Pe - di - mos los ben - di - gas, Tam - bién al que o - i - rá,
Que a - sí los hom - bres to - dos Más ham - bre sen - ti - rán:
Y nues - tro gran es - fuer - zo Re - fle - ja - rá tu a - mor,

Con - duz - can a los hom - bres A Cris - to o - be - de - cer.
Que se - pan que la glo - ria A - bier - ta ya es - tá.
Vi - nien - do a Je - su - cris - to Quien es el vi - vo pan.
Y a - sí los rei - nos to - dos Se - rán del Sal - va - dor.

Letra, Ernest K. Emurian, 1968. Letra ©Copyright 1968 Ernest K. Emurian. Usado con permiso.
Tr.,Daniel Díaz R., 1977. Música LANCASHIRE, Henry T. Smart, 1835.
Esta música en un tono más alto, Nú. 238.

294 Vamos a Sembrar

... el que lleva la preciosa semilla ... volverá a venir con regocijo, trayendo sus gavillas. Sal. 126:6

(Do ... Fa ... Do)

1. En la ma-dru-ga - da el san-to e-van-ge - lio Sem-bra-re - mos
2. Aun-que ha - ga sol   y   aun-que ha - ga som - bra, Siem-pre sem-bra-
3. Mu-cho es el tra-ba - jo de sem-brar la tie - rra Con el e-van-

(Do ... Sol Do)

siem - pre con a-mor y fe; Al pa - sar el tiem - po, lue-go
re - mos con gran de-vo-ción; Y a - llá ve-re - mos fru-to
ge - lio de la sal-va-ción; Pa - ra los o - bre-ros fie-les

(Fa ... Do ... Sol7 ... Do)

las ga-vi - llas He - mos de lle-var   al   Due - ño de la mies.
del tra-ba - jo: Al - mas dis-fru-tan-do e - ter - na re-den-ción.
Dios pro-me - te Que re-ci-bi - rán   e - ter - no ga-lar-dón.

(Do ... Fa ... Do)

Va - mos a sem-brar, va - mos a sem-brar, Va - mos a sem-brar
Lue-go al co - se-char, lue-go al co - se-char, Las ga-vi-llas lle-

(Do ... Re7 Sol ... Do)

1.
se - mi - lla del a - mor;
2.
va - re - mos al Se - ñor.

Letra, Knowles Shaw. Tr. H. C. Ball y George P. Simmonds. ©Copyright propiedad de *Cantos Escogidos*.
Todos los derechos reservados. Usado con permiso. Música HARVEST, George A. Minor.

Así Os Mando Yo 295

Como me envió el Padre, así también yo os envío. Jn. 20:21

1. Al mun-do id, a rea-li-zar la o-bra, Id a ser-
2. Al mun-do id, cum-plid vues-tros i-dea-les, Y re-nun-
3. Al mun-do id, con so-le-dad y an-sias, Sin-tien-do
4. Al mun-do id, de o-dio y ren-ci-llas, Do cie-gos

vir en me-dio del do-lor; Des-pre-cio ha-brá y bur-las
ciad al go-ce te-rre-nal; A tra-ba-jar do rei-nan
ham-bre en vues-tro co-ra-zón; Sin más ho-gar, ni a-mi-gos
hay, por-que no quie-ren ver, Y a-llí gas-tad hu-mil-des

y con-go-jas, "Mas hay que ir", nos di-ce el Se-ñor.
las mal-da-des, Os rue-go ir en ac-ti-tud le-al.
ni fa-mi-lia: Yo os da-ré mi a-mor y ben-di-ción.
vues-tras vi-das, Que el Cal-va-rio vues-tro ha de

ser. Co-mo el Pa-dre me en-vió, os en-ví-o yo.

296 Señor, Tú Me Llamas

... que presentéis vuestros cuerpos en sacrificio vivo, santo, agradable a Dios ... Ro. 12:1

1. Se - ñor, tú me lla - mas por mi nom - bre Des-de le - jos;
ñor, tú me o - fre - ces u - na vi - da San-ta y lim-pia;
2. Se - ñor, tú me lla - mas por mi nom - bre Des-de le - jos,
ñor, yo a - cu-do a tu lla - ma-do a Ca-da in-stan-te,
3. Se - ñor, tú me lla - mas por mi nom - bre Des-de le - jos;

Por mi nom - bre Ca - da dí - a tú me lla - mas.
U - na vi - da Sin pe - ca - do, sin mal-
Por mi nom - bre Ca - da dí - a tú me lla - mas.
Pues mi go - zo Es ser-vir-te más y
Por mi nom - bre Ca - da dí - a tú me

Se-
dad.
Se-
más.
lla - mas.

Se - ñor, na - da ten-go pa - ra dar-te; So-la-

men-te te o - frez - co mi vi - da pa - ra que la

u - ses tú. Se - ñor, haz - me hoy un sier - vo ú - til Que

Letra y música PUEYRREDON, Rubén Giménez. © Copyright 1978 Casa Bautista de Publicaciones. Todos los derechos reservados. Amparado por los derechos de copyright internacional.

a - nun - cie el men - sa - je, El men - sa - je de la cruz.

Cristo Es Mi Canción 297

Puso luego en mi boca cántico nuevo, alabanza a nuestro Dios. Sal. 40:3

1. Cris - to es mi can - ción Que al mun - do can - to hoy
2. Cris - to es mi can - ción Que al mun - do can - to hoy
3. Cris - to es mi can - ción Que al mun - do can - to hoy
4. Cris - to es mi can - ción Que al mun - do can - to hoy

Con fiel a - mor; Al que llo - ran - do es - tá Por que muy
Con o - ra - ción; Al hom - bre ma - lo y vil Que gi - me en
Con o - tros, sí; U - ni - dos en a - mor Lu - cha - mos
Con gran pla - cer; Las al - mas que sin luz Se a - cer - can

tris - te va, Je - sús le sa - na - rá De su do - lor.
gran su - frir, Lo vi - no a re - di - mir El Sal - va - dor.
con va - lor, Lle - van - do del Se - ñor Su cruz a - quí.
a Je - sús, La vi - da por su cruz Po - drán te - ner.

Letra, Samuel Wolcott. Música CUTTING, William F. Sherwin. Tr., Adolfo Robleto, 1977.

298 Yo Iré de la Tierra Hasta el Fin

Porque serás testigo suyo a todos los hombres, de lo que has visto y oído. Hch. 22:15

1. Es - cu - cho llan-tos de do - lor, De ni - ños el cla - mor, Que hacen llo - rar; gue - rras mil Con-tem-plo por do - quier; Y ve - o que la hu-man-i - dad No a - ma el vi - vir; Gen-tes sin la ple - ni - tud Del go - zo del Se - ñor. Yo i - ré; yo i - ré de la tie - rra has-ta el fin, Lle-va - ré tu ver - dad de la

2. Ve - o la de-ses-pe - ra - ción Del mun-do en de - rre - dor; Gen - tes que el a - mar de Dios No go-zan en su ser. Hoy sé que de - bo mi-nis-trar A to - dos por do-quier, Y go-zo - so com - par-tir La gra - cia del Se - ñor.

tie - rra has-ta el fin. Que tu a-mor y tu paz des a la hu-ma - ni-

dad; Yo i - ré de la tie - rra has - ta el fin.

¡Oh Mi Dios, Oh Rey Eterno ! 299

. . . como le has dado potestad sobre toda carne, para que dé vida eterna a todos los que le diste.
Jn. 17:2

1. ¡Oh mi Dios, oh Rey e - ter - no! Tu po - der se ex-ten-de - rá;
2. "Ad - mi - ra - ble, Con - se - je - ro, Prín - ci - pe de paz",ven-drás:
3. Ved la luz que se le - van - ta So - bre to - da la na - ción;
4. Tú, ¡oh Cris - to!, nos a - yu - das; Con tu i - gle - sia siem-pre es - tás;

En los cie - los y en la tie - rra Pa - ra siem - pre rei - na - rás.
A los pue - blos de la tie - rra Tu e -van - ge - lio lle - na - rá;
"Id y doc - tri - nad", tú di - ces, Y tus sier - vos van do - quier
Só - lo en ti, Se - ñor, con - fia - mos, No nos de - jes des - ma - yar;

A sus hi - jos, a sus hi - jos Dios la vi - da e - ter - na da.
Y las is - las, y las is - las Tu pe - ren - ne luz ve - rán.
Pre - di - can - do, pre - di - can - do Tu glo - rio - sa sal - va - ción.
Tú di - ri - ges, tú di - ri - ges, Y tu rei - no triun - fa - rá.

Letra, autor anónimo. Música SIEH HIER BIN ICH, compositor anónimo, Darmstadt, 1698.

300 Mi Dios, Señor del Mundo

... todos vosotros sois uno en Cristo Jesús. Ga. 3:28

Unísono

1. U - ne Dios el u - ni - ver - so. Ba - se es
2. U - ne Dios a los hu - ma - nos; Cris - to
3. U - ne Dios a los cre - yen - tes; Mi Dios

Je - sús, Se - ñor y Rey. Tes - ti - go sin - gu - lar de fe
re - su - ci - tó Se - ñor. Por gra - cia dio mi sal - va - ción,
es de los re - yes Rey. Tes - ti - gos so - mos de su a - mor.

Es mi can - tar del co - ra - zón. Mi Dios, Se -

ñor del mun - do, Su a - mor a mi al - ma o - tor - ga,

Am - plio es su po - der; Res - ca - tó mi ser

Letra, Ed Seabough, 1968. Música DENNY, William J. Reynolds, 1968. ©Copyright 1968 Broadman Press. Todos los derechos reservados. Tr.,Guillermo Blair. ©Copyright 1978 Broadman Press. Todos los derechos reservados. Amparado por los derechos de copyright internacional. Usado con permiso.

mi Dios, Se - ñor del mun - do.   ñor del mun- do.

Por Veredas Extraviadas Mal Hallé   301

. . . tengamos gratitud, y mediante ella sirvamos a Dios agradándole con temor y reverencia. He. 12:28

1. Por ve - re - das ex - tra - via - das, ¡Dul - ce Sal - va - dor!
2. Só - lo en mi po - der con - fia - do, La ver - dad bus - qué,
3. Ten - go sed de vi - da e - ter - na, Quie-ro en ti be - ber;
4. A   los pies de Je - su - cris - to Yo pos - tra-do es - toy;

Mi al-ma, en bus - ca de re - po - so, En - con - tró do - lor.
Y   tan só - lo e - rror y frau - de Por mi mal ha - llé.
Le - jos yo de tu pre - sen - cia Voy a   pe - re - cer.
Ha - bla, oh Se - ñor, a mi al - ma, Que tu sier - vo soy. A - mén.

Letra, Ramón Bon. Música COME THOU WEARY, Ira D. Sankey.

302 Aprisa, ¡Sion!

... os anunciamos el evangelio de aquella promesa hecha a nuestros padres ...
Hch. 13:32

1. A - pri - sa, *¡Sion!, que tu Se - ñor es - pe - ra; Al mun-do en-
2. Ve cuán - tos mi - les ya - cen re - te - ni - dos Por el pe-
3. A to - do pue - blo y ra - za, fiel, pro - cla - ma Que Dios, en
4. Tus hi - jos da, que lle - ven su pa - la - bra; Y con tus

te - ro di que Dios es luz; Que el Cre - a - dor no quie - re
ca - do en ló - bre - ga pri - sión; No sa - ben na - da de él que
quien ex - is - ten, es a - mor; Que él ba - jó pa - ra sal -
bie - nes haz - los pro - se - guir. Por e - llos tu al - ma en o - ra -

que se pier - da U - na so - la al - ma, le - jos de Je - sús.
ha su - fri - do En vi - da y cruz por dar - les re - den - ción.
var sus al - mas; Por dar - les vi - da, muer - te él su - frió.
ción de - rra - ma, Que to - do Cris - to te ha de re - tri - buir.

Nue - vas pro - cla - ma de go - zo y paz,

Nue - vas de Cris - to, sa - lud y li - ber - tad.

Letra, Mary Ann Faulkner de Thomson, 1868. Tr., Alejandro Cativiela. Música TIDINGS, James Walch, 1875.
*Joel 2:1. La palabra Sion, como se usa en el himno, significa el pueblo de Dios.

Entre el Vaivén de la Ciudad 303

Id, pues, a las salidas de los caminos, y llamad a las bodas a cuantos halléis. Mt. 22:9

1. En - tre el vai - vén de la ciu - dad, Más fuer - te a-
2. Do - quie - ra im - pe - re ex - plo - ta - ción, Fal - te tra -
3. Un va - so de a - gua pue - de ser Hoy, de tu
4. Sal - va, oh Cris - to, con po - der A la su -
5. Has - ta que triun - fe tu a - mor Y el mun - do

ún que su ru - mor; En lid de ra - za y
ba - jo, no ha - ya pan; En los um - bra - les
gra - cia, la se - ñal; Mas ya las gen - tes
frien - te hu - ma - ni - dad; Si con a - mor lo hi -
pue - da o - ír tu voz. Y de los cie - los,

so - cie - dad, Tu voz o - í - mos, Sal - va - dor.
del te - rror, Oh Cris - to, vé - mos - te llo - rar.
quie - ren ver Tu com - pa - si - va y san - ta faz.
cis - te a - yer, Ca - mi - na y vi - ve en mi ciu - dad.
oh Se - ñor, Des - cien - da la Ciu - dad de Dios. A - mén.

Basado en Mateo 22:9. Letra, Frank Mason North, 1903. Es traducción. Música GERMANY, de *Sacred Melodies* por William Gardiner. Esta música en tono más bajo, Nú. 27.

304 Amor Es

El amor de Cristo nos constriñe . . . 2 Co. 5:14

1. La gen - te de nues-tro tiem - po no sa - be
2. En Cris - to yo he en-con-tra - do e - jem - plo
3. Y siem - pre de-bes ha-blar que en Cris - to

lo que es el a - mor; Que vi - ve per-dien-do-el
de paz y de a - mor. La muer - te del cru-ci - fi -
hay sal - va - ción, Lle - van - do es - te men-

tiem - po, bus - can - do y sin en-con - trar.
ca - do me cuen - ta de su gran a - mor.
sa - je de muer - te y re - su-rrec - ción.

A - mor es el en - tre - gar - se en al - ma y cuer - po

Letra y música AMOR ES, Jorge Clark Ramírez. Arr., Elena Cortés de Guzman. Arm., Betty de Alexander. Adap., Hermon Warford. ©Copyright 1975 Casa Bautista de Publicaciones. Todos los derechos reservados. Amparado por los derechos de copyright internacional.

a la hu-ma-ni - dad. Vi - vir siem-pre sir -

vien - do, sin que tú es - pe - res al - go pa - ra ti.

En Ti, Jesús, Dulce Es Pensar 305

Dulce será mi meditación en él; yo me regocijaré en Jehová. Sal. 104:34

1. En ti, Je - sús, dul - ce es pen - sar; A mi al - ma trae so - laz.
2. Je - sús, no pue-de el ser mor - tal Más dul - ce nom-bre ha-llar.
3. Dul-ce es - pe - ran - za, com - pa - sión, Y go - zo ple - no das,
4. Só - lo él que te ha-lla en - ten - de - rá Lo gran - de de tu a - mor;

En ti cuán dul - ce es des - can - sar, Y con - tem - plar tu faz.
No pue-de el án - gel o - tro i - gual Al tu - yo pro - nun - ciar.
Al pe - ni - ten - te co - ra - zón Que a ti bus - can - do va.
Pues len - gua no hay que ex-pli - ca - rá Lo que e-res, oh Se - ñor.

Letra, himno latino, Siglo XII; tr. al inglés, Edward Caswall, 1849. Tr. castellano ©1955 por
George P. Simmonds. Renovado. Propiedad de *Cánticos Escogidos*. Todos los derechos reservados.
Usado con permiso. Música ST. AGNES, John B. Dykes, 1866.
Esta música en un tono más bajo, Nú. 138.

306 Tiende Tu Mano

En cuanto lo hicisteis a uno de estos . . . a mí lo hicisteis. Mt. 25:40

1. Tien - de tu ma - no al que su - fre ham - bre; Tien - de tu ma - no al que es - tá en do - lor; Tien - de tu ma - no al que es - tá des - trui - do, a un so - li - ta - rio, Con a - mor. Tien - de tu ma - no al que te o - dia; Tien - de tu ma - no aun al ex - tra - ño; Tien - de tu ma - no al ne - ce - si - ta - do, Tien - de tu

2. Tien - de tu ma - no al hom - bre que su - fre; Tien - de tu ma - no al que vi - ve en a - fán; Tien - de tu ma - no aun cuan - do su - fras de mu - chos do - lo - res En tu ser. Tien - de tu ma - no y da paz y a - mor. Haz un ho - gar al des - am - pa - ra - do; Lle - va la cruz al mun - do en ti - nie - blas, Tien - de tu

Letra y música REACH OUT, Charles F. Brown, 1971.   Tr., Rafael Enrique Urdaneta. © Copyright
1971 Word, Inc.   Arr. © Copyright 1971 Word Music, Inc.   Todos los derechos reservados.
Amparado por los derechos de copyright internacional.   Usado con permiso.

ma-no con la fe pues-ta en Dios. Dios.

Más Cerca, Oh Dios, de Ti   307

He puesto en Jehová el Señor mi esperanza . . . Sal. 73:28

1. Más cer-ca, oh Dios, de ti an-he-lo es-tar, Aun-que u-na a-
2. Si pe-re-gri-no soy, y de an-sie-dad Me lle-na,
3. Y lue-go al des-per-tar, te a-la-ba-ré; De gra-cias,

cer-ba cruz Há-ya-me de al zar. Se-rá mi can-to a-quí:
pues-to el sol, La os-cu-ri-dad, Mi sue-ño a-un a-sí
un al-tar Te le-van-ta-ré; A-llí mi co-ra-zón

¡Más cer-ca, oh Dios de ti! ¡Más cer-ca, oh Dios, de ti, Más cer-ca, sí!
Ha de lle-var-me a ti. ¡Más cer-ca, oh Dios, de ti, Más cer-ca, sí!
E-le-ve su o-ra-ción. ¡Más cer-ca, oh Dios, de ti, Más cer-ca, sí! A-mén.

Letra, Sarah F. Adams, 1840. Tr., J. B. Cabrera. Música BETHANY, Lowell Mason.

308 Del Señor el Pueblo Somos

... Y seré a ellos por Dios, y ellos serán a mí por pueblo ... He. 8:10

1. Del Se - ñor el pue - blo so - mos, Lo mos - tra - mos por su a - mor.
2. Del Se - ñor sus sier - vos so - mos, Tra - ba - ja - mos pa - ra él;
3. Del Se - ñor pro - fe - ta so - mos, Y a - nun - cia - mos la ver - dad;

So - mos u - no en es - pí - ri - tu, De es - pe - ran - za la se - ñal.
Su tra - ba - jo rea - li - za - mos O - be - dien - tes a su ley.
La jus - ti - cia de - fen - de - mos Con lim - pie - za, cla - ri - dad.

De - mos - tre - mos nues - tro cam - bio Que o - pe - ró el Sal - va - dor,
Hoy se - gui - mos su ban - de - ra Y ac - tua - mos con te - són,
Y va - lien - tes a - van - za - mos A cum - plir con el de - ber,

Y go - ce - mos to - dos jun - tos De su tro - no al - re - de - dor.
O - cu - pa - dos en la o - bra Que re - cla - ma fiel ac - ción.
Por - que a - sí el mun - do pue - de A Je - sús bien co - no - cer.

Letra, Thomas A. Jackson, 1973. ©Copyright 1975 Broadman Press. Todos los derechos reservados.
Música AUSTRIAN HYMN, Franz Joseph Haydn, 1797. Tr.,Daniel Díaz R., 1977. ©Copyright 1978
Broadman Press. Todos los derechos reservados. Amparado por los derechos de copyright internacional.
Usado con permiso.

Quiero Ser Leal 309

... sé ejemplo de los creyentes en palabra, conducta, amor, espíritu, fe y pureza. 1 Ti. 4:12

Unísono

1. Quie - ro ser leal, por los que en mí con - fí - an;
2. Quie - ro de to - dos ser el fiel a - mi - go;
3. Da - me, Se - ñor, vir - tud, pu - re - za y fuer - za;

Por los que me a - man, pu - ro quie - ro ser;
Dar ol - vi - dan - do lue - go lo que di;
Da - me va - lor, tem - plan - za y hu - mil - dad;

Fuer - za te - ner, pues mu-cho ha de su - frir - se;
Co - mo soy dé - bil, quie-ro ser hu - mil - de;
Da-me el a - mor que da y a - yu-da y sir - ve;

Te - ner va - lor, pues mu-cho hay que em-pren-der.
La vis - ta al -zar, re - ír, a - mar, ser - vir.
Haz - me vi - vir se - gún tu vo - lun - tad. A - mén.

Letra, Howard A. Walter. Música MCCLARD, William J. Reynolds, 1965.© Copyright 1965
Broadman Press. Todos los derechos reservados. Amparado por los derechos de copyright
internacional. Tr.,G. Báez-Camargo. Usado con permiso.

310 Me Seréis Santos

... Santos seréis, porque santo soy yo Jehová vuestro Dios. Lv. 19:2

"Me se - réis san - tos", di - ce Dios, "Pues yo soy san - to, san - to." "Me se - réis san - tos", di - ce Dios, "Pues yo soy san - to, san - to." "Y os san - ti - fi - ca - réis a Dios, y sed san - tos, Pues yo soy san - to." "Y os san - ti - fi - ca - réis a Dios, y sed san - tos, Pues yo soy san - to." "Y

Letra y música YOU SHALL BE HOLY, Jimmy Owens. ©Copyright 1974 Lexicon Music, Inc. Arr. ©Copyright 1976 Lexicon Music, Inc. Todos los derechos reservados. Amparado por los derechos de copyright internacional. Usado con permiso especial. Tr., Adolfo Robleto, 1977.

con vo-so-tros yo i-ré y se-ré tu Dios; Y

con vo-so-tros yo i-ré, Y a-sí se-réis mi pue-blo."

Oh Dios, Mi Soberano Rey 311

Te exaltaré, mi Dios, mi Rey, y bendeciré tu nombre eternamente y para siempre. Sal. 145:1

1. Oh Dios, mi So-be-ra-no Rey, A ti da-ré lo-or;
2. Tus o-bras e-vi-den-cias son De in-fi-ni-to a-mor;
3. A-quel que bus-ca sal-va-ción, En Cris-to la ha-lla-rá;

Tu nom-bre yo en-sal-za-ré, San-tí-si-mo Se-ñor.
Y can-tan con a-le-gre voz Las glo-rias del Se-ñor.
A su fer-vien-te pe-ti-ción, El pron-to a-ten-de-rá.

Letra, Henry G. Jackson. Música DAUGAVA, melodía tradicional latvia.

312 Ten Compasión de Mí

Lávame más y más de mi maldad, y límpiame de mi pecado. Sal. 51:2

1. Ten com - pa - sión de mí, Se - ñor, Y mués - tra - me tu gran a - mor; Haz ma - ni - fies - ta tu bon - dad, Y lá - va - me de mi mal - dad; Mi al - ma díg - na - te lim - piar, Y no me de - jes más pe - car.

2. Tan só - lo con - tra ti pe - qué; Cul - pa - ble soy, Se - ñor, lo sé; Fue en pe - ca - do que na - cí, Y por he - ren - cia re - ci - bí Un obs - ti - na - do co - ra - zón, Dis - pues - to a to - da trans - gre - sión.

3. Per - do - na, pues, y lá - va - me, Que lim - pio de mal - dad se - ré; Y da - me un nue - vo co - ra - zón, Mos - trán - do - me tu sal - va - ción; En - ton - ces al - za - rá mi voz E - ter - nas glo - rias a mi Dios. A - mén.

Basado en el Salmo 51. Letra, Henry G. Jackson. Música FOLKINGHAM, de *A Supplement to the New Version of the Psalms*, 1708.

Los Que Esperan en Jehová 313

... los que esperan a Jehová tendrán nuevas fuerzas ... Is. 40:31

1. Los que es-pe-ran en Je-ho-vá Nue-vas fuer-zas po-se-e-rán;
2. En los bra-zos de mi Je-sús, Hay lu-gar de con-sue-lo y luz;

Ca-mi-nan-do sin des-can-sar, Nun-ca se fa-ti-ga-rán.
El nos brin-da su go-zo y paz En el si-tio de so-laz.

Cual las á-gui-las al-za-rán, Con el po-der de Cris-to el Rey;

Fuer-tes a-las pa-ra vo-lar, Los que es-pe-ran en Je-ho-vá.

314 Dios, Yo Quiero Ser Cristiano

... y renovaos en el espíritu de vuestra mente ... Ef. 4:23

1. Dios, yo quie-ro ser cris-tia-no de co-ra-zón, de co-ra-zón.
2. Dios, yo quie-ro ser más san-to de co-ra-zón, de co-ra-zón.
3. Dios, yo quie-ro ser más lim-pio de co-ra-zón, de co-ra-zón.
4. Dios, yo quie-ro a-mar-te siem-pre de co-ra-zón, de co-ra-zón.

Dios, yo quie-ro ser cris-tia-no de co-ra-zón.
Dios, yo quie-ro ser más san-to de co-ra-zón.
Dios, yo quie-ro ser más lim-pio de co-ra-zón.
Dios, yo quie-ro a-mar-te siem-pre de co-ra-zón.

De co-ra-zón, de co-ra-zón,
de co-ra-zón, de co-ra-zón,

Dios, yo quie-ro ser cris-tia-no de co-ra-zón.
Dios, yo quie-ro ser más san-to de co-ra-zón.
Dios, yo quie-ro ser más lim-pio de co-ra-zón.
Dios, yo quie-ro a-mar-te siem-pre de co-ra-zón.

Letra y música I WANT TO BE A CHRISTIAN, canción tradicional Negra; adap., John W. Work, h.
y Frederick J. Work, 1907. Tr., Arnoldo Canclini.

Más de Jesús Quiero Aprender   315

. . . creced en la gracia y el conocimiento de nuestro Señor y Salvador Jesucristo. 2 P. 3:18

1. Más de Je - sús quie-ro a - pren-der, Más de su gra - cia co - no-cer,
2. Más de Je - sús qui - sie - ra ha-blar Más de su co - mu-nión go - zar;
3. Más de Je - sús an - sí - o ver, Más de su her-mo-so pa - re - cer;

Más de su a-mor con que me a-mó, Más de su cruz en que mu - rió.
Más de sus do - nes re - ci - bir, Más con los o - tros com-par - tir.
Más de la glo - ria de su faz, Más de su luz, más de su paz.

Más quie - ro a - mar - le; Más quie - ro hon - rar - le; Más de su
Más quie - ro a - mar - le; Más quie - ro hon - rar - le; Más de sus
Más quie - ro a - mar - le; Más quie - ro hon - rar - le; Más de la

sal - va - ción go - zar, Más de su dul - ce a - mor gus - tar.
do - nes re - ci - bir, Más con los o - tros com - par - tir.
glo - ria de su faz, Más de su luz, más de su paz.

Letra, Eliza E. Hewitt, 1887. Es traducción. Música SWENEY, John R. Sweney, 1887.

316 Dios de Amor, Te Imploramos

...el siervo del Señor no debe ser contencioso, sino amable para con todos, apto para enseñar, sufrido... 2 Ti. 2:24

1. Dios de a-mor, hu - mil - de - men - te Te im-plo - ra - mos con
2. Cuan-do es - te-mos in - de - ci - sos Y sin luz o di -
3. Si ben - di - ces las lec - cio - nes Pre - mio gra - to nos

te - són: Lim - pia los mo - ti - vos nues - tros; Da - nos
rec - ción, Da - nos tu sa - bi - du - rí - a; O - ye
se - rá, Pues es nues - tro so - lo an - he - lo Tu gran

pu - ri - fi - ca - ción. Con - sa - gra-dos a ti,
nues - tra pe - ti - ción. Que vi - va - mos es - pe -
nom - bre ce - le - brar; To - ma nues-tras ap - ti -

Cris - to, Te que - re - mos hoy ser - vir; U - sa pa - ra
ran - do Que tu plan in - di - ca - rás, Que las du - das
tu - des, Se - an pa - ra tu lo - or; Que se - a - mos

Letra, Carol McAfee Morgan, en *Fifteen New Christian Education Hymns.* ©Copyright 1959 The Hymn Society of America. Usado con permiso. Tr., George P. Simmonds, 1977. Poema en castellano © Copyright 1978 Casa Bautista de Publicaciones. Todos los derechos reservados. Amparado por los derechos de copyright internacional. Música, Wolfgang A. Mozart.

glo - ria tu - ya Nues-tro es-fuer - zo por ins - truir.
cual las nu - bes Tu luz a - hu - yen - ta - rá.
sier - vos dig - nos En el Rei - no del Se - ñor.

A Jesús Pertenecemos 317

La gracia sea con todos los que aman a nuestro Señor Jesucristo con amor inalterable. Ef. 6:24

1. A Je - sús per - te - ne - ce - mos; Nos de - be - mos a - le - grar:
2. A Je - sús per - te - ne - ce - mos; Por no - so - tros él mu - rió:
3. A Je - sús per - te - ne - ce - mos; Con - fia - mos siem-pre en él:
4. A Je - sús per - te - ne - ce - mos; Re - di - mi - dos por su a-mor:

Que el gran Dios de cie - lo y tie - rra El nos crio; sa - brá guar - dar.
Con el pre - cio de su san - gre De la muer - te nos li - bró.
Y su Es-pí - ri - tu nos lle - va Por sus sen - das, guí - a fiel.
Y a Dios Tri - no y U - no da - mos Glo - ria, ben - di - ción y ho-nor.

Letra, J. B. Cabrera. Música MARCHING, Martin Shaw.

318 Quiero Seguir

Porque el amor de Cristo nos constriñe . . . 2 Co. 5:14

1. Quie - ro se-guir de Cris-to en pos Por-que él me guí - a fiel;
2. El san - to a-mor me ins-pi - ra a mí Al buen Je-sús lle - var:
3. El llan-to o-í del mun-do cruel; Yo ten-go que a-yu - dar.

Y a los que es-tán sin fe, sin Dios, Lle-var-los quie-ro a él.
A los que es-tán su-frien-do a - quí En no-ches de pe-car.
Y en el ser-vi-cio ser-le fiel A quien vi-no a sal-var.

Quie - ro se-guir-le por do-quier, Siem-pre le he de ser - vir;

Y a los per-di-dos quie-ro ver Por fe a él ve - nir.

Letra, Oswald J. Smith. Música I'M GOING FORTH, Albert Schafer. Tr.,Daniel Díaz R., 1977.
© Copyright 1978 Casa Bautista de Publicaciones. Todos los derechos reservados. Amparado
por los derechos de copyright internacional.

Dulce Comunión   319

El eterno Dios es tu refugio, y acá abajo los brazos eternos . . . Dt. 33:27

1. ¡Dul - ce co - mu-nión la que go - zo ya En los bra-zos de mi
2. ¡Cuán dul - ce es vi - vir, cuán dul -ce es go - zar En los bra-zos de mi
3. No hay que te - mer, ni que des - con-fiar, En los bra-zos de mi

Sal - va - dor! ¡Qué gran ben - di - ción en su paz me da!
Sal - va - dor! A - llí quie - ro ir y con él mo - rar,
Sal - va - dor. Por su gran po - der él me guar - da - rá

¡Oh! yo sien-to en mí su tier - no a - mor. Li - bre,
Sien-do ob - je - to de su tier - no a - mor. Li - bre de pe - nas,
De los la - zos del en - ga - ña - dor. Li - bre de pe - nas,

sal - vo, del pe - ca - do y del te - mor, Li -
sal - vo de du - das,   Li - bre de

bre, sal - vo, En los bra-zos de mi Sal - va - dor.
pe - nas, sal - vo de du - das,

Letra, Elisha A. Hoffman, 1887. Tr.,Pedro Grado. Música SHOWALTER, Anthony J. Showalter, 1887.

320 La Paz, el Don de Mi Dios

Tú guardarás en completa paz a aquel cuyo pensamiento en ti persevera . . . Is. 26:3

1. Por Cristo la paz hecha fue: su paz. Mu-
2. En mi co-ra-zón ten-go paz; su paz. Sir-
3. Si en él per-ma-nez-co y soy fiel, soy fiel, No ha-

rien-do mi deu-da pa-gó, pa-gó. A-cep-to ya
vien-do fiel-men-te a mi Rey; mi Rey; Es fá-cil su
brá ten-ta-ción ni do-lor, no ha-brá, Ni prue-ba que

su o-bra por fe; ¡Hay paz en mi co-ra-zón!
yu-go lle-var Y es jus-ta su san-ta ley.
me ha-ga per-der La paz de mi co-ra-zón.

¡Paz, paz!, sí, paz; Don que re-ci-bo de Dios. ¡Qué
de Dios.

ma-ra-vi-llo-sa es la paz, La paz, el don de mi Dios!

Letra y música SWEET PEACE, Peter P. Bilhorn. Tr. estrofas, Ernesto Barocio; coro,
Stuart E. McNair.

Satisfecho Estoy 321

Porque sacia al alma menesterosa, y llena de bien al alma hambrienta. Sal. 107:9

1. En mi sed siem-pre he bus-ca-do U-na fuen-te do be-ber; Y es-pe-ra-ba que e-sas a-guas Me cal-ma-ran mi hon-da sed.

2. En mi ham-bre yo co-mí-a Sin mis fuer-zas au-men-tar; Lo me-jor siem-pre que-rí-a Sin po-der-lo al-can-zar.

3. Po-bre fui, y las ri-que-zas Yo bus-ca-ba con a-fán; Mas el mun-do sus tris-te-zas Me o-fre-ció en vez de pan.

4. Fuen-te vi-va de a-gua pu-ra, Pan de vi-da y to-do a-quí; Y ri-que-za bien se-gu-ra: Je-su-cris-to es pa-ra mí.

¡A-le-lu-ya! Lo he en-con-tra-do, a Je-sús, quien me a-ma a mí. Sa-tis-fe-cho me ha de-ja-do; por su san-gre sal-vo fui.

Letra, Clara T. Williams, 1881. Tr., Adolfo Robleto, 1975. ©Copyright 1978 Casa Bautista de Publicaciones. Todos los derechos reservados. Amparado por los derechos de copyright internacional. Música SATISFIED, Ralph E. Hudson, 1881.

322 Habladme Más de Cristo

Porque no me avergüenzo del evangelio, porque es poder de Dios para salvación a todo aquel que cree . . . Ro. 1:16

1. Quie - ro que ha - bléis de a - quel gran a - mor Que en el Cal - va - rio
2. Cuan - do me a - sal - te la ten - ta - ción Y que sus re - des
3. Cuan - do en la lu - cha fal - te la fe Y el al - ma sien - ta

Dios nos mos - tró; Quie - ro que ha - bléis del buen Sal - va - dor,
tien - da a mi pie, Quie - ro te - ner en él pro - tec - ción
des - fa - lle - cer, Quie - ro sa - ber que a - yu - da ten - dré,

¡Ha - blad - me más de Cris - to! Quie - ro es - cu - char la his -

to - ria fiel De mi Je - sús, mi Sal - va - dor; Quie - ro vi -

vir tan só - lo por él, ¡Ha - blad - me más de Cris - to!

Letra, J. M. Black. Tr.,Vicente Mendoza. Música WILLIAMSPORT, J. M. Black.

En Jesucristo, el Rey de Paz 323

... él es nuestra paz ... Ef. 2:14

1. En Je - su - cris - to, el Rey de paz, En ho - ras ne - gras de tem - pes - tad, Ha - llan las al - mas dul - ce so - laz, Gra - to con - sue - lo, fe - li - ci - dad.

2. En nues-tras lu - chas, en el do - lor, En tris - tes ho - ras de ten - ta - ción, Cris - to nos lle - na de su vi - gor, Y da a - lien - to al co - ra - zón.

3. Cuan - do lu - cha - mos lle - nos de fe Y no que - re - mos des - fa - lle - cer, Cris - to nos di - ce: "Siem-pre os da - ré Gra - cia di - vi - na, san - to po - der."

tor Que por no - so - tros vi - no a mo - rir; Y que la gra - cia del Sal - va - dor Siem-pre pro - te - ja nues - tro vi - vir.

Letra, Fanny J. Crosby, 1873. Tr., E. A. Monfort Díaz. Música ASSURANCE, Phoebe P. Knapp, 1873.

324 Un Eterno y Grande Amor

... ninguna otra cosa creada nos podrá separar del amor de Dios, que es en Cristo Jesús Señor nuestro.
Ro. 8:39

1. Un e - ter - no y gran - de a - mor He po - di - do co - no - cer,
2. Más a - zul el cie - lo es - tá, Tie - ne el cam - po más ver - dor,
3. Las a - lar - mas y el te - rror No me pue - den ya al - can - zar:
4. Pa - ra siem - pre su - yo soy; Na - da de él me a - par - ta - rá.

Por la gra - cia del Se - ñor Que me lo ha - ce com - pren - der.
Pe - ro es - to no ve - rá El que no a - ma al Sal - va - dor.
En los bra - zos del Se - ñor Pue - do a - ho - ra des - can - sar.
Ya fe - liz con él yo voy; De su a - mor me lle - na - rá.

¡Oh qué sue - ño a - rro - ba - dor! Sien - to dul - ce cal - ma y paz.
A - ves con más dul - ce voz, Plan - tas be - llas del ver - gel
O - ja - lá que siem - pre a - quí, Fian - do en es - te a - mi - go fiel,
Cie - lo y tie - rra pa - sa - rán, Más ve - ré su dul - ce faz;

Pa - ra siem - pre es su a - mor; Mí - o es él, no pi - do más.   más.
Me ha - blan del a - mor de Dios: Su - yo soy, y mí - o es él.   él.
Yo me a - cuer - de que es a - sí: Su - yo soy, y mí - o es él.   él.
Go - zo y luz se a - ca - ba - rán; Su - yo soy, no pi - do más.   más.

Letra, George W. Robinson, 1876. Música EVERLASTING LOVE, James Mountain, c. 1876.

Yo Sé a Quién He Creído 325

... no me avergüenzo, porque yo sé a quién he creído ... 2 Ti. 1:12

1. No sé por qué la gracia del Señor Me hizo conocer;
2. No sé por qué la gracia del Señor En mí por fe se demostró;
3. No sé por qué el Espíritu de Dios Convence de pecar;
4. No sé la hora en que el Señor vendrá; De día o en oscuridad;

Ni sé por qué su salvación me dio Y salvo soy por él.
Ni sé por qué si sólo creo en él, La paz encontraré.
Ni sé por qué revela al pecador, Cuán negra es la maldad.
¿Será en el valle o en el mar, Que mi Jesús vendrá?

Mas yo sé a quién he creído, Y es poderoso para guardarme Y en ese día glorioso iré a morar con él.

Basado en 2 Timoteo 1:12. Letra, Daniel W. Whittle. Música EL NATHAN, James McGranahan, 1883.
Tr., Salomón Mussiett C. © Copyright 1978 Casa Bautista de Publicaciones. Todos los derechos
reservados. Amparado por los derechos de copyright internacional.

326 Escogido Fui de Dios

... nos escogió en él antes de la fundación del mundo ... Ef. 1:4

1. Es - co - gi - do fui de Dios en el A - ma - do. En lu-
2. Ten - go un se - llo que el Es - pí - ri - tu me ha da - do. Cuan-do
3. Me es - co - gió pa - ra a - la - ban - za de su glo - ria, Y sen-

ga - res ce - les - tia - les su ben - di - ción me dio. An - tes de la
mi con - fian - za pu - se só - lo en mi Sal - va - dor; Pren - da que el Se-
tó - me en las al - tu - ras con Cris - to mi Se - ñor. Gran - de fue mi ad-

cre - a - ción el plan fue he - cho Por su san - ta vo - lun - tad.
ñor me dio de vi - da e - ter - na, Es - co - gi - do fui de Dios.
mi - ra - ción al ver su gra - cia, Cuan - do me es - co - gió mi Dios.

Es - con - di - do en Cris - to es - toy, Na - die me a - par - ta - rá; Y las

fuer - zas de es - te mun - do no me po - drán da - ñar. Vi - vo y an - do en

Basado en Efesios 1:4. Letra y música ESCOGIDO, Victor Garrido. Arr., Robert C. Savage.
© Copyright 1958 Robert C. Savage. Asignado a Singspiration, Inc. © Copyright 1978
Singspiration, Inc. Todos los derechos reservados. Usado con permiso.

es - ta vi - da con se - gu - ri - dad, Por - que me es - co - gió mi Dios.

Seguridad 327

. . . los montes se moverán, y los collados temblarán, pero no se apartará de ti mi misericordia . . .
Is. 54:10

1. Aun cuan - do cru - ja la tie-rra en tem - blo - res, El gran a -
2. Y si la paz se la mi - ra tur - ba - da Y gran - des
3. Po - der nos da en los gra - ves pe - li - gros, Su a - yu - da es
4. Y tus man - da - tos, oh Dios, co - no - ce - mos; Ven, pues, a -

mor de Dios fir - me es - tá. Su paz o - fre - ce al que su - fre
cam - bios in - fun - den te - mor, Dios siem - pre vé - se in - mó - vil,
fiel siem - pre que hay frus - tra - ción; El fuer - te es pa - ra dar - nos
yú - da - nos con tu po - der; Y mien - tras vuel - ves, Se - ñor, ya

do - lo - res, Pues su pro - me - sa él cum - pli - rá.
pues na - da Po - drá a su pue - blo cau - sar - le pa - vor.
a - li - vio, Y en las tor - men - tas nos da pro - tec - ción.
sa - be - mos Que en tu es - pe - ran - za po - dre - mos cre - cer. A - mén.

Basado en Isaías 54:10. Letra, Lina Sandell. Tr. al inglés, E. Lincoln Pearson, estrofas 1 y 4, alt.;
Bryan Jeffery Leech, estrofas 2 y 3. Letra en inglés ©Copyright 1950, 1973 Covenant Press.
Tr. al castellano, Adolfo Robleto, 1977. ©Copyright 1978 Casa Bautista de Publicaciones. Todos
los derechos reservados. Amparado por los derechos de copyright internacional. Música BERGEN
MÅ VIKA, compositor anónimo.

328 El Profundo Amor de Cristo

...como había amado a los suyos que estaban en el mundo, los amó hasta el fin. Jn 13:1

1. El pro-fun-do a-mor de Cris-to Es in-men-so,
   sin i-gual; Cual o-cé-a-no sus on-das En mí
   flu-yen, gran cau-dal. Me ro-de-a
   y pro-te-ge la co-rrien-te de su a-mor, Siem-pre

2. El pro-fun-do a-mor de Cris-to Dig-no es de
   loor y prez; ¡Cuán-to a-ma, siem-pre a-ma, Nun-ca
   cam-bia, pu-ro es! ¡Cuán-to a-ma
   a sus hi-jos, por sal-var-los él mu-rió! In-ter-

3. El pro-fun-do a-mor de Cris-to Gran-de, sin com-
   pa-ra-ción, Es re-fu-gio de des-can-so, Es mar
   de gran ben-di-ción. El pro-fun-do a-
   mor de Cris-to es un cie-lo pa-ra mí; Me le-

Letra, S. Trevor Francis. © Copyright Pickering and Inglis, Ltd., Glasgow. Tr., Ellen de Eck.
© Copyright 1966 Christian Publications, Inc., dueño. Música EBENEZER, Thomas J. Williams,
1890. ©Copyright Gwenlyn Evans, Ltd., Caernarvon. Usado con permiso.

guian - do,   im - pul - san - do   Ha - cia el ce - les - tial   ho - gar.
ce - de   en   el   cie - lo   Por   a - que - llos   que com - pró.
van - ta has - ta   la   glo - ria,   Pues   me a - tra - e   ha - cia a - llí.

El Rey de Amor Es Mi Pastor   329

Jehová es mi pastor . . . Sal. 23:1

1. El   Rey de a - mor   es   mi pas - tor,   Su a - mor   es ver - da - de - ro;
2. Me   lle - va al fres - co   ma - nan - tial,   Y a bue - nos pas - tos   guí - a;
3. Per - ver - so y ne - cio   me a - par - té   Por va - lles pe - li - gro - sos;
4. En   va - lle os - cu - ro   no ten - dré   Te - mor si Dios me   guí - a;
5. Ha pues - to me - sa   pa - ra mí,   Un - gió - me con a - cei - te,
6. Mi - se - ri - cor - dia,   gra - cia y paz   Tú   das al   al - ma   mí - a,

Su am - pa - ro no me fal - ta - rá,   Pues   yo   soy su cor - de - ro.
No   te - me - ré   yo nin - gún mal,   Si   mi   pas - tor me cui - da.
Me ha - lló, me tra - jo a   su   re - dil   En   hom - bros po - de - ro - sos.
Su   va - ra y su ca - ya - do son   Cual   luz   al   al - ma   mí - a.
Mi   co - pa   re - bo - san - do es - tá;   Su a - mor   es mi de - lei - te.
Y en   tus man - sio - nes mo - ra - ré,   Se - ñor, por lar - gos   dí - as.

Basado en el Salmo 23. Letra Henry William Baker. Tr., Frieda M. Hoh. Música
DOMINUS REGIT ME, John B. Dykes.

330 Alcancé Salvación

... ninguna condenación hay para los que están en Cristo Jesús ... Ro. 8:1

1. De paz i-nun-da-da mi sen-da ya es-té, O cú-bra-la un
2. Ya ven-ga la prue-ba o me tien-te Sa-tán, No a-men-guan mi
3. Fe-liz yo me sien-to al sa-ber que Je-sús, Li-bró-me de
4. La fe tor-na-rá-se en gran rea-li-dad Al ir-se la

mar de a-flic-ción, Mi suer-te cual-quie-ra que se-a, di-ré:
fe ni mi a-mor; Pues Cris-to com-pren-de mis lu-chas, mi a-fán
yu-go o-pre-sor; Qui-tó mi pe-ca-do, cla-vó-lo en la cruz:
nie-bla ve-loz; Des-cien-de Je-sús con su gran ma-jes-tad,

Al-can-cé, al-can-cé sal-va-ción.
Y su san-gre ver-tió en mi fa-vor.   Al-can-cé   sal-va-
Glo-ria de-mos al buen Sal-va-dor.
¡A-le-lu-ya! Es-toy bien con mi Dios.   Al-can-cé

ción.   Al-can-cé, al-can-cé sal-va-ción.
    sal-va-ción.

Letra, Horatio G. Spafford, 1873. Tr., Pedro Grado. Música VILLE DU HAVRE, Philip P. Bliss, 1876.

... nos ha dado preciosas y grandísimas promesas ... 2 P. 1:4

1. To-das las pro-me-sas del Se-ñor Je-sús, Son a-po- yo po- de-
2. To-das sus pro-me-sas pa-ra el hom-bre fiel, El Se-ñor en sus bon-
3. To-das las pro-me-sas del Se-ñor se-rán, Go-zo y fuer-za en nues-tra

ro- so de mi fe; Mien-tras vi-va a-quí cer-ca-do de su luz,
da-des cum-pli-rá, Y con-fia-do sé que pa-ra siem-pre en él,
vi- da te-rre-nal; E- llas en la du-ra lid nos sos-ten-drán,

Siem-pre en sus pro-me-sas con-fia-ré.
Paz e-ter-na a mi al-ma go-za-rá. Gran- des, fie- les,
Y triun-far po-dre-mos so-bre el mal. Gran-des, gran-des, fie-les son, Gran-des, gran-des, fie-les son,

Las pro-me- sas que el Se-ñor Je-sús ha da-do, Gran- des,
Gran-des, gran-des, fie- les son,

fie- les, En e-llas pa-ra siem-pre con-fia- ré.
Gran-des, gran-des, fie-les son,

Letra y música PROMESAS, R. Kelso Carter, 1886. Tr., Vicente Mendoza.

332 Confío Yo en Cristo

Con Cristo estoy juntamente crucificado, y ya no vivo yo, mas vive Cristo en mí . . . Gá. 2:20

1. Con - fí - o yo en Cris - to, Que en la cruz mu - rió;
   Y por su muer - te, lis - to, Voy a la glo - ria yo.
   Con san - gre tan va - lio - sa Mis cul - pas la - va él,
   La de - rra - mó co - pio - sa El san - to E - ma - nuel.

2. Me cu - bre tu jus - ti - cia De ple - na per - fec - ción;
   Tú e - res mi de - li - cia, Mi e - ter - na sal - va - ción.
   Je - sús, en ti des - can - so, Re - po - so tú me das;
   Con cal - ma yo a - van - zo Al cie - lo, don - de es - tás.

3. Ve - nir a ti me in - vi - tas A dis - fru - tar, Se - ñor,
   De - li - cias in - fi - ni - tas Y ce - les - tial a - mor.
   Es - pe - ro yo mi - rar - te, O - ír tu dul - ce voz;
   Es - pe - ro a - la - bar - te, ¡Mi Sal - va - dor, mi Dios!

Letra, Elizabeth C. Clephane. Tr. en *Estrella de Belén*. Música ST. CHRISTOPHER, Frederick C. Maker, 1881. La música usada con permiso de la *Psalms and Hymns Trust*.

Cristo, Fiel Te Quiero Ser   333

Sé fiel hasta la muerte, y yo te daré la corona de la vida. Ap. 2:10

1. Cristo, fiel te quiero ser, Dame el poder, da me el poder; Yo contigo quiero andar, Sin vacilar, sin vacilar.
2. Con Jesús yo quiero hablar, Sólo con él, sólo con él; Paz y gozo yo tendré, Al serle fiel, al serle fiel.
3. Dame ardiente corazón, Lleno de amor, lleno de amor; Y tu Espíritu, Señor, Como Guiador, como Guiador.
4. Cada día quiero cumplir Tu voluntad, tu voluntad; Y servirte a ti, Señor, En humildad, en humildad.

En tus pasos quiero seguir, Cerca de ti, cerca de ti, Y si encuentro pruebas aquí, Dame confianza en ti.

Letra, autor anónimo. Música FIDELIDAD, J. O. Hillyer.

334 Paz con Dios Busqué Ganarla

La paz os dejo, mi paz os doy . . . Jn. 14:27

1. Paz con Dios busqué ganarla Con febril solicitud, Mas mis obras meritorias No me dieron la salud.
2. Lleno estaba yo de dudas, Temeroso de morir; Hoy en paz, mañana triste, Con temor del porvenir.
3. Al fin, desesperado, "Ya no puedo", dije yo; Y del cielo oí respuesta: "Todo hecho ya quedó." ¡Oh qué paz Jesús me da!
4. De mis obras, despojado, Vi la obra de Jesús; Supe que la paz fue hecha Por la sangre de su cruz.

Paz que antes ignoré; Todo nuevo se tornó, Desde que su paz hallé.

Letra y música THE SAVIOR'S PEACE, F. A. Blackmer. Tr., Stuart E. McNair.

Más Blanco Que la Nieve 335

Lávame, y seré más blanco que la nieve. Sal. 51:7

1. Yo quiero ser limpio, bendito Jesús; Deseo por
2. Que en mi alma no pueda lo impuro quedar, Mis manchas, tu
3. Tú, Cristo, me ayudas mi ofrenda a dar Con fe y humil-
4. Por esta pureza doy gracias a ti, Pues santifi-

siempre andar en tu luz; Tan sólo en tu sangre lim-
sangre las puede quitar. Los ídolos todos los
dad en tu santo altar. Te entrego mi vida y a-
cado por tu gracia fui; Limpieza tu sangre me

pieza tendré, Lavado y más blanco que nieve seré.
deseacharé, Lavado y más blanco que nieve seré.
sí por la fe Lavado y más blanco que nieve seré.
trajo, yo sé; Lavado y más blanco que nieve quedé.

Más blanco que la nieve seré;

Sólo para estrofa 4

Más blanco que la nieve quedé;

Lavado en tu sangre y limpio por fe.
Lavado en tu sangre, soy limpio por fe.

Basado en el Salmo 51:7. Letra, James Nicholson, 1872. Tr., H. W. Cragin. Música FISCHER,
William G. Fischer, 1872.

336 Yo Te Seguiré

Mis ovejas oyen mi voz, . . . y me siguen . . . Jn. 10:27

1. Pue-do o - ír la voz de Cris - to. Yo le se - gui - ré (go-zo-so).
2. El me lla-ma a ca - da ho - ra. Yo le se - gui - ré (go-zo-so).
3. El me lla-ma ca - da dí - a. Yo le se - gui - ré (go-zo-so).

Hoy me lla-ma con ter - nu - ra; No de - mo - ra - ré.
Y el po - der de su pre-sen-cia Siem-pre sen - ti - ré.
El me guí - a, y el ca - mi - no Nun - ca per - de - ré.

Siem - pre yo te se - gui - ré, Se - ñor,
Siem-pre, siem-pre yo te se - gui - ré, te se - gui - ré, Se - ñor,

Por tus sen - das de a - mor.
Por tus sen - das, sen - das de a - mor, de gran a - mor.

gran a - mor.

Letra, Margaret y Howard L. Brown. Tr.,Marjorie J. de Caudill. Música I WILL FOLLOW THEE,
Howard L. Brown; arr., Herbert G. Tovey. ©Copyright 1935. Renovado 1963 Howard L. Brown.
Ross Jungnickel, Inc. Los derechos de publicación en folio están asignados a Singspiration, Inc.
Todos los derechos reservados. Usado con permiso.

En tus manos mi futu - ro es-tá,
En pre-cio-sas ma-nos mi fu-tu-ro sí, es - tá, es - tá,

yo te se - gui - ré, Se - ñor.
siem-pre yo te se - gui - ré, te se - gui - ré, Se - ñor.

Desde el Cielo Cristo Llama 337

Si alguno me sirve, sígame . . . Jn. 12:26

1. Des-de el cie - lo Cris - to lla - ma Con be - nig - na voz de a - mor;
2. En tris - te - zas y a - le - grí - as Cris - to lla-ma al co - ra - zón,
3. Co-mo buen pas-tor nos guí - a Nues-tro a-man - te Sal - va - dor;
4. Cris-to lla - ma; por su gra-cia El nos ha-ga o - ír su voz,

Al a - con - go - ja - do in - vi - ta: "Ven y si-gue a tu Se - ñor."
O - fre-cien-do paz, con - sue - lo, Go-zo e - ter - no y re-den - ción.
El nos cui-da en su re - ba - ño Y nos da su pro-tec - ción.
Que no - so - tros des-de a - ho - ra Le sir - va - mos con a - mor.

Basado en Juan 12:26. Letra, Cecil Frances Alexander. Traducción adap. Música GALILEE,
William H. Jude, 1887.

338   ¡Oh Amor Que Excede a Todos!

Y sobre estas cosas vestíos de amor, que es el vínculo perfecto. Col. 3:14

1. ¡Oh amor que excede a todos, Don del Padre Celestial,
2. ¡Ven, amor, a cada vida, Mueve toda inclinación!
3. ¡Oh amor, no te separes De la iglesia terrenal;

Pon corona a tus mercedes Y entre nos ven a morar!
Guárdanos de mal deseo Y de andar en tentación!
Une la estrechamente Con el lazo fraternal!

Eres tú, Jesús bendito, Todo amor y compasión;
Tú el Alfa y Omega, Sé de todo nuestro ser;
Perfecciona a cada miembro, Ilumina nuestro andar,

Baja al corazón que sufre, Tráenos tu salvación.
Que tu gracia nos proteja Y sostenga nuestra fe.
Y que el alma se complazca En tu nombre proclamar. A-mén.

Letra, Charles Wesley. Tr., J. R. de Balloch. Música BEECHER, John Zundel, 1870.

¡Oh Cristo!, Tu Ayuda Quisiera Tener 339

Nosotros le amamos a él, porque él nos amó primero. 1 Jn. 4:19

1.¡Oh Cris - to!, tu a - yu - da qui - sie - ra te - ner
2.¡Oh Cris - to!, la glo - ria del mun - do bus - qué,
3.¡Oh Cris - to!, qui - sie - ra lle - gar a vi - vir
4.¡Oh Cris - to!, qui - sie - ra tus hue - llas se - guir

En to - das las lu - chas que a - gi - tan mi ser;
Y an - sio - so mi vi - da y a - fán le en - tre - gué.
De a - que - llos a - lien - tos que tú ha - ces sen - tir
Y gra - cia cons - tan - te de ti re - ci - bir;

Tan só - lo tú pue - des la vi - da sal - var,
Y en cam - bio mi pe - cho tan só - lo en - con - tró
Al al - ma que hu - yen - do del mal ten - ta - dor,
Ha - llar en mis no - ches con - ti - go la luz,

Tú so - lo la fuer - za le pue - des pres - tar.
Tor - tu - ras sin cuen - to, que el al - ma a - pu - ró.
Se vuel - ve an - he - lan - te, ¡se vuel - ve a tu a - mor!
¡A - li - vio a mis pe - nas al pie de la cruz!

Letra, William R. Featherston, c. 1862. Tr., Vicente Mendoza. Música GORDON,
Adoniram J. Gordon, 1876.

340 Salvador, a Ti Me Entrego

... He aquí, nosotros lo hemos dejado todo, y te hemos seguido. Mr. 10:28

1. Sal - va - dor, a ti me en - tre - go Yo o - be - dez - co só - lo a ti;
2. Te con - fie - sa sus de - li - tos Mi con - tri - to co - ra - zón;
3. A tus pies yo de - po - si - to Por en - te - ro hoy mi ser;
4. ¡Oh qué go - zo en - cuen - tro en Cris - to! ¡Cuán - ta paz a mi al - ma da!

Mi guia - dor, mi for - ta - le - za, To - do en - cuen - tra mi al - ma en ti.
O - ye, Cris - to, mi ple - ga - ria, Yo su - pli - co tu per - dón.
Que tu es - pí - ri - tu me lle - ne Y de ti sien - ta el po - der.
Yo a su cau - sa me con - sa - gro, Y su a - mor, mi a - mor se - rá.

Yo me en - tre - go a ti, Yo me en - tre - go a ti;
Yo me en - tre - go a ti, Yo me en - tre - go a ti;

Mis fla - que - zas y pe - ca - dos, To - do trai - go a ti.

Letra, Judson W. Van DeVenter, 1896. Tr., A. R. Salas. Música SURRENDER, Winfield S. Weeden, 1896.

Tu Cruz Levanta y Ven Tras Mí 341

Si alguno quiere venir en pos de mí, niéguese a sí mismo, y tome su cruz, y sígame. Mr. 8:34

1. "Tu cruz hoy to - ma y ven tras mí," Me di - jo el Sal - va - dor;
2. Me a - tra - jo a él con gran bon - dad; Su vo - lun - tad bus - qué;
3. Aun-que en las som - bras hay que an - dar, Mi cruz yo lle - vo a - quí,
4. Mi vi - da y to - do lo que soy A Cris - to ya en - tre - gué.

"Pues yo mi vi - da di por ti, En - tré - ga - te a tu Se - ñor."
Y a - ho - ra con se - gu - ri - dad Por don - de me guí - e i - ré.
O so - bre el tem - pes - tuo - so mar, Por don - de me guí - e a mí.
A mi Se - ñor ren - di - do es - toy; Por don - de me guí - e i - ré.

Por donde me guí - e i - ré, Por don - de me guí - e i - ré.

Al Cris - to que me a - ma se - gui - ré, Por don - de me guí - e i - ré.

342 Jesús, Yo He Prometido

Si alguno me sirve, sígame; y donde yo estuviere, allí también estará mi servidor. Jn. 12:26

1. Jesús, yo he prometido, Servirte con amor;
   Concédeme tu gracia, Mi amigo y Salvador.
   No temeré la lucha, Si tú a mi lado estás,
   Ni perderé el camino, Si tú conmigo vas.

2. Estamos en el mundo, Y abunda tentación;
   Muy suave es el engaño, Y necia la pasión.
   Ven tú, Jesús, más cerca, En mi necesidad.
   Y escuda al alma mía De toda iniquidad.

3. Y si mi mente vaga, Ya incierta, ya veloz,
   Concédeme que oiga, Jesús, tu clara voz.
   Anímame si dudo; Inspírame también;
   Repréndeme, si temo En todo hacer el bien.

4. Jesús, tú has prometido A todo aquel que va,
   Siguiendo tus pisadas, Que al cielo llegará.
   Sostén me en el camino, Y al fin, con dulce amor,
   Trasládame a tu gloria, Mi amigo y Salvador. Amén.

Letra, John E. Bode, 1868. Tr.,Juan B. Cabrera. Música ANGEL'S STORY, Arthur H. Mann, 1881.

Jesús, del Hombre Hijo 343

Tú guardarás en completa paz a aquel cuyo pensamiento en ti persevera. Is. 26:3

1. Jesús, del hombre Hijo, Del hombre Redentor;
   Amigo del que sufre, Bendito Salvador:
   Permite que te exponga Mi triste condición,
   Y ve lo que me falta Sabiendo lo que soy.

2. Al ti voy y poseído De propia estimación,
   Con paso vacilante Por tus senderos voy.
   Me falta ser humilde, Me faltab-negación,
   Me falta ardiente celo Y más consagración.

3. Yo leo tu Palabra, La estudio con ardor,
   Ilustro así mi mente, Mas en mi corazón
   No abunda aquella ciencia Que da tan sólo Dios;
   Me faltan luz y gracia; ¡Oh, dámelas, Señor!

4. Jesús, del hombre Hijo, Bendito Salvador,
   Ya ves cuánto me falta, Ya ves cuán pobre soy.
   A tu piedad me entrego, De mí ten compasión;
   Tú puedes darme todo; ¡Oh, dámelo, Señor! Amén.

Letra, Juan Bautista Cabrera. Música RUTHERFORD, Chrétien Urhan, 1834; arr., E. F. Rimbault, 1867.

344 Su Voluntad Da Gozo

... como siervos de Cristo, de corazón haciendo la voluntad de Dios. Ef. 6:6

1. En su crea-ción Dios tie-ne un plan que rei-na; Los as-tros
2. La in-con-ta-ble a-re-na él co-no-ce, Las o-las
3. Su vo-lun-tad da go-zo a la vi-da, Es fuen-te

por su sen-da van; El tra-za el cur-so de los gran-des
guí-a con po-der; El vien-to sus de-se-os o-be-
de la ben-di-ción. Si lle-ga prue-ba du-ra y tan te-

rí-os; Sé que pa-ra mí él tie-ne un plan.
de-ce, Y las plan-tas ha-ce flo-re-cer.
mi-da, El es quien da paz al co-ra-zón.   Pon-dré en las

ma-nos de Dios mi ser,   En sus he-ri-das yo

puedo ver Promesas en la gloria que puedo

tener, Si la voluntad del Señor yo quiero hacer.

Puedo Oír Tu Voz 345

Maestro, te seguiré adondequiera que vayas. Mt. 8:19

1. Puedo oír tu voz llamando, Puedo oír tu voz llamando,
2. Yo te seguiré en el huerto, Yo te seguiré en el huerto,
3. Sufriré por ti, Maestro, Sufriré por ti, Maestro,
4. Me darás la gracia y gloria, Me darás la gracia y gloria,

Seguiré do tú me guíes, Seguiré do tú me guíes,

D. C. al Refrán

Puedo oír tu voz llamando, Con tu cruz hoy ven en pos de mí.
Yo te seguiré en el huerto, Sufriré contigo, mi Jesús.
Sufriré por ti, Maestro, Moriré contigo, mi Jesús.
Me darás la gracia y gloria, Y por siempre tú me guiarás.

Seguiré do tú me guíes, Dondequiera fiel te seguiré.

Letra, E. W. Blandy, c. 1890. Es traducción. Música NORRIS, J. S. Norris, c. 1890.

346 Cristo de Todo Es Rey

Porque de él, y por él, y para él, son todas las cosas. Ro. 11:36

1. Cris - to es mi Due - ño, mi Rey y Se - ñor; Mi a -
2. San - to y ben - di - to es mi Rey Sal - va - dor, ___
3. ¿Quie - res ren - dir - le tu vi - da al Se - ñor ___

mor y mi glo - ria es él; ___ El me a - com - pa - ña en
Dig - no es de glo - ria y de prez; Le doy mi tri - bu - to y lo -
Y siem - pre an - dar en su ley? A - cép - ta - le hoy co - mo

paz o en do - lor, El es mi a - mi - go fiel.
or con a - mor, Vi - da y ca - mi - no es él.
tu Sal - va - dor, Haz - le a él tu Rey.

Cris - to es el Buen Pas - tor, Cris - to de to - do es Rey: De mi pen -

sar y de to - do mi a - mor. Cris - to de to - do es Rey.

Letra y música LORDSHIP OF CHRIST, LeRoy McClard, 1966. ©Copyright 1966 Broadman Press. Todos los derechos reservados. Tr., Agustín Ruiz V., 1977. ©Copyright 1978 Broadman Press. Todos los derechos reservados. Amparado por los derechos de copyright internacional. Usado con permiso.

Tuyo Soy, Jesús 347

Acerquémonos con corazón sincero, en plena certidumbre de fe ... He. 10:22

1. Tu - yo soy, Je - sús, ya tu voz o - í, Cual men-sa - je
2. A se - guir-te en pos me con - sa - gro hoy, Im - pul - sa - do
3. Del a - mor di - vi - no ja - más sa - bré La su - bli - me

de tu paz; Y de - se - o en a - las de fe su - bir Y más
por tu a - mor; Y mi es - pí - ri - tu, al - ma y cuer - po doy, Por ser-
ma - jes - tad, Has - ta que con - ti - go tran - qui - lo es - té En tu

cer - ca es-tar de ti. Más cer - ca, cer - ca de tu
vir - te, mi Se - ñor. Más cer - ca, cer - ca,
glo - ria ce - les - tial.

cruz Llé - va - me, oh Sal - va - dor; Más cer - ca, cer - ca,

cer - ca de tu cruz Do sal - vas-te al pe - ca - dor.

Basado en Hebreos 10:22. Letra, Fanny J. Crosby, 1875. Tr. adap. de T. M. Westrup. Música
I AM THINE, William H. Doane, 1875.

348 Consagraos, Oh Cristianos

... que presentéis vuestros cuerpos en sacrificio vivo, santo, agradable a Dios ... Ro. 12:1

1. Con - sa - gra - os, oh cris - tia - nos, al ser - vi - cio
del Se - ñor, Y ar - mo - ni - ce vues - tra vi - da en a -
cuer - dos de a - mor. A sus a - trios a - cer - ca - os;
vues - tros vo - tos re - no - vad; Ya - le - ja - dos

2. Vues - tro tiem - po y ta - len - tos, do - nes son de
nues - tro Dios: Pa - ra u - sar - los li - bre - men - te y a - nun -
ciar su a - mor y voz. Hoy ser - vid a Je - su - cris - to
y o - fren - das, diez - mos dad; Y él ben - di - ga

3. Dios nos man - da a - mar a to - dos sin nin - gu - na
dis - tin - ción. Com - pa - sión ha - cia el her - ma - no es su
plan de re - den - ción. Je - su - cris - to nos ha da - do
de su a - mor, que es di - vi - nal, Y en la cruz per -

4. Hoy ve - nid con a - la - ban - zas los que en Cris - to
ya cre - éis; A - do - rad - le, con - sa - gra - dos, y su a -
mor re - ci - bi - réis. Dad - le glo - ria por su gra - cia,
su Pa - la - bra san - ta y fiel; Re - pe - tid del

Letra, Eva B. Lloyd, 1966. ©Copyright 1966 Broadman Press. Todos los derechos reservados.
Música MADILL, A. L. Butler. ©Copyright 1971 Broadman Press. Todos los derechos reservados.
Tr., Pablo Filós. ©Copyright 1978 Broadman Press. Todos los derechos reservados. Amparado por
los derechos de copyright internacional. Usado con permiso.

| Fa | Sib | Lam | SibM7 | Do7 | Fa |

del   pe - ca - do,   vues - tra   vi - da   trans - for - mad.
vues - tra   o - bra,   y os dé siem - pre   su   bon - dad.
dón   tu - vi - mos,   paz   y   go - zo   sin   i - gual.
e - van - ge - lio   es - ta his - to - ria   por   do - quier.

Heme Aquí, Oh Señor 349

... el que pierde su vida por causa de mí, la hallará. Mt. 10:39

1. Oh Se - ñor,   há - bla - me;   Oh Se - ñor,   guí - a - me,
2. Oh Se - ñor,   da - me fe;   Oh Se - ñor,   guí - a - me,
3. He - me a - quí,   oh Se - ñor,   He - me a - quí,   co - mo soy,

Que só - lo vi - va por ti.   Oh Se - ñor, há - bla - me;
Que só - lo vi - va por ti.   Oh Se - ñor, da - me fe;
Que só - lo vi - va por ti.   He - me a - quí, oh Se - ñor,

Oh Se - ñor, guí - a - me, Que só - lo vi - va por ti.
Oh Se - ñor, guí - a - me, Que só - lo vi - va por ti.
He - me a - quí, co - mo soy, Que só - lo vi - va por ti.

Letra y música LANGLEY, R. Maines Rawls, 1968. ©Copyright 1969 Broadman Press. Todos los derechos reservados. Tr.,Salomón Mussiett C., 1977. ©Copyright 1978 Broadman Press. Todos los derechos reservados. Amparado por los derechos de copyright internacional. Usado con permiso.

350 Tuyo Soy

... acerquémonos con corazón sincero, en plena certidumbre de fe, purificados los corazones ...
He. 10:22

1. Yo oí la voz de Cristo Con dul - zu - ra in - vi - tar;
2. Soy in - dig - no y me hi - zo sal - vo, Me bus - có por pu - ro a - mor;
3. Só - lo Cris - to es la res - pues - ta, El es la fe - li - ci - dad;

Na - die más co - mo él o - fre - ce Vi - da e - ter - na y li - ber - tad.
En la cruz ver - tió su san - gre, Hoy tes - ti - go su - yo soy.
Del mor - tal lle - va las car - gas, Y le da con - sue - lo y paz.

Tu - yo soy, a ti mi to - do doy; Tu - yo soy,
só - lo de ti, Se - ñor; Tu - yo soy, ¡Oh! dul - ce
Sal - va - dor, En tu al - tar, Se - ñor, mi to - do doy.

¿Cuántos Pueden? 351

Con Cristo estoy juntamente crucificado, y ya no vivo yo, mas vive Cristo en mí . . . Gá. 2:20

1. "¿Cuán-tos pue-den," di-jo Cris-to, "a la cruz con-mi-go ir?"
2. ¿Cuán-tos pue-den a-cor-dar-se del la-drón, al con-tem-plar
3. ¿Cuán-tos pue-den en la som-bra de la muer-te y del do-lor,

Res-pon-die-ron los va-lien-tes, ya dis-pues-tos a se-guir:
Que su al-ma, res-ca-ta-da, con Je-sús se fue a mo-rar?
En-tre-gar con fe el al-ma, vic-to-rio-sos, al Se-ñor?

"¡Oh, sí, po-de-mos se-guir-te, Se-ñor! Haz-nos más

san-tos, da-nos tu luz. Nos i-lu-mi-ne tu gran

res-plan-dor, Nos lle-ve a Dios con le-al-tad y a-mor."

Letra, Earl Marlatt. Tr., Marjorie J. de Caudill. © Copyright 1978 Casa Bautista de Publicaciones.
Todos los derechos reservados. Amparado por los derechos de copyright internacional. Música
BEACON HILL, Harry S. Mason, 1924.

352 Yo Soy Peregrino

... para que andéis como es digno del Señor, agrandándole en todo ... Col. 1:10

1. Se - ñor, es - cu - cha ya, A ti mi rue - go va; Mi
2. Cum - plir tu vo - lun - tad, An - dar en tu ver - dad: Se -
3. Mi po - bre co - ra - zón Fe - liz con - so - la - ción Es -
4. ¡Cuán gran - de es tu a - mor! Más gran - de que el te - rror Que

Sal - va - dor, ben - di - to sé; Tu sier - vo quie - ro ser, Se - ñor;
ñor Je - sús, me en - se - ña - rás; Tan só - lo quie - ro en ti con - fiar;
pe - ra de su Re - den - tor; Per - dón y gra - cia, dul - ce paz,
pue - de dar la muer - te cruel; Me sal - va - rás en tu re - dil,

O - ír tu voz de a - mor, Se - guir - te por la fe.
Tu nom - bre ve - ne - rar, Y a - sí vi - vir en paz.
De bal - de siem - pre das Al tris - te pe - ca - dor.
Del e - ne - mi - go vil Por tu pro - me - sa fiel.

Yo soy pe - re - gri - no, Guí - a - me por tu ca - mi - no. Por

Letra, Juan N. de los Santos, 1925. Música MARCHING TO ZION, Robert Lowry, 1867.

ti, Ma - es - tro di - vi - no, Se - guir tu ver - dad quie - ro yo.

Contigo, Cristo, Quiero Andar 353

. . . el que pierde su vida por causa de mí, la hallará. Mt. 10:39

1. Con - ti - go, Cris - to, quie - ro an - dar, Y en tu ser - vi - cio
2. En - sé - ña - me có - mo al - can - zar Al que yo de - bo
3. En - sé - ña - me pa - cien - te a ser; Con - ti - go que ha - lle
4. Da - me es - pe - ran - za pa - ra que Pue - da el fu - tu - ro

tra - ba - jar; Di - me el se - cre - to de sa - ber
res - ca - tar; Sus pies an - he - lo en - ca - mi - nar
mi pla - cer, Que crez - ca en fuer - za es - pi - ri - tual
ver con fe. Pa - ra po - der tu paz go - zar,

Lle - var mi vi - da con po - der.
En sen - das que van a tu ho - gar.
Y en fe que ven - za to - do mal.
Con - ti - go, Cris - to, quie - ro an - dar. A - mén.

Letra, Washington Gladden, 1879. Tr., George P. Simmonds. © Copyright 1978, renovado,
George P. Simmonds. Todos los derechos reservados. Usado con permiso.
Música MARYTON, H. Percy Smith, 1874.

354 ¡Tengo un Amigo!

Nadie tiene mayor amor que este, que uno ponga su vida por sus amigos. Jn. 15:13

1. Ten-go un a - mi - go, Cris - to el Se - ñor;   Yo le ben-di - go
2. Ten-go un re - fu - gio que en el tur - bión   Del al - ma es siem-pre
3. Ten-go un Ma - es - tro do-quier yo voy   Y sus sen-de - ros

con mi lo - or, Por-que en el mun - do na - die co - mo él
fiel pro-tec - ción; Con él se - gu - ro yo vi - vi - ré
si - guien-do es-toy: En las ti - nie - blas ja - más i - ré,

Es en mi vi - da pa - cien-te y fiel.
Por - que a su am-pa - ro ca - mi - na - ré.   Cris - to, mi a - mi - go,
Por - que sus lu - ces y a - mor ten - dré.

ya tu - yo soy; ¡To - do ren - di - do, con - ti - go voy!

Letra y música I HAVE A SAVIOR, Robert Harkness. Tr., Vicente Mendoza.

¡Oh! Amor Que No Me Dejarás 355

. . . con amor eterno te he amado. Jer. 31:3

1. ¡Oh! a-mor que no me de - ja - rás, Des - can - sa
2. ¡Oh! luz que en mi sen - de - ro vas, Mi an - tor - cha
3. ¡Oh! go - zo que a bus - car - me a mí Vi - nis - te
4. ¡Oh! cruz que mi - ro sin ce - sar, Mi or - gu - llo,

mi al - ma siem-pre en ti; Es tu - ya y tú la guar - da - rás, Y en
dé - bil rin - do a ti; Su luz de - vuel - ve el co - ra - zón, Se -
con mor - tal do - lor, Tras la tor - men - ta el ar - co vi, Y
glo - ria y va - ni - dad Al pol - vo de - jo, por ha - llar La

lo pro - fun - do de tu a - mor, Más ri - ca al fin se - rá.
gu - ro de en-con - trar en ti Más be - llo res - plan-dor.
la ma - ña - na, yo lo sé, Sin más do - lor se - rá.
vi - da que en su san - gre dio Je - sús, mi Sal - va-dor. A - mén.

Letra, George Matheson, 1882. Tr.,Vicente Mendoza. Música ST. MARGARET, Albert L. Peace, 1884.

356 Lejos de Mi Padre Dios

. . . nos gloriamos en la esperanza de la gloria de Dios. Ro. 5:2

1. Lejos de mi Padre Dios Por Jesús fui hallado,
2. En Jesús mi Salvador, Pongo mi confianza;
3. Cerca de mi buen Pastor Vivo cada día;

Por su gracia y por su amor Fui por él salvado.
Toda mi necesidad Suple en abundancia.
Toda gracia en su Señor Halla el alma mía.

Es Jesús, el Señor, Mi esperanza eterna;

El me amó y me salvó En su gracia tierna.

Letra, Fanny J. Crosby, 1869. Tr., Tomás García. Música NEAR THE CROSS, William H. Doane, 1869.

Abre Mis Ojos a la Luz   357

Abre mis ojos, y miraré las maravillas de tu ley. Sal. 119:18

1. A - bre mis o - jos a la luz, Tu ros-tro quie-ro ver, Je - sús;
2. A - bre mi o-í - do a tu ver-dad, Yo quie-ro o-ír con cla - ri - dad
3. A - bre mis la - bios pa-ra ha-blar, Y a to-do el mun-do pro-cla - mar
4. A - bre mi men - te pa - ra ver Más de tu a-mor y gran po - der;

Pon en mi co - ra - zón tu bon-dad, Y da - me paz y
Be - llas pa - la - bras de dul-ce a-mor, Oh, mi ben - di - to
Que tú vi - nis - te a res-ca - tar Al más per - di - do
Da - me tu gra - cia pa - ra triun-far, Y haz-me en la lu - cha,

san - ti - dad, Hu - mil - de-men-te a-cu - do a ti, Por-que tu tier-na
Sal - va - dor. Con-sa-gro a ti mi frá - gil ser; Tu vo-lun-tad yo
pe - ca - dor. La mies es mu-cha, ¡oh Se-ñor! O - bre-ros fal-tan
ven - ce - dor. Sé tú mi es-con-de - ro fiel, Y au-men-ta mi va-

voz o - í; Mi guí - a sé, Es - pí - ri - tu Con-so-la - dor.
quie-ro ha-cer, Lle-na mi ser, Es - pí - ri - tu Con-so-la - dor.
de va-lor; He-me a-quí, Es - pí - ri - tu Con-so-la - dor.
lor y fe; Mi ma-no ten, Es - pí - ri - tu Con-so-la - dor.

Letra y música SCOTT, Clara H. Scott, 1895. Tr.,S. D. Athans.

358 Vivo por Cristo

... para que andéis como es digno del Señor ... Col. 1:10

1. Vi-vo por Cris-to, con-fian-do en su a-mor, Vi - da me im-par - te,
2. Vi-vo por Cris-to; mu-rió él por mí. Siem-pre ser-vir-le
3. Vi-vo sir-vien-do, si-guien-do al Se - ñor; Quie-ro i-mi - tar a

po-der y va-lor; Gran-de es el go-zo que ten-go por él.
mi al-ma an-he-ló; Por-que me ha da-do tal prue-ba de a-mor,
mi buen Sal-va-dor. Bus-co a las al-mas ha-blán-do-les de él,

Es de mi sen-da, Je-sús, guí-a fiel.
Yo hoy me rin-do por siem-pre al Se-ñor. ¡Oh Sal-va-dor ben-
Y es mi de-se-o ser cons-tan-te y fiel.

di - to!, me doy tan só-lo a ti, Por-que tú en el Cal-va-rio te

dis-te a-llí por mí; No ten-go más, Ma-es-tro, yo fiel te ser-vi-

Letra, Thomas O. Chisholm, 1917. Tr., George P. Simmonds. Música LIVING, C. Harold Lowden, 1915. ©Copyright 1933 Homer A. Rodeheaver. ©Copyright renovado 1961, The Rodeheaver Co., dueño. Todos los derechos reservados. Amparado por los derechos de copyright internacional. Usado con permiso.

ré; A ti me doy, pues tu-yo soy, De mi al-ma,e-ter-no Rey.

Haz Lo Que Quieras 359

. . . nosotros barro, y tú el que nos formaste . . . Is. 64:8

1. Haz lo que quie-ras de mí, Se-ñor; Tú el Al-fa-
2. Haz lo que quie-ras de mí, Se-ñor; Mí-ra-me y
3. Haz lo que quie-ras de mí, Se-ñor; Cu-ra mis
4. Haz lo que quie-ras de mí, Se-ñor; Guí-a mi

re-ro, yo el ba-rro soy; Dó-cil y hu-mil-de an-he-lo
prue-ba mi co-ra-zón; Lá-va-me y qui-ta to-da mal-
lla-gas y mi do-lor; Tu-yo es,¡oh Cris-to!, to-do po-
vi-da, Se-ñor, a-quí; De tu po-ten-cia lle-na mi

ser; Pues tu de-se-o es mi que-rer.
dad Pa-ra que pue-da con-ti-go es-tar.
der; Tu ma-no ex-tien-de y sa-na-ré.
ser, Y el mun-do a Cris-to pue-da en mí ver. A-mén.

Letra, Adelaide A. Pollard, 1907. Tr., Ernesto Barocio. Música ADELAIDE, George C. Stebbins, 1907. Copyright 1907. Renovado 1935 extendido. Hope Publishing Co., dueño. Todos los derechos reservados. Usado con permiso.

360 Tu Mundo Hoy

Mi boca publicará tu justicia . . . Sal. 71:15

1. Oh Dios, de to-do bien, da-dor, Y de mi vi-da, au-tor,
2. A-yú-da-me a mos-trar mi fe Al hom-bre en de-rre-dor;
3. Oh Dios, mi ser te en-tre-go hoy, Y pi-do en o-ra-ción

A-cu-do a ti a dar-te ho-nor Y a re-ci-bir vi-sión
Y guí-a-me a so-co-rrer Al po-bre en su do-lor.
Que pa-ra en tu ca-mi-no an-dar Me des más fe y a-mor;

De lo que es mi dí-a de hoy Y a-sí ser lo me-jor.
A-sí po-drá el hom-bre ver De Cris-to su a-mor;
Y cum-pla yo tu vo-lun-tad, Y sir-va con fer-vor;

U-bí-ca-me, mi buen Se-ñor, en tu mun-do hoy.
Y mi lu-gar po-dré yo ver en tu mun-do hoy.
Ren-di-do a-sí ten-dré lu-gar en tu mun-do hoy.

Oh, Señor, Recíbeme Cual Soy   361

Enséñame a hacer tu voluntad, porque tú eres mi Dios . . . Sal. 143:10

1. Oh Se - ñor, re - cí - be - me cual soy. Ya no más,
2. Oh Se - ñor, to - ma mi co - ra - zón Y haz - lo tu -
3. Pe - ca - dor, tú que va - gas sin Dios, Ven a - ho -

ya no quie - ro pe - car; Del pe - ca - do me quie - ro a -
yo por la e - ter - ni - dad. Llé - na - me de tu san - ta
ra y a - cep - ta al Se - ñor. El te quie - re im - par - tir su

par - tar. Jus - ti - fi - ca mi ser, da - me
bon - dad, Y en mi al - ma tú pon u - na
per - dón; El te quie - re sal - var, él te

tu dul - ce paz y tu gran ben - di - ción.
nue - va can - ción de paz y dul - ce a - mor.
quie - re a - yu - dar; hoy a - cep - ta el per - dón.

362 Anhelo Trabajar por el Señor

La mies a la verdad es mucha, mas los obreros pocos . . . Lc. 10:2

1. An - he - lo tra - ba - jar por el Se - ñor, Con - fian-do en su pa -
2. An - he - lo ca - da dí - a tra - ba - jar, Y es - cla - vos del pe -
3. An - he - lo ser o - bre - ro de va - lor, Con - fian-do en el po -

la - bra y en su a - mor, Quie - ro yo can - tar yo - rar, Yo - cu -
ca - do li - ber - tar, Con - du - cir - los a Je - sús, Nues - tro
der del Sal - va - dor; El que quie - ra tra - ba - jar Ha - lla -

pa - do siem-pre es - tar En la vi - ña del Se - ñor.
guí - a, nues - tra luz, En la vi - ña del Se - ñor. Tra - ba -
rá tam - bién lu - gar En la vi - ña del Se - ñor.

jar y o - rar,
jar yo - rar, Tra - ba - jar yo - rar; En la vi - ña, en la

vi - ña del Se - ñor; del Se - ñor; Mi an - he - lo es o - rar,

Letra y música I WANT TO BE A WORKER, Isaías Baltzell. Tr., Pedro Grado.

Yo cu - pa - do siem-pre es-tar, En la vi - ña del Se - ñor.

Consagración 363

. . . sírvele con corazón perfecto y con ánimo voluntario . . . 1 Cr. 28:9

1. A ti con - sa - gro com - ple - ta - men - te, Mi ser, mi
2. A ti me en - tre - go hu - mil - de - men - te, Ven, buen Je -
3. U - sa - me siem - pre do tú de - sig - nes; Tu vo - lun -

cuer - po, mi ha - bi - li - dad. To - ma mi al - ma, haz-me e - fi -
sús, y mo - ra en mi ser. Haz que yo vi - va siem-pre cons -
tad se - rá mi pa - sión. Al ir por sen - das que tú me a -

cien - te Pa - ra ser ú - til con dig - ni - dad.
cien - te De tu men - sa - je y mi de - ber.
sig - nes, A - nun - cia - ré tu gran sal - va - ción. A - mén.

Letra y música CONSAGRACION, Abel P. Pierson Garza. Arm., Prof. Fernando Gaspar L.

364 Día en Día

Y como tus días serán tus fuerzas. Dt. 33:25

1. Oh mi Dios, yo en - cuen - tro ca - da dí - a Tu po-
2. Cer - ca es - tá tu bra - zo ca - da dí - a Y por
3. Tu po - der me a - yu - da ca - da dí - a A ven-

der en to - do sin sa - bor; Por la fe en tu sa-
él re - ci - bo tu fa - vor, ¡Oh Se - ñor, mi al - ma en
cer en la tri - bu - la - ción; Ten - go fe, pues tu pro-

bi - du - rí - a Li - bre soy de pe - na y te - mor.
ti con - fí - a, E - res tú mi gran Con - so - la - dor!
me - sa es mí - a; Go - za - ré de tu con - so - la - ción.

Tu bon - dad, Se - ñor, es in - fi - ni - ta, Tú. me
Pro - tec - ción pro - me - tes a tus hi - jos Por - que
Si el a - fán y la a - flic - ción me lle - gan, Es - ta-

Letra, Carolina V. Sandell Berg, 1865. Tr. al inglés, A. L. Skoog; tr. al castellano, Samuel O. Libert.
Música BLOTT EN DAG, Oscar Ahnfelt.

das a - que - llo que es me - jor; Por tu a - mor a - lí - vian-
son te - so - ro pa - ra ti; Ha-llo en ti cons - tan - te
rá tu ma - no jun - to a mí. Y des - pués, en la pos-

se mis que - jas Y ha - llo paz en el do - lor.
re - go - ci - jo, Sé que tú ve - las por mí.
tre - ra sie - ga, Mo - ra - ré ya jun - to a ti. A - mén.

Que Mi Vida Entera Esté 365

. . . habéis sido comprados por precio; glorificad, pues, a Dios en vuestro cuerpo y en vuestro espíritu, los cuales son de Dios. 1 Co. 6:20

1. Que mi vi - da en - te - ra es - té Con - sa - gra - da a ti, Se - ñor;
2. Que mis pies tan só - lo en pos De lo san - to pue - dan ir;
3. Que mis la - bios al ha - blar Ha - blen só - lo de tu a - mor;
4. Que mi tiem - po to - dos es - té Con - sa - gra - do a tu lo - or;

To - ma, ¡oh Dios!, mi vo - lun - tad, Y haz - la tu - ya na - da más;

Que a mis ma - nos pue - da guiar El im - pul - so de tu a - mor.
Y que a ti, Se - ñor, mi voz Se com - plaz - ca en ben - de - cir.
Que mis bie - nes o - cul - tar No los pue - da a ti, Se - ñor.
Y mi men - te y su po - der Se an u - sa - dos en tu ho - nor.

To - ma, sí, mi co - ra - zón, Y tu tro - no en él ten - drás.

Basado en Romanos 12:1. Letra, Frances R. Havergal, 1874. Tr., Vicente Mendoza. Música YARBROUGH, compositor anónimo; arr., R. M. McIntosh.

366 Ten Fe en Dios

... vuestro Padre sabe de qué cosas tenéis necesidad, antes que vosotros le pidáis. Mt. 6:8

1. Ten fe en Dios cuan-do es-tás a - ba - ti - do; El ve tu
2. Ten fe en Dios, y ve - rás que él es - cu - cha, Tus pe - ti -
3. Ten fe en Dios cuan - do su - fres do - lo - res; El ve tus
4. Ten fe en Dios aun - que to - do te fa - lle; En Dios ten

sen - da y es - cu - cha tu voz; Nun - ca ja - más an - dan
cio - nes; él no ol - vi - da - rá. Pon tu con - fian - za en sus
prue - bas y de - so - la - ción; Y él es - pe - ra que
fe, pues te so - co - rre - rá; El nun - ca fa - lla, aun - que

so - los sus hi - jos; Siem - pre ten fe com - ple - ta en Dios.
san - tas pro - me - sas, Siem - pre ten fe; res - pon - de - rá.
trai - gas tus car - gas, Y ten - gas de él con - so - la - ción.
rei - nos pe - rez - can, El rei - na y siem - pre rei - na - rá.

Ten fe en Dios, rei - nan-do es-tá; Ten fe en Dios, pues fiel te guar-da - rá;

No fa - lla - rá, El ven - ce - rá, Siem-pre ten fe com - ple - ta en Dios.

Cristo, en Ti Confío   367

Señor, si quieres, puedes limpiarme. Lc. 5:12

1. Cris-to, en ti con - fí - o, Mi al-ma en-tre-go a ti, Pues per - di - do es-
2. Cris-to, en ti con - fí - o, Por tu gran bon-dad, Tu mi - se - ri -
3. Cris-to, en ti con - fí - o, Tú no fa - lla - rás; To - do el que a ti

ta-ba y Tú vi - nis-te a mí. Na - die hay en el mun-do Co - mo
cor - dia, Tu fi - de - li - dad. Cie - gos y en - fer-mos Vie - ron
vie - ne, No re - cha - za - rás. Fiel es tu pro-me - sa, Gran-de

tú, Se - ñor, Pues por mí mo - ris - te, Tier - no Sal - va - dor.
tu po - der; To - dos fue - ron lim-pios, Sal - vos por la fe.
es tu a - mor. Ten mi vi - da en-te - ra, ¡Tú e-res mi Se - ñor!

Cris - to, en ti con - fí - o, Mi al-ma en - tre - go a ti,

Pues per - di - do es - ta - ba y Tú vi - nis - te a mí. A - mén.

Letra, Mary J. Walker, 1864. Tr., Tony Arango. ©Copyright 1978 Casa Bautista de Publicaciones.
Todos los derechos reservados. Amparado por los derechos de copyright internacional. Música
ST. ALBAN, Franz Joseph Haydn.

368 Cristo Me Ayuda por El a Vivir

Pero fiel es el Señor, que os afirmará y guardará del mal. 2 Ts. 3:3

1. Cris - to me a - yu - da por él a vi - vir, Cris - to me a-
   yu - da por él a mo - rir; Has - ta que lle - gue su
   glo - ria a ver, Ca - da mo - men - to le en - tre - go mi ser.

2. ¿Sien - to pe - sa - res?, muy cer - ca él es - tá; ¿Sien - to do-
   lo - res?, a - li - vio me da; ¿Ten-go a - flic - cio - nes?, me
   mues - tra su a - mor, Ca - da mo - men - to me cui-da el Se - ñor.

3. ¿Ten-go a - mar - gu - ras o sien - to te - mor? ¿Pa - so tris-
   te - zas?, me ins-pi - ra va - lor; ¿Ha - llo con - flic - tos o
   pe - nas a - quí?, Ca - da mo - men - to se a-cuer - da de mí.

4. ¿Ten - go fla - que - zas o dé - bil es - toy?, Cris - to me
   di - ce: "Tu am - pa - ro yo soy"; Ca - da mo - men - to, en ti-
   nie - blas o luz, Siem-pre con - mi - go es - tá mi Je - sús.

Ca - da mo - men - to la vi - da me da; Ca - da mo-
men - to con - mi - go él es - tá; Has - ta que lle - gue su

Letra, Daniel W. Whittle, 1893. Tr., M. González. Música WHITTLE, May Whittle Moody, 1893.

glo - ria a ver, Ca - da mo - men - to le en - tre - go mi ser.

Ven, Alma Que Lloras 369

Y los redimidos de Jehová volverán, y vendrán a Sion con alegría . . . Is. 35:10

1. Ven, al - ma que llo - ras, ven al Sal - va - dor; En tus tris - tes
2. To - da tu a - mar - gu - ra dí al Cris - to fiel, Y tu pe - na
3. Al que es - tá can - sa - do mués - tra - le la cruz; Guí - a al an - gus -

ho - ras di - le tu do - lor. Di - le de tu due - lo; ven
du - ra, des - car - ga en él En sus bra - zos fuer - tes a -
tia - do ha - cia el buen Je - sús; La ben - di - ta nue - va de

tal co - mo es - tás; Ha - bla sin re - ce - lo, y no llo - res más.
si - lo ha - lla - rás; Ven, por - que él es bue - no, y no llo - res más.
ce - les - te paz A los tris - tes lle - va, y no llo - res más.

Letra, Mary A. Bachelor. Tr., A. L. Empaytaz, adap. Música BURY THY SORROW, Philip P. Bliss.

370 Corazones Siempre Alegres

. . . te enseñaré el camino en que debes andar; sobre ti fijaré mis ojos. Sal. 32:8

1. Co - ra - zo - nes siem - pre a-le - gres, Re - bo - san-do   gra - ti -tud,
2. Dios nos guí - a   de   la   ma - no, Nos am - pa - ra   su po - der;
3. Si   nos mi - ra des - ma - ya - dos En nues - tra   de - bi - li - dad,
4. En   sus fuer-zas lle - va - re - mos Aun con   go - zo   nues-tra cruz;

So - mos los que a Dios a - ma - mos, Re - di - mi - da   ju - ven - tud.
Es   su   bra - zo   po - de - ro - so Que nos quie - re   de - fen - der.
Con su   gra - cia   nos a - ni - ma, Nos le - van - ta   su bon-dad.
Lue - go con   él   can - ta - re - mos En la   glo - ria   de   su luz.

Siem-pre a - le - gres   va - mos to - dos, Lle-nos de   fe - li - ci - dad;

Her - mo - sí - si - mo es   el   ca - mi - no Ha-cia la e - ter - ni - dad.

Letra en alemán, J. A. Reitz. Tr., C. Ihlow. Música CORAZONES SIEMPRE ALEGRES, E. Gebhardt.
Psalter und Harte.

Cuán Firme Cimiento 371

... nadie puede poner otro fundamento que el que está puesto, el cual es Jesucristo. 1 Co. 3:11

1. ¡Cuán firme cimiento se ha dado a la fe,
De Dios en su eterna palabra de amor!
¿Qué más él pudiera en su libro añadir,
Si todo a sus hijos lo ha dicho el Señor?

2. No temas por nada, contigo yo soy;
Tu Dios yo soy solo, tu ayuda seré;
Tu fuerza y firmeza en mi diestra estarán,
Y en ella sostén y poder te daré.

3. No habrán de anegarte las ondas del mar,
Si en aguas profundas te ordeno salir;
Pues siempre contigo en angustias seré,
Y todas tus penas podré reducir.

4. Al alma que anhele la paz que hay en mí,
Jamás en sus luchas la habré de dejar;
Si todo el infierno la quiere perder,
¡Yo nunca, no, nunca, la puedo olvidar! A-mén.

Letra, "K" en *Selection of Hymns* de John Rippon, 1787. Tr., Vicente Mendoza. Música
FOUNDATION en *Union Harmony* de William Caldwell, 1837; arr., R. M. McIntosh.

372 La Mano del Salvador

... creced en la gracia y el conocimiento de nuestro Señor y Salvador Jesucristo. 2 P. 3:18

1. Cuan-do vie-nen nie-blas y os-cu-ri-dad Y no sien-to el di-
2. Si a de-jar a Cris-to ten-ta-do es-toy Por el mun-do tan
3. Cuan-do con-fun-di-do no pue-do ver El de-sig-nio de
4. Cuan-do al fin cer-ca-na la muer-te es-té Con po-der tan a-

vi-no a-mor, Vie-ne al co-ra-zón gran con-so-la-ción
ten-ta-dor, Pue-do yo ven-cer por el gran po-der
mi Se-ñor, A-de-lan-te voy, siem-pre guia-do soy
bru-ma-dor, Paz en mi al-ma ha-brá, pues sos-tén ten-drá

De la ma-no del Sal-va-dor.
De la ma-no del Sal-va-dor. En la ma-no del Sal-va-
Por la ma-no del Sal-va-dor.
De la ma-no del Sal-va-dor. de mi buen

dor Hay po-der tan con-so-la-dor; En la ten-
Sal-va-dor ple-no y tan con-so-la-dor;

Letra, Jessie Brown Pounds. Música TOUCH OF HIS HAND, Henry P. Morton. ©Copyright 1913.
Renovado 1941, H. P. Morton. Tr., George P. Simmonds. Letra, música y traducción asignadas a
Hope Publishing Company. ©Copyright 1955. Todos los derechos reservados. Usado con permiso.

Lab   Lab7 Reb   *Si°7   Lab/Mib   Mib7   Lab

ta - ción vie - ne ben - di - ción De la ma - no del Sal - va - dor.

Buscad Primero   373

Mas buscad primeramente el reino de Dios y su justicia, y todas estas cosas os serán añadidas. Mt. 6:33

Do   *Discanto opcional* Sol   Lam   Mim   Fa

A -   le - lu - ya, A -

1.—2. Bus - cad pri - me - ro el rei - no de Dios Y su per -
3.—4. No só - lo de pan el hom - bre vi - vi - rá, Si - no de
5.—6. Pe - did, pe - did y se os da - rá; Bus - cad y

Mim   Sol   Do   Sol   Lam   Mim

le - lu - ya, A - le - lu - ya,

fec - ta jus - ti - cia, Y lo de - más a - ña - di - do se - rá.
to - da pa - la - bra Que sa - le de la bo - ca de Dios.
ha - lla - réis Lla - mad, lla - mad y la puer-ta se a - bri - rá.

Fa   Do   Sol Do   Fa   Do   Sol Do

1-5   6

A - le - lu - ya, A - le - lu - ya. A - le - lu - ya, A - le - lu - ya.

1-5   6

A - le - lu - ya, A - le - lu - ya. A - le - lu - ya, A - le - lu - ya.
A - le - lu - ya, A - le - lu - ya. A - le - lu - ya, A - le - lu - ya.
A - le - lu - ya, A - le - lu - ya. A - le - lu - ya, A - le - lu - ya.

Basado en Mateo 6:33. Letra de primera estrofa, Karen Lafferty. Letra de segunda
y tercera estrofas, anónimo. Música SEEK YE FIRST, Karen Lafferty.

374 Mi Dios Reinando Está

... Jehová vuestro Dios es Dios arriba en los cielos y abajo en la tierra. Jos. 2:11

1. Te - mo - res hay y pre - sio - nes mil, Y mi ca - mi - no os -
2. Con - flic - tos, gue - rras por siem-pre ha-brá Y ma - les mu - chos ha -
3. Aun cuan - do ten - ga yo que lu - char, En su Pa - la - bra con -
4. Je - sús ven - drá por su pue - blo, sí, Su rei - no san - to po -

cu - ro va; Pe - ro es muy cier - to que siem-pre a - quí: Mi
brá do - quier; Mas Dios, yo sé, que me es - cu - cha ya: Mi
fian - do es - toy. Y por su gra - cia me ha - rá triun - far: Mi
der ten - drá; Por e - so es que hay con - fian - za en mí: Mi

Dios rei - nan-do es - tá.
Dios rei - nan-do es - tá.
Dios rei - nan-do es - tá. De - sig - nios san - tos los su - yos son; Por
Dios rei - nan-do es - tá.

él los as - tros su luz da - rán, Y él da a la tie - rra su

Letra y música SOVEREIGNTY, E. Margaret Clarkson. ©Copyright 1966 Hope Publishing Co.
Todos los derechos reservados. Amparado por los derechos de copyright internacional. Usado
con permiso. Tr.,Daniel Díaz R.

Solm Fa Do7 Fa Solm Do7 Fa

pro - tec - ción: Mi Dios rei-nan-do es-tá, Mi Dios rei-nan-do es-tá.

¡Salve, Jesús, Mi Eterno Redentor! 375

Cristo Jesús vino al mundo para salvar a los pecadores . . . 1 Ti. 1:15

1. ¡Sal - ve, Je - sús mi e - ter - no Re-den-tor! En ti con - fí -
2. Om - ni - po - ten - te, tú rei - nan-do es-tás; Mi - se - ri - cor -
3. Vi - da e - res, y de ti es el vi - vir; De ti el sos - tén
4. O - tra es - pe - ran - za no hay pa-ra el mor - tal, En su tan cor -

a mi al-ma, Sal - va - dor; Su - fris - te cruen - ta cruz por mi
dia y gra - cia ple - na das. Tu so-lio en nues - tras al - mas haz;
con - fia - mos re - ci - bir; Por fe es - pe - ra - mos só - lo en tu
ta vi - da te - rre - nal. Tu cal-ma y paz nos guar - dan del

mal - dad, Pa - ra li - brar-nos en tu gran bon - dad.
Je - sús, Llé - na - las de tu dul - ce y pu - ra luz.
po - der, Que en to - da prue - ba nos ha - rá ven - cer.
a - zar, Tus fuer - zas nos ha - rán per - se - ve - rar. A - mén.

Letra, John Calvin, 1545. Tr. al inglés, Elizabeth L. Smith, 1868; tr. al castellano, George P. Simmonds, 1977. © Copyright 1978 Casa Bautista de Publicaciones. Todos los derechos reservados. Amparado por los derechos de copyright internacional. Música TOULON, *Salterio de Ginebra*, 1551.

376 Del Amor Divino

¿Quién nos separará del amor de Cristo? Ro. 8:35

1. Del amor divino, ¿quién me apartará? Escondido en Cristo, ¿quién me tocará? Si Dios justifica, ¿quién condenará? Cristo por mí ruega, ¿quién me acusará? A los que a Dios aman, todo ayuda a bien. Esto es mi consuelo, esto es mi sostén. esto es mi sostén.

2. Todo lo que pasa en mi vida aquí Dios me lo prepara por amor de mí. En mis pruebas duras, Dios me es siempre fiel: ¿Por qué pues las dudas? Yo descanso en él.

3. Plagas hay y muerte a mi alrededor. Ordenó mi suerte el que es Dios de amor. Ni una sola flecha me podrá dañar. Si él no lo permite, no me alcanzará.

Basado en Romanos 8:28-35. Letra, Enrique Turrall. Música AMOR DIVINO, José Daniel Verstraeten.

¡Oh Cuán Dulce Es Fiar en Cristo! 377

. . . seamos para alabanza de su gloria, nosotros los que primeramente esperábamos en Cristo. Ef. 1:12

1. ¡Oh, cuán dul - ce es fiar en Cris - to, Y en - tre - gar - se
2. Es muy dul - ce fiar en Cris - to, Y cum - plir su
3. Siem-pre es gra - to fiar en Cris - to, Cuan - do bus - ca el
4. Siem-pre en ti con - fiar yo quie - ro Mi pre - cio - so

to - do a él; Es - pe - rar en sus pro - me - sas,
vo - lun - tad, No du - dan - do su pa - la - bra,
co - ra - zón, Los te - so - ros ce - les - tia - les
Sal - va - dor; En la vi - da y en la muer - te

Y en sus sen - das ser - le fiel!
Que es la luz y la ver - dad.
De la paz y del per - dón.
Pro - tec - ción me dé tu a - mor.

Je - su - cris - to,

Je - su - cris - to, Ya tu a - mor pro - bas - te en mí;

Je - su - cris - to, Je - su - cris - to, Siem-pre quie - ro fiar en ti.

Letra, Louise M. R. Stead, *c.* 1882. Tr., Vicente Mendoza. Música TRUST IN JESUS,
William J. Kirkpatrick, 1882.

378 Redimido por Cristo

... en quien tenemos redención por su sangre, el perdón de pecados según las riquezas de su gracia ...

Ef. 1:7

1. Com-pra - do por san-gre de Cris-to, Con go - zo al
2. Soy li - bre de pe - na y cul - pa, Su go - zo él
3. En Cris - to yo siem-pre me - di - to, Y nun - ca le

cie - lo yo voy; Li - bra - do por gra-cia in-fi - ni - ta, Ya
me ha-ce sen - tir; El lle - na de gra - cia mi al - ma; Con
pue-do ol - vi - dar; Ca - llar sus fa - vo - res no quie-ro, A

sé que su hi - jo yo soy.
él es tan dul - ce vi - vir. Lo sé, lo sé, Com-
Cris - to le voy a can - tar.

pra - do por san - gre yo soy; Com - pra - do por

Letra, Fanny J. Crosby, 1882. Música ADA, A. L. Butler, 1967. ©Copyright 1967 Broadman Press.
Todos los derechos reservados. Amparado por los derechos de copyright internacional.
Tr., J. Ríos y W. C. Brand. Usado con permiso.

san - gre de Cris - to, Con go - zo al cie - lo yo voy.

Refugio de Este Pecador   379

Mi Dios, pues, suplirá todo lo que os falta conforme a sus riquezas en gloria en Cristo Jesús.
Fil. 4:19

1. Re - fu - gio de es - te pe - ca - dor, I - ré, Je - sús, a ti;
2. Con - fie - so que cul - pa - ble soy, Con - fie - so que soy vil;
3. Au - xí - lia - me, Se - ñor Je - sús, Li - bér - ta - me del mal;
4. En to - da mi ne - ce - si - dad, Es - cu - cha mi cla - mor.

En las ri - que - zas de tu a - mor, A - cuér - da - te de mí.
Por ti, em - pe - ro, sal - vo soy, Se - gu - ro en tu re - dil.
En mí de - rra - ma de tu luz, Be - llí - si - mo rau - dal.
Re - vís - te - me de san - ti - dad, Y cól - ma - me de a - mor.   A - mén.

Letra, Tomás M. Westrup. Música GRÄFENBERG, de *Praxis Pietatis Melica* de Johann Crüger, 1647.

380 Mi Fe Descansa en Buen Lugar

Justificados, pues, por la fe, tenemos paz para con Dios por medio de nuestro Señor Jesucristo.
Ro. 5:1

1. Mi fe des-can-sa en buen lu-gar, No en u-na re-li-gión;
2. Me bas-ta que él es Sal-va-dor, Que ya no hay que te-mer.
3. Su voz me da se-gu-ri-dad En su Pa-la-bra fiel.

Con-fí-o en el vi-vien-te Rey, Pues él mu-rió por mí.
Soy pe-ca-dor, mas voy a él, Que no me a-par-ta-rá.
Mi fe des-can-sa en buen lu-gar, En Cris-to mi Se-ñor.

Y no pre-ci-so dis-cu-tir ni un ar-gu-men-to más:

Me bas-ta que Cris-to mu-rió y que él mu-rió por mí.

Letra, Lidie H. Edmunds, Siglo XIX. Tr., Arnoldo Canclini. © Copyright 1978 Casa Bautista de Publicaciones. Todos los derechos reservados. Amparado por los derechos de copyright internacional. Música LANDÁS, Melodía noruega; arr., William J. Kirkpatrick.

Te Necesito Ya   381

Inclina, oh Jehová, tu oído, y escúchame, porque estoy afligido y menesteroso. Sal. 86:1

1. Te ne - ce - si - to ya, Ben - di - to Sal - va - dor,
2. Te ne - ce - si - to ya, Tú no me de - ja - rás;
3. Te ne - ce - si - to ya, Tu san - ta vo - lun - tad,
4 Te ne - ce - si - to ya, San - tí - si-mo Se - ñor;

Me in - fun - de dul - ce paz Tu tier - na voz de a - mor.
Yo siem - pre ven - ce - ré Si tú con-mi-go es - tás.
Y tus pro - me - sas mil En mí cum-ple en ver-dad.
Tu - yo haz - me, na - da más, Ben - di - to Sal - va - dor.

Te ne - ce - si - to, Cris - to, Sí, te ne - ce - si - to,

Con co - ra-zón con-tri - to A - cu - do a ti. A - mén.

Letra, Annie S. Hawks, 1872. Tr., George P. Simmonds. ©Copyright 1967, renovado,
George P. Simmonds. Todos los derechos reservados. Usado con permiso. Música NEED,
Robert Lowry, 1872.

382 Fe la Victoria Es

... esta es la victoria que ha vencido al mundo, nuestra fe. 1 Jn. 5:4

1. Sol - da - dos del Se - ñor Je - sús, Pen - do - nes le - van - tad;
2. Su a - mor pen - dón es de bon - dad, Su ley, he - ren - cia fiel;
3. Al que ven - cie - re Dios da - rá, Ro - pa - je sin i - gual;

Lu - chad va - lien - tes que la luz, Muy pron - to a - ca - ba - rá.
La sen - da de la san - ti - dad Se - gui - mos por do - quier.
Su nom - bre a - llá con - fe - sa - rá Je - sús el In - mor - tal.

Al e - ne - mi - go com - ba - tid, Con gran ce - le - ri - dad;
Por fe en Je - sús el Sal - va - dor, Y fér - vi - da o - ra - ción.
Nues-tra al - ma por la e - ter - ni - dad, A Dios a - la - ba - rá;

Por fe en Je - sús al mun - do vil, Po - dréis a - sí ga - nar.
Y me pre - pa - ra el Sal - va - dor, En glo - ria u - na man - sión.
Pues por la fe y la san - ti - dad, Al mun - do ven - ce - rá.

Letra, John H. Yates, 1891. Tr.,H. T. Reza. Poema en castellano ©Copyright 1962 Lillenas Publishing Company, U. S. A. Todos los derechos reservados. Usado con permiso. Música SANKEY, Ira D. Sankey, 1891.

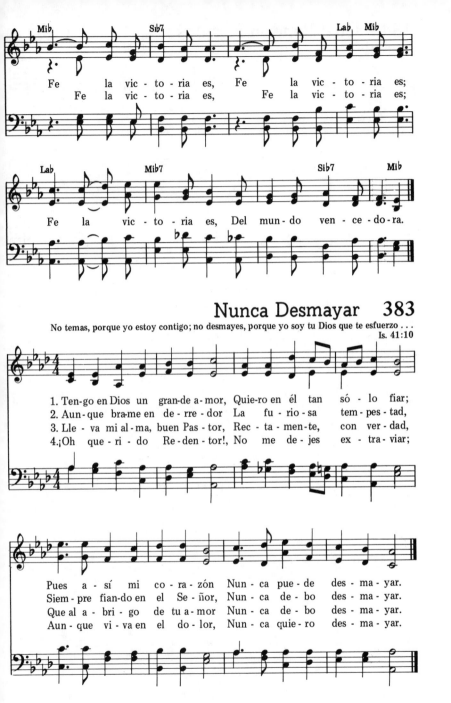

Fe la vic-to-ria es, Fe la vic-to-ria es;

Fe la vic-to-ria es, Fe la vic-to-ria es;

Fe la vic-to-ria es, Del mun-do ven-ce-do-ra.

Nunca Desmayar 383

No temas, porque yo estoy contigo; no desmayes, porque yo soy tu Dios que te esfuerzo . . .
Is. 41:10

1. Ten-go en Dios un gran-de a-mor, Quie-ro en él tan só-lo fiar;
2. Aun-que bra-me en de-rre-dor La fu-rio-sa tem-pes-tad,
3. Lle-va mi al-ma, buen Pas-tor, Rec-ta-men-te, con ver-dad,
4. ¡Oh que-ri-do Re-den-tor!, No me de-jes ex-tra-viar;

Pues a sí mi co-ra-zón Nun-ca pue-de des-ma-yar.
Siem-pre fian-do en el Se-ñor, Nun-ca de-bo des-ma-yar.
Que al a-bri-go de tu a-mor Nun-ca de-bo des-ma-yar.
Aun-que vi-va en el do-lor, Nun-ca quie-ro des-ma-yar.

Letra, autor anónimo. Música HARTS, Benjamin Milgrove, 1769.

384 Cual Pendón Hermoso

Has dado a los que te temen bandera que alcen por causa de la verdad. Sal. 60:4

1. Cual pen - dón her - mo - so des - ple - gue - mos hoy
2. Pre - di - que - mos siem - pre lo que di - ce Dios
3. En el mun - do pro - cla - me - mos con fer - vor
4. En el cie - lo nues - tro cán - ti - co se - rá

La ban - de - ra de la cruz, La ver - dad del e - van-
De la san - gre de Je - sús, Có - mo lim - pia del pe-
Es - ta his - to - ria de la cruz; Ben - di - ga - mos sin ce-
A - la - ban - zas a Je - sús; Nues - tro co - ra - zón a-

ge - lio de per - dón Del sol - da - do de Je - sús.
ca - do al mor - tal Y le da su ple - ni - tud.
sar al Re - den - tor, Quien nos tra - jo paz y luz.
llí re - bo - sa - rá De a - mor y gra - ti - tud.

A - de - lan - te, A - de - lan - te, En

Basado en el Salmo 60:4. Letra, Daniel W. Whittle, 1887. Tr., Enrique Turrall. Música ROYAL BANNER, James McGranahan, 1887.

pos de nues-tro Sal - va - dor.   Nos da
el Se - ñor,   nues-tro Sal - va - dor.

go - zo y fe nues-tro Rey,   A - de-lan-te con va - lor.

Abismado en el Pecado   385

De lo profundo, oh Jehová, a ti clamo. Sal. 130:1

1. A - bis - ma - do en el pe - ca - do Cla - ma - ré yo a ti, Se - ñor:
2. Dios cle - men - te, om - ni - po - ten - te, Lí - bra - me de to - do mal,
3. Ca - da dí - a go - za - rí - a A tu la - do, buen Je - sús,
4. Rey del cie - lo, mi con - sue - lo, Mi es - pe - ran - za y mi sos - tén,

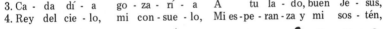

Mi-ra el llan-to y el que-bran-to De es - te po - bre pe - ca - dor.
Pa - ra a - mar-te y a - la - bar - te En la pa - tria ce - les - tial.
A - do - ran - do y en-sal - zan - do Al au - tor de to - da luz.
Sé mi guí - a, mi a - le - grí - a En la sen - da del E - dén.

Letra, Ramón Bon. Música STUTTGART, Christian F. Witt, 1715; adap.,Henry Gauntlett, 1861.

386 Que Mi Vida Entera Esté

... habéis sido comprados por precio; glorificad, pues, a Dios en vuestro cuerpo y en vuestro espíritu, los cuales son de Dios. 1 Co. 6:20

1. Que mi vida en - te - ra es - té Con - sa - gra - da a ti, Se - ñor;
2. Y que a ti, Se - ñor, mi voz Se com-plaz - ca en ben - de - cir.
3. To - ma, ¡oh Dios!, mi vo - lun-tad, Y haz - la tu - ya na - da más;

Que mi tiem - po to - do es - té Con - sa - gra - do a tu lo - or;
Que mis la - bios al ha - blar Ha - blen só - lo de tu a - mor;
To - ma, sí, mi co - ra - zón, Y tu tro - no en él ten - drás.

Que a mis ma - nos pue - da guiar El im - pul - so de tu a - mor.
Que mis bie - nes o - cul - tar No los pue - da a ti, Se - ñor.
Y mi a - mor a ti lo doy, Mi te - so - ro y lo que soy.

Que mis pies tan só - lo en pos De lo san - to pue - dan ir.
Y mi men-te y su po - der Yo los u - se en tu ho - nor.
To - do tu - yo quie - ro ser, Só - lo en ti per - ma - ne - cer. A - mén.

Basado en Romanos 12:1. Letra, Frances R. Havergal. Tr., Vicente Mendoza. Música MESSIAH, Louis J. F. Herold; arr., George Kingsley.

Vienen a Mí 387

Recuérdales . . . que estén dispuestos a toda buena obra. Tit. 3:1

1. Vie - nen a mí a - ler - tas y bus - can - do
2. Vie - nen a mí con sus ta - len - tos gran - des,
3. Vie - nen a mí, ca - da u - no di - fe - ren - te,
4. ¡Vie - nen a mí!, Oh Dios, me sien - to in - dig - no

La ver - da - de - ra sen - da del vi - vir; Há - bla - me, oh
Que les in - di - que lo que de - ben ser; Rue - go, Se -
Con sus pro - ble - mas pa - ra re - sol - ver; Da - me, Se -
De que en tu Rei - no tú me des qué ha - cer; Pre - pá - ra -

Dios, y u - sa tú mis la - bios, Y a - sí sa - bré qué
ñor, me des sa - bi - du - rí - a Al in - di - car - les
ñor, tu luz y en - ten - di - mien - to Que a ca - da cual a -
me, Se - ñor, ser - vir - te quie - ro, Y ser a to - dos

les po - dré de - cir; Y a - sí sa - bré qué les po - dré de - cir.
lo que ha - brán de ha - cer; Al in - di - car - les lo que ha - brán de ha - cer.
yu - da pue - da ser; Que a ca - da cual a - yu - da pue - da ser.
lo que de - bo ser; Y ser a to - dos lo que de - bo ser.

Letra, Lois H. Young, en *Fifteen New Christian Hymns.* ©Copyright 1959 The Hymn Society of America.
Usado con permiso. Tr., George P. Simmonds, 1977. Poema en castellano ©Copyright 1978 Casa
Bautista de Publicaciones. Todos los derechos reservados. Amparado por los derechos de copyright
internacional. Música PEEK, Joseph Y. Peek; arr., G. C. Tullar.

388 No Tengo Temor

Porque tú has sido mi refugio, y torre fuerte delante del enemigo. Sal. 61:3

1. Cris-to es-tá con-mi-go, ¡Qué con-so-la-ción!
2. Fuer-tes e-ne-mi-gos Siem-pre cer-ca es-tán;
3. El que guar-da mi al-ma, Nun-ca se dor-mi-rá;

Su pre-sen-cia a-le-ja To-do mi te-mor;
Cris-to es-tá más cer-ca, Guár-da-me del mal;
Si mi pie res-ba-la, El me sos-ten-drá;

Ten-go la pro-me-sa De mi Sal-va-dor:
"Ten va-lor", me di-ce, "Soy tu de-fen-sor;
En mi vi-da dia-ria Es mi pro-tec-tor;

"No te de-ja-ré nun-ca; Siem-pre con-ti-go es-toy."
No te de-ja-ré nun-ca; Siem-pre con-ti-go es-toy."
Cuán fiel es su pa-la-bra: "Siem-pre con-ti-go es-toy."

No ten-go te-mor, No ten-go

Letra, Eliza E. Hewitt. Tr., Enrique Turrall. Música NEVER ALONE, arr., B. B. McKinney.
©Copyright 1940 Broadman Press. Todos los derechos reservados. Usado con permiso.

te - mor; Je - sús me ha pro - me - ti - do:

"Siem-pre con - ti - go es - toy." "Siem-pre con - ti - go es - toy."

Objeto de Mi Fe 389

... puestos los ojos en Jesús, el autor y consumador de la fe ... He. 12:2

1. Ob - je - to de mi fe, Di - vi - no Sal - va - dor,
2. Con - sa - gra el co - ra - zón Que ha de per - te - ne - cer
3. La sen - da al re - co - rrer, Obs - cu - ra y de do - lor,
4. Pues el ca - mi - no sé De ce - les - tial man - sión,

Pro - pi - cio sé; Cor - de - ro de mi Dios, Li - bre por
A ti, no más; Cal - mar, for - ta - le - cer, Gra - cia co -
Tú me guia - rás; A - sí ten - dré va - lor, A - sí po -
Luz y so - laz; Ben - di - to Sal - va - dor, Tú e - res

tu bon - dad, Li - bre de mi mal - dad Yo quie - ro ser.
mu - ni - car, Mi ce - lo a - cre - cen - tar Te dig - na - rás.
dré vi - vir, A - sí po - dré mo - rir En dul - ce paz.
la ver - dad, Vi - da, con - fian - za, a - mor, Mi e - ter - na paz. A - mén.

Letra, Ray Palmer, 1830. Tr.,T. M. Westrup. Música OLIVET, Lowell Mason, 1832.

390 Habla, Jesús, a Mi Alma

Mi alma tiene sed de Dios, del Dios vivo . . . Sal. 42:2

1. Ha - bla, Je - sús, a mi al - ma, Que pue-da o - ír tu voz.
2. Ha - bla, Je - sús, a mi al - ma, Bo - rra mi gran mal - dad;
3. Ha - bla, Je - sús, a mi al - ma, Es tu - ya na - da más.

Ha - bla, Je - sús, a mi al - ma, Cal - ma la du - da a - troz.
Ha - bla, Je - sús, a mi al - ma, Y que ha - ble tu ver - dad.
Ha - bla, Je - sús, a mi al - ma, Y haz - la más e - fi - caz.

Ha - bla, Je - sús, a mi co - ra - zón, Bus - co en ti to - do el ser;

Lis - to a es - cu - char tu dul - ce voz, Ven, mo - ra en mi co - ra - zón.

Quien Quiera Fuerte Mostrarse　391

. . . prosigo a la meta, al premio del supremo llamamiento de Dios en Cristo Jesús. Fil. 3:14

1. Quien quie - ra fren - te al mal Fuer - te mos - trar - se,
2. Quie - nes hoy di - sua - dir Al fiel in - ten - tan,
3. Pues - to que tú, Se - ñor, Siem - pre nos guar - das,

En el Se - ñor po - drá Siem - pre am - pa - rar - se.
Ha - brán de su - cum - bir: Su fuer - za au - men - tan.
En glo - ria u - na man - sión, Fiel nos pre - pa - ras.

Y na - da ha de en - con - trar Que lo ha - ga a - ban - do - nar
Al mal ha de ven - cer Con to - do su po - der,
No quie - ro ya vol - ver Al mun - do y su pla - cer,

Su vo - lun - tad de ser Un pe - re - gri - no.
Y siem - pre ha - brá de ser Un pe - re - gri - no.
Me es - for - za - ré por ser Un pe - re - gri - no. A - mén.

Letra, John Bunyan, 1684; adap., Percy Dearmer, 1906. Letra de *The English Hymnal.* Usada con permiso de Oxford University Press. Tr., P. D. Sosa. Música ST. DUNSTAN'S, C. Winfred Douglas, 1917. Música usada con permiso de *The Church Pension Fund.*

392 A Jesús Prefiero

...amigo hay más unido que un hermano. Pr. 18:24

1. Cuan-do car - ga - do y tris-te es-té, Cris-to me a-ni - ma - rá;
2. Cuan-do mi bar - co va a zo - zo-brar En a - gi-ta - do mar,
3. Cuan-do me a - co - se el ten - ta-dor, El me de-fen - de - rá,

Cuan-do me a - go - bien pro - ble - mas mil, Siem-pre me a - yu - da - rá.
No te - me - ré yo la tem - pes-tad: El me po-drá a - yu - dar.
Y co-mo es-cu-do en la lu - cha cruel, El me pro - te - ge - rá.

A Je - sús pre - fie - ro, a - mi - go y Rey;
A Je - sús pre - fie - ro siem-pre, mi a - mi - go y mi Rey;

Lo que fal - ta, de él re - ci - bi - ré;
Lo que fal - ta, Lo que fal - ta, de él re - ci - bi - ré;

Lo he pro - ba - do, y lo en-cuen - tro fiel;
Lo he pro - ba - do, lo he pro - ba - do, y lo en-cuen - tro bue-no y fiel;

Letra, James Rowe. Tr., Marjorie J. de Caudill. Música I CHOOSE JESUS, Samuel W. Beazley.

Soy fe - liz, Pues siem - pre con - fí - o en él.
Soy fe - liz, sí, soy fe - liz; siem - pre con - fí - o en él.

¿Soy Yo Soldado de Jesús? 393

Velad, estad firmes en la fe . . . 1 Co. 16:13

1. ¿Soy yo sol - da - do de Je - sús? ¿Un sier - vo del Se - ñor?
2. Lu - cha - ron o - tros por la fe Con ce - lo y con va - lor,
3. Es me - nes - ter que se - a fiel, Que nun - ca vuel - va a - trás;

¿Y te - me - ré lle - var la cruz Su - frien - do por su a - mor?
¿Y yo co - bar - de ne - ga - ré A Cris - to mi Se - ñor?
Que si - ga siem - pre en pos de él: Su gra - cia me da - rá.

Basado en 1 Corintios 16:13. Letra, Isaac Watts, c. 1724. Tr., Henry S. Turrall. Música ARLINGTON, Thomas A. Arne, 1762; adap., Ralph Harrison, 1784.

394 ¿Soy Yo Soldado de Jesús?

Tú, pues, sufre penalidades como buen soldado de Jesucristo. 2 Ti. 2:3

1. ¿Soy yo sol - da - do de Je - sús? ¿un sier - vo del Se - ñor?
2. Lu - cha - ron o - tros por la fe; ¿co - bar - de yo he de ser?
3. Es me - nes - ter que se - a fiel, que nun - ca vuel - va a-trás,

¿Y te - me - ré lle - var la cruz su - frien - do por su a-mor?
Por mi Se - ñor ba - ta - lla - ré, con - fian - do en su po - der.
Que si - ga siem - pre en pos de él: su gra - cia me da - rá.

Ha - bla - ré por mi Se - ñor, con - fe - sa - ré mi fe;

Su Es - pí - ri - tu me a-yu - da - rá, yo tes - ti - fi - ca - ré.

Letra, Isaac Watts. Tr., Enrique Turrall. Música ¿SOLDADO DE JESUS?, Sergio Vargas.

No Te Dé Temor Hablar por Cristo   395

... que prediques la palabra; que instes a tiempo y fuera de tiempo ... 2 Ti. 4:2

1. No te dé temor hablar por Cristo, Haz que brille en ti su luz.
2. No te dé temor hacer por Cristo Cuanto de tu parte está;
3. No te dé temor sufrir por Cristo, Los reproches, o el dolor;
4. No te dé temor vivir por Cristo Esa vida que te da;

Al que te salvó confiesa siempre; Todo debes a Jesús.
Obra con amor, con fe y constancia; Tus trabajos premiará.
Sufre con amor tus pruebas todas, Cual sufrió tu Salvador.
Si tan sólo en él por siempre fiares, El con bien te saciará.

No te dé temor, no te dé temor, Nunca, nunca, nunca;

Es tu amante Salvador, Nunca, pues, te dé temor.

Letra, William B. Bradbury. Tr.,T. M. Westrup. Música NEVER BE AFRAID, William B. Bradbury.

396 Si Fui Motivo de Dolor

... perdonándoos unos a otros, como Dios también os perdonó a vosotros en Cristo. Ef. 4:32

1. Si fui mo-ti-vo de do-lor, oh Cris-to; si por mi cau-sa el dé-bil tro-pe-zó; Si en tus pi-sa-das ca-mi-nar no qui-se, Per-dón te rue-go, mi Se-ñor y Dios.

2. Si va-na y fú-til mi pa-la-bra ha si-do; si al que su-frí-a en su do-lor de-jé: No me con-de-nes tú por mi pe-ca-do; Per-dón te rue-go, mi Se-ñor y Dios.

Es-cu-cha, oh Dios, mi con-fe-sión

Letra, C. M. Battersby. Tr. adap. de Sara M. de Hall. Música MOTIVO DE DOLOR, arm. Robert C. Savage. ©Copyright 1953 Singspiration, Inc. Tr. ©Copyright 1978 Singspiration, Inc. Todos los derechos reservados. Usado con permiso.

hu - mil - de y lí - bra - me de ten - ta - ción su -

til. Pre - ser - va siem - pre mi al - ma en tu re - ba - ño.

Per - dón te rue - go, mi Se - ñor y Dios.

397 Firmes y Adelante

Pelea la buena batalla de la fe . . . 1 Ti. 6:12

1. Fir - mes y a - de - lan - te, Hues - tes de la fe, Sin te-
mor al - gu - no, Que Je - sús nos ve. Je - fe so - be - ra - no,
Cris - to al fren - te va, Y la re - gia en - se - ña Tre - mo - lan - do es - tá:
Fir - mes y a - de - lan - te, Hues - tes de la fe,

2. Mué - ve - se po - ten - te La i - gle - sia de Dios, De los
ya glo - rio - sos Va - mos hoy en pos: So - mos só - lo un cuer - po,
Y u - no es el Se - ñor, U - na la es - pe - ran - za, Y u - no nues - tro a - mor.

3. Tro - nos y co - ro - nas Pue - den pe - re - cer; De Je-
sús la i - gle - sia Siem - pre ha - brá de ser; Na - da en con - tra su - ya
Pre - va - le - ce - rá, Por - que la pro - me - sa Nun - ca fal - ta - rá.

4. Pue - blos, vues - tras vo - ces A la nues - tra u - nid, Y el can-
tar de triun - fo To - dos re - pe - tid: Prez, ho - nor y glo - ria
Dad a Cris - to el Rey: Y por las e - da - des Can - te a - sí su grey.

Letra, Sabine Baring-Gould, 1864. Tr., Juan B. Cabrera. Música ST. GERTRUDE,
Arthur S. Sullivan, 1871.

Sin te - mor al - gu - no, Que Je - sús nos ve.

Mirad y Ved a Nuestro Dios 398

Te he puesto para luz . . . a fin de que seas para salvación hasta lo último de la tierra. Hch. 13:47

1. Mi - rad y ved a nues - tro Dios, Al vic - to - rio - so Re - den -
2. Se - guid - le, pues, con hu - mil - dad, En san - ti - dad de co - ra -
3. Oh, le - van - tad la san - ta cruz De Cris - to, nues - tro Sal - va -
4. Cla - mad a Dios sin des - can - sar; O - rad al due - ño de la

tor; Su em-ble - ma paz, su es - pa - da luz, Y su ban-de - ra el a - mor.
zón; Ha - ced al mun - do co - no - cer La glo - ria de su sal - va - ción.
dor. Id, a - nun - ciad per - dón, sa - lud A to - do tris - te pe - ca - dor.
mies; Y por la fe al fin lle - vad Los re - di - mi - dos a sus pies.

Letra, G. J. Schilling. Es traducción. Música PALMARUM, J. Frederick Wolle.

399 En los Negocios del Rey

... somos embajadores en nombre de Cristo ... os rogamos en nombre de Cristo: Reconciliaos con Dios. 2 Co. 5:20

1. Soy pe - re - gri - no a - quí, mi ho - gar le - ja - no es - tá En la man-
2. Y del pe - ca - do vil, a - rre - pen - ti - dos ya, Han de rei-
3. Mi ho - gar más be - llo es que el va - lle de *Sa - rón, Go - zo y e-

sión de luz, e - ter - na paz y a - mor; Em - ba - ja - dor yo soy del
nar con él los que o - be - dien - tes son; Es el men - sa - je fiel que
ter - na paz ha - brá por siem - pre en él, Y a - llí Je - sús da - rá e-

rei - no ce - les - tial En los ne - go - cios de mi Rey.
de - bo pro - cla - mar, En los ne - go - cios de mi Rey. Es - te men-
ter - na ha - bi - ta - ción, Es el men - sa - je de mi Rey.

sa - je fiel o - íd, Men - sa - je de su paz y a - mor; "Re - con - ci-

*Sarón, valle de Palestina. Is. 33:9; 65:10.

Letra, E. Taylor Cassel. Tr., Vicente Mendoza. Música CASSEL, Flora H. Cassel.©Copyright 1902. Renovado 1930 en *International Praise*. Asignado a Hope Publishing Co. Usado con permiso.

lia - os ya," di - ce el Se - ñor y Rey, ¡Re - con - ci - lia - os hoy con Dios!

Tu Vida, ¡Oh Salvador! 400

A Jehová nuestro Dios serviremos, y a su voz obedeceremos. Jos. 24:24

Unísono

1. Tu vi - da, ¡oh Sal - va - dor!, Dis - te por mí; Y na - da
2. Al Pa - dre sin ce - sar Rue - gas por mí, Y en mi de -
3. A es - tar con - mi - go ven, Vi - ve tú en mí; Y ca - da
4. Cuan - to yo ten - go y soy Lo en - tre - go a ti, ¡En go - zo

quie - ro yo Ne - gar - te a ti. Ren - di - da mi al - ma es - tá; Ser -
bi - li - dad Con - fí - o en ti; Quie - ro mi cruz lle - var, Tu
dí - a ha - ré Al - go por ti: Al po - bre al - gún fa - vor, Cu -
o a - flic - ción Tu - yo has - ta el fin! Y cuan - do vea tu faz, En

vir - te an - sí - a ya, Y al - gún tri - bu - to dar De a - mor a ti.
nom - bre pro - cla - mar, Y can - tos en - to - nar De a - mor a ti.
rar al - gún do - lor, Y a - sí mos - trar tu a - mor, Al - go por ti.
glo - ria don - de es - tás Siem - pre me de - ja - rás Ser - vir - te a ti.

Letra, Sylvanus Dryden Phelps. Tr., Ernesto Barocio. Música SOMETHING FOR THEE,
Robert Lowry.

401 Estad por Cristo Firmes

... estad firmes y constantes, creciendo en la obra del Señor siempre ... 1 Co. 15:58

1. ¡Estad por Cristo firmes! Soldados de la cruz;
2. ¡Estad por Cristo firmes! Hoy llama a la lid;
3. ¡Estad por Cristo firmes! Las fuerzas son de él.
4. ¡Estad por Cristo firmes! Bien poco durarán

Alzad hoy la bandera En nombre de Jesús.
Con él, pues, a la lucha, ¡Soldados todos, id!
El brazo de los hombres Por débil no es fiel.
La lucha y la batalla; Victoria viene ya.

Es vuestra la victoria Con él por capitán,
Probad que sois valientes Luchando contra el mal;
Vestíos la armadura, Velad en oración.
A todo el que venciere Corona se dará;

Por él serán vencidas Las huestes de Satán.
Si es fuerte el enemigo, Jesús es sin igual.
Deberes y peligros Demandan más tesón.
Y con el Rey de gloria, Por siempre vivirá.

Efesios 6:10-20. Letra, George Duffield, h., 1858. Tr., Jaime Clifford. Música WEBB, George J. Webb, 1830. Esta música se encuentra en un tono más alto, Nú. 244.

¡Oh Dios de Amor Perfecto! 402

Por esto dejará el hombre a su padre y a su madre, y se unirá a su mujer, y los dos serán una sola carne. Ef. 5:31

1. ¡Oh Dios de amor perfecto! A ti venimos
   Ante tu trono excelso, en oración;
   Concede amor sin término a tus hijos,
   Dales el gozo de tu bendición.

2. Dios de la vida, dales tus virtudes
   De caridad y de profunda fe;
   La fe que dice ante el dolor: "No dudes."
   El noble confiar de la niñez.

3. Concédeles, Señor, amor cumplido;
   Dales tu paz, que calma la ansiedad;
   Haz brillar tras el día en sombrecido
   La aurora nueva de un amor sin par.

4. Bendice a los que unes, Padre bueno,
   Por el eterno y celestial Jesús;
   Dios trino, de perdón y gracia lleno,
   Que al universo inundas con tu luz. Amén.

Letra, Dorothy Frances Bloomfield de Gurney. Tr., Angel M. Mergal. Música O PERFECT LOVE, Joseph Barnby, 1889.

403 Padre Amoroso, Preside la Boda

Si Jehová no edificare la casa, en vano trabajan los que la edifican. Sal. 127:1

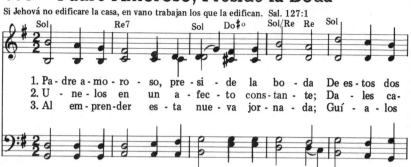

1. Pa - dre a - mo - ro - so, pre - si - de la bo - da De es - tos dos
2. U - ne - los en un a - fec - to cons - tan - te; Da - les ca -
3. Al em - pren - der es - ta nue - va jor - na - da; Guí - a - los

se - res que jun - tos a - quí, Ha - cen sus vo - tos de a - mor per -
ri - ño, bon - dad, com - pren - sión. Ten - gan en to - do her - mo - sa ar -
en el ca - mi - no del bien. Haz que te sir - van, oh Dios de

ma - nen - te, Fren - te a los hom - bres, de - lan - te de ti.
mo - ní - a; Y en las fla - que - zas se brin - den per - dón.
los cie - los, En tu pre - sen - cia por siem - pre, a - mén. A - mén.

Letra, H. Cecilio McConnell, 1962. ©Copyright 1978 Casa Bautista de Publicaciones. Todos los derechos reservados. Amparado por los derechos de copyright internacional. Música MORNING STAR, James P. Harding, 1892.

Hogar Feliz, Donde el Señor Reside 404

... yo sé que mandará a sus hijos y á su casa después de sí, que guarden el camino de Jehová ...

Gn. 18:19

1. Ho - gar fe - liz, don - de el Se - ñor re - si - de, Cual muy a -
2. Ho - gar fe - liz, do el u - no al o - tro sir - ve, Y su o - bra
3. Ho - gar fe - liz, don - de a Je - sús no ol - vi - dan; Do a - bun - dan
4. Ho - gar fe - liz, a - quel que nos es - pe - ra Al fin de

ma - do a - mi - go y Sal - va - dor; Don - de no vie - nen hués - pe - des que
cum - ple cual fiel ser - vi - dor; Do la ta - re - a más hu - mil - de es
go - zo, paz, y no hay cla - mor; Do el al - ma he - ri - da pron - to es - tá a - li -
nues - tra vi - da te - rre - nal; Cris - to en la glo - ria a - ho - ra nos pre -

pri - ven A Cris - to de su si - tio de ho - nor.
san - ta, Por - que la cum - ple en nom - bre del Se - ñor.
via - da Por el Es - pí - ri - tu con - so - la - dor.
pa - ra Un nue - vo ho - gar, su - bli - me, ce - les - tial.

Letra, Carl J. P. Spitta, 1826. Tr. al inglés, Sarah B. Findlater, 1858; tr. al castellano, George P. Simmonds, 1977. ©Copyright 1978 Casa Bautista de Publicaciones. Todos los derechos reservados. Amparado por los derechos de copyright internacional. Música HENLEY, Lowell Mason, 1854.

405 Danos un Bello Hogar

... trayendo a la memoria la fe ... que hay en ti, la cual habitó primero en tu abuela ... y en tu
madre ... 2 Ti. 1:5

1. Da - nos un be - llo ho - gar: Don - de la Bi - blia se
2. Da - nos un be - llo ho - gar: Don - de el pa - dre es
3. Da - nos un be - llo ho - gar: Don - de la ma - dre con
4. Da - nos un be - llo ho - gar: Don - de los hi - jos po-

pue - da ver; Don - de tu a - mor bien - es - tar nos dé;
fuer - te y fiel; Don - de no ha - ya el sa - bor a hiel;
de - vo - ción, Se - pa mos - trar - nos tu com - pa - sión.
drán sa - ber Có - mo Je - sús los quie - re ver

Don - de en ti to - dos ten - gan fe. ¡Da - nos un
Don - de en su am - bien - te ha - ya só - lo miel. ¡Da - nos un
Don - de tú ha - bi - tes con san - ta un - ción. ¡Da - nos un
A su am - pa - ro y a - sí ven - cer. ¡Da - nos un

be - llo ho - gar! ¡Da - nos un be - llo ho - gar!
be - llo ho - gar! ¡Da - nos un be - llo ho - gar!
be - llo ho - gar! ¡Da - nos un be - llo ho - gar!
be - llo ho - gar! ¡Da - nos un be - llo ho - gar! A - mén.

Letra y música CHRISTIAN HOME, B. B. McKinney, 1949. ©Copyright 1949 Broadman Press. Todos
los derechos reservados. Tr.,Guillermo Blair. ©Copyright 1978 Broadman Press. Todos los derechos
reservados. Amparado por los derechos de copyright internacional. Usado con permiso.

Amigo del Hogar 406

... pero yo y mi casa serviremos a Jehová. Jos. 24:15

1. Oh Cris - to, a - mi - go fiel de ca - da ho - gar,
2. Haz que la i - gle - sia, con i - gual a - mor
3. Que los ho - ga - res se te a - cer - quen más,

Que a la mu - jer qui - sis - te e - le - var:
Guí - e a los ni - ños ha - cia ti, Se - ñor;
Cre - cien - do siem - pre en san - ti - dad y paz,

Tú, que a los ni - ños das tu ben - di - ción,
Y ca - da ma - dre con ab - ne - ga - ción
Mi - ran - do ha - cia a - quel fe - liz ho - gar

Por nues - tras ma - dres O - ye la o - ra - ción.
Crí - e a sus hi - jos Con tu di - rec - ción.
Don - de con Cris - to Va - mos a mo - rar. A - mén.

Letra, Howell E. Lewis. Tr., Marjorie J. de Caudill. ©Copyright 1978 Casa Bautista de Publicaciones.
Todos los derechos reservados. Amparado por los derechos de copyright internacional. Música
ELLERS, Edward J. Hopkins, 1869.

407 Tú, Que a la Mujer Honraste

La mujer que teme a Jehová, ésa será alabada. Pr. 31:30

1. Las mu-je-res tú hon-ras-te Al ser hi-jo de mu-jer;
2. Ma-dre hu-ma-na tú tu-vis-te; Oh Je-sús, ben-di-ce hoy
3. Tú, Je-sús, que en el tra-ba-jo Con Jo-sé lo hi-cis-te bien,
4. Tú, Se-ñor, que a-quí bus-cas-te A las al-mas con a-mor;

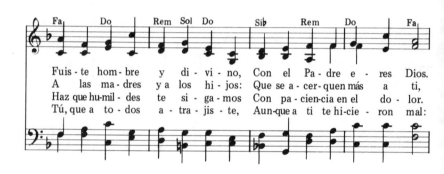

Fuis-te hom-bre y di-vi-no, Con el Pa-dre e-res Dios.
A las ma-dres y a los hi-jos: Que se a-cer-quen más a ti,
Haz que hu-mil-des te si-ga-mos Con pa-cien-cia en el do-lor.
Tú, que a to-dos a-tra-jis-te, Aun-que a ti te hi-cie-ron mal:

Haz, Se-ñor, que la mu-jer Se con-sa-gre to-da a ti.
Y con fe y gran a-mor Buen ser-vi-cio den a-quí.
Y la vi-da en el ho-gar En quie-tud ho-nor te dé.
Nues-tra in-fluen-cia, pa-ra bien, En el mun-do u-sa hoy.

Letra, Emily A. E. Shirreff. Tr., Daniel Díaz R., 1978.©Copyright 1978 Casa Bautista de Publicaciones. Todos los derechos reservados. Amparado por los derechos de copyright internacional. Música KOMM, O KOMM, *Neuvermehrtes Getsangbuch, Meiningen*, 1693.

Loor por las Madres 408

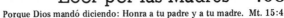

Porque Dios mandó diciendo: Honra a tu padre y a tu madre. Mt. 15:4

1. En tu tem-plo, Pa-dre Dios, E - le-va-mos nues-tra voz
2. En e - ter - na gra-ti-tud Por tu gra-cia en ple-ni - tud,
3. O - ye, pues, la pe-ti-ción De es - ta fiel con-gre-ga-ción;

A tu nom-bre, dan-do ho-nor Por Je-sús, el Sal-va - dor.
Te lo - a-mos en can-ción Por la in-men-sa ben-di-ción
Te ro - ga-mos con fer-vor Por las ma-dres, Dios de a-mor;

Da - mos hoy tam-bién lo - or Por las ma-dres y su a-mor.
Del cons-tan-te y pu-ro a-mor De las ma-dres, Dios de a-mor.
Que con tu di-vi-no bien Co-ro-na-das hoy es-tén.

409 ¡Oh Qué Amigo Nos Es Cristo!

. . . sean conocidas vuestras peticiones delante de Dios en toda oración y ruego, con acción de gracias.
Fil. 4:6

1. ¡Oh qué a-mi-go nos es Cris-to! El lle-vó nues-tro do-lor,
2. ¿Vi - ves dé - bil y car - ga - do De cui-da-dos y te - mor?
3. Je - su - cris-to es nues-tro a-mi-go, De es-to prue-ba nos mos-tró,

Y nos man-da que lle-ve-mos To-do a Dios en o - ra - ción.
A Je - sús, re - fu - gio e-ter - no, Di - le to-do en o - ra - ción.
Pues su - frió el cruel cas - ti - go Que el cul-pa-ble me - re - ció.

¿Vi - ve el hom-bre des-pro-vis - to De paz, go - zo y san - to a-mor?
¿Te des - pre - cian tus a - mi - gos? Cuén-ta - se - lo en o - ra - ción;
El cas - ti - go de su pue - blo En su muer-te él su - frió;

Es - to es por-que no lle-va-mos To-do a Dios en o - ra - ción.
En sus bra-zos de a-mor tier-no Paz ten-drá tu co-ra-zón.
Cris-to es un a - mi-go e-ter - no; ¡Só-lo en él con-fí - o yo!

Letra, Joseph Scriven, 1855. Tr., Leandro Garza Mora. Música CONVERSE,
Charles C. Converse, 1868.

Debes Orar 410

Echa sobre Jehová tu carga, y él te sustentará . . . Sal. 55:22

1. Ven que el Maestro te llama; Ven con tu carga y afán; Y tus pecados y luchas, Si oras a Dios se te irán.

2. Ven a tu Cristo bendito, El es tu buen Salvador; Llámale, que él está cerca, El te prodiga su amor.

3. Ponte a los pies del Maestro, Cumple su fiel voluntad; Y con paciencia espera: En su poder y verdad.

Debes orar, a Dios orar; Dale tu carga, dale tu afán; Espera en él, pues cerca está: Una oración dile al Señor.

411 En el Huerto de Oración

Pedid, y se os dará; buscad, y hallaréis; llamad, y se os abrirá. Mt. 7:7

1. En el huer - to de o - ra - ción Ha - blo con mi Sal - va - dor,
2. Cuan-do a so - las yo es - toy A - ba - ti - do de do - lor,
3. Ya no ten - go más te - mo - res, Ten-go paz, tran - qui - li - dad;

Y yo sien - to su po - der, Su po - der y gran fer - vor.
Ha - blo con mi Sal - va - dor En el huer - to de o - ra - ción.
El Se - ñor de los se - ño - res, El me guar - da con bon - dad.

El en - ton - ces me a - se - gu - ra, Go - zo, paz, con - so - la - ción,
Y le trai - go mis pe - sa - res, El me am - pa - ra con su a - mor.
Le ren - dí mi co - ra - zón, En el huer - to de o - ra - ción.

Ten - go fe que él me a - yu - da, En la du - ra ten - ta - ción,

Y por e - so yo le bus - co, En el huer - to de o - ra - ción.

Letra y música ORANDO SIN CESAR, Raul R. Solís. ©Copyright 1978 Casa Bautista de Publicaciones.
Todos los derechos reservados. Amparado por los derechos de copyright internacional.

Getsemaní 412

Entonces llegó Jesús con ellos a un lugar que se llama Getsemaní, ... Mt. 26:36

1. U - na no - che de luz El di - vi - no Je - sús Fue al huer - to de
2. Y la lu - cha fue tal Que car - gó con el mal De los hom - bres en
3. No o - ra - ron con él En el san - to ver - gel Los dis - cí - pu - los
4. Can - te yo con lo - or El di - vi - no a - mor De Je - sús que in - ter-

Get - se - ma - ní. Sus ro - di - llas do - bló Y en - ton - ces o - ró
su per - di - ción. Y por e - llos su - frió Cuan - do al huer - to lle - gó
que él es - co - gió; Y al ir - les a ha - blar Tu - vo un hon - do pe - sar,
ce - de por mí. Glo - ria siem - pre le doy Y fe - liz vi - vo hoy

A la som - bra de o - li - vos a - llí.
A o - rar con pro - fun - da e - mo - ción. En tan gra - ta quie - tud, En tan
Pues dor - mi - dos Je - sús les mi - ró.
Por el sier - vo de Get - se - ma - ní.

gra - ta quie - tud Se es - cu - chó la o - ra - ción de do - lor: "Se - a hoy

en ver - dad He - cha tu vo - lun - tad, Y no co - mo yo quie - ro, Se - ñor".

Letra, Adolfo Robleto. Música OLIVE TREES, B. B. McKinney. ©Copyright 1965 y 1978 Broadman Press. Todos los derechos reservados. Amparado por los derechos de copyright internacional.

413 ¡Oh Dulce, Grata Oración!

Me invocará, y yo le responderé . . . Sal. 91:15

1. ¡Oh dul-ce, gra-ta o-ra-ción! Tú del con-tac-to mun-da-nal Me e-le-va-rás a la man-sión Del tier-no Pa-dre ce-les-tial. Hu-yen-do yo la ten-ta-ción Y to-da in-fluen-cia te-rre-nal. Por Cris-to que mu-

2. ¡Oh dul-ce, gra-ta o-ra-ción! A quien es-cu-cha con bon-dad E-le-vas tú mi co-ra-zón: A Dios que a-ma con ver-dad. Es-pe-ro yo su ben-di-ción, Per-fec-ta paz y san-ti-dad, Por Cris-to que mu-

3. ¡Oh Pa-dre mí-o, Dios de a-mor! Es-cu-cha tú mi o-ra-ción. ¡Oh Cris-to mi fiel Sal-va-dor! Es-cu-cha tú mi o-ra-ción. ¡Es-pí-ri-tu Con-so-la-dor! Es-cu-cha tú mi o-ra-ción. Ben-dí-ce-me, ¡oh

Letra, William Walford, *c.* 1840. Tr. en *Estrella de Belén.* Música SWEET HOUR, William B. Bradbury, *c.* 1861.

rió por mí, Se - rá mi rue - go o - í - do a - llí.
rió por mí, Por él que me ha sal - va - do a - quí.
Tri - ni - dad, Que es - tás en la e - ter - ni - dad!

¡Piedad, Oh Santo Dios! 414

Dios, sé propicio a mí, pecador. Lc. 18:13

1. ¡Pie - dad, oh san - to Dios, pie - dad! Pie - dad te im-
2. Mis re - be - lio - nes, gra - ves son; Son to - das
3. No quie - res sa - cri - fi - cio, mas Que el hu - mi-
4. Sál - va - me, Dios, con tu po - der, Pues mi es - pe-

plo - ra el co - ra - zón. Oh, lá - va - me de mi mal
só - lo con - tra ti; Mas cre - a un nue - vo co - ra-
lla - do co - ra - zón; Mi o - fren - da no des - pre - cia-
ran - za es só - lo en ti; Con - tri - to a - guar - do tu que-

dad Y da - me go - zo, paz, per - dón.
zón Y un nue - vo es - pí - ri - tu en mí.
rás Ya que e - res to - do com - pa - sión.
rer, Sé com - pa - si - vo ha - cia mí. A - mén.

Basado en el Salmo 51. Letra, Isaac Watts. Tr., M. N. Hutchinson. Música WINDHAM, Daniel Read.

415 Nuestra Oración

... el anhelo de mi corazón, y mi oración a Dios por Israel, es para salvación. Ro. 10:1

1. Pa - dre a - ma - do, a ti a - cu - di - mos, A - tien-de a
2. Hi - jo de Dios, en tu nom - bre o - ra - mos Con - for - me
3. San - to Es - pí - ri - tu, a - yu - da a las al - mas A que se a-

nues-tra o - ra - ción; Por los que va - gan sin rum -
a tu vo - lun - tad. Oh Sal - va - dor, en tus ma -
cer-quen a Je - sús. Con - so - la - dor, tú que a - ho -

Fin

bo pe - di - mos, Mués-tra - les hoy tu di - rec - ción.
nos po - ne - mos A los que bus - can la ver - dad.
ra las lla - mas Da - les en - ten - di - mien-to y luz.

Tu Hi - jo es la vi - da, él es la ver - dad;
Tú ha - ces o - ír a los que sor - dos es - tán;
Tú las con - ven - ce - rás de su i - ni - qui - dad,

Un ca - mi - no hay a la e - ter - ni - dad.
Sé con no - so - tros y a tu voz oi - rán.
Y tú les lim - pia - rás de to - da mal - dad.

Mi Corazón Elevo a Ti 416

Yo soy el camino, y la verdad, y la vida; nadie viene al Padre, sino por mí. Jn. 14:6

1. Mi co - ra - zón e - le - vo a ti Con re - ve -
2. Tus sen - das quie - ro yo se - guir Y de tus

ren - cia y hu - mil - dad, Y me dis - pon - go a
pa - sos ir en pos. Haz que mi al - ma

re - ci - bir El san - to pan de la ver - dad.
pue - da o - ír El cla - ro a - cen - to de tu voz. A - mén.

Letra, Gonzalo Báez-Camargo, 1936. Música CANONBURY, Robert Schumann, 1839.

417 Oh Padre de la Humanidad

Pero en cuanto a mí, el acercarme a Dios es el bien . . . Sal. 73:28

1. ¡Oh Padre de la humanidad, Pedimos
2. Permítenos que al escuchar El eco
3. ¡Oh, danos la serenidad Con que ven-
4. Angustias, penas y dolor Que pasen
5. En tentaciones o ansiedad, Tu calma

tu perdón! Renuévanos con tu bondad, Y así en pu-
de tu voz, También podamos contestar Tal como a-
ció Jesús! Silencio de la eternidad Que halló al ha-
pronto haz; Y sostenidos por tu amor Mostrar lo-
pon, Señor. Podamos en serenidad, O en la más

reza y santidad Te adore el corazón.
quellos junto al mar, Siguiendo de ti en pos.
cer tu voluntad, Muriendo en una cruz.
gremos, oh Señor, La paz que tú nos das.
ruda tempestad Oír tu voz de amor. A-mén.

Letra, John G. Whittier. Tr., N. Martínez. Música REST (ELTON), Frederick C. Maker. Música usada con el permiso de la *Psalms and Hymns Trust.*

418 Dílo a Cristo

Venid a mí todos los que estáis trabajados y cargados, y yo os haré descansar. Mt. 11:28

Sol   Do   Sol   Re

1. Cuando estés cansado y abatido, Dílo a Cristo,
2. Cuando estés de tentación cercado, Mira a Cristo,
3. Si se apartan otros de la senda, Sigue a Cristo,
4. Cuando llegue la final jornada, Fía en Cristo,

Letra y música DAYTON, Edmund S. Lorenz, 1876. Tr. al inglés, Jeremiah E. Rankin, 1877. Es traducción.

Sol   Do   Sol

Dí - lo   a Cris - to; Si te sien - tes dé - bil, con - fun - di - do,
Mi - ra   a Cris - to; Cuan - do ru - gen hues - tes de pe - ca - do,
Si - gue   a Cris - to; Si a - cre - cien - ta en tor - no la con - tien - da,
Fí - a   en Cris - to; Te da - rá en el cie - lo fran - ca en - tra - da,

Re7   Sol ⌐ Re   Sol

Dí - lo   a Cris - to el Se - ñor. Dí - lo   a Cris - to, Dí - lo   a
Mi - ra   a Cris - to el Se - ñor. Mi - ra   a Cris - to, Mi - ra   a
Si - gue   a Cris - to el Se - ñor. Si - gue   a Cris - to, Si - gue   a
Fí - a   en Cris - to el Se - ñor. Fí - a   en Cris - to, Fí - a   en

Sol   Do   Sol   Re   Sol   Re

Cris - to, El es tu a - mi - go más fiel; No hay o - tro a-

Do   Sol   Re7   Sol

mi - go   co - mo Cris - to Dí - lo tan só - lo a   él.

419 Soy Feliz en el Servicio del Señor

Entonces mi alma se alegrará en Jehová; se regocijará en su salvación. Sal. 35:9

1. Soy fe - liz en el ser - vi - cio del Se - ñor, Muy a - le - gre,
2. Soy fe - liz en el ser - vi - cio del Se - ñor, Muy a - le - gre,
3. Soy fe - liz en el ser - vi - cio del Se - ñor, Muy a - le - gre,

tan a - le - gre; Ten - go paz, con - ten - ta - mien - to y a - mor,
tan a - le - gre; Hoy de - di - co mis ta - len - tos con fer - vor,
tan a - le - gre; En la lu - cha nun - ca fal - ta - rá el va - lor,

Al ser - vir al Sal - va - dor.
Ser - vi - ré al Sal - va - dor. Al ser - vir al
Que me da el Sal - va - dor.

Sal - va - dor, Al ser - vir - le con a - mor; ¡Cuán a -

Letra, A. H. Ackley. Tr., Enrique Sánchez. Música THE SERVICE OF THE KING, B. D. Ackley.
© Copyright 1912 B. D. Ackley. © Copyright renovado 1940, The Rodeheaver Co. Usado con permiso.

le - gre yo me sien - to, Al ser - vir a mi Se - ñor!

Más Santidad Dame 420

Hasta que todos lleguemos . . . a la medida de la estatura de la plenitud de Cristo. Ef. 4:13

1. Más san - ti - dad da - me, Más o - dio al mal, Más cal-
2. Más pru - den - te haz - me, Más sa - bio en él, Más fir-
3. Más pu - re - za da - me, Más fuer-za en Je - sús, Más de

ma en las pe - nas, Más al - to i - deal; Más fe en mi Ma - es - tro,
me en su cau - sa, Más fuer-te y más fiel; Más rec-to en la vi - da,
su do - mi - nio, Más paz en la cruz; Más ri - ca es-pe - ran - za,

Más con-sa-gra-ción, Más ce - lo en ser - vir - le, Más gra - ta o - ra - ción.
Más tris-te al pe - car, Más hu - mil - de hi - jo, Más pron-to en a - mar.
Más o - bras a - quí, Más an - sia del cie - lo, Más go - zo a - llí.

Letra y música MY PRAYER, P. P. Bliss. Tr., Stuart E. McNair.

421 Yo Te Sirvo

Servid a Jehová con alegría . . . Sal. 100:2

Yo te sir-vo por-que te a-mo; Tú me has da-do
vi-da a mí. No e-ra na-da y me bus-cas-te;
Tú me has da-do vi-da a mí. Vi-das he-chas pe-
da-zos, Te lle-va-ron al Cal-va-rio tan cruel;Tu a-mor
se-rá mi an-he-lo, Tú me has da-do vi-da a mí.

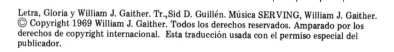

Letra, Gloria y William J. Gaither. Tr.,Sid D. Guillén. Música SERVING, William J. Gaither.
© Copyright 1969 William J. Gaither. Todos los derechos reservados. Amparado por los
derechos de copyright internacional. Esta traducción usada con el permiso especial del
publicador.

Para Andar con Jesús 422

Fíate de Jehová de todo tu corazón . . . Pr. 3:5

1. Pa - ra an - dar con Je - sús no hay sen - da me - jor
2. Cuan - do va - mos a - sí, ¡có - mo bri - lla la luz
3. Quien si - guie - re a Je - sús ni u - na som - bra ve - rá,
4. Mas sus do - nes de a - mor nun - ca ha - bréis de al - can - zar,

Que guar - dar sus man - da - tos de a - mor; O - be - dien - tes a él
En la sen - da al an - dar con Je - sús! Su pro - me - sa de es - tar
Si con - fia - do su vi - da le da; Ni te - rro - res ni a - fán,
Si ren - di - dos no vais a su al - tar, Pues su paz y su a - mor

siem - pre ha - bre - mos de ser, Y ten - dre - mos de Cris - to el po - der.
con los su - yos es fiel, Si o - be - de - cen y es - pe - ran en él.
ni an - sie - dad ni do - lor, Pues lo cui - da su a - man - te Se - ñor.
só - lo son pa - ra a - quel Que a sus le - yes di - vi - nas es fiel.

O - be - de - cer, y con - fiar en Je - sús, Es la

re - gla mar - ca - da Pa - ra an - dar en la luz.

Letra, John H. Sammis, 1887. Tr., Vicente Mendoza. Música TRUST AND OBEY, Daniel B. Towner, 1887.

423 Pronto la Noche Viene

...la noche viene, cuando nadie puede trabajar. Jn. 9:4

1. Pron - to la no - che vie - ne, Tiem - po es de tra - ba - jar;
2. Pron - to la no - che vie - ne, Tiem - po es de tra - ba - jar;
3. Pron - to la no - che vie - ne, Tiem - po es de tra - ba - jar;
4. Pron - to la no - che vie - ne, ¡Lis - tos a tra - ba - jar!

Los que lu - cháis por Cris - to No hay que des - can - sar;
Pa - ra sal - var al mun - do Hay que ba - ta - llar;
Si el pe - ca - dor pe - re - ce, Id - lo a res - ca - tar;
¡Lis - tos!, que mu - chas al - mas Hay que res - ca - tar.

Cuan - do la vi - da es sue - ño, Go - zo, vi - gor, sa - lud,
Cuan - do la vi - da al - can - za, To - da su es - plen - di - dez,
Aun a la e - dad ma - du - ra, Dé - bil y sin sa - lud,
¿Quién de la vi - da el dí - a Pue - de des - per - di - ciar?

Y es la ma - ña - na her - mo - sa, De la ju - ven - tud.
Cuan - do es el me - dio dí - a De la ma - du - rez.
Aun a la mis - ma tar - de De la se - nec - tud.
"Vie - ne la no - che y na - die Pue - de tra - ba - jar."

Letra, Annie Louise Coghill, 1854. Tr., Epigmenio Velasco. Música WORK SONG,
Lowell Mason, 1864.

A Ti, Señor, Nuestra Canción   424

... Dios nuestro, nosotros alabamos y loamos tu glorioso nombre. 1 Cr. 29:13

1. A ti, Se - ñor, nues-tra can-ción De a-mor y gra-ti - tud
2. Con - cé - de - nos lle - var, Se - ñor, Bon - dad, con - sue-lo y paz
3. Que - re - mos com-par-tir, Se - ñor, La gra-cia que nos das,

Al - za - mos, pues nos dis - te hoy Tu a-mor en ple - ni - tud.
A los que en pe - nas y do - lor Tras el pe - ca - do van.
Con los que van tras el e - rror Sin fe, sin luz, sin paz.

Nues-tro cla - mor lle-gue has-ta ti Cual mís - ti - ca o - ra - ción,
Per - mí - te - nos, oh Dios, sen - tir Sin - ce - ra com - pa - sión
A quie-nes le - jos van de ti, Con - cé - de - nos tra - er,

Pi - dien - do com-par - tir a - sí Con o - tros, de tu a - mor.
Por los que tie - nen que vi - vir En som-bras de o - pre - sión.
Y pue-dan com-par - tir a - sí Tu gra-cia y tu po - der.

Letra, Lilian Yarborough Leavell, 1969. Música TABOR, Gene Bartlett, 1969. ©Copyright 1969
Broadman Press. Todos los derechos reservados. Tr.,Agustín Ruiz V., 1977. ©Copyright 1978
Broadman Press. Todos los derechos reservados. Amparado por los derechos de copyright
internacional. Usado con permiso.

425 Ven y Da Tus Diezmos

Traed todos los diezmos al alfolí y haya alimento en mi casa . . . Mal. 3:10

1. Ven y da tus diez-mos al Ma - es - tro, Da - le tus ri-
2. Si mi fe va - ci - la por las du - das, O el po - der de
3. En ser - vi - cio en-tre - go de mi vi - da To - do lo me-

que - zas y tu a - mor. To - dos tus ta - len - tos hoy con-
Dios no sien - to más, Vie - ne mi Je - sús y con ter-
jor, sin va - ci - lar. A mi Sal - va - dor doy mi pro-

sa - gra Pa - ra glo - ria del Se - ñor, quien di - ce:
nu - ra Vuel - ve a dar - me paz; y lue - go di - ce:
me - sa Al o - ír su dul - ce voz que di - ce:

"Fian - do, prue - ba, Prué-ba-me si soy tu buen Se - ñor,
Fian-do, prue-ba, ven y prue-ba,

Que a-bri - ré las puer-tas del cie - lo Pa - ra dar gran ben-di - ción".

Letra y música GIVING, Lida S. Leech. Tr.,Abel P. Pierson Garza. ©Copyright 1923; renovado 1951 Broadman Press. Todos los derechos reservados. Amparado por los derechos de copyright internacional. Usado con permiso.

Juntos Marchamos 426

... él que comenzó en vosotros la buena obra, la perfeccionará hasta el día de Jesucristo ... Fil. 1:6

1. Nues-tro Dios es quien hi-zo el bien en no-so-tros. Pro-me-te a-yu-dar-
2. Es hon-ro-so dar-nos a-yu-da a-mis-to-sa; Tan só-lo u-na par-
3. Cre-ce-re-mos jun-tos en san-to a-mor; Pen-sar en los o-

nos, oh sí, has-ta el fi-nal. Y el nom-bre de Je-sús di-re-mos
te le da-mos al Se-ñor Del di-ne-ro, mas hoy la vi-da
tros lo sien-te el co-ra-zón. Y po-de-mos cre-er que Dios es lo

a o-tros; U-ni-dos mar-cha-mos con él.
da-re-mos, Pues jun-tos mar-cha-mos con él. Jun-tos mar-cha-mos; ¡Glo-
me-jor, Pues jun-tos mar-cha-mos con él.

ria a Dios! Jun-tos mar-cha-mos. Se go-za el co-ra-zón. Yo mi par-

te ha-ré, pues soy hi-jo de Dios, Y jun-tos mar-cha-mos con Dios.

Basado en Filipenses 1:3-11 y 2 Corintios 8:1-15. Letra y música FORWARD TOGETHER,
Bob Woolley. ©Copyright 1974 Bob Woolley. Todos los derechos reservados. Amparado por los
derechos de copyright internacional. Tr., Adolfo Robleto. ©Copyright 1978 Casa Bautista de
Publicaciones. Todos los derechos reservados. Amparado por los derechos de copyright internacional.

427   Mi Vida Di por Ti

Y por todos murió, para que los que viven, ya no vivan para sí, sino para aquel que murió y resucitó por ellos.   2 Co. 5:15

1. Mi vi - da di por ti, Mi san - gre de - rra - mé,
2. Mi ce - les - tial man - sión, Mi tro - no de es - plen - dor,
3. Re - pro - ches, a - flic - ción, Y an - gus - tia yo su - frí,
4. De mi ce - les - te ho - gar Te trai - go el ri - co don;

La muer - te yo su - frí, Por gra - cia te sal - vé;
De - jé por res - ca - tar Al mun - do pe - ca - dor;
La co - pa a - mar - ga fue Que yo por ti be - bí;
Del Pa - dre, Dios de a - mor, La ple - na sal - va - ción;

Por ti la muer - te yo su - frí, ¿Qué has da - do tú por mí?
Sí, to - do yo de - jé por ti, ¿Qué de - jas tú por mí?
In - sul - tos yo por ti su - frí, ¿Qué su - fres tú por mí?
Mi don de a - mor te trai - go a ti, ¿Qué o - fre - ces tú por mí?

Por ti la muer - te yo su - frí, ¿Qué has da - do tú por mí?
Sí, to - do yo de - jé por ti, ¿Qué de - jas tú por mí?
In - sul - tos yo por ti su - frí, ¿Qué su - fres tú por mí?
Mi don de a - mor te trai - go a ti, ¿Qué o - fre - ces tú por mí?

Letra, Frances R. Havergal, 1858. Tr., S. D. Athans. Música KENOSIS, Philip B. Bliss, 1873.

Fiel Mayordomo Seré   428

Toda buena dádiva y todo don perfecto desciende de lo alto . . . Stg. 1:17

1. Vengo rendido a tus pies, Señor; Quiero fielmente depositar: Diezmos, talentos, mi don de amor; Ofrenda grata hoy vengo a dar. Todo buen don viene del Señor; ¿Cómo negarlo podré? Fiel mayordomo de Cristo seré, Y un día, "Fiel siervo," oiré.

2. "Probadme en esto," dice el Señor, "Y bendiciones derramaré." Fiel a mis votos de fe seré, Testigo digno de mi Señor. Todo buen don viene del Señor; ¿Cómo negarlo podré? Fiel mayordomo de Cristo seré, Y un día, "Fiel siervo," oiré.

3. Si vas conmigo no dudaré; En tus promesas yo confiaré. De lo que es tuyo yo te daré, Y almas preciosas cosecharé. Todo buen don viene del Señor; ¿Cómo negarlo podré? Fiel mayordomo de Cristo seré, Y un día, "Fiel siervo," oiré.

Letra y música FIEL MAYORDOMO, Berta I. Montero. © Copyright 1978 Casa Bautista de Publicaciones. Todos los derechos reservados. Amparado por los derechos de copyright internacional.

429 ¡Cuán Grande Amor!

... Dios, que es rico en misericordia, por su gran amor con que nos amó ... Ef. 2:4

1. Que Cris-to me ha-ya sal-va-do Tan ma-lo co-mo yo fui,
2. O-ró por mí en el huer-to:"No se ha-ga mi vo-lun-tad".
3. Por mí se hi-zo pe-ca-do, Mis cul-pas su a-mor lle-vó.
4. Cuan-do al fi-nal con los san-tos Su glo-ria con-tem-pla-ré,

Me de-ja ma-ra-vi-lla-do, Pues él se en-tre-gó por mí.
Y to-do a-quel su-fri-mien-to Cau-sa-do fue por mi mal.
Mu-rió en la cruz ol-vi-da-do, Mas mi al-ma él res-ca-tó.
Con gra-ti-tud y con can-tos Por siem-pre le a-la-ba-ré.

¡Cuán gran-de a-mor! ¡Oh gran-de a-mor! El de Cris-to pa-ra mí.
¡Oh cuán gran-de a-mor! ¡Oh cuán gran-de a-mor!

¡Cuán gran-de a-mor! ¡Oh gran-de a-mor! Pues por él sal-va-do fui.
¡Oh cuán gran-de a-mor! ¡Oh cuán gran-de a-mor!

Letra y música MY SAVIOR'S LOVE, Charles H. Gabriel, 1905. Tr., H. T. Reza.

Dulces Melodías Cantaré   430

Servid a Jehová con alegría; venid ante su presencia con regocijo. Sal. 100:2

1. Dul - ces me - lo - dí - as can - ta - ré, Y a - la - ban - zas
2. Yo vi - ví - a en som - bras y en do - lor, Tris -te, he - ri - do,
3. Fuen - te pe - ren - nal de gra-cia ha - llé Al am - pa - ro
4. Aun -que por el va - lle de a - flic - ción Ten - ga que pa-
5. La ro - sa-da au - ro - ra a - nun - cia ya Que Je - sús por

al Se - ñor, A su nom - bre glo - ria yo da - ré,
po -bre y vil, Mas la tier - na ma - no del Se - ñor
de su a - mor Su son - rien - te faz me im - par - te fe,
sar a - quí, Mi Je - sús da - rá su pro - tec - ción,
mí ven - drá, Mi al-ma a - le - gre con él rei - na - rá

Por su i - ne - fa - ble a - mor.
Me lle - vó a su re - dil.
Es - pe - ran - za y va - lor. De Je - sús el nom-bre Dul - ce es
El se a - cor - da - rá de mí.
En la ce - les - tial ciu - dad.

pa - ra mí, Can-ta el al - ma mí - a Me - lo - dí - as a mi Rey.

431 Todas Tus Ansias y Tu Pesar

. . . echando toda vuestra ansiedad sobre él, porque él tiene cuidado de vosotros. 1 P. 5:7

1. Si hay en tu vida algunas penas, Si hay en tu alma algún pesar, Trae a la cruz tus ansiedades: Todo allí podrás dejar.

2. No hay cual Jesús tan fiel amigo; Tus peticiones él oirá; Solo en él tendrás descanso; Tus oraciones contestará.

3. Ven en seguida; no demores. Oye su tierna invitación. No hay que temer, él no te engaña, Y tendrás paz en tu corazón.

Todas tus ansias y tu pesar Puedes al pie de la cruz dejar. Cristo tus cargas podrá llevar: Es tu mejor amigo.

Letra, autor anónimo. Música ALL YOUR ANXIETY, E. H. Joy. Tr., Marjorie J. de Caudill.
© Copyright 1946. Renovado 1974 Alfred B. Smith. Asignado a Singspiration, Inc. Tr.© Copyright 1978 Singspiration, Inc. Todos los derechos reservados. Usado con permiso.

Fue Sentado a los Pies de Cristo 432

Gocémonos y alegrémonos y démosle gloria . . . Ap. 19:7

1. Fue sen - ta - do a los pies de Cris - to, ¡Oh qué
2. Fue sen - ta - do a los pies de Cris - to, Que des -
3. Fue sen - ta - do a los pies de Cris - to, Mi pe -

dí - a tan fe - liz! Que en-con-tré la paz que bus - ca - ba
can-so ha-llé con él, Y su luz fue co-mo un nue-vo dí - a,
ca - do con - fe - sé; Can - ce - ló mis ne-gras trans-gre- sio - nes

Y el per - dón de él re - ci - bí.
Ben - di - ción él dio - me fiel. Te di - ré la an - ti - gua his-
Y sal - vó - me por la fe.

to - ria De su gra - cia dul-ce pa-ra mí, Y hoy le doy a

él to - da la glo - ria Por su a - mor tan gran-de a - sí.

Letra y música CONSTANCY, Elisha A. Hoffman. Tr.,Pablo Filós.

433 Hoy, Ayer y por los Siglos

Jesucristo es el mismo ayer, y hoy, y por los siglos. He. 13:8

1. Dul - ce y be - llo es el men - sa - je de la san - ta
2. Quien le dio per - dón a Pe - dro, te per - do - na a
3. Quien en la tem - pes - tad del mar en a - guas ca - mi -
4. Co - mo un dí - a fue a la al - de - a de E - ma -

fe: Hoy, a - yer y por los si - glos Cris - to el
ti. A To - más qui - tó la du - da; él la
nó, Pue - de hoy tam - bién cal - mar de tu al - ma
ús Y su glo - ria mos - tró des - pués de su re -

mis - mo es. To - da - ví - a él sal - va y guar - da al
luz te da. Y en su pe - cho Juan, re - po - so
la tem - pes - tad. Quien con gran an - gus - tia en huer - to
su - rrec - ción: Pron - to ha - bre - mos de ad - mi - rar el

po - bre pe - ca - dor; Da a - lien - to, mu - cha cal - ma:
él ha - lló a - llí, Y tam - bién a ti re - po - so,
sí por ti o - ró, El la co - pa be - be fiel de
ros - tro de Je - sús Pa - ra nues - tro go - zo y paz y

Letra, Albert B. Simpson. Estrofas, tr., Daniel Díaz R. ©Copyright 1978 Casa Bautista de
Publicaciones. Todos los derechos reservados. Amparado por los derechos de copyright
internacional. Coro, traductor anónimo. Música YESTERDAY, TODAY, FOREVER,
James H. Burke.

434 La Gloria de Cristo

... (y vimos su gloria, gloria como del unigénito del Padre) ... Jn. 1:14

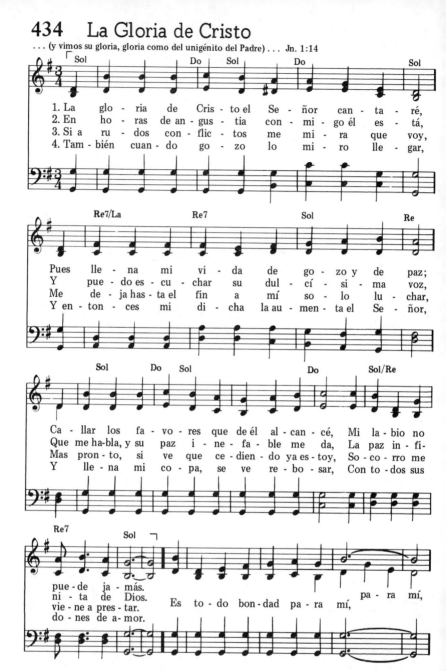

1. La gloria de Cristo el Señor cantaré,
2. En horas de angustia conmigo él está,
3. Si a rudos conflictos me mira que voy,
4. También cuando gozo lo miro llegar,

Pues llena mi vida de gozo y de paz;
Y puedo escuchar su dulcísima voz,
Me deja hasta el fin a mí solo luchar,
Y entonces mi dicha la aumenta el Señor,

Callar los favores que de él alcancé, Mi labio no
Que me habla, y su paz inefable me da, La paz infi-
Mas pronto, si ve que cediendo ya estoy, Socorro me
Y llena mi copa, se ve rebosar, Con todos sus

puede jamás.
nita de Dios. Es todo bondad para mí, para mí.
viene a prestar.
dones de amor.

Letra y música PRECIOUS TO ME, Charles H. Gabriel, 1902. Tr., Vicente Mendoza.

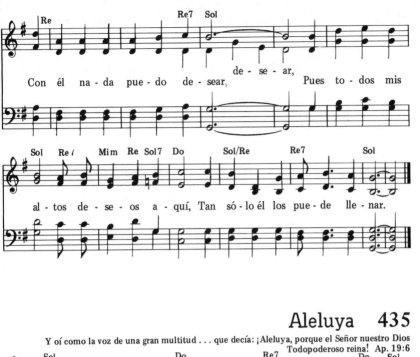

Con él na - da pue - do de - sear, Pues to - dos mis
al - tos de - se - os a - quí, Tan só - lo él los pue - de lle - nar.

Aleluya 435

Y oí como la voz de una gran multitud . . . que decía: ¡Aleluya, porque el Señor nuestro Dios
Todopoderoso reina! Ap. 19:6

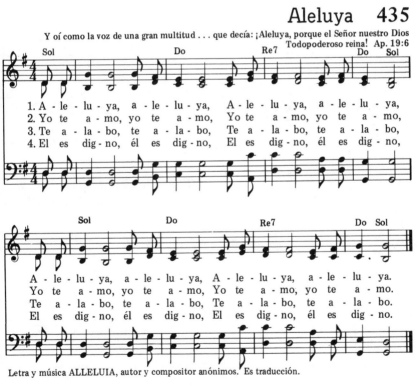

1. A - le - lu - ya, a - le - lu - ya, A - le - lu - ya, a - le - lu - ya,
2. Yo te a - mo, yo te a - mo, Yo te a - mo, yo te a - mo,
3. Te a - la - bo, te a - la - bo, Te a - la - bo, te a - la - bo,
4. El es dig - no, él es dig - no, El es dig - no, él es dig - no,

A - le - lu - ya, a - le - lu - ya, A - le - lu - ya, a - le - lu - ya.
Yo te a - mo, yo te a - mo, Yo te a - mo, yo te a - mo.
Te a - la - bo, te a - la - bo, Te a - la - bo, te a - la - bo.
El es dig - no, él es dig - no, El es dig - no, él es dig - no.

Letra y música ALLELUIA, autor y compositor anónimos. Es traducción.

436 Yo Tengo un Himno Que Entonar

Cristo nos redimió . . . Gá. 3:13

1. Yo ten-go un him - no que en-to - nar: Je - sús me re - di -mió;
2. Yo ten-go en Cris - to mi pla - cer: Je - sús me re - di -mió;
3. Un tes - ti - mo - nio de - bo dar: Je - sús me re - di -mió;
4. Yo ten - go lis - to un ho - gar: Je - sús me re - di -mió;

El vi - no mi al-ma a res - ca - tar: Je - sús me re - di - mió.
Su vo - lun - tad yo quie-ro ha-cer: Je - sús me re - di - mió.
Sin pe - na de - bo yo ha - blar: Je - sús me re - di - mió.
A - llí fe - liz po-dré ha-bi - tar: Je - sús me re - di - mió.

Je - sús me re - di - mió, Yo le glo - ri - fi - ca-
Je - sús me re - di - mió, Je - sús me re - di -mió,

ré; En Je - sús me go-za - ré; Je - sús me re - di-
Je - sús me re - di - mió, Je -

Letra y música OTHELLO, Edwin O. Excell, 1884. Tr., Agustín Ruiz V., 1977. ©Copyright 1978
Casa Bautista de Publicaciones. Todos los derechos reservados. Amparado por los derechos de
copyright internacional.

mió;
A su nom-bre yo le can-ta - ré.

sús me re - di - mió.

Amor, Amor   437

Amarás a tu prójimo como a ti mismo. Mt. 19:19

A - mor, a-mor, a mor, a mor, Her - ma-no

mí - o, gó - za - te. A - ma a tu pró - ji - mo

co - mo a ti mis - mo. Dios es a - mor.   mor.

Letra, autor anónimo. Música AMOR, compositor anónimo.

438 El Placer de Mi Alma

Yo soy la rosa de Sarón, y el lirio de los valles. Cnt. 2:1

1. ¿Quién po - drá con su pre - sen - cia Im - par - tir - me ben - di - ción?
2. Su a - mor no se li - mi - ta, Es su gra - cia sin i - gual;
3. Re - den - ción su - bli - me y san - ta Im - po - si - ble de ex - pli - car;
4. Cris - to su - ple en a - bun - dan - cia To - da mi ne - ce - si - dad;

Só - lo Cris - to y su cle - men - cia Pue - den dar con - so - la - ción.
Su mer - ced es in - fi - ni - ta, Más pro - fun - da que mi mal.
Que su san - gre sa - cro - san - ta Mi al - ma pu - do res - ca - tar.
Ser de él, es mi ga - nan - cia, I - ne - fa - ble es su bon - dad.

Só - lo Cris - to sa - tis - fa - ce Mi tran - si - do co - ra - zón;

co - ra - zón;

Es el Li - rio de los va - lles Y la Ro - sa de Sa - rón.

Letra y música HARRIS, Thoro Harris. ©Copyright 1931. Renovado 1959 Sra. de Harris.
Nazarene Publishing House, U.S.A., dueño. Tr., H. T. Reza. Poema en castellano ©Copyright
1973 Lillenas Publishing Company, U.S.A. Todos los derechos reservados. Usado con permiso.

Qué Lindo Es Cantar 439

En Jehová se gloriará mi alma. Sal. 34:2

1. Qué lindo es cantar. Qué grato es hablar Del gran amor de Dios que a su hijo envió. Qué dicha es tener La paz y el perdón, Y así poder hablar de Cristo el Salvador.

2. ¿Por qué no alabar A Cristo el Señor? Que en una cruz murió, su vida entregó. Su amor él nos dio, Su paz nos dejó, Y así poder hablar de Cristo el Salvador.

3. Mientras viva aquí Con Cristo andaré; Sus pasos seguiré por siempre hasta el fin. Con Cristo estaré, Su rostro veré, Y así podré cantar su gloria sin igual.

Con todo amor él entró, Y mi corazón transformó. Jesús el gran Salvador, A él loor. A él loor.

Letra y música PEQUEÑO PARQUE, Dina Milován de Carro y José Pistilli. ©Copyright 1978 Casa Bautista de Publicaciones. Todos los derechos reservados. Amparado por los derechos de copyright internacional.

440 El Cristo de Nazaret

...y se llamará su nombre Admirable... Is. 9:6

1. En sen-da a-le-ja-da yo le co-no-cí Al Cris-to de
2. Mi vi-da e-se dí-a ren-dí yo al Se-ñor, Al Cris-to de
3. Un him-no de go-zo él me ha-ce en-to-nar, El Cris-to de
4. Un dí-a a lle-var-me al cie-lo ven-drá, El Cris-to de

Na - za - ret; Fue a-llí que la car-ga qui-tó de mí,
Na - za - ret; Y él siem-pre a mi la-do me da su a-mor,
Na - za - ret; Y dí-a tras dí-a yo he de hon-rar
Na - za - ret; Y mi al-ma el ros-tro de él ve-rá,

El Hom - bre de Na - za - ret.
El Hom - bre de Na - za - ret.
Al Hom - bre de Na - za - ret.
Del Hom - bre de Na - za - ret.

Hom-bre ad-mi-ra-ble

Cris - to es, Hom-bre ad-mi-ra-ble Cris - to es. Yo quie-ro a Je-

sús, no hay o-tro i-gual: Es-te hom-bre que es de Na-za-ret.

Gozo, Paz y Amor 441

Bendeciré a Jehová en todo tiempo . . . Sal. 34:1

1. Yo vengo a ti, mi Salvador,
2. Tú reinas en mí, y me das poder
3. Hoy yo tengo paz dentro de mi corazón,
4. Gozo tengo yo, dentro de mi corazón,
5. Siento el amor, dentro de mi corazón,

Para entregarte todo mi ser.
Para transformar al mundo del mal.
Hallé esta paz en Cristo, mi Dios.
Hallé este gozo en Cristo, mi Dios.
Hallé este amor en Cristo, mi Dios.

Gozo, paz y amor Yo encuentro en ti;
Gozo, paz y amor Yo encuentro en ti.
Gozo, paz y amor Tú me das a mí.
Gozo, paz y amor a mí.

Letra, estrofas 1 y 2, Nora Broda de Schneir y Gustavo Alberto Schneir; estrofas 3 a 5, Juan N. McGuckin. Música GOZO, PAZ Y AMOR, Nora Broda de Schneir y Gustavo Alberto Schneir.

442 Día Feliz

Jesús le dijo: Hoy ha venido la salvación a esta casa . . . Lc. 19:9

1. Fe - liz el dí - a en que es - co - gí Ser - vir - te,
2. ¡Pa - só!, mi gran de - ber cum - plí; De Cris - to
3. Re - po - sa, dé - bil co - ra - zón, A tus con -

mi Se - ñor y Dios; Pre - ci - so es que mi go - zo en ti
soy y mí - o es él; Me a - tra - jo y con pla - cer se - guí;
tien - das pon ya fin. Ha - llé más no - ble po - se - sión,

Lo mues - tre hoy por o - bra y voz.
Su voz co - no - ce to - do fiel. ¡Soy fe - liz! ¡Soy fe - liz!
Y par - te en su - pe - rior fes - tín.

Y en su fa - vor me go - za - ré; En li - ber - tad

y luz me vi Cuan - do triun - fó en mí la fe.

Basado en 2 Crónicas 15:15. Letra, Philip Doddridge; coro, autor anónimo.
Tr., T. M. Westrup. Música HAPPY DAY, *Wesleyan Sacred Harp*, 1854 de William McDonald.

Y el rau - dal car - me - sí Sa - lud de mi al - ma en-fer - ma fue.

Sentir Más Grande Amor 443

Y andad en amor, como también Cristo nos amó . . . Ef. 5:2

1. Sen - tir más gran - de a - mor por ti, Se - ñor; Mi an - he - lo es
2. Bus - qué mun - da - na paz y vil pla - cer; No quie-ro hoy
3. Tu nom - bre, yo al mo - rir, in - vo - ca - ré, Con - ti - go i -

mi o - ra - ción que e - le - vo hoy. Da - me es - ta ben - di - ción:
na - da más que tu - yo ser. ¡Oh qué fe - li - ci - dad!
ré a mo - rar, tu faz ve - ré. Y por la e - ter - ni - dad

sen - tir por ti, Se - ñor, Más gran-de a - mor, Más gran-de a - mor.
sen - tir por ti, Se - ñor, Cre - cien-te a - mor, Cre - cien-te a - mor.
pen - san-do en tu bon - dad, Más te a - ma - ré, Más te a - ma - ré.

Letra, Elizabeth Prentiss, 1856. Tr.,Ernesto Barocio. Música MORE LOVE TO THEE,
William H. Doane, 1870.

444 Comprado por Sangre de Cristo

... en quien tenemos redención por su sangre, el perdón de pecados según las riquezas de su gracia ...

Ef. 1:7

1. Com - pra - do por san - gre de Cris - to, Con go - zo al
2. Soy li - bre de pe - na y cul - pa, Su go - zo él
3. En Cris - to yo siem - pre me - di - to, Y nun - ca le
4. Yo sé que ve - ré la her-mo - su - ra Del Rey que me

cie - lo yo voy; Li - bra - do por gra-cia in - fi - ni - ta,
me ha-ce sen - tir; El lle - na de gra - cia mi al - ma,
pue - do ol - vi - dar; Ca - llar sus fa - vo - res no quie - ro,
vi - no a sal - var. A - ho - ra me guar-da y me guí - a,

Ya sé que su hi - jo yo soy. Lo sé, Lo
Con él es tan dul - ce vi - vir. Lo sé,
A Cris - to le voy a can - tar.
Y siem - pre me quie - re a - yu - dar.

sé, Com - pra - do por san - gre yo soy; Lo
Lo sé,

sé, Lo sé, Con Cris - to al cie - lo yo voy.
Lo sé, Lo sé,

Letra, Fanny J. Crosby, 1882. Tr.,J. Rios y W. C. Brand. Música REDEEMED, William J. Kirkpatrick, 1882.

Hay un Canto Alegre 445

. . . Dios, que es rico en misericordia, por su gran amor con que nos amó . . . Ef. 2:4

1. Hay un can-to a - le-gre en mi co - ra - zón; Al - go be - llo y
2. Cuan - do me en-con-tra - ba en os - cu - ri - dad, Sin po - der u - na
3. Cuan-do al fin en glo - ria can -tan-do es - té, En la luz be - lla

ce - les - tial; Ca - da dí - a sien - to la ben - di - ción
luz ha - llar; El Se - ñor mi al - ma lle - nó de paz,
y e - ter - nal, No me can - sa - ré de can - tar lo - or

De un a - mor que no tie - ne i - gual. Es - te a - mor mi can -
Por su a - mor que no tie - ne i - gual. Es - te a - mor
Por su a - mor que no tie - ne i - gual.

ción se - rá; Y can - tar, mi fe - li - ci - dad. Pa - ra
y can - tar,

siem-pre glo - ria da - ré al Se - ñor, Por su a - mor que no tie - ne i - gual.

446 Cristo en Todo Es Señor

Ninguno puede servir a dos señores . . . Mt. 6:24

1. En mi ma - ña - na, en mi a - yer, Cris - to en to - do es Se -
2. En mis con - flic - tos, en mi pen - sar, Cris - to en to - do es Se -
3. En mis an - he - los, en mi so - ñar, Cris - to en to - do es Se -

ñor. — De - jé mis lu - chas, Soy un nue - vo ser,
ñor. Ba - ta - llas ga - nó, El a - mor por mi paz,
ñor. — Cuan - do fra - ca - so, El me pue - de sal - var,

Cris - to en to - do es Se - ñor.
Cris - to en to - do es Se - ñor.
Cris - to en to - do es Se - ñor.

Rey, es Rey, Rey, Se - ñor,

Cris - to en to - do es Se - ñor; De lo que ten - go y

lo que soy, Cris - to de to - do es Se - ñor.

Letra, Gloria y William J. Gaither. Tr.,Sid D. Guillén. Música LORD OF ALL, William J. Gaither.

De Jesús el Nombre Guarda   447

... hacedlo todo en el nombre del Señor Jesús ... Co. 3:17

1. De Jesús el nombre guarda, Heredero del afán;
2. De Jesús el nombre estima; Que te sirva de *broquel:
3. De Jesús el nombre ensalza, Cuyo sin igual poder

Dulce hará tu copa amarga; Tus afanes cesarán.
Alma débil, combatida, Hallarás asilo en él.
Del pecado nos levanta, Y renueva nuestro ser.

Suave luz, Manantial, De esperanza, fe y amor; Sumo bien, celestial

Suave luz, Manantial, Sumo bien, celestial

tial Es Jesús el Salvador.

ce-les-tial

*Esta palabra significia defensa o amparo.
Letra, Lydia Baxter, 1870. Tr., T. M. Westrup. Música PRECIOUS NAME, William H. Doane, 1871.

448 Dios Es Amor

Dios es amor. 1 Jn. 4:8

De un mo-do el Dios e - ter - no vi - vió co-mo un mor - tal A
sí los dos tu - vie - ron la vi - da e - ter - nal Y a-

fin que el hom-bre te - rre - nal a Dios pu - die - ra a - do - rar. A-
sí mos-trar su gran a - mor a

la hu - ma - ni - dad. Y por su - bir al ser hu - ma - no, tan-

to ba - jó el Se - ñor Y la ra - zón es es - ta: que

Dios es a - mor. Dios es a - mor. Dios es a - mor. Vi - da mor - tal

vi - vió y a - sí mos -tró su gran a - mor. -tró su gran a - mor.

Junto a Ti, Mi Buen Señor 449

... diga el débil: Fuerte soy. Jl. 3:10

1. Te pre - ci - so, mi Se - ñor, Te re - cla-ma el co - ra - zón;
2. Yo soy dé - bil, mi Se - ñor, Da - me for - ta - le - za hoy;
3. Ha - bla cla - ro, mi Se - ñor, Quie - ro o-ír tu dul - ce voz;
Jun - to a ti, mi buen Se - ñor, Quie-ro an-dar, mi Sal - va - dor;

Ven y mués-tra -me tu a - mor, Quie - ro ser yo tam-bién ben - di - ción.
Pues se - gu - ro yo es-ta - ré, Si tú vas jun-to a mí, Sal - va - dor.
Y sa - ber qué quie - res tú, Há - bla-me, llé - na - me, tó - ma -me.
Dí - a a dí - a guí - a-me; O - ye - me, buen Se - ñor, ó - ye-me.

Letra y música CLOSER WALK, autor anónimo. Tr., Arnoldo Canclini.

450 Dios Te Ama

Mirad cuál amor nos ha dado el Padre . . . 1 Jn. 3:1

1. La más su-bli-me nue-va es: ¡Dios te a-ma! Su
2. Y cuan-do de-pri-mi-do es-tés: ¡Dios te a-ma! Pues
3. Y aun-que le-jos de él es-tés: ¡Dios te a-ma! Ya

gra-cia a-ho-ra pue-des ver: ¡Dios te a-ma!
aun-que so-lo tú te ves: ¡Dios te a-ma!
no de-mo-res en vol-ver: ¡Dios te a-ma!

Si en os-cu-ri-dad tú vas,   El tu sen-da a-lum-bra-rá;
Cuan-do su-fras el do-lor,   O si vi-ves con te-mor,
Si re-bel-de fuis-te a-yer, Hoy per-dón po-drás te-ner,

En su a-mor se-gu-ro es-tás: ¡Dios te a-ma!
Mi-ra al cie-lo y ten va-lor: ¡Dios te a-ma!
Oh, con-fí-a en su po-der: ¡Dios te a-ma!

Letra, Floyd W. Hawkins. Tr., Tony Arango, 1977. Música GOD LOVES YOU, Otis Skillings.
© Copyright 1973 y poema en castellano © Copyright 1978 Lillenas Publishing Company, U.S.A.
Todos los derechos reservados. Usado con permiso.

No Hay Cual Jesús 451

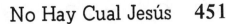

...amigo hay más unido que un hermano. Pr. 18:24

1. No hay cual Jesús otro fiel amigo, No lo hay, no lo hay;
2. No hay un instante en que nos olvide, No lo hay, no lo hay;
3. No hay otro amor como el de Cristo, No lo hay, no lo hay;

Otro que pueda salvar las almas, No lo hay, no lo hay.
No hay noche obscura que no nos cuide, No la hay, no la hay.
Ha prometido estar conmigo, Hasta el fin, hasta el fin.

Conoce todas nuestras luchas, Y sólo él nos sostendrá;

No hay cual Jesús otro fiel amigo, No lo hay, no lo hay.

Letra, Johnson Oatman, h., 1895. Es traducción. Música HARPER MEMORIAL, George C. Hugg, 1895.

452 Cantaré la Bella Historia

Mi boca publicará tu justicia y tus hechos de salvación . . . Sal. 71:15

1. Can-ta-ré la be-lla his-to-ria Que Je-sús mu-rió por mí;
2. Cris-to vi-no a res-ca-tar-me, Vil, per-di-do me en-con-tró;
3. Mis he-ri-das y do-lo-res El Se-ñor Je-sús sa-nó;

Có-mo a-llá en el Cal-va-rio Dio su san-gre car-me-sí.
Con su ma-no fiel y tier-na Al re-dil él me lle-vó.
Del pe-ca-do y los te-mo-res Su po-der me li-ber-tó.

Can-ta-ré la be-lla his-to-ria
Can-ta-ré la be-lla his-to-ria

De Je-sús, mi Sal-va-dor,
De Je-sús mi Sal-va-dor,

Letra, Francis H. Rowley, 1886. Es traducción. Música WONDROUS STORY, Peter P. Bilhorn, 1886.

Y con san - tos en la glo - ria
Y con san - tos en la glo - ria

A Je - sús da - ré lo - or.
A Je - sús da - ré lo - or.

Es de Dios la Santa Gracia 453

. . . la gracia de nuestro Señor fue más abundante con la fe y el amor que es en Cristo Jesús.

1 Ti. 1:14

1. Es de Dios la san - ta gra - cia Cual del mar la in-men - si - dad,
2. A quien vi - ve en el pe - ca - do Lo re - pren - de con a - mor,
3. Y ja - más de Dios la gra - cia Men-te hu-ma - na en-ten - de - rá,
4. Si con fe sen - ci - lla el al - ma Re - ci - bie - ra al Sal - va - dor,

Hay a - mor en su jus - ti - cia, Mues-tra en to - do su bon - dad.
Y se go - za en a - bun-dan - cia El que sir - ve al Sal - va - dor.
Por-que al Pa - dre bon - da - do - so Nun-ca el hom-bre i-gua - la - rá.
Nues-tra vi - da go - za - rí - a Dul - ce - men - te de su a - mor.

Letra, Frederick W. Faber, 1862. Tr., J. B. Cabrera. Música RATHBUN, Ithamar Conkey, 1849.

454 ¡Cuán Glorioso Es Mi Cristo!

. . . (y vimos su gloria, gloria como del unigénito del Padre) . . . Jn. 1:14

1. Por mi mal-dad Je-sús mu-rió,¡Cuán glo-rio-so es mi Cris-to!
2. Le a-la-bo por mi sal-va-ción,¡Cuán glo-rio-so es mi Cris-to!
3. De mis pe-ca-dos me lim-pió,¡Cuán glo-rio-so es mi Cris-to!
4. He de ven-cer por su po-der,¡Cuán glo-rio-so es mi Cris-to!

Por mí pa-gó y me sal-vó,¡Cuán glo-rio-so es mi Cris-to!
Y por su a-mor me dio per-dón,¡Cuán glo-rio-so es mi Cris-to!
Y a-ho-ra es Rey, pues ya triun-fó,¡Cuán glo-rio-so es mi Cris-to!
El mal por fe no he de te-mer,¡Cuán glo-rio-so es mi Cris-to!

Sal-va-dor muy glo-rio-so es Cris-to, mi Cris-to.

Sal-va-dor muy glo-rio-so es Cris-to el Se-ñor. A-mén.

Suenan Melodías en Mi Ser   455

... cantando y alabando al Señor en vuestros corazones. Ef. 5:19

1. Del Dios del cie-lo o-í un can-to Me-lo-dio-so, a-
2. A-mo a Je-sús que en el Cal-va-rio Mis pe-ca-dos
3. Se-rá mi te-ma a-llá en la glo-ria, Del gran tro-no en

rro-ba-dor; Lo can-ta-ré con go-zo y gra-ti-tud, Con muy
ya bo-rró; Mi co-ra-zón se in-fla-ma en san-to a-mor Que en mi
de-rre-dor, Can-tar con go-zo y con gra-ti-tud A-la-

dul-ce y tier-no a-mor.
ser él de-rra-mó.   Sue-nan me-lo-dí-as en mi ser, De un
ban-zas al Se-ñor.

can-to ce-les-tial, so-no-ro, an-ge-li-cal; Sue-nan me-lo-

dí-as en mi ser De un dul-ce can-to ce-les-tial.

456 Dime la Historia de Cristo

1. Di - me la his - to - ria de Cris - to, Grá - ba - la en mi co - ra - zón;
2. Di - me del tiem - po en que a so - las En el de - sier - to se ha - lló;
3. Dí cuan - do cru - ci - fi - ca - do, El por no - so - tros mu - rió;

Di - me la his - to - ria de Cris - to, Grá - ba - la en mi co - ra - zón;

Di - me la his - to - ria pre - cio - sa; ¡Cuán me - lo - dio - so es su son!
De Sa - ta - nás fue ten - ta - do Mas con po - der lo ven - ció.
Dí del se - pul - cro se - lla - do, Dí co - mo re - su - ci - tó.

Di - me la his - to - ria pre - cio - sa; ¡Cuán me - lo - dio - so es su son!

Di co - mo cuan - do na - cí - a An - ge - les con dul - ce voz
Di - me de to - das sus o - bras, De su tris - te - za y do - lor,
En e - sa his - to - ria tan tier - na Mi - ro las prue - bas de a - mor,

"Paz en la tie - rra," can - ta - ron, "Y en las al - tu - ras glo - ria a Dios."
Pues sin ho - gar, des - pre - cia - do, An - du - vo nues - tro Sal - va - dor.
Mi re - den - ción ha com - pra - do El bon - da - do - so Sal - va - dor.

Letra, Fanny J. Crosby, 1880. Tr., George P. Simmonds. ©Copyright 1967, renovado,
George P. Simmonds. Todos los derechos reservados. Usado con permiso. Música STORY
OF JESUS, John R. Sweney, 1880.

Cristo Es Mi Dulce Salvador 457

Te glorificaré, oh Jehová, porque me has exaltado . . . Sal. 30:1

1. Cris-to es mi dul - ce Sal - va - dor, Mi bien, mi paz, mi luz;
2. Cris-to es mi dul - ce Sal - va - dor, Su san - gre me com - pró;
3. Cris-to es mi dul - ce Sal - va - dor, Mi e - ter - no Re - den - tor,
4. Cris-to es mi dul - ce Sal - va - dor, Por él sal -va - do soy;

Mos-tró - me su in - fi - ni - to a-mor Mu - rien-do en du - ra cruz.
Con sus he - ri - das y do - lor, Per - fec - ta paz me dio.
¡Oh!, nun - ca yo po - dré pa - gar La deu - da de su a - mor.
La ro - ca de la e - ter - ni - dad, En quien se - gu - ro es -toy;

Cuan-do es-toy tris - te en - cuen-tro en él Con - so - la - dor y a-
Di - cha in - mor - tal a - llá ten - dré, Con Cris - to siem - pre
Le se - gui - ré fiel en la luz, No te - me - ré lle-
Glo - ria in - mor - tal a - llá ten - dré, Con Cris - to siem - pre

mi - go fiel; Con - so - la - dor, a - mi - go fiel es Je - sús.
rei - na - ré, Di-cha in-mor-tal a - llá ten - dré, con Je - sús.
var mi cruz; No te - me - ré lle - var mi cruz por Je - sús.
rei - na - ré, Glo-ria in-mor-tal a - llá ten - dré con Je - sús.

Letra y música ELIZABETH, Will L. Thompson, 1904. Tr.,S. D. Athans.

458 Junto a la Cruz

... haciendo la paz mediante la sangre de su cruz. Col. 1:20

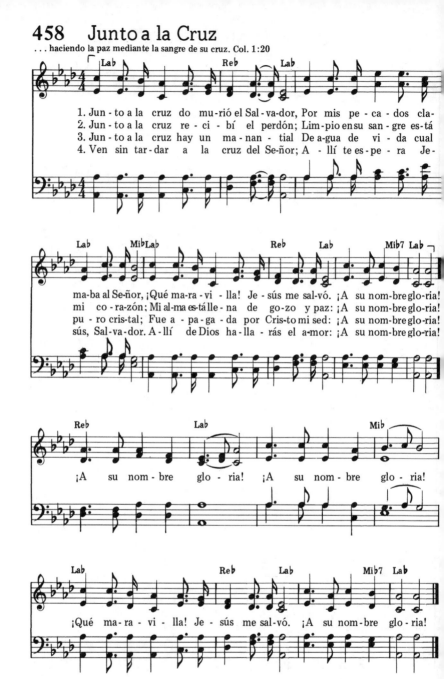

1. Jun - to a la cruz do mu-rió el Sal - va-dor, Por mis pe - ca - dos cla-
2. Jun - to a la cruz re - ci - bí el perdón; Lim-pio en su san - gre es-tá
3. Jun - to a la cruz hay un ma - nan - tial De a-gua de vi - da cual
4. Ven sin tar - dar a la cruz del Se-ñor; A - llí te es-pe - ra Je-

ma-ba al Se-ñor, ¡Qué ma-ra-vi - lla! Je - sús me sal-vó. ¡A su nom-bre glo-ria!
mi co - ra-zón; Mi al-ma es-tá lle - na de go-zo y paz: ¡A su nom-bre glo-ria!
pu - ro cris-tal; Fue a - pa - ga - da por Cris-to mi sed: ¡A su nom-bre glo-ria!
sús, Sal-va-dor. A - llí de Dios ha-lla - rás el a-mor: ¡A su nom-bre glo-ria!

¡A su nom - bre glo - ria! ¡A su nom - bre glo - ria!

¡Qué ma - ra - vi - lla! Je - sús me sal-vó. ¡A su nom-bre glo - ria!

Letra, Elisha A. Hoffman, 1878. Tr., Vicente Mendoza. Música GLORY TO HIS NAME,
John H. Stockton, 1878.

Ya Pertenezco a Cristo 459

Permaneced en mí, y yo en vosotros. Jn. 15:4

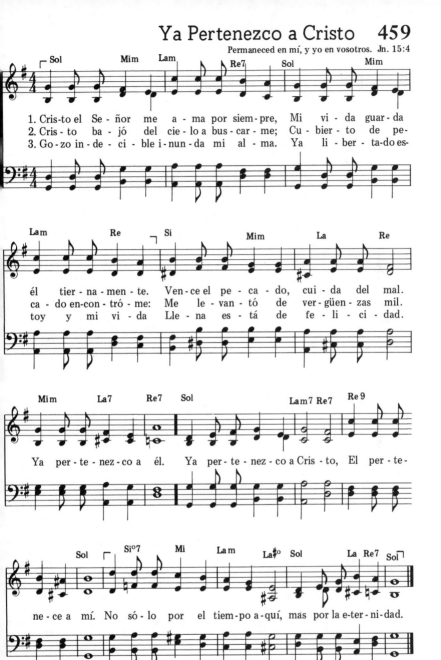

1. Cris-to el Se - ñor me a - ma por siem - pre, Mi vi - da guar - da
él tier - na - men - te. Ven - ce el pe - ca - do, cui - da del mal.
Ya per - te - nez - co a él. Ya per - te - nez - co a Cris - to, El per - te -
ne - ce a mí. No só - lo por el tiem - po a - quí, mas por la e - ter - ni - dad.

2. Cris - to ba - jó del cie - lo a bus - car - me; Cu - bier - to de pe -
ca - do en - con - tró - me: Me le - van - tó de ver - güen - zas mil.

3. Go - zo in - de - ci - ble i - nun - da mi al - ma. Ya li - ber - ta - do es -
toy y mi vi - da Lle - na es - tá de fe - li - ci - dad.

Letra y música ELLSWORTH, Norman J. Clayton. ©Copyright 1938 y 1943 Norman J. Clayton.
Renovado 1966, 1971 Norman J. Clayton Publishing Co. Usado con permiso. Tr., J. Arturo Savage.

460 Porque El Vive

... porque yo vivo, vosotros también viviréis. Jn. 14:19

1. Dios nos en - vió a su Hi - jo, Cris - to;
2. Gra - to es te - ner a un tier - no ni - ño;
3. Yo sé que un dí - a el rí - o cru - za - ré;

El es sa - lud, paz y per - dón.
To - car su piel go - zo nos da;
Con el do - lor ba - ta - lla - ré.

Vi - vió y mu - rió por mi pe - ca - do;
Pe - ro es me - jor la dul - ce cal - ma
Y al ver la vi - da triun - fan - do in - vic - ta,

Va - cí - a es - tá la tum - ba por - que él triun - fó.
Que Cris - to el Rey nos pue - de dar, pues vi - vo es - tá.
Ve - ré glo - rio - sas lu - ces y ve - ré al Rey.

Letra, Gloria y William J. Gaither. Tr., Sid D. Guillén. Música RESURRECTION, William J. Gaither, 1971. ©Copyright 1971 William J. Gaither. Amparado por los derechos de copyright internacional. Todos los derechos reservados. Esta traducción es usada con permiso especial del publicador.

Por - que él vi - ve triun - fa - ré ma - ña - na,

Por - que él vi - ve ya no hay te - mor;

Por - que yo sé que el fu - tu - ro es su - yo,

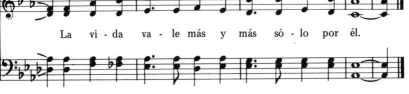

La vi - da va - le más y más só - lo por él.

461 Es Todo para Mí

Cuando veo tus cielos . . . Digo: ¿Qué es el hombre, para que tengas de él memoria . . . Sal. 8:3,4

1. En el firmamento veo a Dios, En el viento él habla en
2. Yo creeré en su natividad Que en la historia es una

majestad, Aunque reina sobre tierra y mar,
realidad Aunque él vino para liberar,

¿Que es eso para mí? ¿Que es eso para mí?

Hasta que por fe le conocí, Y su gran poder en

Letra y música, Ralph Carmichael, 1964. ©Copyright 1964 LEXICON MUSIC, INC. Tr., Daniel A.
Velázquez. Esta traducción ©Copyright 1978 LEXICON MUSIC, INC. Todos los derechos
reservados. Amparado por los derechos de copyright internacional. Usado con permiso.

mí sen - tí, No sa - bí - a que e-ra un Dios de a - mor que

vi - no des - de a - llá pa - ra sal - var-me a mí. Yo a-

ho - ra per - te - nez-co a él, El me a-yu - da con su gran po - der,

Me con - du - ce siem-pre a la ver- dad, Es to - do pa - ra mí.

462 Canten con Alegría

A él clamé con mi boca, y fue exaltado con mi lengua. Sal. 66:17

1. Canten con alegría las alabanzas de Cristo el Rey;
2. Cristo es la luz del mundo, y el que le sigue la luz tendrá;
3. Cristo es, de las ovejas que él redimiera, su Buen Pastor;
4. Ahora ya no estoy triste sino que vivo siempre feliz,

Anden en los caminos que nos mostrara su augusta grey.
Cristo es el pan de vida, y el que de él come no morirá.
Vino para salvarlas pero sufriendo cruento dolor.
Con la dulce esperanza de que algún día iré al país,

Vivan los redimidos en las victorias del Vencedor;
Cristo es la fuente viva, y el que de él bebe no tendrá sed;
Y al derramar su sangre en el madero de aquella cruz,
Ese país amado donde moradas fue a preparar:

Para que todos juntos veamos las glorias del Redentor.
Y si queréis la vida, id a la fuente y allí bebed.
Vida, paz y esperanza, y eterna gloria nos dio Jesús.
Cristo, el Pastor eterno, que a sus ovejas vino a salvar.

¿Sabes Por Qué Canto a Cristo? 463

En él confió mi corazón, y fui ayudado, por lo que se gozó mi corazón, y con mi cántico le alabaré.

Sal. 28:7

1. Sue-na en mi ser dul-ce can-to: Cris-to el Se-ñor me sal-
2. Al con-tem-plar su her-mo-su-ra, Mi al-ma de a-mor se lle-
3. Cris-to es el Li-rio del Va-lle, Ro-sa es tam-bién de Sa-

vó; El Sal-va-dor los pe-ca-dos De mi al-ma
nó; No pu-de me-nos que a-mar-le, Pues Cris-to
rón; Su gra-cia y mi-se-ri-cor-dia Hoy lle-nan

to-dos lim-pió.
me li-ber-tó. ¿Sa-bes por qué can-to a Cris-to?
mi co-ra-zón.

El es mi a-man-te Se-ñor; Por mí mu-rió en el Cal-

va-rio Cris-to, mi Sal-va-dor.
Sal-va-dor.

Letra y música KETCHUM, Albert A. Ketchum, 1923. © Copyright 1931. Renovado 1959. Hope Publishing Co., dueño. Todos los derechos reservados. Usado con permiso. Tr., George P. Simmonds.
© Copyright 1953 Hope Publishing Co. Todos los derechos reservados. Usado con permiso.

464 Grato Es Contar la Historia

... Y contaré lo que ha hecho a mi alma. Sal. 66:16

1. Gra-to es con-tar la his-to-ria Del ce-les-tial fa-vor; De
2. Gra-to es con-tar la his-to-ria Que a-yu-da al mor-tal; Que en
3. Gra-to es con-tar la his-to-ria Que an-ti-gua, sin ve-jez, Pa-

Cris-to y de su glo-ria, De Cris-to y de su a-mor; Me a-gra-da
glo-rias y por-ten-tos No re-co-no-ce i-gual; Me a-gra-da
re-ce al re-pe-tir-la Más dul-ce ca-da vez; Me a-gra-da

re-fe-rir-la, Pues sé que es la ver-dad; Y na-da sa-tis-
re-fe-rir-la, Pues me ha-ce mu-cho bien: Por e-so a ti de-
re-fe-rir-la, Pues hay quien nun-ca o-yó Que pa-ra ha-cer-le

fa-ce Cual e-lla, mi an-sie-dad.
se-o De-cír-te-la tam-bién. ¡Cuán be-lla es e-sa his-to-ria! Mi
sal-vo El buen Je-sús mu-rió.

te-ma de vic-to-ria, Es es-ta an-ti-gua his-to-ria De Cris-to y de su a-mor.

Letra, Katherine Hankey, 1866. Tr., J. B. Cabrera. Música HANKEY, William G. Fischer, 1869.

Grande Gozo Hay en Mi Alma Hoy 465

... y se regocijó con toda su casa de haber creído a Dios. Hch. 16:34

1. Gran - de go - zo hay en mi al-ma hoy, Pues Je - sús con - mi-go es - tá;
2. Hay un can - to en mi al - ma hoy; Me-lo - dí - as a mi Rey;
3. Paz di - vi - na hay en mial-ma hoy, Por-que Cris - to me sal - vó;
4. Gra - ti-tud hay en mi al - ma hoy, Y a-la-ban-zas a Je - sús;

Y su paz, que ya go - zan-do es - toy, Por siem - pre du - ra - rá.
En su a-mor fe - liz y li - bre soy, Y sal - vo por la fe.
Las ca - de - nas ro - tas ya es - tán; Je - sús me li - ber - tó.
Por su gra - cia a la glo - ria voy, Go - zán - do-me en la luz.

Gran - de go - zo, ¡Cuán her - mo - so!
Gran - de go - zo pa - ra mí Cuán her - mo - so con Je - sús

Pa - so to - do el tiem-po bien fe - liz; Por-que
el tiem-po bien fe - liz;

ten-go en Cris - to gra-ta y dul-ce paz, Gran - de go - zo sien-to en mí.

Letra, Eliza E. Hewitt, 1887. Es traducción. Música SUNSHINE, John R. Sweney, 1887.

466 Victoria en Cristo

... esta es la victoria que ha vencido al mundo, nuestra fe. 1 Jn. 5:4

1. O - í ben - di - ta his - to - ria, De Je - sús quien de su glo - ria,
2. O - í que en a - mor tier - no, El sa - nó a los en - fer - mos;
3. O - í que a - llá en la glo - ria, Hay man - sio - nes de vic - to - ria,

Al Cal - va - rio de - ci - dió ve - nir Pa - ra sal - var - me a mí.
A los co - jos los man - dó co - rrer, Al cie - go lo hi - zo ver.
Que su san - ta ma - no pre - pa - ró Pa - ra los que él sal - vó.

Su san - gre de - rra - ma - da Se a - pli - có fe - liz a mi al - ma,
En - ton - ces su - pli - can - te Le pe - dí al Cris - to a - man - te,
Es - pe - ro u - nir mi can - to Al del gru - po sa - cro - san - to,

Me dio vic - to - ria sin i - gual cuan - do me a - rre - pen - tí.
Le die - ra a mi al - ma la sa - lud y fe pa - ra ven - cer.
Que vic - to - rio - so ren - di - rá tri - bu - to al Re - den - tor.

Ya ten - go la vic - to - ria, Pues Cris - to me sal - va. Bus - có - me y com -

Letra y música HARTFORD, E. M. Bartlett, 1939. ©Copyright 1939 E. M. Bartlett. ©Copyright 1967 Sra. E. M. Bartlett. Renovado. Asignado a Albert E. Brumley e hijos. Tr., H. T. Reza. Usado con permiso.

pró-me Con su di - vi - no a-mor. Me im-par - te de su glo - ria, Su paz i-

nun-da mi al-ma; Vic - to - ria me con-ce-dió cuan-do por mí mu - rió.

Ven a Cristo, Ven Ahora 467

Cree en el Señor Jesucristo, y serás salvo . . . Hch. 16:31

1. Ven a Cris - to, ven a - ho - ra, Ven a - sí cual es - tás;
2. Cre - e y fi - ja tu con -fian - za En su muer - te por ti;
3. Ven a Cris - to con fe vi - va, Pien - sa mu - cho en su a - mor;
4. El an - he - la re - ci - bir - te, Y ha - cer - te mer - ced;

Y de él sin de - mo - ra El per - dón ob - ten - drás.
El go - zo al - can - za Quien lo hi - cie - re a - sí.
No du - des, re - ci - ba Al más vil pe - ca - dor.
Las puer - tas a - brir - te Al e - ter - no pla - cer.

Letra y música COME TO JESUS, John H. Stockton. Tr., Pedro Castro.

468 Hallé un Buen Amigo

En todo tiempo ama el amigo . . . Pr. 17:17

1. Ha - llé un buen a - mi - go, mi a - ma - do Sal - va - dor;
2. Je - sús ja - más me fal - ta, ja - más me de - ja - rá;
3. Yo sé que Je - su - cris - to muy pron - to vol - ve - rá,

Con - ta - ré lo que él ha he - cho pa - ra mí:
Es mi fuer - te y po - de - ro - so pro - tec - tor.
Y en - tre tan - to me pre - pa - ra un ho - gar.

Ha - llán - do - me per - di - do e in - dig - no pe - ca - dor,
Del mal yo me se - pa - ro y de la va - ni - dad,
En la ca - sa de mi Pa - dre, man - sión de luz y paz,

Me sal - vó y hoy me guar - da pa - ra sí.
Pa - ra con - sa - grar mi vi - da al Se - ñor.
Do el cre - yen - te fiel con él ha de mo - rar.

Letra, Charles W. Fry, 1881. Tr., Enrique Turrall. Música SALVATIONIST, William S. Hays, 1871; adap., Charles W. Fry, 1881.

Me sal - va del pe - ca - do, me guar - da de Sa - tán;
Si el mun - do me per - si - gue, si su - fro ten - ta - ción,
Y cuan - do es - té en la glo - ria, nin - gún pe - sar ten - dré:

Pro - me - te es - tar con - mi - go has - ta el fin.   El con-
Con - fian - do en Cris - to pue - do re - sis - tir.   La vic-
Con - tem - pla - ré su ros - tro siem - pre a - llí.   Con los

sue - la en la tris - te - za, me qui - ta to - do a - fán.
to - ria me es se - gu - ra y e - le - vo mi can - ción:
san - tos re - di - mi - dos go - zo - so can - ta - ré:

¡Gran - des co - sas Cris - to ha he - cho pa - ra mí!
¡Gran - des co - sas Cris - to ha he - cho pa - ra mí!
¡Gran - des co - sas Cris - to ha he - cho pa - ra mí!

469 ¡Oh Qué Salvador Es Mi Cristo Jesús!

Dios es nuestro amparo y fortaleza, nuestro pronto auxilio en las tribulaciones. Sal. 46:1

1. ¡Oh qué Salvador es mi Cristo Jesús! ¡Oh
qué Salvador es aquí! El salva al más malo de
su iniquidad, Y vida eterna le da.

2. Veré a mis hermanos que aquí yo dejé, Y
con ellos yo estaré; Mas quiero mirar a mi
Cristo Jesús, El cual murió en dura cruz.

3. Y cuando esta vida termine aquí, La
lucha por fin dejaré, Entonces a Cristo yo
voy a mirar, Loor a su nombre daré.

4. Y cuando en las nubes descienda Jesús, Glorioso al mundo a reinar, Su gran salvación y perfecto amor, Por siempre yo he de gozar.

Me escondo en la *Roca que es Cristo el Señor, Y allí nada da

Letra, Fanny J. Crosby, 1890. Es traducción. Música KIRKPATRICK, William J. Kirkpatrick, 1890. *Isaías 32:2.

La   Re   Sol

yo te-me-ré; Me es-con-do en la Ro-ca que es mi Sal-va-dor,

Re   La7   Re La7 Re Sol Re   La7   Re

Y en él siem-pre yo con-fia-ré,   Y siem-pre con él vi-vi-ré.

Invitación de Dulce Amor   470

Y el que tiene sed, venga; y el que quiera, tome del agua de la vida gratuitamente. Ap. 22:17

Lab   Mib   Lab   Reb

1. In - vi - ta - ción de dul-ce a - mor   O - fre - ces
2. La glo - ria por la e - ter - ni - dad Se - rá fe -
3. Dul - cí - si - ma pro - me - sa es Vi - vir en
4. La pa - tria ex - cel - sa y e - ter - nal Vis - lum - bra

Reb   Lab   Mib   Lab

al mor - tal, Nos das en Cris - to,¡oh Dios de a - mor!,
liz man - sión Del al - ma que, de la mal - dad,
e - se ho - gar, Si en ti, di - vi - no y rec - to juez,
ya la grey, Do a - lum - bra fúl - gi - do el fa - nal

Lab   Mib7   Lab   Mib7   Lab   Reb Lab

La vi - da ce - les - tial, La vi - da ce - les - tial.
An - he - la sal - va - ción, An - he - la sal - va - ción.
Con - fia - mos sin ce - sar, Con - fia - mos sin ce - sar.
De Cris - to, nues - tro Rey, De Cris - to, nues - tro Rey. A - mén.

Letra, V. D. Báez. Música ORTONVILLE, Thomas Hastings, 1837.

471 En Pecados y Temor

... al que a mí viene, no le echo fuera. Jn. 6:37

1. En pe-ca-dos y te-mor el Sal-va-dor me vio, Aun-que in-dig-no pe-ca-dor sin me-re-cer a-mor; En Cal-va-rio al mo-rir mi vi-da res-ca-tó, Mi sa-lud fue con-su-ma-da en la cruz.

2. De la tum-ba ya sur-gió, mi Re-den-tor Je-sús; A la muer-te de-rro-tó, dán-do-nos ple-na luz; Vi-da e-ter-na el pe-ca-dor go-za por fe en él, Y los muer-tos han de o-ír su dul-ce voz.

3. A los cie-los as-cen-dió Cris-to triun-fan-te Rey, A la dies-tra de Jeho-vá es-tá tu Me-dia-dor, In-ter-ce-de en tu fa-vor, no te de-ten-gas, pues; No des-pre-cies es-ta voz: es tu Se-ñor.

Ven al Se-ñor, ¡Oh pe-ca-dor! El es tu a-mi-go fiel, Ven, pe-ca-dor;

Ven al Se-ñor, Dios es a-mor, Es-cu-cha su tier-na voz,

Ven, pe-ca-dor.

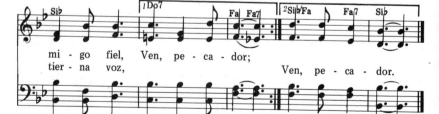

Letra, James Rowe, 1912. Música SAFETY, Howard E. Smith, 1912. © Copyright 1912, renovado 1940 John T. Benson, h. Copyright extendido. Arr. © 1978. Todos los derechos reservados. Amparado por los derechos de copyright internacional. Este arreglo impreso con permiso de The Benson Company, 365 Great Circle Road, Nashville, Tenn., 37228. Poema original en castellano, H. C. Ball.

Es la Vida de Mi Alma   472

En él estaba la vida, y la vida era la luz de los hombres. Jn. 1:4

Es la vi - da de mi al - ma,

Mi Cris - to, mi Cris - to;

Es la vi - da de mi al - ma,

Es Je - sús, mi Sal - va - dor.

Cris - to, Cris - to, Cris - to, Cris - to.

Letra, autor anónimo. Música HE IS LIFE, Canción Latinoamericana. Arr.,Derric Johnson.

473 Cuán Admirable Es Cristo

Entonces mi alma se alegrará en Jehová; se regocijará en su salvación. Sal. 35:9

1. No hay dí - a tan lar-go y tris - te, U - na no-che tan lar - ga
2. No ha - brá u - na cruz tan cruen - ta, Un pe - sar tan fa - tal no ha-
3. No hay car-ga o pe - na du - ra, Tan e - nor-me con - flic - to
4. Pe - ca - dor no lo hay tan gran - de, Que per - di - do en el mun-do es-

no hay; Pues el al - ma que en Cris-to con - fí - a Do quie-ra po-
brá; Pues Je - sús nos a - yu-da a lle-var - los: Su a-mor nun-ca
no hay; Mi Je - sús con a-mor a - li - via-na La car - ga
té, Que Je - sús en su gra-cia in-fi-ni - ta No pue-da hoy

drá can - tar (can - tar).
fal - ta - rá (ta - rá).
más fa - tal (fa - tal).   Cuán ad - mi - ra - ble es Cris-to, En mi
dar per - dón (per - dón).

pe - cho él po -ne un can - tar;   Un him - no de triun - fo,
po-ne un can-tar;

Letra, Anna B. Russell, 1921. Música NEW ORLEANS, Ernest O. Sellers, 1921. Tr., Agustín Ruiz V., 1977.

de go-zo y vi - gor, En mi pe-cho él po-ne un can-tar(can-tar).

He Decidido Seguir a Cristo 474

Si alguno me sirve, sígame; . . . Jn. 12:26

1. He de - ci - di - do se - guir a Cris - to, He de - ci -
2. El Rey de glo - ria me ha trans-for - ma - do, El Rey de
3. La vi - da vie - ja ya he de - ja - do, La vi - da

di - do se - guir a Cris - to, He de - ci - di - do se - guir a
glo - ria me ha trans-for - ma - do, El Rey de glo - ria me ha trans-for-
vie - ja ya he de - ja - do, La vi - da vie - ja ya he de-

Cris - to; No vuel - vo a - trás, No vuel - vo a - trás.
ma - do; No vuel - vo a - trás, No vuel - vo a - trás.
ja - do; No vuel - vo a - trás, No vuel - vo a - trás.

Letra, autor anónimo. Tr. estrofa 1, autor anónimo. Estrofas 2 y 3 en castellano son originales de Roberto C. Savage. ©Copyright 1954 Singspiration, Inc. Todos los derechos reservados. Música ASSAM, canción folklórica de India. Arr., William J. Reynolds, 1959. ©Copyright 1959 Broadman Press. Todos los derechos reservados.

475 Mi Salvador en Su Bondad

Y me hizo sacar del pozo de la desesperación . . . Puso mis pies sobre peña, y enderezó mis pasos.
Sal. 40:2

1. Mi Salvador en su bondad Al mundo malo
2. Su voz constante resistí, Aunque él, amante,
3. Tortura cruel sufrió por mí, Cuando en la cruz por
4. Que soy feliz, yo bien lo sé, Con esta vida

descendió; Y del abismo de maldad,
me llamó; Mas su palabra recibí,
mí murió, Tan sólo así salvado fui,
que él me dio; Mas no comprendo aún por qué,

El mi alma levantó.
Y fiel me levantó.
Y así me levantó.
Jesús me levantó.

Seguridad me
me levantó.

dio Jesús, Cuando en su gracia me alcanzó; Es-

Letra y música HE LIFTED ME, Charles H. Gabriel, 1905. Tr., Vicente Mendoza.

tan - do en som - bra, a ple - na luz, En su bon - dad, me le - van - tó.

Al Trono Excelso 476

Venga tu reino. Hágase tu voluntad . . . Mt. 6:10

1. Al tro-no ex-cel-so, do in-men-sa glo - ria, Su - pre-mo
2. Que los al-ta-res de los fal-sos dio-ses Des - a - pa -
3. Se - a tu rei - no nues-tra a-ma-da pa - tria; Tu vo-lun -
4. Da - nos tu gra-cia y ben-di-ción cons-tan - te, Mien-tras ten -

Dios, tu ma-jes-tad re-si - de, Su - ban las vo - ces
rez - can por-que no dan vi - da, Sé tú el Dios nues - tro;
tad, la ley que ve-ne-re - mos; La fe de Cris - to,
ga - mos por mo-ra-da el sue - lo; Has - ta el mo-men-to en

pu - ras del fer-vien - te Pue - blo que pi - de.
y el de-bi-do cul - to To - dos te rin - dan.
la se-gu - ra guí - a Que pro-cu - re - mos.
que nos des la nue - va Pa - tria en el cie - lo. A - mén.

Letra, Juan Bautista Cabrera. Música ISTE CONFESSOR (ROUEN), *Pontiers Antiphoner*, 1746.

477 Paz, Paz, Cuán Dulce Paz

Fuera entonces tu paz como un río . . . Is. 48:18

1. En el se - no de mi al - ma u - na dul - ce quie - tud Se di -
2. Qué te - so - ro yo ten - go en la paz que me dio, Y en el
3. Sin ce - sar yo me - di - to en a - que - lla ciu - dad Do al Au -
4. Al - ma tris - te que en ru - do con - flic - to te ves, So - la y

fun - de i - nun - dan - do mi ser, U - na cal - ma in - fi - ni - ta que
fon - do del al - ma ha de es - tar Tan se - gu - ra que na - die qui -
tor de la paz he de ver, Y en que el him - no más dul - ce que ha -
dé - bil tu sen - da al se - guir, Haz de Cris - to tu a - mi - go, pues

só - lo po - drán Los a - ma - dos de Dios com - pren - der.
tar - la po - drá Mien - tras mi - ro los a - ños pa - sar.
bré de can - tar De su paz na - da más ha de ser.
fiel siem - pre es, ¡Y su paz tú po - drás re - ci - bir!

¡Paz!, ¡paz!, ¡cuán dul - ce paz! Es a - que - lla que el

Pa - dre me da; Yo le rue - go que i - nun - de por

Letra, W. D. Cornell. Tr., Vicente Mendoza. Música WONDERFUL PEACE, W. G. Cooper.

siem-pre mi ser, En sus on-das de a-mor ce-les-tial.

Amoroso Salvador 478

Mas la misericordia de Jehová es desde la eternidad . . . sobre los que le temen . . . Sal. 103:17

1. A - mo - ro - so Sal - va - dor, Sin i - gual es tu bon - dad,
2. Mi con - tri - to co - ra - zón Te con - fie - sa su mal - dad,
3. Te con - tem - plo sin ce - sar En tu tro - no des - de a - quí;
4. Fuen - te tú de com - pa - sión, Siem-pre a ti te doy lo - or:

E - res tú mi me - dia - dor, Mi per - fec - ta san - ti - dad.
Pi - de al Pa - dre mi per - dón Por tu san - ta ca - ri - dad.
¡Oh, cuán gra - to es me - di - tar Que in-ter - ce - des tú por mí!
Sien - do gra - to al co - ra - zón En - sal - zar - te mi Se - ñor. A - mén.

Letra, M. N. Hutchinson. Música MERCY, Louis M. Gottschalk, 1854; adap., Edwin P. Parker, c. 1880.

479 Cantar Nos Gusta Unidos

Servid a Jehová con alegría . . . Sal. 100:2

1. Can - tar nos gus-ta u - ni - dos, Can-tar nos gus-ta u-ni - dos,
2. O - rar nos gus-ta u - ni - dos, O - rar nos gus-ta u-ni - dos
3. Le - er nos gus-ta u - ni - dos, Le - er nos gus-ta u-ni - dos
4. Es - tar nos gus-ta u - ni - dos, Es - tar nos gus-ta u-ni - dos

A - cor-des a u - na voz, A nues-tro e - ter - no Pa - dre,
Con san - ta de - vo - ción, A Cris - to, que nos ha - ga,
La fiel re - ve - la - ción, Que a-lum - bra nues - tros pa - sos,
En fe y a - do - ra - ción, Go - zan - do las de - li - cias,

A nues-tro e - ter - no Pa - dre, Y a su Hi-jo el Sal - va - dor.
A Cris - to, que nos ha - ga A - cep - tos en su a - mor.
Que a-lum - bra nues - tros pa - sos Con cla - ro res - plan - dor.
Go - zan - do las de - li - cias Del dí - a del Se - ñor.

¡Cuán bue - no es, cuán bue - no es, Cuán bue-no es can - tar jun - tos!
¡Cuán bue - no es, cuán bue - no es, Cuán bue-no es o - rar jun - tos!
¡Cuán bue - no es, cuán bue - no es, Cuán bue-no es le - er jun - tos!
¡Cuán bue - no es, cuán bue - no es, Cuán bue-no es es - tar jun - tos!

Letra, J. B. Cabrera. Música COMPAÑERISMO, compositor anónimo.

¡Cuán bue - no es, cuán bue - no es can - tar lo - or a Dios!

Sólo Cristo Salva 480

Y en ningún otro hay salvación . . . Hch. 4:12

1. Só - lo Cris - to sal - va de pe - ca - do y do - lor;
2. Só - lo Cris - to sal - va de tris - te - za y pe - sar,

De - rra - mó su san - gre pa - ra dar - nos li - ber - tad.
Dan - do paz y go - zo, con - so - lan - do con su a - mor.

No hay o - tro nom - bre que o - fre - ce sal - va - ción.

Só - lo Cris - to sal - va, dan - do go - zo y per - dón.

Letra y música SOLO CRISTO SALVA, Mario Zeballos Ch. Usado con agradecimiento al autor
y a la Comisión de Alfabetización y Literatura en Aymara.

481 Cuanto Más Le Sirvo

. . . lo vivo en la fe del Hijo de Dios, el cual me amó . . . Gal. 2:20

1. Des - de que sa - lí ha - cia el rei - no, Des - de que le di con -
2. Mi ne - ce - si - dad él su - ple, Y de gra - cia es da -

trol, Des - de que mi al - ma es su - ya, Cuan - to más le
dor, Mi ca - mi - no él i - lu - mi - na, Cuan - to más le

sir - vo, más es su dul - zor.
sir - vo, más es su dul - zor.

Cuan - to más le

sir - vo, más es su dul - zor; Cuan - to más le a - mo, más da

de su a - mor. Mi vi - da es del cie - lo, mi go - zo es su a - mor,

Letra y música THE SWEETER HE GROWS, William J. Gaither. Tr.,Sid D. Guillén. ©Copyright 1965
William J. Gaither. Amparado por los derechos de copyright internacional. Todos los derechos
reservados. Hechos en E.U.A. Esta traducción usada con el permiso especial del publicador.

Cuan - to más le sir - vo, más es su dul - zor.

Lugar Hay Donde Descansar 482

Acercaos a Dios, y él se acercará a vosotros. Stg. 4:8

1. Lu - gar hay don - de des - can - sar, Jun-to al co - ra - zón de Dios;
2. Lu - gar hay de con - sue - lo y luz, Jun-to al co - ra - zón de Dios;
3. Lu - gar hay de e - ter - nal so - laz, Jun-to al co - ra - zón de Dios;

Do na - da pue - de mo - les - tar, Jun-to al co - ra - zón de Dios.
Do nos jun - ta - mos con Je - sús, Jun-to al co - ra - zón de Dios.
Do Cris - to o - tor - ga go - zo y paz, Jun-to al co - ra - zón de Dios.

Je - sús, del cie - lo en - via - do Del co - ra - zón de Dios,

¡Oh siem - pre cer - ca ten - nos Del co - ra - zón de Dios!

Letra y música MCAFEE, Cleland B. McAfee, 1901. Tr.,George P. Simmonds.

483 Hay un Nombre Nuevo en la Gloria

... regocijaos de que vuestros nombres están escritos en los cielos. Lc. 10:20

1. U - na vez per - di - do vi - ví - a yo, Le - jos y va - gan-
2. En la Bi - blia di - ce, que sal - vo soy Por la gra - cia de
3. Can - tos de a - le - grí - a e - le - vo hoy A mi Rey y buen

te en e - rror; Mas la voz de Cris - to me al - can - zó,
Je - su - cris - to; Y por fe en su nom-bre a la glo - ria voy,
Sal - va - dor; Y a - ho - ra mis do - nes a Cris - to doy,

Me lla - mó con tier - no a - mor. Hay un nom - bre nue - vo en la
Por - que él me res - ca - tó.
Y le sir - vo por su a - mor.

glo - ria, Mí - o es, sí, mí - o es;
Mí - o es, mí - o es;

Letra y música A NEW NAME IN GLORY, C. Austin Miles. Tr., J. Arturo Savage. ©Copyright 1910
Hall-Mack Co. ©Copyright renovado 1938 The Rodeheaver Co. Usado con permiso.

484 ¿Cómo Podré Estar Triste?

Mirad las aves del cielo . . . ¿No valéis vosotros mucho más que ellas? Mt. 6:26

1. ¿Cómo podré estar triste? ¿Cómo entre sombras ir? ¿Cómo sentirme solo Y en el dolor vivir? Si Cristo es mi consuelo, Mi amigo siempre fiel, Si aun las aves
2. "Nunca te desalientes," Oigo al Señor decir; Y en su palabra fiado, Hago al dolor huir. A Cristo, paso a paso Yo sigo sin cesar, Y todas sus
3. Siempre que soy tentado, O si en la prueba estoy, Más cerca de él camino, Y protegido voy; Si en mí la fe desmaya Y sufro de ansiedad, Tan sólo él me

Letra y música SPARROW, Charles H. Gabriel. Tr., Vicente Mendoza.

485 Cantaré Loor a Cristo

... cantando y alabando al Señor en vuestros corazones ... Ef. 5:19

1. Can - ta - ré a Je - su - cris - to, De su gran - de y fiel a - mor; El su frió en el Cal - va - rio Por li - brar al pe - ca - dor. Can - ta - ré a Je - su-

2. Can - ta - ré la ex - cel - sa his - to - ria De glo - rio - sa sal - va - ción, Que al que quie - re re - ci - bir - la Se la da por com - pa - cer. Can - ta - ré a Je - su - cris - to, Can - ta-

3. Can - ta - ré lo - or a Cris - to Por su triun - fo y gran po - der; El pe - ca - do, in - fier - no, y muer - te El me a - yu - da - rá a ven - dor.

4. Can - ta - ré a Je - su - cris - to, De su e - ter - no y gran a - mor; Hi - jo soy de Dios por gra - cia De Je - sús mi Sal - va - dor.

Letra, Philip P. Bliss. Música MY REDEEMER, James McGranahan. Tr. castellano ©1955 por George P. Simmonds. Renovado. Propiedad de *Cánticos Escogidos*. Todos los derechos reservados. Usado con permiso.

486 Cada Día Que Pasa

Cada día te bendeciré . . . Sal. 145:2

1. Ca - da día que pa - sa yo me sien - to mu - cho más a - gra - de -
2. Ca - da día que pa - sa yo me sien - to mu - cho más a - gra - de -

ci - do a Dios, Y al sen - tir su a - mor in - men - so
ci - do a él, Y por e - so yo le si - go

yo com - pren - do to - do el bien que él hi - zo por mí.
y pro - cu - ro ca - da dí - a ser - le más

fiel. Mu - rió en la cruz por mí, por dar - me sal - va -

Letra y música CADA DIA QUE PASA, Jorge Díaz M. Arr., Betty de Alexander. ©Copyright
1973 Casa Bautista de Publicaciones. Todos los derechos reservados. Amparado por los derechos
de copyright internacional.

487 Las Pisadas del Maestro

... ahora sois luz en el Señor; andad como hijos de luz ... Ef. 5:8

1. Quie - ro se - guir el an - dar del Ma - es - tro, Quie-ro ir en
2. An - do más cer - ca de él, pues me guí - a Cuan-do el ma-
3. Si - go sus pa - sos de tier - no ca - ri - ño, Mi - se - ri-
4. Quie - ro se - guir el an - dar del Ma - es - tro, Siem-pre ha-cia a-

pos de mi Rey y Se - ñor; Y mo - de - lan - do por él
lig - no me quie - re ten - tar; Siem - pre con-fian - do en Cris-
cor - dia, a - mor y leal - tad: Vien - do - lo a él por el don
rri - ba con él quie-ro an - dar. Vien-do a mi Rey en glo - rio-

mi ca - rác - ter, Can - to con go - zo a mi Re - den - tor.
to, mi fuer - te, De - bo con go - zo su nom-bre en-sal - zar.
de la gra - cia, Voy al des - can - so, glo - rio - sa ciu - dad.
sa her-mo-su - ra: Con él en glo - ria po - dré des - can - sar.

¡Qué her - mo - so es se - guir el an - dar del Ma - es - tro!

Letra, Eliza E. Hewitt. Es traducción. Música STEPPING IN THE LIGHT, William J. Kirkpatrick.

Siem-pre en la luz, cer-ca de Je-sús, ¡Qué her-mo-so es

se-guir el an-dar del Ma-es-tro, En su san-ta luz!

¿Deberá Jesús Llevar Su Cruz? 488

Si alguno quiere venir en pos de mí, niéguese a sí mismo, tome su cruz cada día, y sígame. Lc. 9:23

1. ¿De-be-rá Je-sús lle-var su cruz Y ver-lo el mun-do a-sí?
2. Los san-tos que hoy go-zan-do es-tán A-quí su-frir los ví,
3. Pa-cien-te lle-va-ré mi cruz, Pues me ha-ce mu-cho bien;
4. Mi cruz con cal-ma lle-va-ré Has-ta que lle-gue al fin;

No, hay cru-ces pa-ra ca-da quien, Cual u-na pa-ra mí.
Mas hoy sin llan-to gus-tan ya E-ter-no a-mor, sin fin.
I-mi-ta-ré al Se-ñor Je-sús Quien la car-gó tam-bién.
Des-pués co-ro-na por-ta-ré, Pues u-na es pa-ra mí.

Letra, Thomas Shepherd, 1693, y otros. Tr., Abraham Fernández. Música MAITLAND,
George N. Allen, 1844.

489 La Vida Se Va Como el Viento

La hierba se seca, y la flor se marchita, porque el viento de Jehová sopló en ella . . . Is. 40:7

1. La vi - da se va co-mo el vien - to, Se va co - mo se va la nie - bla. Fu - gaz es cual flor de la hier - ba, que en la ma-ña-na es y en la tar-de ha

2. más pue-de el hom-bre sa - ber Los dí - as que Dios le con-ce - de - rá. Ja - más pue-de el hom-bre sa - ber, en cuál a-ma-ne - cer ya sus o-jos no

Basado en Isaías 40:7. Letra y música VIDA, Jorge Díaz M. Arr., Betty de Alexander. ©Copyright 1975 Casa Bautista de Publicaciones. Todos los derechos reservados. Amparado por los derechos de copyright internacional.

muer - to. Ja-
se a - bri - rán. Es por e-

so que el hom-bre ha de bus-car El sen-de-

ro que a Dios le ha de lle-var. A Je - sús

quien es el ca - mi - no, Quien es el ca - mi - no, ver-

dad y la vi-da, la vi-da e - ter - na. Es por

490 ¡Oh! Yo Quiero Andar con Cristo

. . . el obedecer es mejor que los sacrificios . . . 1 S. 15:22

1. ¡Oh! yo quiero andar con Cristo, Quiero oír su tierna voz,
   Meditar en su palabra Y cumplir su voluntad.
   Consagrar a él mi vida, Mis dolores y afán;
   Y algún día con mi Cristo, Gozaré la claridad.

2. ¡Oh! yo quiero andar con Cristo, El es mi ejemplo fiel;
   En la Biblia yo lo leo, Y yo sé que es la verdad.
   Cristo era santo en todo, El Cordero de la cruz,
   Y yo anhelo ser cristiano, Seguidor de mi Jesús.

3. ¡Oh! yo quiero andar con Cristo, De mi senda él es la luz,
   Dejaré el perverso mundo Para ir al Salvador.
   Este mundo nada ofrece, Cristo ofrece salvación;
   Y es mi única esperanza Vida eterna hallar con Dios.

Letra y música LAFAYETTE, Charles F. Weigle. Tr., H. C. Ball.

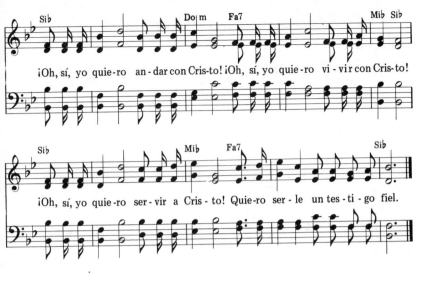

¡Oh, sí, yo quie-ro an-dar con Cris-to! ¡Oh, sí, yo quie-ro vi-vir con Cris-to!

¡Oh, sí, yo quie-ro ser-vir a Cris-to! Quie-ro ser-le un tes-ti-go fiel.

Evidencias del Perdón de Dios　491

Si vivimos por el Espíritu, andemos también por el Espíritu. Gá. 5:25

1. ¿Po-drá el pe-ca-dor A-ca-so a-quí sa-ber
2. Lo que el Se-ñor nos dio Que-re-mos pro-cla-mar:
3. En Cris-to el Sal-va-dor Cre-í-mos; y en la cruz
4. Su Es-pí-ri-tu nos da Los do-nes del Se-ñor,

Si le per-do-na el san-to Dios, Si su-yo ha vuel-to a ser?
Las e-vi-den-cias del per-dón Y de su li-ber-tad.
Mu-rió y dio al co-ra-zón Des-can-so, paz y luz.
Ri-que-zas pu-ras de ver-dad, Que bro-tan de su a-mor.

Letra, Charles Wesley. Tr., F. J. Pagura. Música OLD 134TH, *Salterio de Ginebra*, 1551;
adap., William Crotch, 1836.

492 Cuán Gloriosa Será la Mañana

... aguardando la esperanza bienaventurada y la manifestación gloriosa de nuestro gran Dios y
Salvador Jesucristo ... Tit. 2:13

1. Cuán glo - rio - sa se - rá la ma - ña - na Cuan-do ven -
2. Es - pe - ra - mos la ma - ña - na glo - rio - sa Pa - ra dar la
3. El cris - tia - no fiel y ver - da - de - ro Y tam - bién

ga Je - sús el Sal - va - dor; Las na - cio - nes, u - ni - das co -
bien - ve - ni - da al Dios de a - mor Don - de to - do se - rá co - lor
el o - bre - ro de va - lor, Y la i - gle - sia, es - po - sa del

mo her - ma - nas, Bien - ve - ni - da da - re - mos al Se - ñor.
de ro - sa En la san - ta fra - gan - cia del Se - ñor. No ha -
Cor - de - ro, Es - ta - rán en los bra - zos del Se - ñor.

brá ne - ce - si - dad de la luz el res - plan - dor, Ni el sol

da - rá su luz, ni tam - po - co su ca - lor; A - llí llan - to

Letra, Felicia y Mariano Beltrán. Música MAÑANA GLORIOSA; arr., Robert C. Savage.
©Copyright 1954 Robert C. Savage. Asignado a Singspiration, Inc.   ©Copyright 1978
Singspiration, Inc. Todos los derechos reservados. Usado con permiso.

no ha-brá, ni tris-te-za, ni do-lor, Por-que en-ton-ces Je-

sús el Rey del cie-lo Pa-ra siem-pre se-rá Con-so-la-dor.

Mi Corazón, Oh Examina Hoy 493

Examíname, oh Dios, y conoce mi corazón. Sal. 139:23

1. Mi co-ra-zón, oh ex-a-mi-na hoy; Mis pen-sa-
2. Da-me, Se-ñor, más de tu ple-ni-tud, Pues que tú

mien-tos, prue-ba, oh Se-ñor. Ve si en mí per-ver-si-
e-res fuen-te de sa-lud. So-bre la cruz, en me-dio

da-des hay; Por sen-das rec-tas llé-ve-me tu a-mor.
del do-lor, Bro-tar la hi-cis-te por tu gran a-mor.

Letra, J. Edwin Orr, 1936. Tr., Carlos P. Denyer y Elizabeth Ritchey de Fuller. Música CLEANSE ME, Melodía Maori; arr., John McNeill.

494 Cuando Mis Luchas Terminen Aquí

. . . sabemos que cuando él se manifieste, seremos semejantes a él, porque le veremos tal como él es.
1 Jn. 3:2

1. Cuan - do mis lu - chas ter - mi - nen a - quí Y ya se -
2. Cuan - do por gra - cia yo pue - da te - ner En sus man -
3. Go - zo in - fi - ni - to se - rá con - tem - plar, To - dos los

gu - ro en los cie - los es - té, Cuan-do al Se - ñor mi - re
sio - nes mo - ra - da de paz, Y que a-llí siem - pre su
fie - les que a - llí es - ta - rán, Mas la pre - sen - cia de

cer - ca de mí, ¡Por las e - da - des mi glo - ria se - rá!
faz pue - da ver, ¡Por las e - da - des mi glo - ria se - rá!
Cris - to go - zar, ¡Por las e - da - des mi glo - ria se - rá!

¡E - sa se - rá glo - ria sin fin, Glo - ria sin
¡E - sa se - rá glo - ria sin fin,

fin, glo - ria sin fin! Cuan - do por gra - cia su
Glo - ria sin fin, glo - ria sin fin!

Letra y música GLORY SONG, Charles H. Gabriel, 1900. Tr.,Vicente Mendoza.

faz pue - da ver, ¡E - sa mi glo - ria sin fin ha de ser!

Jerusalén, Mi Hogar Feliz 495

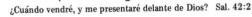

¿Cuándo vendré, y me presentaré delante de Dios? Sal. 42:2

Unísono

1. ¡Je - ru - sa - lén, ho - gar fe - liz, Sa -
2. Pro - fe - tas mi - les hay a - llá, Que a -
3. Muy pron - to yo tam - bién i - ré A
4. ¡Je - ru - sa - lén, ho - gar fe - liz, Mo -

gra - do pa - ra mí! Mis pe - nas, ¿cuán - do
do - ran a Je - sús; A - pós - to - les y
ti, di - cho - so ho - gar; La gra - cia de mi a -
ra - da pa - ra mí! Mis pe - nas to - das

cam - bia - ré Por go - zo y paz en ti?
már - ti - res Dis - fru - tan de su luz.
ma - do Rey Con e - llos a a - la - bar.
cam - bia - ré Por go - zo y paz en ti.

Basado en el Salmo 42:2. Letra, Joseph Bromehead, 1795. Tr., James Pascoe. Música SOUTHWELL
(Irons), Herbert Stephen Irons.

496 Yo Podré Reconocerle

... pero entonces conoceré como fui conocido. 1 Co. 13:12

1. Cuan-do al fin se ter-mi-ne nues-tra vi-da te-rre-nal,
Y el rí-o os-cu-ro ten-ga que cru-zar, En le-ja-na ri-
be-ra al Sal-va-dor co-no-ce-ré, Con son-ri-sa bien-ve-
ni-da me da-rá.

2. ¡Oh qué go-zo se-rá vi-vir a-llí con el Se-ñor,
Y su ros-tro y her-mo-su-ra con-tem-plar! Sen-ti-ré gran-de
go-zo cuan-do me per-mi-ta ver La man-sión que ha pro-me-
ti-do pre-pa-rar. Yo po-dré re-co-no-cer-le;

3. Nos es-pe-ran a-llí los que mu-rie-ron en Je-sús,
E-llos vi-ven en pre-sen-cia del Se-ñor. ¡Oh qué dul-ce y qué
gra-to es-tar con e-llos en reu-nión, Nos se-rá des-pués de
ver al Sal-va-dor! Yo po-dré re-co-no-cer-le;

4. Por los be-llos por-ta-les me con-du-ci-rá Je-sús,
No ha-brá pe-ca-do, ni nin-gún do-lor; Go-za-ré con los
su-yos a-la-ban-zas en-to-nar, Mas pri-me-ro quie-ro
ver a mi Se-ñor.

Letra, Fanny J. Crosby. Tr., George P. Simmonds. ©Copyright 1978 Casa Bautista de Publicaciones.
Todos los derechos reservados. Amparado por los derechos de copyright internacional. Música
I SHALL KNOW HIM, John R. Sweney.

En la cruz Cristo me redimió. Bien podré
Bien podré

re-co-no-cer-le Por heridas que allí recibió.

Unidad Eterna 497

... todos vosotros sois uno en Cristo Jesús. Gá. 3:28

1. Los que ya en el cielo están ¿Nuestros nombres guardarán?
2. La aflicción nos cerca aquí, El reposo reina allí;
3. Sin embargo, en comunión, Somos uno en el Señor;
4. Somos uno en la oración, Uno es nuestro Salvador;

Los que adoran ante el Rey ¿Piensan en su antigua grey?
Somos presos en dolor, Ellos libres por su amor.
Tras el velo, oíd su voz, Cual la nuestra alaba a Dios.
Un hogar, un mismo amor, En la tierra o junto a Dios. Amén.

Letra, John Mason Neale. Tr., F. J. Pagura. Música SAVANNAH, *Foundery Collection,* 1742.

498 Canten del Amor de Cristo

... En tu presencia hay plenitud de gozo; delicias a tu diestra para siempre. Sal. 16:11

1. Can - ten del a - mor de Cris - to, En - sal - zad al
2. La vic - to - ria es se - gu - ra, A las hues - tes
3. El pen - dón al - zad, cris - tia - nos, De la cruz, y
4. A - de - lan - te en la lu - cha, ¡Oh sol - da - dos

Re - den - tor, Tri - bu - tad - le, san - tos to - dos,
del Se - ñor; ¡Oh, pe - lead con la mi - ra - da
ca - mi - nad; De vic - to - ria en vic - to - ria,
de la fe! Nues - tro el triun - fo, ¡oh, es - cu - cha

Gran - de glo - ria y lo - or.
Pues - ta en nues - tro Pro - tec - tor!   Cuan - do es - te - mos en
Siem - pre fir - mes a - van - zad.   Cuan - do es - te - mos
Los cla - mo - res, ¡Vi - va el Rey!
1. glo - ria y lo - or.

glo - ria, En pre - sen - cia de nues - tro Re - den - tor,   A u - na
En pre - sen - cia de nues - tro Re - den - tor,

Letra, Eliza E. Hewitt, 1898. Tr., H. C. Ball. Música HEAVEN, Emily D. Wilson, 1898.

Voy al Cielo, Soy Peregrino 499

... les ha preparado una ciudad. He. 11:16

1. Voy al cie-lo, soy pe-re-gri-no, A vi-vir e-ter-na-
2. Due-lo, muer-te, a-mar-ga pe-na, Nun-ca, nun-ca se en-
3. ¡Tie-rra san-ta, her-mo-sa y pu-ra! En-tra-ré en ti sal-

Voy al cie-lo, soy pe-re-gri-no, A vi-vir e-ter-na-

men-te con Je-sús; El me a-brió ya ve-raz ca-
con-tra-rán a-llá; Pre-cio-sa vi-da, de go-zo
va-do por Je-sús. Yo go-za-ré siem-pre la ven-

men-te con Je-sús.

mi-no, Al ex-pi-rar por no-so-tros en la cruz.
lle-na, El al-ma mí-a sin fin dis-fru-ta-rá.
tu-ra I-lu-mi-na-do con de-li-cio-sa luz.

Letra, M.S.B.D. Shindler. Tr. en *Estrella de Belén*. Música SOY PEREGRINO, compositor anónimo.

500 En Presencia Estar de Cristo

Ahora vemos por espejo, oscuramente; mas entonces veremos cara a cara. 1 Co. 13:12

1. En pre-sen-cia es-tar de Cris - to, Ver su ros - tro, ¿qué se - rá?
2. Só - lo tras os - cu - ro ve - lo, Hoy lo pue-do a-quí mi - rar,
3. Cuán-to go-zo ha-brá con Cris - to Cuan-do no ha-ya más do - lor,
4. Ca - ra a ca - ra, ¡cuán glo-rio - so Ha de ser a - sí vi - vir!

Cuan-do al fin en ple - no go - zo Mi al-ma le con - tem - pla - rá.
Mas ya pron-to vie-ne el dí - a, Que su glo-ria ha de mos - trar.
Cuan-do ce - sen los pe - li - gros Y ya es - te - mos en su a - mor.
¡Ver el ros - tro de quien qui - so Nues-tras al - mas re - di - mir!

Ca - ra a ca - ra es-pe - ro ver - le Más a - llá del cie - lo a - zul.

Ca - ra a ca - ra en ple - na glo - ria He de ver a mi Je - sús.

Letra, Carrie E. Breck, 1898. Tr., Vicente Mendoza. Música FACE TO FACE, Grant Colfax Tullar, 1898.

Por el Valle Iremos en Paz 501

... No temeré mal alguno, porque tú estarás conmigo ... Sal. 23:4

1. Por el va - lle i - re - mos en paz,
2. No ha - brá más tris - te - zas a - llí,
3. A los que a - ma - mos ve - re - mos a - llí,
4. Vi - vi - re - mos con Cris - to el Se - ñor,

Por el va - lle i - re - mos en paz;
No ha - brá más tris - te - zas a - llí;
A los que a - ma - mos ve - re - mos a - llí;
Vi - vi - re - mos con Cris - to el Se - ñor;

Je - sús nos guia - rá por el ca - mi - no,
Je - sús nos guia - rá por el ca - mi - no,
Je - sús nos guia - rá por el ca - mi - no,
Je - sús nos guia - rá por el ca - mi - no,

Por el va - lle i - re - mos en paz.
No ha - brá más tris - te - zas a - llí.
A los que a - ma - mos ve - re - mos a - llí.
Vi - vi - re - mos con Cris - to el Se - ñor.

Letra y música VALLEY, autor anónimo. Tr.,Tony Arango, 1977. © Copyright 1978 Casa Bautista de Publicaciones. Todos los derechos reservados. Amparados por los derechos de copyright internacional.

502 Hay un Lugar do Quiero Estar

Gozaos y alegraos, porque vuestro galardón es grande en los cielos. Mt. 5:12

1. Hay un lugar do quiero estar Muy cerca de mi Redentor. Allí podré yo descansar Al fiel amparo de su amor.

2. Quitarme el mundo no podrá La paz que halló mi corazón. Jesús amante me dará La más segura protección. Muy cerca de mi Reden-

3. Ni dudas ni temor tendré Estando cerca de Jesús; Rodeado siempre me veré Con los fulgores de su luz.

tor Seguro a silo encontraré; Me guardará del tentador, Y ya de nada temeré.

Letra, J. M. Black. Tr., Vicente Mendoza. Música BLACK, J. M. Black.

Allí No Habrá Tribulación 503

El que venciere heredará todas las cosas, y yo seré su Dios, y él será mi hijo. Ap. 21:7

1. En la man - sión do Cris - to es - tá, A - llí no ha-
2. Se - rá muy tris - te es - tar - me a - quí, Muy le - jos,
3. Per - fec - to a - mor en - con - tra - ré, En la man-
4. En - ton - ces, sí, yo go - za - ré De to - da

brá tri - bu - la - ción; Nin - gún pe - sar, nin - gún do - lor,
sí, del Sal - va - dor, Pues mo - ran ya con él a - llí,
sión del Sal - va - dor; Per - fec - ta paz a - llí ten - dré,
la fe - li - ci - dad, Y ya con Cris - to rei - na - ré

Que me que - bran - te el co - ra - zón.
Los re - di - mi - dos por su a - mor. A - llí no ha-
Me - jor que la que go - zo hoy.
Por to - da la e - ter - ni - dad.

brá tri - bu - la - ción; Nin - gún pe - sar, nin - gún do - lor, Y cuan - do es-

té mo - ran - do a - llá, Di - ré que no hay tri - bu - la - ción.

Letra, E. Rodríguez. Música HIGHER GROUND, Charles H. Gabriel, 1892.

504 Cuando Allá Se Pase Lista

En tu presencia hay plenitud de gozo; delicias a tu diestra para siempre. Sal. 16:11

1. Cuan-do la trom-pe-ta sue-ne En a-quel dí-a fi-nal,
2. En a-quel dí-a sin nie-blas En que muer-te ya no ha-brá,
3. Tra-ba-je-mos por el Maes-tro Des-de el al-ba al vis-lum-brar;

Y que el al-ba e-ter-na rom-pa en cla-ri-dad; Cuan-do las na-cio-nes
Y su glo-ria el Sal-va-dor im-par-ti-rá; Cuan-do los lla-ma-dos
Siem-pre ha-ble-mos de su a-mor y fiel bon-dad; Cuan-do to-do a-quí fe-

sal-vas a su pa-tria lle-guen ya, Y que sea pa-sa-da lis-ta, a-
en-tren a su ce-les-tial ho-gar, Y que sea pa-sa-da lis-ta, a-
nez-ca y nues-tra o-bra ce-se ya, Y que sea pa-sa-da lis-ta, a-

llí he de es-tar. Cuan-do a-llá se pa-se lis-ta,
llí he de es-tar. Cuan-do a-llá se pa-se lis-ta, yo es-ta-ré.
llí he de es-tar.

Cuan-do a-llá se pa-se lis-ta, Cuan-do a-llá
Cuan-do a-llá se pa-se lis-ta, yo es-ta-ré Cuan-do a-llá

Letra y música ROLL CALL, James M. Black. Tr., J. J. Mercado.

se pa - se lis - ta, A mi nom-bre yo fe-liz res-pon-de-ré.

¡Oh Profundo, Inmenso Amor! 505

Pero Dios, que es rico en misericordia, por su gran amor con que nos amó ... Ef. 2:4

1. ¡Oh amor, pro - fun - do, in - men - so a - mor! De go - zo
llena el co - ra - zón Que el Dios e - ter - no, en su bon - dad, To - ma - ra for - ma cor - po - ral.

2. Fue bau - ti - za - do y so - por - tó In - ten - so a-
yu - no y do - lor; El por no - so - tros a - fron - tó La más a - gu - da ten - ta - ción.

3. Fue por no - so - tros su o - ra - ción Y su en - se-
ñan - za su la - bor: Ja - más bus - có su pro - pio bien; Se hi - zo sier - vo, sien - do rey.

4. El por no - so - tros pa - de - ció Blas - fe - mias,
bur - las y do - lor; Y pa - ra dar - nos vi - da y luz Ha - lló la muer - te en u - na cruz.

5. Mas en su triun - fo el nues-tro es - tá, Y jun - to al
Pa - dre, nues - tro ho - gar; Nos da su Es - pí - ri - tu, y en él Ha - lla - mos go - zo, paz, po - der.

Letra, Tomás de Kempis. Tr. al inglés, Benjamin Webb; tr. al castellano, N. Martínez. Música
WAREHAM, William Knapp, 1738.

506 Hasta Ese Día

Tus ojos verán al Rey en su hermosura . . . Is. 33:17

1. Pue - do can - tar, ¡sí!, cuan - do yo re - cuer - do Que el do-
2. Lo te - rre - nal ha - brá de di - si - par - se Al re - cor-
3. El mun - do vil con su tra - ba - jo y lu - cha Pue - de tra-

lor muy pron - to ha de pa - sar; En el ca - mi - no que va siem-
dar que na - da nues - tro es; Y lo que a - quí nos da do - lor,
er mi - se - ria y pe - sar; El hom - bre es co - mo el hal - cón

pre a - rri - ba: No pue - de ser el mun - do mi ho - gar.
tris - te - za: No vol - ve - re - mos a su - frir des - pués.
que, li - bre, Ya lis - to es - tá, y a - sí po - drá vo - lar.

Mas siem - pre a - quí yo se - gui - ré can - tan - do, Siem - pre a - sí

con go - zo mi al - ma i - rá, Has - ta e - se dí - a en que ve - ré

Letra y música UNTIL THEN, Stuart Hamblen. Tr., Adolfo Robleto.©Copyright 1958 Stuart Hamblen
Amparado por los derechos de copyright internacional. Todos los derechos reservados. Esta traducción
usada con permiso especial del publicador.

la glo - ria Cuan-do el Se - ñor me lle - ve a - llá.

Tras el Ocaso   507

Pues tengo por cierto que las aflicciones del tiempo presente no son comparables con la gloria
venidera . . . Ro. 8:18

1. Tras el o - ca - so des-pun-ta el al - ba, El Sol ful-
2. Tras el o - ca - so, na - da de som-bras, No ha-brá más
3. Tras el o - ca - so la tier-na ma - no De Dios el
4. Tras el o - ca - so vis-lum-bro un cie-lo, Don - de me es-

gen - te su luz da - rá; Ya vie-ne el dí - a de e-ter - na
llan - to, no ha-brá an-sie - dad; A - lláen el cie - lo dis-fru-ta-
Pa - dre me sos-ten-drá; A las man-sio-nes que ha pre-pa-
pe - ra mi Sal-va-dor; Con mis a - ma-dos se - ré reu-

di - cha, Con Cris-to en glo - ria, ¡oh qué se - rá!
re - mos De sem-pi-ter - na fe - li - ci - dad.
ra - do Pa - ra sus hi - jos, me lle - va - rá.
ni - do En las mo - ra - das de luz y a - mor. A - mén.

Letra, Virgil T. Brock. Música BEYOND THE SUNSET, Blanche Kerr Brock. ©Copyright 1936
The Rodeheaver Co. ©Copyright renovado 1964 The Rodeheaver Co. Todos los derechos
reservados. Amparado por los derechos de copyright internacional. Usado con permiso.
Tr., S. D. Athans.

508 Hay un Mundo Feliz Más Allá

... y reinarán por los siglos de los siglos. Ap. 22:5

1. Hay un mun-do fe-liz más a-llá, Don-de mo-ran los
santos en luz, Tri-bu-tan-do e-ter-no lo-or, Al in-
vic-to y glo-rio-so Je-sús. En el mun - do fe-
liz Rei-na-re-mos con nues-tro Se-ñor; En el
mun - do fe-liz Rei-na-re-mos con nues-tro Señor.

2. Can-ta-re-mos con go-zo a Je-sús, Al Cor-de-ro que
nos res-ca-tó, Con su san-gre ver-ti-da en la cruz, Los pe-
ca-dos del mun-do qui-tó.

3. Pa-ra siem-pre en el mun-do fe-liz, Con los santos da-
re-mos lo-or, Al triun-fan-te y glo-rio-so Je-sús, A Je-
sús, nues-tro Rey y Se-ñor.

En el mun - do fe-liz
con nues-tro Se-ñor;
En el mun - do fe-liz

Letra, Sanford F. Bennett, 1868. Tr., H. G. Jackson. Música SWEET BY AND BY, Joseph P. Webster, 1868.

Feliz Cumpleaños 509

Enséñanos de tal modo a contar nuestros días, que traigamos al corazón sabiduría. Sal. 90:12

1. Fe - liz, fe - liz cum - plea - ños De - sea - mos pa - ra ti,
2. A Dios le da - mos gra - cias Que con a - mor sin par,

Que el Dios om - ni - po - ten - te Te quie - ra ben - de - cir.
Al fin de o - tro a - ño her - mo - so Te per - mi - tió lle - gar.

¡Fe - liz, fe - liz cum - plea - ños! Que Dios en su bon - dad

Te dé muy lar - ga vi - da, sa - lud, fe - li - ci - dad.

Letra, Eliza E. Hewitt. Tr.,Severa Euresti. Música CUMBRE, Grant Colfax Tullar.

510   Con Gran Gozo y Placer

Porque donde están dos o tres congregados en mi nombre, allí estoy yo en medio de ellos. Mt. 18:20

1. Con gran go - zo y pla - cer Nos vol - ve - mos hoy a ver;
2. Dios a to - dos a - yu - dó, Ni un mo - men - to nos de - jó,
3. Dios nos guar - de en es - te a - mor, Pa - ra que de co - ra - zón,

Nues - tras ma - nos o - tra vez Es - tre - cha - mos. Se con - ten - ta el co -
Y o - tra vez nos re - u - nió, ¡Bien - ve - ni - dos! El Se - ñor su a - mor
Con - sa - gra - dos al Se - ñor, Le a - la - be - mos: En la e - ter - na re -

ra - zón En - san - chán - do - se de a - mor: To - dos a u - na voz a Dios
nos dio, Su po - der nos am - pa - ró, Del pe - li - gro nos guar - dó,
u - nión Do no ha - brá se - pa - ra - ción, Ni tris - te - za ni a - flic - ción:

Gra - cias da - mos.
¡Bien - ve - ni - dos! ¡Bien - ve - ni - dos! ¡Bien - ve - ni - dos! Los her - ma - nos
¡Bien - ve - ni - dos!

hoy a - quí Nos go - za - mos en de - cir: ¡Bien - ve - ni - dos!

Letra, autor anónimo. Tr., Enrique Turrall. Música WELCOME, J. R. Murray.

¡Bien - ve - ni - dos! Al vol - ver - nos a reu - nir, ¡Bien - ve - ni - dos!

Cristo Me Ama   511

Como el Padre me ha amado, así también yo os he amado . . . Jn. 15:9

1. Cris - to me a - ma, bien lo sé,   Su Pa - la - bra me ha - ce ver,
2. Cris - to me a - ma, pues mu - rió,   Y el cie - lo me a - brió;
3. Cris - to me a - ma, es ver - dad,   Y me cui - da en su bon - dad;

Que los ni - ños son de a - quél,   Quien es nues - tro a - mi - go fiel.
El mis cul - pas qui - ta - rá,   Y la en - tra - da me da - rá.
Cuan - do mue - ra, bien lo sé: Vi - vi - ré a - llá con él.

Cris - to me a - ma, Cris - to me a - ma,

Cris - to me a - ma, La Bi - blia di - ce a - sí.

Letra, Anna B. Warner, 1860. Es traducción. Música CHINA, William B. Bradbury, 1862.

512 Te Exaltaré, Mi Dios, Mi Rey

Te exaltaré, mi Dios, mi Rey . . . Sal. 145:1

Te e - xal - ta - ré, mi Dios, mi Rey, Y ben-de-ci - ré tu nom - bre

E - ter-na-men-te y pa - ra siem - pre. Ca-da dí - a te ben-de-ci - ré,

Y a - la-ba - ré tu nom - bre E - ter-na-men-te y pa - ra siem-pre.

Gran-de es Je-ho - vá, Y dig-no de su - pre-ma a - la - ban - za;

Y su gran-de-za es i - nes-cru - ta-ble. Ca - da dí - a te ben-de-ci - ré.

Basado en el Salmo 145:1-3. Letra adap. y música TE EXALTARE, MI DIOS, MI REY,
Casiodoro Cárdenas. Usado con permiso de la Iglesia del Pacto Evangélico en el Ecuador.

Venid, Nuestras Voces Alegres Unamos 513

El Cordero que fue inmolado es digno de tomar el poder, las riquezas, la sabiduría, la fortaleza,
la honra, la gloria y la alabanza. Ap. 5:12

1. Ve - nid, nues-tras vo - ces a - le - gres u - na-mos Al co - ro
2. "Es dig - no el Cor - de - ro que ha muer-to", pro - cla - man, "De es-tar ex -
3. A ti, que e - res dig - no, se den en los cie - los Po - de - res
4. Del Dios de los cie - los el nom-bre sa - gra - do A u - na

ce - les - te del tro-no al re - dor; Sus vo - ces se cuen-tan por mi -
al - ta-do en los cie - los a - sí." "Es dig-no el Cor - de - ro", de - ci -
di - vi - nos y glo-ria y ho - nor; Y más ben - di - cio-nes que dar -
ben-di - ga la gran cre - a - ción, Y lle - ve al Cor - de - ro sen - ta -

les de mi - les Mas to - das son u - na en su go - zo y su a - mor.
mos no - so - tros, "Pues él por sal - var - nos su - frió muer-te a - quí."
te po - de - mos Se e - le - ven por siem-pre a tu tro - no, Se - ñor.
do en el tro - no El dul - ce tri - bu - to de su a - do - ra - ción.

Letra, Isaac Watts. Tr., José J. de Mora. Música STOCKWELL, Pablo D. Sosa, 1960.

514 ¡Oh Jóvenes, Venid!

Os escribo a vosotros, jóvenes, porque habéis vencido al maligno. 1 Jn. 2:13

1. ¡Oh jó-ve-nes, ve-nid!; su bri-llan-te pa-be-llón Cris-to ha des-ple-
2. ¡Oh jó-ve-nes, ve-nid!; el po-ten-te Sal-va-dor Quie-re re-ci-
3. Las ar-mas in-ven-ci-bles del Je-fe gui-a-dor Son el e-van-
4. Quien ven-ga a la pe-le-a, su voz es-cu-cha-rá; Cris-to la vic-

ga-do hoy en la na-ción. A to-dos en sus fi-las os quie-re re-ci-bir,
bi-ros en su de-rre-dor; Con él a la ba-ta-lla sa-lid sin va-ci-lar;
ge-lio y su gran a-mor; Con e-llas re-ves-ti-dos, y lle-nos de po-der,
to-ria le con-ce-de-ra; Sal-ga-mos, com-pa-ñe-ros, lu-che-mos bien por él;

Y con él a la pe-le-a os ha-rá sa-lir.
Va-mos pron-to, com-pa-ñe-ros, va-mos a lu-char.
Com-pa-ñe-ros, a-cu-da-mos; va-mos a ven-cer.
Con Je-sús con-quis-ta-re-mos in-mor-tal lau-rel.

¡Va-mos a Je-sús, a-lis-

ta-dos sin te-mor, Va-mos a la lid, in-fla-ma-dos de va-lor! Jó-ve-nes, lu-

Letra, Katherine Hankey. Tr., Pedro Castro. Música OPORTO, George F. Root.

che-mos to - dos con-tra el mal; En Je - sús te - ne - mos nues-tro Ge - ne - ral.

Es Cristo el Amigo de los Niños   515

Dejad a los niños venir a mí, y no se lo impidáis; porque de los tales es el reino de Dios. Lc. 18:16

1. Es Cris-to el a - mi - go de to - dos los ni - ños; Los
2. Al gru - po de a - mi - gos fue Cris - to quien di - jo: "De -
3. Va - ya - mos no - so - tros al la - do de Cris - to, Lle -

lle - va con - si - go por sen - das de paz.
jad a los ni - ños que ven - gan a mí". Je -
ve - mos a o - tros muy cer - ca de él.

sús, el a - mi - go, Ben - di - ce a los ni - ños

Y di - ce que de e - llos Su rei - no se - rá.

Letra, William O. Cushing. Tr., Juanita R. de Balloch, 1960. Música WHEN HE COMETH, George F. Root.

516 ¿Qué Te Daré, Maestro?

Dame, hijo mío, tu corazón, y miren tus ojos por mis caminos. Pr. 23:26

1. ¿Qué te daré, Maestro? Te diste tú por mí.
2. ¿Qué te daré, Maestro? Me redimiste a mí.
3. ¿Qué te daré, Maestro? Divino donador.

¿Menos daré de lo que obtendré? O ¿todo daré a ti?
Es pequeñez, mas mi todo es, Y todo lo entrego a ti.
Tiempo y vigor, talento y ardor Serán tuyos, oh Señor.

Cristo, mi Salvador, Te diste tú por mí;

Tu hogar dejaste allí, Para morir por mí.

¿Qué te daré, Maestro? Te diste tú por mí,

Letra y música WHAT SHALL I GIVE THEE MASTER?, Homer W. Grimes. Tr., Francisco Cook.

No la mi - tad, mas to - do mi ser, Yo lo da - ré a ti.

Cuál Es Esa Gran Verdad   517

Pues me propuse no saber entre vosotros cosa alguna sino a Jesucristo, y a éste crucificado. 1Co. 2:2

1. ¿Cuál es e - sa gran ver - dad Que me ha - ce
2. ¿Quién de - rro - ta a Sa - ta - nás? ¿Quién con - sue - la
3. ¿Quién la vi - da e - ter - na da? ¿Quién ven - ció la
4. ¡E - sa es la gran ver - dad Que me ha - ce

tan fe - liz? ¿Quién el pre - mio me da - rá, Y en quién me
mi do - lor? ¿Quién mi - ti - ga mi a - flic - ción Y res - tau - ra el
muer - te ya? ¿Quién en glo - ria me sen - tó Con las hues - tes
tan fe - liz! Cre - o en quien mu - rió por mí Quien tam - bién re -

glo - ria - ré? Je - su - cris - to el Sal - va - dor.
co - ra - zón? Je - su - cris - to el Sal - va - dor.
de la luz? Je - su - cris - to el Sal - va - dor.
su - ci - tó: Je - su - cris - to el Sal - va - dor.   A - mén.

Basado en 1 Corintios 2:2; Gálatas 6:14. Letra, Johann C. Schwedler; tr. al inglés, Benjamín H.
Kennedy, 1863; tr. al castellano, Ernest H. Mellado, 1965. Música HENDON, Henri A. C. Malan,
1823.

518　Al Cristo Vivo Sirvo

... a fin de conocerle, y el poder de su resurrección ... Fil. 3:10

1. Al Cris - to vi - vo sir - vo y él en el mun-do es - tá;
2. En to - do el mun-do en - te - ro con - tem - plo yo su a - mor,
3. Re - go - ci - jaos, cris - tia - nos, hoy him - nos en - to - nad;

Aun-que o - tros lo ne - ga - ren yo sé que él vi - ve ya.
Y al sen - tir - me tris - te con - sué - la - me el Se - ñor;
E - ter - nas a - le - lu - yas a Cris - to el Rey can - tad.

Su ma - no tier - na ve - o, su voz con - sue - lo da,
Se - gu - ro es - toy que Cris - to mi vi - da guian-do es - tá,
La ú - ni - ca es - pe - ran - za es del mun - do pe - ca - dor,

Y cuan - do yo le lla - mo, muy cer - ca es - tá.
Y que o - tra vez al mun - do re - gre - sa - rá.
No hay o - tro tan a - man - te co - mo el Se - ñor.

El vi - ve, él vi - ve, hoy vi - ve el Sal - va - dor; Con-mi - go es - tá y me
vi - ve vi - ve

Letra y música ACKLEY, Alfred H. Ackley, 1933. Tr., George P. Simmonds. ©Copyright 1933
Homer A. Rodeheaver. Renovado 1961. The Rodeheaver Company, dueño. Todos los derechos
reservados. Usado con permiso.

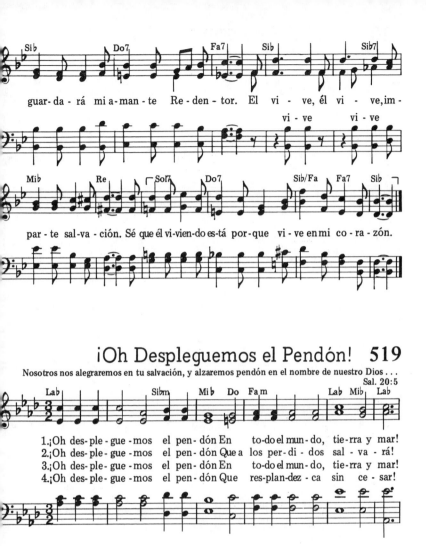

guar-da - rá mi a-man-te Re - den-tor. El vi - ve, él vi - ve,im-
vi - ve   vi - ve
par-te sal-va - ción. Sé que él vi-vien-do es-tá por-que vi - ve en mi co - ra - zón.

¡Oh Despleguemos el Pendón! 519

Nosotros nos alegraremos en tu salvación, y alzaremos pendón en el nombre de nuestro Dios . . .

Sal. 20:5

1.¡Oh des-ple-gue-mos el pen-dón En to-do el mun-do, tie-rra y mar!
2.¡Oh des-ple-gue-mos el pen-dón Que a los per-di - dos sal - va - rá!
3.¡Oh des-ple-gue-mos el pen-dón En to-do el mun-do, tie-rra y mar!
4.¡Oh des-ple-gue-mos el pen-dón Que res-plan-dez - ca sin ce - sar!

Que bri-lla en to - da la na - ción La cruz de Cris-to sin ce - sar.
Y a nues-tro pue-blo en su a-flic - ción La luz del cie - lo i - rra - dia - rá.
El sim-bo - li - za re - den - ción; Nues-tra es-pe - ran-za en Cris-to es - tá.
Cris-tia-no, cum-ple tu mi - sión: Por Cris-to el triun - fo lo - gra - rás.

etra, George W. Doane, Tr. en *El Himnario*, Nueva York, 1931. Música MISSIONARY CHANT,
Ieinrich C. Zeuner.

520 Gran Día de Victoria

. . . Temible es a los reyes de la tierra. Sal. 76:12

1. Con mis o - jos vi lle - gar la glo - ria de mi Sal - va - dor;
2. En los cam - pa - men - tos ar - den las fo - ga - tas de ver - dad,
3. Su trom - pe - ta ha so - na - do y ja - más se ren - di - rá,
4. En lo her - mo - so de los li - rios Cris - to vi - no a Be - lén,

Con sus pa - sos va ex-pri-mien-do el la - gar del de-trac-tor;
Y se pue - den ver las hues - tes a - do - ran - do con leal - tad;
El se - pa - ra co - ra - zo - nes y su jui - cio pre - mia - rá.
Con la glo - ria en su se - no que trans - for - ma en E - dén.

Con su es - pa - da co - mo ra - yo cual te - rri - ble ven - ga - dor,
La sen - ten - cia es se - gu - ra so - bre to - da la mal - dad,
¡Oh, mi al - ma, nun - ca du - des! La vic - to - ria nos da - rá,
El la vi - da san - ti - fi - ca, a - nun - ciad tan gran - de bien,

Con - quis - ta con ver - dad.
Con - quis - ta la ver - dad. ¡Glo - ria, glo - ria, a - le - lu - ya! ¡Glo - ria,
Con - quis - ta su ver - dad.
Que hay en su ver - dad.

Letra, Julia Ward Howe, 1861. Música BATTLE HYMN, Canción folklórica americana, Siglo XIX.
Tr., Abel Pierson Garza. © Copyright 1978 Casa Bautista de Publicaciones. Todos los derechos
reservados. Amparado por los derechos de copyright internacional.

glo - ria, a - le - lu - ya! ¡Glo-ria, glo-ria, a - le - lu - ya! Dios es quien ven-ce - rá.

Hijos del Celeste Rey 521

El Espíritu mismo da testimonio a nuestro espíritu, de que somos hijos de Dios. Ro. 8:16

1. Hi - jos del ce - les - te Rey, Dul - ces cán - ti - cos hoy al - zad. Al Pas - tor de nues - tra grey A - la - ban - zas en - to - nad.

2. Só - lo del be - nig - no Dios Vie - ne la fe - li - ci - dad; Si mar - cha - mos de él en pos, Mos - tra - rá - nos su bon - dad.

3. Es Je - sús el Su - mo Bien; Siem - pre en su fa - vor con - fiad; O - fre - ció - nos en su E - dén E - ter - nal fe - li - ci - dad.

4. Vues - tros can - tos, pues, al - zad A su tro - no con fer - vor, Y ho - me - na - je tri - bu - tad A la glo - ria del Se - ñor. A - mén.

Letra, John Cennick. Tr., Juan B. Cabrera. Música GOTT SEI DANK, del *Gesangbuch* de Freylinghausen, 1704.

522 Usa Mi Vida

...mas en cuanto vive, para Dios vive. Ro. 6:10

1. Muchos que viven en tu derredor, Tristes, hambrientos están; Tú, por tu vida, les puedes llevar Gozo, luz y bienestar.

2. Dí a los tristes que Dios es amor; El quiere hambrientos están; sí, darles perdón darles perdón Cristo Jesús Buscando paz, salvación.

3. Toda tu vida hoy ríndele al Señor; Cada momento sé fiel, momento sé fiel A los que vienen a Otros que vean en ti su amor Pronto se rindan a él.

Usa mi vida, Usa mi vida Para tu

Letra, Ira B. Wilson, *c.* 1909. Tr., J. F. Swanson. Música SCHULER, George S. Schuler, 1924.
Copyright 1924 George S. Schuler. ©Copyright renovado 1952. The Rodeheaver Co., dueño.
Usado con permiso.

glo - ria, oh Je - sús; To - dos los dí - as y hoy quie-
Pa - ra tu glo - ria,

ro ser, Tes - ti - go tu - yo, Se - ñor, por do - quier.
Se - ñor, por do-quier,

Dios Te Bendiga 523

La gracia de nuestro Señor Jesucristo sea con todos vosotros. Ap. 22:21

Dios te ben - di - ga, pro - tec - ción te dé; Se - a su

gra - cia siem - pre tu sos - tén; Su án - gel ve - lan-do a tu re-

dor es - té, Dán - do te a - bri - go siem - pre por do - quier. A - mén.

Letra, Epigmenio Velasco. Música ELLERS, Edward J. Hopkins, 1869.

524 Da Lo Mejor al Maestro

A todo aquel a quien se haya dado mucho, mucho se le demandará . . . Lc. 12:48

1. Da lo me - jor al Ma - es - tro; Tu ju - ven - tud, tu vi - gor;
2. Da lo me - jor al Ma - es - tro; Da - le de tu al-ma el ho - nor;
3. Da lo me - jor al Ma - es - tro; Na - da su - pe - ra su a - mor;

Da lo me - jor al Ma - es - tro; Tu ju - ven - tud, tu vi - gor;

Da - le el ar - dor de tu al - ma, Lu - cha del bien en fa - vor.
Que se - a él en tu vi - da El San - to Con - for - ta - dor.
Se dio por ti a sí mis - mo De - jan - do glo - ria y ho - nor.

Da - le el ar - dor de tu al - ma, De la ver - dad lu - cha en pro.

Cris - to nos dio el e - jem - plo, En to - do él fue lo me - jor;
Da - le y te se - rá da - do El Hi - jo a - ma - do de Dios;
No mur - mu - ró al dar su vi - da Pues él su - frió con va - lor;

Sé - le de - vo - to fer - vien - te, Da - le de ti lo me - jor.
Sír - ve - le dí - a por dí - a; Da - le de ti lo me - jor.
A - ma - le más ca - da dí - a; Da - le de ti lo me - jor.

Letra, Howard B. Grose. Tr., S. D. Athans. Música BARNARD, Charlotte A. Barnard.

... la sangre de Jesucristo su Hijo nos limpia de todo pecado. 1 Jn. 1:7

Si an-da-mos en la luz, Co-mo él es-tá en la luz,

Te-ne-mos co-mu-nión en-tre no-so-tros.

Y la san-gre de Je-su-cris-to, de Je-su-cris-to

su Hi-jo nos lim-pia de to-do pe-ca-do,

de to-do pe-ca - do.

526 Se Acerca un Año Nuevo

Enséñanos de tal modo a contar nuestros días, que traigamos al corazón sabiduría. Sal. 90:12

1. Se a - cer - ca un a - ño nue - vo: Tu vo - lun - tad se - rá.
2. Se a - cer - ca un a - ño nue - vo, De gra - cia y de bon - dad.
3. Se a - cer - ca un a - ño nue - vo Pa - ra tes - ti - fi - car

Ve - lan - do o tra - ba - jan - do, Tu ma - no nos guia - rá.
Mi - ran - do ha-cia a - de - lan - te De - ja - mos la mal - dad.
De gran - des ben - di - cio - nes Que tú nos quie - res dar.

Un a - ño de pro - gre - so, De prue - ba y ben - di - ción,
Un a - ño más con - fian - do En tu di - vi - no a - mor;
Se a - cer - ca un a - ño nue - vo; En - sé - ña - nos a - sí:

Mas ca - da día pro - ban - do Tu san - ta di - rec - ción.
¡Que ha - ya es - pe - ran - za, Sin pe - na ni te - mor!
Do quie - ra que nos lle - ves, El a - ño es pa - ra ti! A - mén.

Letra, Frances R. Havergal, 1874. Música AURELIA, Samuel S. Wesley, 1864. Tr., Leslie Gómez C.

Gloria Patri   527

Dad a Jehová la honra debida a su nombre . . . 1 Cr. 16:29

Glo-ria de-mos al Pa-dre, Al Hi-jo y al San-to Es-pí - ri - tu; Co-mo

e-ran al prin-ci - pio, Son hoy y a-sí se - rán E - ter-na-men-te. A - mén.

Letra, autor anónimo, Siglo IV. Música GLORIA PATRI (Meineke), Charles Meineke, 1844.

Gloria Patri   528

Dad a Jehová la honra debida a su nombre . . . 1 Cr. 16:29

Glo-ria de-mos al Pa-dre, Al Hi-jo y al San-to Es-pí-ri - tu; Co-mo

e-ran al prin-ci-pio, Son hoy y a-sí se - rán E - ter-na-men - te. A-mén. A - mén.

Letra, autor anónimo, Siglo IV. Música GLORIA PATRI (Greatorex), *Colección*, Henry W. Greatorex, 1851.

529 A Dios el Padre Celestial

Todo lo que respira alabe al Señor. Sal. 150:6

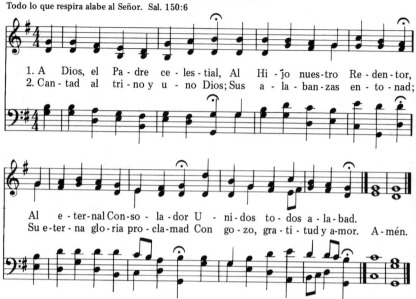

1. A Dios, el Pa - dre ce - les - tial, Al Hi - jo nues - tro Re - den - tor,
2. Can - tad al tri - no y u - no Dios; Sus a - la - ban - zas en - to - nad;

Al e - ter-nal Con-so - la-dor U - ni-dos to - dos a - la-bad.
Su e - ter - na glo-ria pro - cla-mad Con go - zo, gra - ti - tud y a-mor. A - mén.

Letra, Thomas Ken, 1695. Es traducción. Música OLD 100TH (alterada), *Salterio de Ginebra*, 1551.

530 A Dios el Padre Celestial

Todo lo que respira alabe al Señor. Sal. 150:6

1. A Dios, el Pa - dre ce - les - tial, Al Hi - jo nues - tro Re - den - tor,
2. Can - tad al tri - no y u - no Dios; Sus a - la - ban - zas en - to - nad;

Al e - ter-nal Con-so - la-dor U - ni-dos to - dos a - la - bad.
Su e - ter - na glo-ria pro - cla-mad Con go - zo, gra - ti - tud y a - mor. A - mén.

Letra, Thomas Ken, 1695. Es traducción. Música OLD 100TH (Original), *Salterio de Ginebra*, 1551.

Pasajes Bíblicos para Lectura

Individual, al Unísono, o Antifonal

La selección de pasajes bíblicos que se dan a continuación está destinada para ser usada por la congregación en la adoración. Cinco traducciones de la Biblia están representadas siendo la revisión de *Reina-Valera* de 1960 la fuente principal. Otras usadas son *Versión Popular (VP), Biblia de las Américas (BLA), Versión Moderna (VM), Versión Hispano-Americana (VHA)* 1953. Para determinar cuál de las versiones usar, se estudió cada pasaje para claridad de pensamiento y facilidad de uso para lectura en grupos. La mayoría de las lecturas son unidades completas de las Escrituras, sacadas de un solo capítulo. Cuando la lectura no es de un solo pasaje, la fuente de cada porción de la lectura está claramente indicada.

Los pasajes pueden ser leídos en voz alta al unísono o alternadamente por la congregación, el coro, el coro y la congregación, o el coro y el que dirige el culto. Por supuesto, se puede leerlos en forma privada. El pasaje destinado para lectura al unísono está todo impreso con la misma clase de tipos. El pasaje destinado para lectura alternada está impreso con dos clases diferentes de tipos separadas por la barra (/) para indicar la alternación de lectores. Por supuesto, cualquiera de los pasajes puede leerse al unísono, si el dirigente del culto así lo desea.

Se proveen un Indice Temático y un Indice Bíblico para las lecturas. El Indice Temático está íntimamente relacionado con el Indice Temático de los himnos para facilitar la coordinación de himnos y pasajes bíblicos en los cultos.

531

¡Alabado sea el Señor! / ¡Alaben a Dios en su santuario! / ¡Alábenlo en su hermosa bóveda celeste! / ¡Alábenlo por sus hechos poderosos! / ¡Alábenlo por su grandeza infinita!

¡Alábenlo con toques de trompeta! / ¡Alábenlo con arpa y salterio! / ¡Alábenlo danzando con panderos! / ¡Alábenlo con flautas e instrumentos de cuerda! / ¡Alábenlo con platillos sonoros! / ¡Alábenlo con platillos vibrantes!

¡Que todo lo que respira alabe al Señor! / ¡Alabado sea el Señor! / ¡Alabado sea el Señor!

Salmo 150 (VP)

532

Alzad, oh puertas, vuestras cabezas, Y alzaos vosotras, puertas eternas, / **Y entrará el Rey de gloria.** / ¿Quién es este Rey de gloria? / **Jehová el fuerte y valiente, Jehová el poderoso en batalla.**

Alzad, oh puertas, vuestras cabezas, Y alzaos vosotras, puertas eternas. / **Y entrará el Rey de gloria.** / ¿Quién es este Rey de gloria? / **Jehová de los ejércitos, El es el Rey de la gloria.**

Salmo 24: 7-10

533

Bendice, alma mía, a Jehová, Y bendiga todo mi ser su santo nombre. / **Bendice, alma mía, a Jehová, Y no olvides ninguno de sus beneficios.** / El es quien perdona todas tus iniquidades, El que sana todas tus dolencias; / **El que rescata del hoyo tu vida, El que te corona de favores y misericordias.**

Misericordioso y clemente es Jehová; Lento para la ira, y grande en misericordia. / **No contenderá para siempre, Ni para siempre guardará el enojo.**

No ha hecho con nosotros conforme a nuestras iniquidades, Ni nos ha pagado conforme a nuestros pecados. / **Porque como la altura de los cielos sobre la tierra, Engrandeció su misericordia sobre los que le temen.** / Cuanto está lejos el oriente del occidente, Hizo alejar de nosotros nuestras rebeliones. / **Como el padre se compadece de los hijos, Se compadece Jehová de los que le temen.**

Bendecid a Jehová, vosotros sus ángeles, Poderosos en fortaleza, que ejecutáis su palabra, Obedeciendo a la voz de su precepto. / **Bendecid a Jehová, vosotros todos sus ejércitos, Ministros suyos, que hacéis su voluntad.** / Bendecid a Jehová, vosotras todas sus obras, En todos los lugares de su señorío. / **Bendice, alma mía, a Jehová.**

Salmo 103: 1-4, 8-13, 20-22

534

Mas Jehová está en su santo templo; calle delante de él toda la tierra.

Habacuc 2: 20

535

Bendito el que viene en el nombre de Jehová; Desde la casa de Jehová os bendecimos. Jehová es Dios, y nos ha dado luz.

Salmo 118: 26-27

536

Los cielos cuentan la gloria de Dios, / **Y el firmamento anuncia la obra de sus manos.** / Un día emite palabra a otro día, / **Y una noche a otra noche declara sabiduría.** / No hay lenguaje, ni palabras, Ni es oída su voz.

La ley de Jehová es perfecta, que convierte el alma; El testimonio de Jehová es fiel, que hace sabio al sencillo. / Los mandamientos de Jehová son rectos, que alegran el corazón; / **El precepto de Jehová es puro, que alumbra los ojos.**

El temor de Jehová es limpio, que permanece para siempre; / **Los juicios de Jehová son verdad, todos justos.** / Deseables son más que el oro, y más que mucho oro afinado; / **Y dulces más que miel, y que la que destila del panal.**

Tu siervo es además amonestado con ellos; / **En guardarlos hay grande galardón,** / ¿Quién podrá entender sus propios errores? / **Líbrame de los que me son ocultos.** / Preserva también a tu siervo de las soberbias; Que no se enseñoreen de mi; / **Entonces seré íntegro,** / y estaré limpio de gran rebelión.

Sean gratos los dichos de mi boca y la meditación de mi corazón delante de ti, Oh Jehová, roca mía, y redentor mío.
Salmo 19:1-3, 7-14

537

Yo me alegré con los que me decían: A la casa de Jehová iremos.
Salmo 122:1

538

¡Cuán amables son tus moradas, oh Jehová de los ejércitos! / **Anhela mi alma y aun ardientemente desea los atrios de Jehová; Mi corazón y mi carne cantan al Dios vivo.**

Aun el gorrión halla casa, Y la golondrina nido para sí, donde ponga sus polluelos, Cerca de tus altares, oh Jehová de los ejércitos, Rey mío, y Dios mío. / **Bienaventurados los que habitan en tu casa; Perpetuamente te alabarán. Porque mejor es un día en tus atrios que mil fuera de ellos.**

Escogería antes estar a la puerta de la casa de mi Dios, Que habitar en las moradas de maldad. / **Porque sol y escudo es Jehová Dios; Gracia y gloria dará Jehová.** / No quitará el bien a los que andan en integridad. / **Jehová de los ejércitos, Dichoso el hombre que en ti confía.**
Salmo 84:1-4, 10-12

539

Cantad alegres a Dios, habitantes de toda la tierra. / **Servid a Jehová con alegría; Venid ante su presencia con regocijo.**

Reconoced que Jehová es Dios; El nos hizo, y no nosotros a nosotros mismos; / **Pueblo suyo somos, y ovejas de su prado.**

Entrad por sus puertas con acción de gracias, Por sus atrios con alabanza; / **Alabadle, bendecid su nombre.** / Porque Jehová es bueno; para siempre es su misericordia, / **Y su verdad por todas las generaciones.**
Salmo 100

540

Venid, aclamemos alegremente a Jehová; / **Cantemos con júbilo a la roca de nuestra salvación.** / Lleguemos ante su presencia con alabanza; / **Aclamémosle con cánticos.** / Porque Jehová es Dios grande, Y Rey grande sobre todos los dioses.

Porque en su mano están las profundidades de la tierra, Y las alturas de los montes son suyas. Suyo también el mar, pues él lo hizo; Y sus manos formaron la tierra seca.

Venid, adoremos y postrémonos; Arrodillémonos delante de Jehová nuestro hacedor. Porque Jehová es Dios grande, Y Rey grande sobre todos los dioses. / **Porque él es nuestro Dios.**

Salmo 95:1-6, 3, 7

541

¡Oh, Jehová, Señor nuestro, Cuán glorioso es tu nombre en toda la tierra! Has puesto tu gloria sobre los cielos.

Cuando veo tus cielos, obra de tus dedos, La luna y las estrellas que tú formaste, Digo: ¿Qué es el hombre, para que tengas de él memoria, Y el hijo del hombre, para que lo visites? / **Le has hecho poco menor que los ángeles, Y lo coronaste de gloria y de honra.**

Le hiciste señorear sobre las obras de tus manos; Todo lo pusiste debajo de sus pies: / **Ovejas y bueyes, todo ello, Y asimismo las bestias del campo,** / Las aves de los cielos y los peces del mar; Todo cuanto pasa por los senderos del mar.

¡Oh, Jehová, Señor nuestro, Cuán grande es tu nombre en toda la tierra!

Salmo 8:1, 3-9

542

Cantad a Jehová cántico nuevo; Cantad a Jehová, toda la tierra. / **Cantad a Jehová, bendecid su nombre; Anunciad de día en día su salvación.**

Proclamad entre las naciones su gloria, En todos los pueblos sus maravillas. / **Porque grande es Jehová, y digno de suprema alabanza; Temible sobre todos los dioses.** / Porque todos los dioses de los pueblos son ídolos; Pero Jehová hizo los cielos. / **Alabanza y magnificencia delante de él; Poder y gloria en su santuario.**

Tributad a Jehová, oh familias de los pueblos, Dad a Jehová la gloria y el poder. / **Dad a Jehová la honra debida a su nombre; Traed ofrendas, y venid a sus atrios.**

Adorad a Jehová en la hermosura de la santidad; Temed delante de él, toda la tierra. / **Decid entre las naciones: Jehová reina.**

Salmo 96:1-10

543

Ninguno se presentará delante de Jehová con las manos vacías; cada uno con la ofrenda de su mano, conforme a la bendición que Jehová tu Dios te hubiere dado.

Deuteronomio 16:16-17

544

¡Alabado sea el Señor! ¡Alaben a Dios en su santuario!

Salmo 150:1 (VP)

545

¡Canten al Señor canción nueva, pues ha hecho maravillas! ¡Ha alcanzado la victoria con su gran poder, con su santo brazo! / **El Señor ha anunciado su victoria; ha mostrado su justicia a la vista de las naciones.**

Ha tenido presente su amor y lealtad por el pueblo de Israel. ¡Hasta el último rincón del mundo ha sido vista la victoria de nuestro Dios!

Canten a Dios con alegría, habitantes de toda la tierra; den rienda suelta a su alegría, y cántenle himnos. / Canten himnos al Señor al son del arpa, al son de instrumentos de cuerda. / **Canten con alegría ante el Señor, el Rey, al son de instrumentos de viento.**

Salmo 98:1-6 (VP)

546

De Jehová es la tierra y su plenitud; El mundo, y los que en él habitan. Porque él la fundó sobre los mares, Y la afirmó sobre los ríos.

¿Quién subirá al monte de Jehová? ¿Y quién estará en su lugar santo? El limpio de manos y puro de corazón; El que no ha elevado su alma a cosas vanas, Ni jurado con engaño. El recibirá bendición de Jehová Y justicia del Dios de salvación.

Salmo 24:1-5

547

Amo a Jehová, pues ha oído Mi voz y mis súplicas; Porque ha in-

clinado a mí su oído; Por tanto le invocaré en todos mis días. / **Clemente es Jehová, y justo; Sí, misericordioso es nuestro Dios.**

¿Qué pagaré a Jehová Por todos sus beneficios para conmigo? / **Tomaré la copa de la salvación, E invocaré el nombre de Jehová.** / Te ofreceré sacrificio de alabanza, E invocaré el nombre de Jehová. / **A Jehová pagaré ahora mis votos Delante de todo su pueblo, En los atrios de la casa de Jehová, En medio de ti, oh Jerusalén.** / ¡Alabado sea el Señor! / **¡Alabado sea el Señor!**

Salmo 116:1-2, 5, 12-13, 17-19a; Salmo 116:19b (VP)

548

Ciertamente Jehová está en este lugar . . . No es otra cosa que casa de Dios.

Génesis 28:16-17

549

Dios tenga misericordia de nosotros, y nos bendiga; / **Haga resplandecer su rostro sobre nosotros;** / Para que sea conocido en la tierra tu camino, / **En todas las naciones tu salvación.** / Te alaben los pueblos, oh Dios; / **Todos los pueblos te alaben.**

Alégrense y gócense las naciones, / **Porque juzgarás los pueblos con equidad, Y pastorearás las naciones en la tierra.**

Te alaben los pueblos, oh Dios; / **Todos los pueblos te alaben.** / La tierra dará su fruto; Nos bendecirá Dios, el Dios nuestro. / **Bendíganos Dios, Y témanlo todos los términos de la tierra.**

Salmo 67

550

¡Adorad a Jehová en la hermosura de la santidad! ¡Alégrense los cielos, y gócese la tierra! ¡brame la mar, y cuanto en ella hay!

¡Regocíjese el campo, y todo lo que está en él! entonces todos los árboles de la selva cantarán de gozo delante de Jehová; porque viene, sí, porque viene a juzgar la tierra ¡juzgará al mundo con justicia, y a los pueblos con su verdad!

Salmo 96:9, 11-13 (VM)

551

Te exaltaré, mi Dios, mi Rey, / **Y bendeciré tu nombre eternamente y para siempre.** / Cada día te bendeciré, / **Y alabaré tu nombre eternamente y para siempre.** / Grande es Jehová, y digno de suprema alabanza; / **Y su grandeza es inescrutable.**

Salmo 145:1-3

552

Crea en mí, oh Dios, un corazón limpio, Y renueva un espíritu recto dentro de mí. No me eches de delante de ti, Y no quites de mí tu santo Espíritu. Vuélveme el gozo de tu salvación, Y espíritu noble me sustente. Entonces enseñaré a los transgresores tus caminos, Y los pecadores se convertirán a ti.

Salmo 51:10-13

553

Cantad a Jehová cántico nuevo. Cantad alegres a Jehová, toda la tierra; Levantad la voz, y aplaudid, y cantad salmos.

Salmo 98:1, 4

554

Sólo hay un Dios, el Padre, del cual proceden todas las cosas, y nosotros somos para él; / **y un Señor Jesucristo, por medio del cual son todas las cosas, y nosotros por medio de él.**

1 Corintios 8:6

Como el padre se compadece de los hijos, Se compadece Jehová de los que le temen. / **Porque él conoce nuestra condición; Se acuerda de que somos polvo.**

Salmo 103:13-14

Jehová, tú eres nuestro padre; nosotros barro, y tú el que nos formaste; / **así que obra de tus manos somos todos nosotros.**

Isaías 64:8

555

Que nuestro Señor Jesucristo mismo, y Dios nuestro Padre, el que en su bondad nos ha amado y dado consuelo eterno y una buena esperanza, anime sus corazones y les haga firmes para que digan y hagan todo lo bueno.

2 Tesalonicenses 2:16-17 (VP)

556

El pueblo que andaba en tinieblas vio gran luz; / **los que moraban en tierra de sombra de muerte, luz resplandeció sobre ellos.**

Porque un niño nos es nacido, hijo nos es dado, / **y el principado sobre su hombro;** / y se llamará su nombre Admirable, / **Consejero,** / Dios fuerte, / **Padre eterno,** / Príncipe de paz. / **Lo dilatado de su imperio y la paz no tendrán límite, . . . El celo de Jehová de los ejércitos hará esto.**

Isaías 9:2, 6-7

557

Cuando Jesús nació en Belén de Judea en días del rey Herodes, vinieron del oriente a Jerusalén unos magos, diciendo: / **¿Dónde está el rey de los judíos, que ha nacido? Porque su estrella hemos visto en el oriente, y venimos a adorarle.**

Oyendo esto, el rey Herodes se turbó, y toda Jerusalén con él. / **Y convocados todos los principales sacerdotes, y los escribas del pueblo, les preguntó dónde había de nacer el Cristo.** / Ellos le dijeron: En Belén de Judea; porque así está escrito por el profeta: / **Y tú, Belén, de la tierra de Judá, No eres la más pequeña entre los príncipes de Judá; Porque de ti saldrá un guiador, Que apacentará a mi pueblo Israel.**

Entonces Herodes, llamando en secreto a los magos, indagó de ellos diligentemente el tiempo de la aparición de la estrella; / **y enviándolos a Belén, dijo:** Id allá y averiguad con diligencia acerca del niño; y cuando le halléis, hacédmelo saber, para que yo también vaya y le adore.

Ellos, habiendo oído al rey, se fueron; y he aquí la estrella que habían visto en el oriente iba delante de ellos, hasta que llegando, se detuvo sobre donde estaba el niño. / **Y al ver la estrella, se regocijaron con muy grande gozo.** / Y al entrar en la casa, vieron al niño con su madre María, y postrándose, lo adoraron; y abriendo sus tesoros, le ofrecieron presentes: oro, incienso y mirra. / **Pero siendo avisados por revelación en sueños que no volviesen a Herodes, regresaron a su tierra por** otro camino.

Mateo 2:1-12

558

[Jesucristo] es la imagen del Dios invisible, el primogénito de toda creación, / **Porque en él fueron creadas todas las cosas, las que hay en los cielos y las que hay en la tierra, visibles e invisibles; sean tronos, sean dominios, sean principados, sean potestades; todo fue creado por medio de él y para él.** / Y él es antes de todas las cosas, y todas las cosas en él subsisten.

Y él es la cabeza del cuerpo que es la iglesia, él que es el principio, el primogénito de entre los muertos, para que en todo tenga la preeminencia; / por cuanto agradó al Padre que en él habitase toda plenitud, / **y por medio de él reconciliar consigo todas las cosas, así las que están en la tierra como las que están el los cielos, haciendo la paz mediante la sangre de su cruz.**

Colosenses 1:15-20

559

Así que, hermanos, os ruego por las misericordias de Dios, que presentéis vuestros cuerpos en sacrificio vivo, santo, agradable a Dios, que es vuestro culto racional. No os conforméis a este siglo, sino transformaos por medio de la renovación de vuestro entendimiento, para que comprobéis cuál sea la buena voluntad de Dios, agradable y perfecta.

Romanos 12:1-2

560

En el principio era el Verbo, y el Verbo era con Dios, y el Verbo era Dios. Este era en el principio con Dios. Todas las cosas por él fueron hechas, y sin él nada de lo que ha sido hecho, fue hecho.

En él estaba la vida, y la vida era la luz de los hombres. La luz en las tinieblas resplandece, y las tinieblas no prevalecieron contra ella.

En el mundo estaba, y el mundo por él fue hecho; pero el mundo no le conoció. A lo suyo vino, y los suyos no le recibieron. / **Mas a todos los que le recibieron, a los que creen en su nombre, les dio potestad de ser hechos hijos de Dios; los cuales no son engendrados de sangre, ni de voluntad de carne, ni de voluntad de varón, sino de Dios. Y aquel Verbo fue hecho carne, y habitó entre nosotros (y vimos su gloria, gloria como del unigénito del Padre), lleno de gracia y de verdad.**

Juan 1:1-5, 10-14

561

Aconteció en aquellos días, que se promulgó un edicto de parte de Augusto César, que todo el mundo fuese empadronado. / **Y José subió de Galilea, de la ciudad de Nazaret, a Judea, a la ciudad de David, que se llama Belén, por cuanto era de la casa y familia de David; para ser empadronado con María su mujer, desposada con él, la cual estaba encinta.**

Y aconteció que estando ellos allí, se cumplieron los días de su alumbramiento. / **Y dio a luz a su hijo primogénito, y lo envolvió en pañales, y lo acostó en un pesebre, porque no había lugar para ellos en el mesón.**

Había pastores en la misma región que velaban y guardaban las vigilias de la noche sobre su rebaño. / **Y he aquí, se les presentó un ángel del Señor, y la gloria del Señor los rodeó de resplandor; y tuvieron gran temor.** / Pero el ángel les dijo: No temáis; porque he aquí os doy nuevas de gran gozo, que será para todo el pueblo: que os ha nacido hoy, en la ciudad de David, un Salvador, que es CRISTO el Señor. Esto os servirá de señal: Hallaréis al niño envuelto en pañales, acostado en un pesebre.

Y repentinamente apareció con el ángel una multitud de las huestes celestiales, que alababan a Dios, y decían: ¡Gloria a Dios en las alturas, Y en la tierra paz, buena voluntad para con los hombres!

Lucas 2:1, 4-14

562

Yo rogaré al Padre, y El os dará otro Ayudador para que esté con vosotros para siempre; *es decir,* el Espíritu de verdad, a quien el mundo no puede recibir, porque ni le ve ni le conoce, *pero* vosotros sí le conocéis porque vive con vosotros y estará en vosotros. No os dejaré huérfanos; vendré a vosotros.

Pero el Ayudador, el Espíritu Santo, a quien el Padre enviará en mi nombre, El os enseñará todas las cosas, y os recordará todo lo que os he dicho.

Juan 14:16-18, 26 (BLA)

563

Cuando se acercaban a Jerusalén, junto a Betfagé y a Betania, frente al monte de los Olivos, Jesús envió dos de sus discípulos, y les dijo: / **Id a la aldea que está enfrente de vosotros, y luego que entréis en ella, hallaréis un pollino atado, en el cual ningún hombre ha montado; desatadlo y traedlo. Y si alguien os dijere: ¿Por qué hacéis eso? decid que el Señor lo necesita, y que luego lo devolverá.**

Fueron, y hallaron el pollino atado afuera a la puerta, en el recodo del camino, y lo desataron. Y unos de los que estaban allí les dijeron: / **¿Qué hacéis desatando el pollino?** / Ellos entonces les dijeron como Jesús había mandado; y los dejaron.

Y trajeron el pollino a Jesús, y echaron sobre él sus mantos, y se sentó sobre él. / **También muchos tendían sus mantos por el camino, y otros cortaban ramas de los árboles, y las tendían por el camino.** Y los que iban delante de los que venían detrás daban voces, diciendo: / **¡Hosanna! ¡Bendito el que viene en el nombre del Señor! ¡Bendito el reino de nuestro padre David que viene! ¡Hosanna en las alturas!**

Marcos 11:1-10

564

Y la paz de Dios, que sobrepasa todo entendimiento, guardará vuestros corazones y vuestros pensamientos en Cristo Jesus.

Filipenses 4:7

565

Y a Aquel que es poderoso para hacer todas las cosas mucho más abundantemente de lo que pedimos o entendemos, según el poder que actúa en nosotros, a él sea gloria en la iglesia en Cristo Jesús por todas las edades, por los siglos de los siglos. Amén.

Efesios 3:20-21

566

Así que, entonces tomó Pilato a Jesús, y le azotó. Y los soldados entretejieron una corona de espinas, y la pusieron sobre su cabeza, y le vistieron con un manto de púrpura; y le decían: / **¡Salve, Rey de los judíos!** / y le daban de bofetadas. Entonces Pilato salió otra vez, y les dijo: / **Mirad, os lo traigo fuera, para que entendáis que ningún delito hallo en él.**

Y salió Jesús, llevando la corona de espinas y el manto de púrpura. Y Pilato les dijo: / **¡He aquí el hombre!** / Cuando le vieron los principales sacerdotes y los alguaciles, dieron voces, diciendo: / **¡Crucifícale! ¡Crucifícale!** Pilato les dijo: / **Tomadle vosotros, y crucificadle; porque yo no hallo delito en él.**

Así que entonces lo entregó a ellos para que fuese crucificado. Tomaron, pues, a Jesús, y le llevaron. / **Y él, cargando su cruz, salió al lugar llamado de la Calavera, y en hebreo, Gólgota;** / y allí le crucificaron, y con él a otros dos, uno a cada lado, y Jesús en medio. / **Escribió también Pilato un título, que puso sobre la cruz, el cual decía: JESUS NAZARENO, REY DE LOS JUDIOS.**

Juan 19:1-6, 16-19

567

¿Quién ha creído a nuestro anuncio? ¿y sobre quién se ha manifestado el brazo de Jehová? / **Subirá cual renuevo delante de él, y como raíz de tierra seca; no hay parecer en él, ni hermosura; le veremos, mas sin atractivo para que le deseemos.** / Despreciado y desechado entre los hombres, varón de dolores, experimentado en quebranto; y como que escondimos de él el rostro, fue menospreciado, y no lo estimamos.

Ciertamente llevó él nuestras enfermedades, y sufrió nuestros dolores; y nosotros le tuvimos por azotado, por herido de Dios y abatido. / Mas él herido fue por nuestras rebeliones, molido por nuestros pecados; el castigo de nuestra paz fue sobre él, y por su llaga fuimos nosotros curados. / **Todos nosotros nos descarriamos como ovejas, cada cual se apartó por su camino; mas Jehová cargó en él el pecado de todos nosotros.**

Isaías 53:1-6

568

Pasado el día de reposo, al amanecer del primer día de la semana, vinieron María Magdalena y la otra María, a ver el sepulcro. / **Y hubo un gran terremoto; porque un ángel del Señor, descendiendo del cielo y llegando, removió la piedra, y se sentó sobre ella.**

Su aspecto era como un relámpago, y su vestido blanco como la nieve. Y de miedo de él los guardas temblaron y se quedaron como muertos. / **Mas el ángel, respondiendo, dijo a las mujeres: No temáis vosotras; porque yo sé que buscáis a Jesús, el que fue crucificado.** / No está aquí, pues ha resucitado, / **No está aquí, pues ha resucitado.**

Mateo 28:1-6a

569

Dios tenga misericordia de nosotros, y nos bendiga; Haga resplandecer su rostro sobre nosotros; Para que sea conocido en la tierra tu camino, En todas las naciones tu salvación.

Salmo 67:1-2

570

Entonces los que se habían reunido le preguntaron, diciendo: / **Señor, ¿restaurarás el reino a Israel en este tiempo?** / Y les dijo: / **No os toca a vosotros saber los tiempos o las sazones, que el Padre puso en su sola potestad; pero recibiréis poder, cuando haya venido sobre vosotros el Espíritu Santo, y me seréis testigos en Jerusalén, en toda Judea, en Samaria, y hasta lo último de la tierra.**

Y habiendo dicho estas cosas, viéndolo ellos, fue alzado, y le recibió una nube que le ocultó de sus ojos. Y estando ellos con los ojos puestos en el cielo, entre tanto que él se iba, he aquí se pusieron junto a ellos dos varones con vestiduras blancas, los cuales también les dijeron: / **Varones galileos, ¿por qué estáis mirando al cielo? Este mismo Jesús, que ha sido tomado de vosotros al cielo, así vendrá como le habéis visto ir al cielo.**

Hechos 1:6-11

571

Varones galileos, ¿por qué estáis mirando al cielo? Este mismo Jesús, que ha sido tomado de vosotros al cielo, así vendrá como le habéis visto ir al cielo.

Hechos 1:11

Por tanto, también vosotros estad preparados; porque el Hijo del Hombre vendrá a la hora que no pensáis.

Mateo 24:44

Porque el Señor mismo con voz de mando, con voz de arcángel, y con trompeta de Dios, descenderá del cielo; y los muertos en Cristo resucitarán primero. / **Luego nosotros los que vivimos, los que hayamos quedado, seremos arrebatados juntamente con ellos en las nubes para recibir al Señor en el aire, y así estaremos siempre con el Señor.**

1 Tesalonicenses 4:16-17

Amados, ahora somos hijos de Dios, y aún no se ha manifestado lo que hemos de ser; pero sabemos que cuando él se manifieste, seremos semejantes a él, porque le veremos tal como él es.

1 Juan 3:2

572

Yo soy el buen pastor; el buen pastor su vida da por las ovejas. / **Yo soy el buen pastor; y conozco mis ovejas, y las mías me conocen,** / así como el Padre me conoce, y yo conozco al Padre; y pongo mi vida por las ovejas. / **También tengo otras ovejas que no son de este redil; aquéllas también debo traer, y oirán mi voz; y habrá un rebaño, y un pastor.**

Mis ovejas oyen mi voz, y yo las conozco, y me siguen, / **y yo les doy vida eterna; y no perecerán jamás, ni nadie las arrebatará de mi mano. Mi Padre que me las dio, es mayor que todos, y nadie las puede arrebatar de la mano de mi Padre.**

Juan 10:11, 14-16, 27-29

573

Pero yo os digo la verdad: Os conviene que yo me vaya; porque si no me fuere, el Consolador no vendría a vosotros; mas si me fuere, os lo enviaré. / **Y cuando él venga, convencerá al mundo de pecado, de justicia y de juicio.** / De pecado, por cuanto no creen en mí; / **de justicia, por cuanto voy al Padre, y no me veréis más;** / y de juicio, por cuanto el príncipe de este mundo ha sido ya juzgado.

Aún tengo muchas cosas que deciros, pero ahora no las podéis sobrellevar. / Pero cuando venga el Espíritu de verdad, él os guiará a toda la verdad; porque no hablará por su propia cuenta, sino que hablará todo lo que oyere, y os hará saber las cosas que habrán de venir. / **El me glorificará; porque tomará de lo mío, y os lo hará saber.**

Juan 16:7-14

574

Que el Dios de firmeza y estímulo os conceda el tener un mismo sentir entre vosotros, según Cristo Jesús; para que unánimes, glorifiquéis a una voz al Dios y Padre de nuestro Señor Jesucristo.

Romanos 15:5-6 (VHA)

575

En el principio creó Dios los cielos y la tierra. / **Y la tierra estaba desordenada y vacía, y las tinieblas estaban sobre la faz del abismo, y el Espíritu de Dios se movía sobre la faz de las aguas.**

Y dijo Dios: Sea la luz; y fue la luz. Y vio Dios que la luz era buena; y separó Dios la luz de las tinieblas. / **Y llamó Dios a la luz Día, y a las tinieblas llamó Noche. Y fue la tarde y la mañana un día.**
Génesis 1:1-5

Todas las cosas por él fueron hechas, y sin él nada de lo que ha sido hecho, fue hecho.
Juan 1:3

Venid, adoremos y postrémonos; Arrodillémonos delante de Jehová nuestro hacedor.
Salmo 95:6

576

Entonces dijo Dios: Hagamos al hombre a nuestra imagen, conforme a nuestra semejanza; y señoree en los peces del mar, en las aves de los cielos, en las bestias, en toda la tierra, y en todo animal que se arrastra sobre la tierra. / **Y creó Dios al hombre a su imagen, a imagen de Dios lo creó; varón y hembra los creó.**
Génesis 1:26-27

¿Qué es el hombre, para que tengas de él memoria, Y el hijo del hombre, para que lo visites? / **Le has hecho poco menor que los ángeles, y lo coronaste de gloria y de honra.** / Le hiciste señorear sobre las obras de tus manos; Todo lo pusiste debajo de sus pies.
Salmo 8:4-6

Jehová, tú eres nuestro padre; nosotros barro, y tú el que nos formaste; así que obra de tus manos somos todos nosotros.
Isaías 64:8

577

Padre nuestro que estás en los cielos, santificado sea tu nombre. Venga tu reino. Hágase tu voluntad, como en el cielo, así también en la tierra. El pan nuestro de cada día, dánoslo hoy. Y perdónanos nuestras deudas, como también nosotros perdonamos a nuestros deudores. Y no nos metas en tentación, mas líbranos del mal; porque tuyo es el reino, y el poder, y la gloria, por todos los siglos. Amén.
Mateo 6:9-13

578

Porque de tal manera amó Dios al mundo, que ha dado a su Hijo unigénito, / **para que todo aquel que en él cree, no se pierda, mas tenga vida eterna.** / Porque no envió Dios a su Hijo al mundo para condenar al mundo, / **sino para que el mundo sea salvo por él.**

El que en él cree, no es condenado; / **pero el que no cree, ya ha sido condenado, porque no ha creído en el nombre del unigénito Hijo de Dios.**

El que cree en el Hijo tiene vida eterna; / **pero el que desobedece al Hijo no verá la vida, sino que la ira de Dios está sobre él.**
Juan 3:16-18, 36

579

Jehová te bendiga, y te guarde; Jehová haga resplandecer su rostro sobre ti, y tenga de ti misericordia; Jehová alce sobre ti su rostro, y ponga en ti paz.

Números 6:24-26

580

Toda la Escritura es inspirada por Dios, y útil para enseñar, para redargüir, para corregir, para instruir en justicia, a fin de que el hombre de Dios sea perfecto, enteramente preparado para toda buena obra.

2 Timoteo 3:16-17

La ley de Jehová es perfecta, que convierte el alma; El testimonio de Jehová es fiel, que hace sabio al sencillo. Los mandamientos de Jehová son rectos, que alegran el corazón; El precepto de Jehová es puro, que alumbra los ojos.

Salmo 19:7-8

Lámpara es a mis pies tu palabra, Y lumbrera a mi camino. La exposición de tus palabras alumbra; Hace entender a los simples.

Salmo 119:105, 130

Porque la palabra de Dios es viva y eficaz, y más cortante que toda espada de dos filos; y penetra hasta partir el alma y el espíritu las coyunturas y los tuétanos, y discierne los pensamientos y las intenciones del corazón.

Hebreos 4:12

581

La gracia del Señor Jesucristo, el amor de Dios, y la comunión del Espíritu Santo sean con todos vosotros.

2 Corintios 13:14

582

Bueno es alabarte, oh Jehová, Y cantar salmos a tu nombre, oh Altísimo; / **Anunciar por la mañana tu misericordia, Y tu fidelidad cada noche, En el decacordio y en el salterio, En tono suave con el arpa.**

Por cuanto me has alegrado, oh Jehová, con tus obras; En las obras de tus manos me gozo. ¡Cuán grandes son tus obras, oh Jehová! / **¡Cuán grandes son tus obras, oh Jehová!**

Salmo 92:1-5a

583

No se turbe vuestro corazón; creéis en Dios, creed también en mí. / **En la casa de mi Padre muchas moradas hay; si así no fuera, yo os lo hubiera dicho; voy, pues, a preparar lugar para vosotros.** / Y si me fuere y os preparare lugar, vendré otra vez, y os tomaré a mí mismo, para que donde yo estoy, vosotros también estéis. Y sabéis a dónde voy, y sabéis el camino. / **Yo soy el camino, y la verdad, y la vida; nadie viene al Padre, sino por mí.**

Y yo rogaré al Padre, y os dará otro Consolador, para que esté con vosotros para siempre: / **el Espíritu de verdad, al cual el mundo no puede recibir, porque no le ve, ni le conoce; pero vosotros le conocéis, porque mora con vosotros, y estará en vosotros.**

La paz os dejo, mi paz os doy; yo no os la doy como el mundo la da. No se turbe vuestro corazón, ni tenga miedo.

Juan 14:1-4, 6, 16-17, 27

584

Mas Dios muestra su amor para con nosotros, en que siendo aún pecadores, Cristo murió por nosotros. / **Pues mucho más, estando ya justificados en su sangre, por él seremos salvos de la ira.** / Porque si siendo enemigos, fuimos reconciliados con Dios por la muerte de su Hijo, / **mucho más, estando reconciliados, seremos salvos por su vida.** / Y no sólo esto, sino que también nos gloriamos en Dios por el Señor nuestro Jesucristo, por quien hemos recibido ahora la reconciliación.

Romanos 5:8-11

Porque por gracia sois salvos por medio de la fe; y esto no de vosotros, pues es don de Dios; no por obras, para que nadie se glorie.

Efesios 2:8-9

585

Que si confesares con tu boca que Jesús es el Señor, y creyeres en tu corazón que Dios le levantó de los muertos, serás salvo. Porque con el corazón se cree para justicia, pero con la boca se confiesa para salvación.

Pues la Escritura dice: Todo aquel que en él creyere, no será avergonzado. Porque no hay diferencia entre judío y griego, pues el mismo que es Señor de todos, es rico para con todos los que le invocan; porque todo aquel que invocare el nombre del Señor, será salvo.

Romanos 10:9-13

586

Feliz el hombre a quien sus culpas y pecados le han sido perdonados por completo. Feliz el hombre que no es mal intencionado y a quien el Señor no acusa de falta alguna.

Te confesé sin reservas mi pecado y mi maldad; decidí confesarte mis pecados, y tú, Señor, los perdonaste. Tú eres mi refugio; me proteges del peligro, me rodeas de gritos de victoria.

Alégrense en el Señor, hombres buenos y bien intencionados; ¡gocen y griten de alegría!

Salmo 32:1-2, 5, 7, 11 (VP)

587

Ten piedad de mí, oh Dios, conforme a tu misericordia; Conforme a la multitud de tus piedades borra mis rebeliones. / **Lávame más y más de mi maldad, Y límpiame de mi pecado.** / Porque yo reconozco mis rebeliones, Y mi pecado está siempre delante de mí.

Purifícame con hisopo, y seré limpio; Lávame, y seré más blanco que la nieve. / Esconde tu rostro de mis pecados, Y borra todas mis maldades.

Crea en mí, oh Dios, un corazón limpio, Y renueva un espíritu recto dentro de mí. / No me eches de delante de ti, Y no quites de mi tu santo Espíritu. / **Vuélveme el gozo de tu salvación, Y espíritu noble me sustente. Entonces enseñaré a los transgresores tus caminos, Y los pecadores se convertirán a ti.**

Salmo 51: 1-3, 7, 9-13

588

Dios es luz, y no hay ningunas tinieblas en él. / **Si decimos que tenemos comunión con él, y andamos en tinieblas, mentimos, y no practicamos la verdad;** / pero si andamos en luz, como él está en luz, tenemos comunión unos con otros, y la sangre de Jesucristo su Hijo nos limpia de todo pecado.

Si decimos que no tenemos pecado, nos engañamos a nosotros mismos, y la verdad no está en nosotros. / Si confesamos nuestros pecados, él es fiel y justo para perdonar nuestros pecados, y limpiarnos de toda maldad. / **Si decimos que no hemos pecado, le hacemos a él mentiroso, y su palabra no está en nosotros.**

Y si alguno hubiere pecado, abogado tenemos para con el Padre, a Jesucristo el justo. / **Y él es la propiciación por nuestros pecados; y no solamente por los nuestros, sino también por los de todo el mundo.**

1 Juan 1:5-10, 2:1-2

589

Por cuanto todos pecaron, y están destituidos de la gloria de Dios, / **Mas Dios muestra su amor para con nosotros, en que siendo aún pecadores, Cristo murió por nosotros.**

Romanos 3:23, 5:8

Mas a todos los que le recibieron, a los que creen en su nombre, les dio potestad de ser hechos hijos de Dios.

Juan 1:12

Y este es el testimonio: que Dios nos ha dado vida eterna; y esta vida está en su Hijo. / El que tiene al Hijo, tiene la vida; el que no tiene al Hijo de Dios no tiene la vida.

Estas cosas os he escrito a vosotros que creéis en el nombre del Hijo de Dios, para que sepáis que tenéis vida eterna, y para que creáis en el nombre del Hijo de Dios.

1 Juan 5:11-13

590

Confía en Jehová, y haz el bien; Y habitarás en la tierra, y te apacentarás de la verdad. Deléitate asimismo en Jehová, Y él te concederá las peticiones de tu corazón.

Encomienda a Jehová tu camino, Y confía en él; y él hara. Exhibirá tu justicia como la luz, Y tu derecho como el mediodía.

Salmo 37:3-6

591

Buscad a Jehová mientras puede ser hallado, llamadle en tanto que está cercano. / **Deje el impío su camino, y el hombre inicuo sus pensamientos, y vuélvase a Jehová, el cual tendrá de él misericordia, y al Dios nuestro, el cual será amplio en perdonar.**

Isaías 55:6-7

Así que, arrepentíos y convertíos, para que sean borrados vuestros pecados; para que vengan de la presencia del Señor tiempos de refrigerio.

Hechos 3:19

Venid luego, dice Jehová, y estemos a cuenta: si vuestros pecados fueren como la grana, como la nieve serán emblanquecidos; si fueren rojos como el carmesí, vendrán a ser como blanca lana.

Isaías 1:18

592

Señor, tú nos has sido refugio
De generación en generación. /
**Antes que naciesen los montes
Y formases la tierra y el mundo,
Desde el siglo y hasta el siglo, tú
eres Dios.**

Porque mil años delante de tus
ojos Son como el día de ayer,
que pasó, Y como una de las vigilias de la noche. / **Los días de
nuestra edad son setenta años; Y
si en los más robustos son
ochenta años, Con todo, su fortaleza es molestia y trabajo, Porque pronto pasan, y volamos.** /
Enséñanos de tal modo a contar
nuestros días, Que traigamos al
corazón sabiduría.

**Aparezca en tus siervos tu obra,
Y tu gloria sobre sus hijos. Sea la
luz de Jehová nuestro Dios sobre
nosotros.**
Salmo 90:1-2, 4, 10, 12, 16-17a

593

Jehová es mi pastor; nada me fal-
tará. En lugares de delicados pastos me hará descansar; Junto a
aguas de reposo me pastoreará.
Confortará mi alma; Me guiará
por sendas de justicia por amor
de su nombre.

Aunque ande en valle de sombra
de muerte, No temeré mal alguno,
porque tú estarás conmigo; Tu
vara y tu cayado me infundirán
aliento.

Aderezas mesa delante de mí en
presencia de mis angustiadores;
Unges mi cabeza con aceite; mi
copa está rebosando. Ciertamente
el bien y la misericordia me se-
guirán todos los días de mi vida,
Y en la casa de Jehová moraré
por largos días.
Salmo 23

594

¡Sea la gratitud tu ofrenda a Dios;
cumple al Altísimo tus promesas!
Salmo 50:14 (VP)

595

Oh Jehová, tú me has examinado
y conocido. / **Has escrudiñado mi
andar y mi reposo, Y todos mis
caminos te son conocidos.** / Pues
aún no está la palabra en mi lengua, Y he aquí, oh Jehová, tú la
sabes toda.

**¿A dónde me iré de tu Espíritu?
¿Y a dónde huiré de tu presencia?** / Si subiere a los cielos, allí
estás tu; Y si en en Seol hiciere
mi estrado, he aquí, allí tú estás. /
**Si tomare las alas del alba Y habi-
tare en el extremo del mar,** / Aun
allí me guiará tu mano, Y me
asirá tu diestra. / **Si dijere: Ciertamente las tinieblas me encubrirán;
Aun la noche resplandecerá alrededor de mí.** / Aun las tinieblas no
encubren de ti, Y la noche resplandece como el día; Lo mismo
te son las tinieblas que la luz.

**Examíname, oh Dios, y conoce
mi corazón; Pruébame y conoce
mis pensamientos; Y ve si hay en
mí camino de perversidad, Y
guíame en el camino eterno.**
Salmo 139:1, 3-4, 7-12, 23-24

596

Den gracias al Señor, porque él
es bueno, porque su amor es eterno. Díganlo los que el Señor ha
salvado, los que él salvó del
poder del enemigo.
Salmo 107:1-2 (VP)

597

Te alabaré, oh Jehová, con todo mi corazón; Contaré todas tus maravillas.

Salmo 9:1

598

Alzaré mis ojos a los montes; ¿De dónde vendrá mi socorro? / **Mi socorro viene de Jehová, Que hizo los cielos y la tierra.**

No dará tu pie al resbaladero, Ni se dormirá el que te guarda. / **He aquí, no se adormecerá ni dormirá El que guarda a Israel.**

Jehová es tu guardador; Jehová es tu sombra a tu mano derecha. / **El sol no te fatigará de día, Ni la luna de noche.**

Jehová te guardará de todo mal; El guardará tu alma. / **Jehová guardará tu salida y tu entrada Desde ahora y para siempre.**

Salmo 121

599

Den a otros, y Dios les dará a ustedes. Les dará en su bolsa una medida buena, apretada, sacudida y repleta. Dios usará con ustedes la misma medida que ustedes usan con otros.

Lucas 6:38 (VP)

600

Este es el día que hizo Jehová; Nos gozaremos y alegraremos en él.

Salmo 118:24

601

Acuérdate del día de reposo para santificarlo. Seis días trabajarás y harás toda tu obra; / **mas el séptimo día es reposo para Jehová tu Dios; no hagas en él obra alguna.** / Porque en seis días hizo Jehová los cielos y la tierra, el mar, y todas las cosas que en ellos hay, y reposó en el séptimo día; / **por tanto, Jehová bendijo el día de reposo y lo santificó.**

Exodo 20:8-11

También [Jesús] les dijo: El día de reposo fue hecho por causa del hombre, y no el hombre por causa del día de reposo. / **Por tanto, el Hijo de Hombre es Señor aun del día de reposo.**

Marcos 2:27-28

602

Jehová es mi luz y mi salvación; ¿de quién temeré? Jehová es la fortaleza de mi vida; ¿de quién he de atemorizarme? / **Aunque un ejército acampe contra mí, No temerá mi corazón; Aunque contra mí se levante guerra, Yo estaré confiado.**

Una cosa he demandado a Jehová, ésta buscaré; Que esté yo en la casa de Jehová todos los días de mi vida, Para contemplar la hermosura de Jehová, y para inquirir en su templo. / **Porque él me esconderá en su tabernáculo en el día del mal; Me ocultará en lo reservado de su morada; Sobre una roca me pondrá en alto.**

Luego levantará mi cabeza sobre mis enemigos que me rodean, Y yo sacrificaré en su tabernáculo sacrificios de júbilo; Cantaré y entonaré alabanzas a Jehová.

Salmo 27:1, 3-6

603

Viniendo Jesús a la región de Cesarea de Filipo, preguntó a sus discípulos, diciendo: ¿Quién dicen los hombres que es el Hijo del Hombre? / **Ellos dijeron: Unos, Juan el Bautista; otros, Elías, y otros, Jeremías, o alguno de los profetas.**

El les dijo: Y vosotros, ¿quién decís que soy yo? / **Respondiendo Simón Pedro, dijo: Tú eres el Cristo, el Hijo del Dios viviente.**

Entonces le respondió Jesús: Bienaventurado eres, Simón, hijo de Jonás, porque no te lo reveló carne ni sangre, sino mi Padre que está en los cielos. / **Y yo también te digo, que tú eres Pedro, y sobre esta roca edificaré mi iglesia; y las puertas del Hades no prevalecerán contra ella.** / Y a ti te daré las llaves del reino de los cielos; y todo lo que atares en la tierra será atado en los cielos; y todo lo que desatares en la tierra será desatado en los cielos.

Mateo 16:13-19

604

Fuimos, pues, por el bautismo sepultados juntamente con él en muerte, / **para que como Cristo fue levantado de entre los muertos por la gloria del Padre, así también nosotros andemos en novedad de vida.** / Porque si hemos sido unidos con él en una muerte como la suya, lo estaremos también en una resurrección como la suya.

Sabemos que nuestro viejo hombre fue crucificado con Cristo, para que el cuerpo pecaminoso sea deshecho, a fin de que no sirvamos más al pecado. / Así también vosotros, teneos por muertos para el pecado, pero vivos para Dios en Cristo Jesús.

Romanos 6:4-6, 11 (VHA)

Por tanto, id, y haced discípulos a todas las naciones, bautizándolos en el nombre del Padre, y del Hijo, y del Espíritu Santo; enseñándoles que guarden todas las cosas que os he mandado; y he aquí yo estoy con vosotros todos los días, hasta el fin del mundo.

Mateo 28:19-20

605

Vosotros me llamáis Maestro, y Señor; y decís bien, porque lo soy. Pues si yo, el Señor y el Maestro, he lavado vuestros pies, vosotros también debéis lavaros los pies los unos a los otros. Porque ejemplo os he dado, para que como yo os he hecho, vosotros también hagáis. De cierto, de cierto os digo: El siervo no es mayor que su señor, ni el enviado es mayor que el que le envió.

Juan 13:13-16

606

Entonces Jesús vino de Galilea a Juan al Jordán, para ser bautizado por él. Mas Juan se le oponía, diciendo: / **Yo necesito ser bautizado por ti, ¿y tú vienes a mí?**

Pero Jesús le respondió: / **Deja ahora, porque así conviene que cumplamos toda justicia.** / Entonces le dejó. Y Jesús, después que fue bautizado, subió luego del agua; y he aquí los cielos le fueron abiertos, y vio al Espíritu de Dios que descendía como paloma, y venía sobre él. Y hubo una voz de los cielos, que decía: / **Este es mi Hijo amado, en quien tengo complacencia.**

Mateo 3:13-17

607

Venid a mí todos los que estáis trabajados y cargados, y yo os haré descansar. Llevad mi yugo sobre vosotros, y aprended de mí, que soy manso y humilde de corazón; y hallaréis descanso para vuestras almas; porque mi yugo es fácil, y ligera mi carga.

Mateo 11:28-30

608

Cada uno dé como propuso en su corazón: no con tristeza, ni por necesidad, porque Dios ama al dador alegre. Y poderoso es Dios para hacer que abunde en vosotros toda gracia, a fin de que, teniendo siempre en todas las cosas todo lo suficiente, abundéis para toda buena obra.

2 Corintios 9:7-8

609

Vosotros, pues, sois el cuerpo de Cristo, y miembros cada uno en particular.

1 Corintios 12:27

El es la cabeza del cuerpo que es la iglesia, él que es el principio, el primogénito de entre los muertos, para que en todo tenga la preeminencia.

Colosenses 1:18

Y él mismo constituyó a unos, apóstoles; a otros, profetas; a otros, evangelistas; a otros, pastores y maestros, a fin de perfeccionar a los santos para la obra del ministerio, para la edificación del cuerpo de Cristo, hasta que todos lleguemos a la unidad de la fe y del conocimiento del Hijo de Dios, a un varón perfecto, a la medida de la estatura de la plenitud de Cristo.

Efesios 4:11-13

610

La misma noche que el Señor Jesús fue traicionado, tomó en sus manos el pan y, después de dar gracias a Dios, lo partió y dijo: / **"Coman; esto es mi cuerpo, partido para el bien de ustedes. Hagan esto en memoria de mí."**

Así también, después de la cena, tomó en sus manos la copa y dijo: / **"Esta copa es el nuevo pacto confirmado con mi sangre. Cada vez que la beban, háganlo en memoria de mí."** De manera que, **hasta que venga el Señor, ustedes proclaman su muerte cada vez que comen de este pan y beben de esta copa.**

Así pues, cualquiera que come del pan o bebe de la copa del Señor de una manera que no honra a Dios, comete un pecado contra el cuerpo y la sangre del Señor. / **Por tanto, cada uno debe examinar su conciencia antes de comer del pan y beber de la copa.**

1 Corintios 11:23-28 (VP)

611

Todo aquel que invocare el nombre del Señor, será salvo. / **¿Cómo, pues, invocarán a aquel en el cual no han creído? /** ¿Y cómo creerán en aquel de quien no han oído? / **¿Y cómo oirán sin haber quien les prediquе? /** ¿Y cómo predicarán si no fueren enviados?

Romanos 10:13-15

Por tanto, id, y haced discípulos a todas las naciones, bautizándolos en el nombre del Padre, y del Hijo, y del Espíritu Santo; enseñándoles que guarden todas las cosas que os he mandado; y he aquí yo estoy con vosotros todos los días, hasta el fin del mundo.

Mateo 28:19-20

612

Así está escrito, y así fue necesario que el Cristo padeciese, y resucitase de los muertos al tercer día; / **y que se predicase en su nombre el arrepentimiento y el perdón de pecados en todas las naciones, comenzando desde Jerusalén. Y vosotros sois testigos de estas cosas.**

Lucas 24:46-48

Por tanto, id, y haced discípulos a todas las naciones, / **bautizándolos en el nombre del Padre, y del Hijo, y del Espíritu Santo;** / enseñándoles que guarden todas las cosas que os he mandado; / **y he aquí yo estoy con vosotros todos los días, hasta el fin del mundo.**

Mateo 28:19-20

Pero recibiréis poder, cuando haya venido sobre vosotros el Espíritu Santo, / **y me seréis testigos en Jerusalén, en toda Judea, en Samaria, y hasta lo último de la tierra.**

Hechos 1:8

613

Hermanos míos, ¿de qué sirve que alguno diga que tiene fe, si no tiene obras? ¿Puede esa fe salvarle? Si algún hermano o hermana no tiene ropa, y necesita el sustento diario, y uno de vosotros les dice: "Id en paz, calentaos y saciaos," pero no les dais lo que necesitan para *su* cuerpo, ¿de qué sirve? Así también la fe, por sí misma, si no tiene obras está muerta.

Pero alguno dirá: "Tú tienes fe y yo tengo obras." Muéstrame tu fe sin las obras, y yo te mostraré mi fe por mis obras.

Santiago 2:14-18 (BLA)

614

Acercándose uno de los escribas, . . . le preguntó[a Jesús] : ¿Cuál es el primer mandamiento de todos? Jesús le respondió: El primer mandamiento de todos es: Oye, Israel; el Señor nuestro Dios, el Señor uno es. Y amarás al Señor tu Dios con todo tu corazón, y con toda tu alma, y con toda tu mente y con todas tus fuerzas. Este es el principal mandamiento.

Y el segundo es semejante: Amarás a tu prójimo como a ti mismo. No hay otro mandamiento mayor que éstos.

Marcos 12:28-31

615

Venid, benditos de mi Padre, heredad el reino preparado para vosotros desde la fundación del mundo. / **Porque tuve hambre, y me disteis de comer;** / tuve sed, y me disteis de beber; / **fui forastero, y me recogisteis;** / estuve desnudo, y me cubristeis; / **enfermo, y me visitasteis;** / en la cárcel y vinisteis a mí.

Entonces los justos le responderán diciendo: Señor, ¿cuándo te vimos hambriento, y te sustentamos, / o sediento, y te dimos de beber? / **¿Y cuándo te vimos forastero, y te recogimos,** / o desnudo, y te cubrimos? / **¿O cuándo te vimos enfermo, o en la cárcel, y vinimos a ti?**

Y respondiendo el Rey, les dirá: De cierto os digo que en cuanto lo hicisteis a uno de estos mis hermanos más pequeños, a mí lo hicisteis.

Mateo 25:34-40

616

Regocijaos en el Señor siempre. Otra vez digo: ¡Regocijaos! / **Vuestra gentileza sea conocida de todos los hombres. El Señor está cerca.** / Por nada estéis afanosos, sino sean conocidas vuestras peticiones delante de Dios en toda oración y ruego, con acción de gracias. / **Y la paz de Dios, que sobrepasa todo entendimiento, guardará vuestros corazones y vuestros pensamientos en Cristo Jesús.**

Por los demás, hermanos, todo lo que es verdadero, todo lo honesto, todo lo justo, todo lo puro, todo lo amable, todo lo que es de buen nombre; si hay virtud alguna, si algo digno de alabanza, en esto pensad.

Filipenses 4:4-8

617

Mas el fruto del Espíritu es amor, gozo, paz, paciencia, benignidad, bondad, fe, mansedumbre, templanza; contra tales cosas no hay ley. Pero los que son de Cristo han crucificado la carne con sus pasiones y deseos.

Si vivimos por el Espíritu, andemos también por el Espíritu. No nos hagamos vanagloriosos, irritándonos unos a otros, envidiándonos unos a otros.

Gálatas 5:22-26

618

Pero el que tiene bienes de este mundo y ve a su hermano tener necesidad, y cierra contra él su corazón, ¿cómo mora el amor de Dios en él? Hijitos míos, no amemos de palabra ni de lengua, sino de hecho y en verdad.

1 Juan 3:17-18

619

Yo soy la vid, vosotros los pámpanos; el que permanece en mí, y yo en él, éste lleva mucho fruto; porque separados de mí nada podéis hacer. El que en mí no permanece, será echado fuera como pámpano, y se secará; y los recogen, y los echan en el fuego, y arden. Si permanecéis en mí, y mis palabras permanecen en vosotros, pedid todo lo que queréis, y os será hecho. En esto es glorificado mi Padre, en que llevéis mucho fruto, y seáis así mis discípulos.

Como el Padre me ha amado, así también yo os he amado; permaneced en mi amor. Si guardareis mis mandamientos, permaneceréis en mi amor; así como yo he guardado los mandamientos de mi Padre, y permanezco en su amor. Estas cosas os he hablado, para que mi gozo esté en vosotros, y vuestro gozo sea cumplido.

Este es mi mandamiento: Que os améis unos a otros, como yo os he amado. Nadie tiene mayor amor que este, que uno ponga su vida por sus amigos.

Juan 15:5-13

620

Justificados, pues, por la fe, tenemos paz para con Dios por medio de nuestro Señor Jesucristo; / **por quien también tenemos entrada por la fe a esta gracia en la cual estamos firmes y nos gloriamos en la esperanza de la gloria de Dios.**

Y no sólo esto, sino que también nos gloriamos en las tribulaciones, sabiendo que la tribulación produce paciencia; y la paciencia, prueba; y la prueba, esperanza; /

y la esperanza no avergüenza; porque el amor de Dios ha sido derramado en nuestros corazones por el Espíritu Santo que nos fue dado.

Porque Cristo, cuando aún éramos débiles, a su tiempo murió por los impíos. Ciertamente, apenas morirá alguno por un justo; con todo, pudiera ser que alguno osara morir por el bueno.

Mas Dios muestra su amor para con nosotros, en que siendo aún pecadores, Cristo murió por nosotros. *Romanos 5:1-8*

621

Y sabemos que a los que aman a Dios, todas las cosas les ayudan a bien, esto es, a los que conforme a su propósito son llamados.

¿Qué, pues, diremos a esto? **Si Dios es por nosotros, ¿quién contra nosotros?** / El que no escatimó ni a su propio Hijo, sino que lo entregó por todos nosotros, ¿cómo no nos dará también con él todas las cosas?

¿Quién acusará a los escogidos de **Dios? Dios es el que justifica.** / ¿Quién es el que condenará? Cristo es el que murió; más aun, el que también resucitó, el que además está a la diestra de Dios, el que también intercede por nosotros. / **¿Quién nos separará del amor de Cristo?** ¿Tribulación, o angustia, o persecución, o hambre, o desnudez, o peligro, o espada?

Antes, en todas estas cosas somos más que vencedores por medio de aquel que nos amó. / **Por lo cual estoy seguro de que ni la muerte, ni la vida, ni ángeles, ni principados, ni potestades, ni lo presente,** ni lo por venir, ni lo alto, ni lo profundo, ni ninguna otra cosa creada nos podrá separar del amor de Dios, que es en Cristo Jesús Señor nuestro. *Romanos 8:28, 31-35, 37-39*

622

Y el Dios de paz que resucitó de los muertos a nuestro Señor Jesucristo, el gran pastor de las ovejas, por la sangre del pacto eterno, os haga aptos en toda obra buena para que hagáis su voluntad, haciendo él en vosotros lo que es agradable delante de él por Jesucristo; al cual sea la gloria por los siglos de los siglos. Amén. *Hebreos 13:20-21*

623

Gracia y paz os sean multiplicadas, en el conocimiento de Dios y de nuestro Señor Jesús.

Como todas las cosas que pertenecen a la vida y a la piedad nos han sido dadas por su divino poder, mediante el conocimiento de aquel que nos llamó por su gloria y excelencia, / por medio de las cuales nos ha dado preciosas y grandísimas promesas, para que por ellas llegaseis a ser participantes de la naturaleza divina, habiendo huido de la corrupción que hay en el mundo a causa de la concupiscencia.

Vosotros también, poniendo toda diligencia por esto mismo, añadid a vuestra fe virtud; a la virtud, conocimiento; al conocimiento, dominio propio; al dominio propio, paciencia; a la paciencia, piedad; a la piedad, afecto fraternal; y al afecto fraternal, amor. / Porque si estas cosas están en vosotros, y abundan, no os dejarán estar ociosos ni sin fruto en cuanto al conocimiento de nuestro Señor Jesucristo. *2 Pedro 1:2-8*

624

En el año que murió el rey Uzías vi yo al Señor sentado sobre un trono alto y sublime, y sus faldas llenaban el templo. / **Por encima de él había serafines; cada uno tenía seis alas; con dos cubrían sus rostros, con dos cubrían sus pies, y con dos volaban.**

Y el uno al otro daba voces, diciendo: Santo, santo, santo, Jehová de los ejércitos; toda la tierra está llena de su gloria. / **Y los quiciales de las puertas se estremecieron con la voz del que clamaba, y la casa se llenó de humo.**

Entonces dije: ¡Ay de mí! que soy muerto; porque siendo hombre inmundo de labios, y habitando en medio de pueblo que tiene labios inmundos, han visto mis ojos al Rey, Jehová de los ejércitos.

Y voló hacia mí uno de los serafines, teniendo en su mano un carbón encendido, tomado del altar con unas tenazas; / y tocando con él sobre mi boca, dijo: He aquí que esto tocó tus labios, y es quitada tu culpa, y limpio tu pecado.

Después oí la voz del Señor, que decía: ¿A quién enviaré, y quién irá por nosotros? Entonces respondí yo: Heme aquí, envíame a mí. / Y dijo: Anda.

Isaías 6:1-9a

625

Si yo hablase lenguas humanas y angélicas, y no tengo amor, vengo a ser como metal que resuena, o címbalo que retiñe. / **Y si tuviese profecía, y entendiese todos los** misterios y toda ciencia, y si **tuviese toda la fe, de tal manera que trasladase los montes, y no tengo amor, nada soy.** / Y si repartiese todos mis bienes para dar de comer a los pobres, y si entregase mi cuerpo para ser quemado, y no tengo amor, de nada me sirve.

El amor es sufrido, es benigno; / el amor no tiene envidia, / **el amor no es jactancioso,** / no se envanece; / **no es indecoroso,** / no busca lo suyo, / **no se irrita,** / no guarda rencor; / **no se goza de la injusticia,** / mas se goza de la verdad. / **Todo lo sufre,** / todo lo cree, / **todo lo espera,** / todo lo soporta.

El amor nunca deja de ser; pero las profecías se acabarán, y cesarán las lenguas, y la ciencia acabará, / Porque en parte conocemos, y en parte profetizamos; / **mas cuando venga lo perfecto, entonces lo que es en parte se acabará.**

Cuando yo era niño, hablaba como niño, pensaba como niño, juzgaba como niño; mas cuando ya fui hombre, dejé lo que era de niño. / **Ahora vemos por espejo, oscuramente; mas entonces veremos cara a cara. Ahora conozco en parte; pero entonces conoceré como fui conocido.** / Y ahora permanecen la fe, la esperanza y el amor, estos tres; pero el mayor de ellos es el amor.

1 Corintios 13

626

Honra a Jehová con tus bienes, Y con las primicias de todos tus frutos.

Proverbios 3:9

627

Bienaventurado el varón que no anduvo en consejo de malos, Ni estuvo en camino de pecadores, Ni en silla de escarnecedores se ha sentado; Sino que en la ley de Jehová está su delicia, Y en su ley medita de día y de noche. Será como árbol plantado junto a corrientes de aguas, Que da su fruto en su tiempo, Y su hoja no cae; Y todo lo que hace, prosperará.

No así los malos, Que son como el tamo que arrebata el viento. Por tanto, no se levantarán los malos en el juicio, Ni los pecadores en la congregación de los justos. Porque Jehová conoce el camino de los justos; Mas la senda de los malos perecerá.

Jehová, ¿quién habitará en tu tabernáculo? ¿Quién morará en tu monte santo? / **El que anda en integridad y hace justicia, Y habla verdad en su corazón.**

Salmo 1:1-6; 15:1-2

628

Vosotros sois la sal de la tierra; pero si la sal se desvaneciere, ¿con qué será salada? No sirve más para nada, sino para ser echada fuera y hollada por los hombres.

Vosotros sois la luz del mundo; una ciudad asentada sobre un monte no se puede esconder. / Ni se enciende una luz y se pone debajo de un almud, sino sobre el candelero, y alumbra a todos los que están en casa. / **Así alumbre vuestra luz delante de los hombres, para que vean vuestras buenas obras, y glorifiquen a vuestro Padre que está en los cielos.**

Mateo 5:13-16

629

Pero al principio de la creación, varón y hembra los hizo Dios. Por esto dejará el hombre a su padre y a su madre, y se unirá a su mujer, y los dos serán una sola carne; así que no son ya más dos, sino uno. Por tanto, lo que Dios juntó, no lo separe el hombre.

Marcos 10:6-9

630

Viendo la multitud, subió al monte; y sentándose, vinieron a él sus discípulos. Y abriendo su boca les enseñaba, diciendo: / **Bienaventurados los pobres en espíritu, porque de ellos es el reino de los cielos.**

Bienaventurados los que lloran, porque ellos recibirán consolación. / **Bienaventurados los mansos, porque ellos recibirán la tierra por heredad.**

Bienaventurados los que tienen hambre y sed de justicia, porque ellos serán saciados. / **Bienaventurados los misericordiosos, porque ellos alcanzarán misericordia.**

Bienaventurados los de limpio corazón, porque ellos verán a Dios. / **Bienaventurados los pacificadores, porque ellos serán llamados hijos de Dios.**

Bienaventurados los que padecen persecución por causa de la justicia, porque de ellos es el reino de los cielos. / **Bienaventurados sois cuando por mi causa os vituperen y os persigan, y digan toda clase de mal contra vosotros, mintiendo. /** Gozaos y alegraos, porque vuestro galardón es grande en los cielos; porque así persiguieron a los profetas que fueron antes de vosotros.

Mateo 5:1-12

631

Entonces Jesús dijo a sus discípulos: Si alguno quiere venir en pos de mí, niéguese a sí mismo, y tome su cruz, y sígame. Porque todo el que quiera salvar su vida, la perderá; y todo el que pierda su vida por causa de mí, la hallará. Porque ¿qué aprovechará al hombre, si ganare todo el mundo, y perdiere su alma? ¿O qué recompensa dará el hombre por su alma? Porque el Hijo del Hombre vendrá en la gloria de su Padre con sus ángeles, y entonces pagará a cada uno conforme a sus obras.

Mateo 16:24-27

632

Entonces se le acercó Pedro y le dijo: Señor, ¿cuántas veces perdonaré a mi hermano que peque contra mí? ¿Hasta siete? / **Jesús le dijo: No te digo hasta siete, sino aun hasta setenta veces siete.**

Por tanto, si traes tu ofrenda al altar, y allí te acuerdas de que tu hermano tiene algo contra ti, / **deja allí tu ofrenda delante del altar, y anda, reconcíliate primero con tu hermano, y entonces ven y presenta tu ofrenda. Porque si perdonáis a los hombres sus ofensas, os perdonará también a vosotros vuestro Padre celestial; mas si no perdonáis a los hombres sus ofensas, tampoco vuestro Padre os perdonará vuestras ofensas.**

Mateo 18:21-22; 5:23-24; 6:14-15

633

El amor sea sin fingimiento. / **Aborreced lo malo,** / seguid lo bueno. / **Amaos los unos a los** otros con amor fraternal; / en cuanto a honra, prefiriéndoos los unos a los otros. / **En lo que requiere diligencia, no perezosos;** / fervientes en espíritu, / **sirviendo al Señor;** / gozosos en la esperanza; / **sufridos en la tribulacion;** / constantes en la oración; / **compartiendo para las necesidades de los santos;** / practicando la hospitalidad.

Bendecid a los que os persiguen; / bendecid, y no maldigáis. / **Gozaos con los que se gozan;** / llorad con los que lloran.

Unánimes entre vosotros; / no altivos, sino asociándoos con los humildes, / **No seáis sabios en vuestra propia opinión.** / No paguéis a nadie mal por mal; procurad lo bueno delante de todos los hombres. / **Si es posible, en cuanto dependa de vosotros, estad en paz con todos los hombres.**

Romanos 12:9-18

634

Nadie tenga en poco tu juventud; antes bien, sé ejemplo para los creyentes, en palabra, en comportamiento, en amor, en fe y en pureza. / **Aplícate a la lectura pública de la escritura, a la exhortación, a la enseñanza.**

No descuides el don que hay en ti, el cual te fue conferido por declaración profética cuando el presbiterio te impuso las manos. / **Practica estas cosas; dedícate a ellas, para que tu progreso sea manifiesto a todos.** / Ten cuidado de ti mismo y de la doctrina; persiste en ello; pues haciendo esto, te salvarás a ti mismo y a tus oyentes.

1 Timoteo 4:12-16 (VHA)

635

Entonces Jehová Dios formó al hombre del polvo de la tierra, y sopló en su nariz aliento de vida, y fue el hombre un ser viviente. / **Y dijo Jehová Dios: No es bueno que el hombre esté solo; le haré ayuda idónea para él.**

Entonces Jehová Dios hizo caer sueño profundo sobre Adán, y mientras éste dormía, tomó una de sus costillas, y cerró la carne en su lugar. Y de la costilla que Jehová Dios tomó del hombre, hizo una mujer, y la trajo al hombre. / **Dijo entonces Adán: Esto es ahora hueso de mis huesos y carne de mi carne.**

Génesis 2:7, 18, 21-23

Por esto el hombre dejará padre y madre, y se unirá a su mujer, y los dos serán una sola carne. / **Así que no son ya más dos, sino una sola carne; por tanto, lo que Dios juntó, no lo separe el hombre.**

Mateo 19:5-6

636

Las casadas estén sujetas a sus propios maridos, como al Señor; / **porque el marido es cabeza de la mujer, así como Cristo es cabeza de la iglesia, la cual es su cuerpo, y él es su Salvador.** / Así que como la iglesia está sujeta a Cristo, así también las casadas lo estén a sus maridos en todo.

Maridos, amad a vuestras mujeres, así como Cristo amó a la iglesia, y se entregó a sí mismo por ella. / Así también los maridos deben amar a sus mujeres como a sus mismos cuerpos. El que ama a su mujer, a sí mismo se ama.

Hijos, obedeced en el Señor a vuestros padres, porque esto es justo. / Honra a tu padre y a tu madre. / **Y vosotros, padres, no provoquéis a ira a vuestros hijos, sino criadlos en disciplina y amonestación del Señor.**

Efesios 5:22-25, 28; 6-1-2, 4

637

Y el Dios de esperanza os llene de todo gozo y paz en el creer, para que abundéis en esperanza por el poder del Espíritu Santo.

Romanos 15:13

638

Mujer virtuosa, ¿quién la hallará? Porque su estima sobrepasa largamente a la de las piedras preciosas. / **El corazón de su marido está en ella confiado, Y no carecerá de ganancias.** / Le da ella bien y no mal Todos los días de su vida.

Ciñe de fuerza sus lomos, Y esfuerza sus brazos. / Alarga su mano al pobre, Y extiende sus manos al menesteroso. / **Fuerza y honor son su vestidura; Y se ríe de lo por venir.** / Abre su boca con sabiduría, Y la ley de clemencia está en su lengua.

Considera los caminos de su casa, Y no come el pan de balde. / Se levantan sus hijos y la llaman bienaventurada; Y su marido también la alaba: / **Muchas mujeres hicieron el bien; Mas tú sobrepasas a todas.**

Engañosa es la gracia, y vana la hermosura; La mujer que teme a Jehová, ésa será alabada. / **Dadle del fruto de sus manos, Y alábenla en las puertas sus hechos.**

Proverbios 31:10-12, 17, 20, 25-31

639

No acumuléis para vosotros tesoros en la tierra, donde la polilla y el moho destruyen, y donde ladrones minan y hurtan; / **mas acumulad para vosotros tesoros en el cielo, donde ni polilla ni moho destruyen, y donde ladrones no minan ni hurtan; porque donde esté tu tesoro, allí estará también tu corazón.**

Ninguno puede servir a dos señores; porque o aborrecerá al uno y amará al otro, o será adicto al uno y menospreciará al otro. No podéis servir a Dios y a las riquezas. / **Mas buscad primeramente el reino y la justicia de Dios, y todas estas cosas os serán dadas por añadidura.**

Mateo 6:19-21, 24, 33 (VHA)

640

Porque un niño nos es nacido, hijo nos es dado, / **y el principado sobre su hombro;** / y se llamará su nombre Admirable, Consejero, Dios fuerte, Padre eterno, Príncipe de paz. / **Lo dilatado de su imperio y la paz no tendrán limite, sobre el trono de David y sobre su reino, disponiéndolo y confirmándolo en juicio y en justicia desde ahora y para siempre.**

Juzgará con justicia a los pobres, y argüirá con equidad por los mansos de la tierra; / **y herirá la tierra con la vara de su boca, y con el espíritu de sus labios matará al impío.**

Isaías 9:6-7; 11:4

Y él juzgará entre muchos pueblos, y corregirá a naciones poderosas hasta muy lejos; / **y martillarán sus espadas para azadones,** y sus lanzas para hoces; / no alzará espada nación contra nación, / **ni se ensayarán más para la guerra.**

Miqueas 4:3

641

Honra y majestad están delante de él, fortaleza y alegría, en su morada. ¡Tributad a Jehová, oh familias de los pueblos, tributad a Jehová la gloria y la fortaleza! ¡Tributad a Jehová la gloria debida a su nombre; trae ofrendas, y entrad en su presencia! ¡Adorad a Jehová en la hermosura de la santidad!

1 Crónicas 16:27-29 (VM)

642

Cada primer día de la semana cada uno de vosotros ponga aparte algo, según haya prosperado.

1 Corintios 16:2

No hablo como quien manda, sino para poner a prueba, por medio de la diligencia de otros, también la sinceridad del amor vuestro. Porque ya conocéis la gracia de nuestro Señor Jesucristo, que por amor a vosotros se hizo pobre, siendo rico, para que vosotros con su pobreza fueseis enriquecidos.

Pero esto digo: El que siembra escasamente, también segará escasamente; y el que siembra generosamente, generosamente también segará. Cada uno dé como propuso en su corazón: no con tristeza, ni por necesidad, porque Dios ama al dador alegre. Y poderoso es Dios para hacer que abunde en vosotros toda gracia, a fin de que, teniendo siempre en todas las cosas todo lo suficiente, abundéis para toda buena obra.

2 Corintios 8:8-9, 9:6-8

643

Pedid, y se os dará; buscad, y hallaréis; llamad, y se os abrirá. Porque todo aquel que pide, recibe; y el que busca, halla; y al que llama, se le abrirá.

Mateo 7:7-8

Por tanto, os digo que todo lo que pidiereis orando, creed que lo recibiréis, y os vendrá.

Marcos 11:24

Por nada estéis afanosos, sino sean conocidas vuestras peticiones delante de Dios en toda oración y ruego, con acción de gracias.

Filipenses 4:6

644

¡Dad gracias a Jehová, porque él es bueno! / **porque para siempre es su misericordia.** / ¡Dad gracias al Señor de los señores! / **porque para siempre es su misericordia.** / Al que solo hace grandes maravillas; / **porque para siempre es su misericordia.**

Al que con su inteligencia hizo los cielos; / **porque para siempre es su misericordia.** / Al que extendió la tierra más alta que las aguas; / **porque para siempre es su misericordia,** / Al que hizo los grandes luminares; / **porque para siempre es su misericordia:** / el sol para regir de día; / **porque para siempre es su misericordia:** / la luna y las estrellas para regir de noche; / **porque para siempre es su misericordia.**

¡Dad gracias al Dios del cielo; / **porque para siempre es su misericordia!**

Salmo 136:1, 3-9, 26 (VM)

645

En aquel tiempo los discípulos vinieron a Jesús, diciendo: / **¿Quién es el mayor en el reino de los cielos?** / Y llamando Jesús a un niño, lo puso en medio de ellos, y dijo: / **De cierto os digo, que si no os volvéis y os hacéis como niños, no entraréis en el reino de los cielos. Así que, cualquiera que se humille como este niño, ése es el mayor en el reino de los cielos.**

Mateo 18:1-4

646

Siempre orando por vosotros, damos gracias a Dios, Padre de nuestro Señor Jesucristo, / **habiendo oído de vuestra fe en Cristo Jesús, y del amor que tenéis a todos los santos, a causa de la esperanza que os está guardada en los cielos.**

Por lo cual también nosotros . . . no cesamos de orar por vosotros, y de pedir que seáis llenos del conocimiento de su voluntad en toda sabiduría e inteligencia espiritual, / **para que andéis como es digno del Señor, agradándole en todo, llevando fruto en toda buena obra, y creciendo en el conocimiento de Dios;** / fortalecidos con todo poder, conforme a la potencia de su gloria, para toda paciencia y longanimidad; / **con gozo dando gracias al Padre que nos hizo aptos para participar de la herencia de los santos en luz;** / el cual nos ha librado de la potestad de las tinieblas, y trasladado al reino de su amado Hijo, / **en quien tenemos redención por su sangre, el perdón de pecados.**

Colosenses 1:3-5, 9-14

647

Traed todos los diezmos al alfolí y haya alimento en mi casa; y probadme ahora en esto, dice Jehová de los ejércitos, si no os abriré las ventanas de los cielos, y derramaré sobre vosotros bendición hasta que sobreabunde.

Malaquías 3:10

Ahora bien, se requiere de los administradores, que cada uno sea hallado fiel.

1 Corintios 4:2

Por tanto, como en todo abundáis, en fe, en palabra, en ciencia, en toda solicitud, y en vuestro amor para con nosotros, abundad también en esta gracia.

2 Corintios 8:7

648

No se turbe vuestro corazón; creéis en Dios, creed también en mí. / **En la casa de mi Padre muchas moradas hay; si así no fuera, yo os lo hubiera dicho;** / voy, pues, a preparar lugar para vosotros. Y si me fuere y os preparare lugar, vendré otra vez, y os tomaré a mí mismo, para que donde yo estoy, vosotros también estéis.

Juan 14:1-3

Vi un cielo nuevo y una tierra nueva; porque el primer cielo y la primera tierra pasaron, y el mar ya no existía más. / Y yo Juan vi la santa ciudad, la nueva Jerusalén, descender del cielo, de Dios, dispuesta como una esposa ataviada para su marido. / **Y oí una gran voz del cielo que decía: He aquí el tabernáculo de Dios con los hombres, y él morará con ellos; y ellos serán su pue-**blo, y Dios mismo estará con ellos como su Dios.

Enjugará Dios toda lágrima de los ojos de ellos; y ya no habrá muerte, ni habrá más llanto, ni clamor, ni dolor; porque las primeras cosas pasaron. / **No habrá allí más noche; y no tienen necesidad de luz de lámpara, ni de luz del sol, porque Dios el Señor los iluminará; y reinarán por los siglos de los siglos.**

Apocalipsis 21:1-4, 22:5

649

Sométase toda persona a las autoridades superiores; porque no hay autoridad sino de parte de Dios, y las que hay, por Dios han sido establecidas. / **De modo que quien se opone a la autoridad, a lo establecido por Dios resiste; y los que resisten, acarrean condenación para sí mismos.** / Porque los magistrados no están para infundir temor al que hace el bien, sino al malo, ¿Quieres, pues, no temer la autoridad? Haz lo bueno, y tendrás alabanza de ella.

Romanos 13:1-3

Bienaventurada la nación cuyo Dios es Jehová, El pueblo que él escogió como heredad para sí.

Salmo 33:12

650

No acumuléis para vosotros tesoros en la tierra, donde la polilla y el moho destruyen, y donde ladrones minan y hurtan; mas acumulad para vosotros tesoros en el cielo, donde ni polilla ni moho destruyen, y donde ladrones no minan ni hurtan; porque donde esté tu tesoro, allí estará también tu corazón.

Mateo 6:19-21 (VHA)

651

Si, pues, habéis resucitado con Cristo, buscad las cosas de arriba, donde está Cristo sentado a la diestra de Dios. Poned la mira en las cosas de arriba, no en las de la tierra. Porque habéis muerto, y vuestra vida está escondida con Cristo en Dios.

Colosenses 3:1-3

Porque el amor de Cristo nos constriñe, pensando esto: que si uno murió por todos, luego todos murieron; y por todos murió, para que los que viven, ya no vivan para sí, sino para aquel que murió y resucitó por ellos.

2 Corintios 5:14-15

Con Cristo estoy juntamente crucificado, y ya no vivo yo, mas vive Cristo en mí; y lo que ahora vivo en la carne, lo vivo en la fe del Hijo de Dios, el cual me amó y se entregó a sí mismo por mí. Pero lejos esté de mí gloriarme, sino en la cruz de nuestro Señor Jesucristo, por quien el mundo me es crucificado a mí, y yo al mundo.

Gálatas 2:20; 6:14

652

¿Con qué limpiará el joven su camino? / **Con guardar tu palabra.** / Con todo mi corazón te he buscado; / **No me dejes desviarme de tus mandamientos.**

En mi corazón he guardado tus dichos, Para no pecar contra ti. / **Bendito tú, oh Jehová; Enséñame tus estatutos.** / Con mis labios he contado Todos los juicios de tu boca. / **Me he gozado en el camino de tus testimonios Más que de toda riqueza.**

En tus mandamientos meditaré; Consideraré tus caminos. / **Me regocijaré en tus estatutos; no me olvidaré de tus palabras.**

Salmo 119:9-16

653

Y habló Dios todas estas palabras, diciendo: Yo soy Jehová tu Dios, que te saqué de la tierra de Egipto, de casa de servidumbre. No tendrás dioses ajenos delante de mí. No te harás imagen.

No tomarás el nombre de Jehová tu Dios en vano; porque no dará por inocente Jehová al que tomare su nombre en vano. Acuérdate del día de reposo para santificarlo.

Honra a tu padre y a tu madre, para que tus días se alarguen en la tierra que Jehová tu Dios te da.

No matarás. No cometerás adulterio. No hurtarás. No hablarás contra tu prójimo falso testimonio. No codiciarás . . . cosa alguna de tu prójimo.

Exodo 20:1-4, 7-8, 12-17

654

Por la misericordia de Jehová no hemos sido consumidos, porque nunca decayeron sus misericordias. Nuevas son cada mañana; grande es tu fidelidad.

Mi porción es Jehová, dijo mi alma; por tanto, en él esperaré.

Lamentaciones 3:22-24

655

Todo tiene su tiempo, y todo lo que se quiere debajo del cielo tiene su hora. / **Tiempo de nacer, y tiempo de morir;** / tiempo de plantar y tiempo de arrancar lo plantado; / **tiempo de matar, y tiempo de curar;** / tiempo de destruir, y tiempo de edificar; / **tiempo de llorar, y tiempo de reir;** / tiempo de endechar, y tiempo de bailar;

Tiempo de esparcir piedras, y tiempo de juntar piedras; / tiempo de abrazar y tiempo de abstenerse de abrazar; / **tiempo de buscar, y tiempo de perder;** / tiempo de guardar, y tiempo de desechar; / **tiempo de romper, y tiempo de coser;** / tiempo de callar, y tiempo de hablar; / **tiempo de amar, y tiempo de aborrecer;** / tiempo de guerra, y tiempo de paz.

Todo lo hizo hermoso en su tiempo; / y ha puesto eternidad en el corazón de ellos, sin que alcance el hombre a entender la obra que ha hecho Dios desde el principio hasta el fin. / **Yo he conocido que no hay para ellos cosa mejor que alegrarse, y hacer bien en su vida.**

Eclesiastés 3:1-8, 11-12

656

En verdad, todas las cosas las estimo como pérdida a causa de la suprema excelencia del conocimiento de Cristo Jesús mi Señor, . . . / **para conocerle a él y el poder de su resurrección, y participar de su padecimientos, haciéndome semejante a él en su muerte,** / por si logro alcanzar la resurrección de entre los muertos.

No es que ya lo haya conseguido, ni que ya esté perfeccionado; / mas prosigo por si puedo también posesionarme de aquello para lo cual también Cristo Jesús se ha posesionado de mí. / **Hermanos, yo no me precio de haberme posesionado ya de ello;** / mas una cosa hago: olvidándome de lo que queda atrás y extendiéndome a lo que está delante, / **prosigo hacia la meta para alcanzar el premio del llamamiento a lo alto, que Dios hace en Cristo Jesús.**

Filipenses 3:8-14 (VHA)

657

¿Qué pagaré a Jehová Por todos sus beneficios para conmigo? Ahora pagaré mis votos a Jehová Delante de todo su pueblo.

Salmo 116:12, 14

658

Haya, pues, en vosotros este sentir que hubo también en Cristo Jesús, el cual, siendo en forma de Dios, no estimó el ser igual a Dios como cosa a que aferrarse, / **sino que se despojó a sí mismo, tomando forma de siervo, hecho semejante a los hombres;** / y estando en la condición de hombre, se humilló a sí mismo, haciéndose obediente hasta la muerte, y muerte de cruz.

Por lo cual Dios también le exaltó hasta lo sumo, y le dio un nombre que es sobre todo nombre, / para que en el nombre de Jesús se doble toda rodilla de los que están en los cielos, y en la tierra, y debajo de la tierra; / **y toda lengua confiese que Jesucristo es el Señor, para gloria de Dios Padre.**

Filipenses 2:5-11

659

Poned la mira en las cosas de arriba, no en las de la tierra.

Colosenses 3:2

INDICES

Indice Temático de Lecturas Bíblicas

Indice de las Citas Bíblicas
de las Lecturas Bíblicas

Indice de las Citas Bíblicas de los Himnos

Indice de Acordes para Guitarra

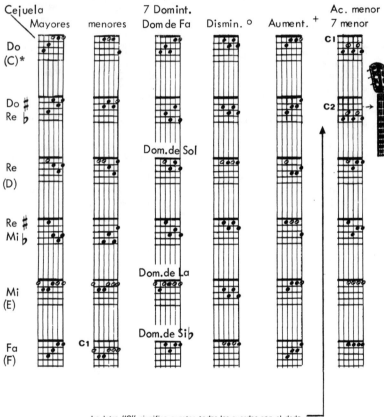

La letra "C" significa apretar todas las cuerdas con el dedo índice de mano izquierda. El número que acompañe a la letra (Ej: C6) indica el espacio en que habrá de colocarse.

Los acordes se producen tocando solamente las cuerdas indicadas para cada caso. ● = cuerda pulsada. O = cuerda al aire

578

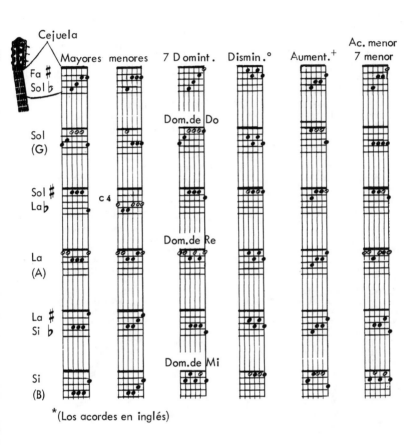

Cejuela

| | Mayores | menores | 7 Domint. | Dismin.° | Aument.+ | Ac. menor 7 menor |

Fa #
Sol ♭

Sol
(G)

Dom. de Do

Sol #
La ♭

c 4

La
(A)

Dom. de Re

La #
Si ♭

Si
(B)

Dom. de Mi

*(Los acordes en inglés)

Se ha usado un mínimo de acordes para conservar la
presentación del himnario. También, los acordes son
sencillos para mayor provecho. Se usa asteriscos(*)
para identificar los acordes más avanzados.

Indice de Autores, Traductores, Compositores, y Fuentes Originales

Indice Alfabético de Tonadas

588

Indice Métrico de Tonadas

Indice Temático de Himnos

597

601

Indice de Títulos y de Primeras Líneas

Los títulos de los himnos están en mayúsculas y las primeras líneas en minúsculas